“十三五”国家重点图书、音像、电子出版物出版规划项目

2016年主题出版重点出版物

永远的 YONGYUAN DE CHANGZHENG

长征

东方神话

国际视野下的长征

刘　波◎著

陕西新华出版
未来出版社
·西安·

图书在版编目(CIP)数据

东方神话：国际视野下的长征／刘波著. — 西安：未来出版社，2024. 11. —(永远的红军). — ISBN 978－7－5417－7837－7

Ⅰ. K264.406

中国国家版本馆 CIP 数据核字第 2024PL7331 号

东方神话:国际视野下的长征
DONGFANG SHENHUA:GUOJI SHIYE
XIA DE CHANGZHENG

丛书策划	高 安
执行主编	刘 波
责任编辑	高 安 高继涛
封面设计	许 歌
技术监制	宋宏伟
出版发行	陕西新华出版传媒集团 未来出版社 地址:西安市登高路 1388 号 邮编:710061
经 销	全国新华书店
印 刷	陕西思维印务有限公司
开 本	710mm × 1000mm 1/16
印 张	20.5
版 次	2024 年 11 月第 1 版
印 次	2024 年 11 月第 1 次印刷
书 号	ISBN 978－7－5417－7837－7
定 价	38.00 元

目　录

第一章 长征的出发与共产国际

★中国红军的军事顾问李德

★李德的两个“婆婆”

★红军德国顾问与白军德国顾问的较量

★共产国际试图帮助中央红军打破第五次“围剿”

★共产国际同意中央红军的长征

★共产国际代表帮助设计长征的方向

★共产国际与北上抗日先遣队的派出

★共产国际对长征出发时间的批复

20 世纪 30 年代,中国革命与国际共产主义运动密不可分,中国革命的前途命运与共产国际的指导可谓休戚相关。从共产国际与中国革命的解密档案可知,长征的出发同共产国际大有关系。共产国际本意是希望帮助中国革命,恐怕也没料到会在第五次反“围剿”中帮了一个大倒忙,以至于中央红军在第五次反“围剿”中遭到严重的失败,之后被迫走上了战略转移的道路。由于德国军事顾问团帮助蒋介石军队改进战法,对红军实行“铁桶”般的堡垒战术,还给国民党军提供了大批德式装备,敌我力量悬殊,因此,对未能打破国民党军日益严密的“围剿”,共产国际其实早有所料,为此,也积极主动地为中央红军想了种种办法,比如:派出北上抗日先遣队调动敌军。但这些措施并未改变红军最终走上长征路的命运,红军长征的落脚点之后一变再变,远远超出共产国际最初的设计范围。

★ 中国红军的军事顾问李德

1933 年秋天,通往中央苏区的广东大埔交通站收到了一份来自中央政治保卫局局长邓发的手令:“有一个重要的东西来了。这东西既不能抬,也不能背,你要把它安全地接回来。进入苏区后,会有大部队来接应你们。”[1] 担任秘密交通护送任务的大队长卓雄有些纳闷:这是什么货物?随即,他带着 10 多名队员,赶到潮州,见到了交通员带来的“货物”。借着手电微弱的光,他和队员们都吃了一惊：这哪是什么货物，分明是个没见过面的黄头发高鼻梁的外国人。这个又高又大、长着络腮胡子、身穿长袍、打扮成神父模样的神秘人物就是奥托·布劳恩。[2]

奥托·布劳恩是谁？为何一个外国人来到了中央苏区，而且受到了中央苏区如此高度的重视？

奥托·布劳恩，德国共产党员，在第一次世界大战中曾经参加德国军队，同沙皇俄国作战，在战斗中被沙俄的军队俘虏。1919 年 4 月，在慕尼黑参加过德共的街垒战。1920 年他因参加革命被捕入狱。十月革命后，他逃出监狱参加了苏联红军，不久晋升为骑兵师参谋长，后来，进入伏龙芝军事学院学习。毕业后，被共产国际派到中国。据他后来自我介绍说："1932 年春，我在莫斯科伏龙芝军事学院毕业，接着由共产国际执行委员会派往中国。粗略地说，我的任务是，在中国共产党反对日本帝国主义的侵略和反对蒋介石反动政权的双重斗争中，担任军事顾问。"[3]布劳恩担任军事顾问，其实并非如他本人说的那么简单。

布劳恩身着西装，带着奥地利护照，乘坐横跨西伯利亚的列车，从满洲里进入中国，于 1932 年秋到了上海。到中国工作，沿途需摆脱白俄分子和日本密探的严密监视。到了白色恐怖下的上海，稍有不慎，就有被捕的危险。李德后来在其回忆录《中国纪事》中说："共产国际工作人员诺伦斯·鲁格被捕，他办公室里的许多文件也被查出，幸亏对腐化的中国法官进行了贿赂，才使他免受死刑和处决。"[4]

他提到的诺伦斯·鲁格，即著名的"牛兰"。牛兰夫妇被捕后，共产国际花重金进行了营救。布劳恩即为专门从苏联将营救经费送往上海的信使。他将经费交给左尔格之后，就留在共产国际远东局工作。

在共产国际远东局工作期间，布劳恩先是从事军事情报工作。他通过 3 个月的时间，整理了一份关于苏区和红军军事状况的报告。王明在共产国际执委会第十二次全会上说："目前我们已拥有 26 个军、15 个独立师及一些其他部队，根据地的面积扩大了许多倍，在军事技术方面，如果不计空军和重炮部队，可以说我军与国民党军队相差无几了……国民党第八十八、三十和三十一师已向我军投诚。"[5]还有其他一些对红军十分夸大的说法，比如说中国的苏区已占中国六分之一的土地，有人口 5000 万至 6000 万，而纽约的《工人日报》已把这些数字扩大到占中国四分之一的土地，有人口 1 亿。

针对王明的说法，李德经过调查计算，认为其中水分过大。他提交了一份近一万字的长篇报告,附有大量细致的数字和表格。经计算,中共一共有6个较大的苏区和游击区,总面积约15万平方公里,具有战斗能力的、或多或少是正规的武装力量有6.5万至7.2万人,4.5万至5万支枪。[6]他针对“苏区扩大了许多倍”的说法,尖锐地指出,“可以说,在闽赣部分地扩大了我们的根据地,并在四川建立了新的苏区。但与此相反,在鄂豫皖即在更重大战略意义的地区损失很大”;洪湖,“我们失去了长江流域的这个重要苏区”;“应该认为第二军团暂时受到了很大削弱,被瓦解了。它由一支常规军变成了游击队”;关于瓦解敌军,“由于我们党没有做强有力的瓦解工作,这些哗变除具有地区意义外,还不具有别的意义,而且容易被镇压下去”;“实际上,由于没有炮弹和缺乏经验,[火炮]未能派上用场,战壕臼炮也是如此。如在河南和湖北,我们缴获了20门战壕臼炮,但从未用过。可见,红军不得不依然使用冷兵器与敌人作战,这就加大了攻克敌人防御工事的难度”。[7]这份报告表明布劳恩的确具有良好的军事素养,对中国当时的军事形势的判断也基本准确。

随后,布劳恩担任了远东局的军事顾问工作。同中共领导人的接触是严格按照保密纪律的,通常每周一次,阿图尔·埃韦特(共产国际驻华代表)和布劳恩一起到中共中央的秘密办事处去,必须按照约定好的暗号,如在窗台上放一盏台灯,或者在一间有亮光的房间里把窗帘打开半叶等等,才可以走进办事处。有两次因为没有见到安全信号,他们又转了回来,不得不到紧急情况联络点去。由于深居简出,极少与人往来,布劳恩在上海逗留期间的工作都很顺利,没有发生过什么意外。

通过埃韦特,布劳恩认识了博古(秦邦宪)、洛甫(张闻天),并进行了一系列谈话。主要谈论紧急的政治问题和军事问题。这两人都在苏联学习过,俄语说得很好,因此即便没有翻译,双方也能顺畅地交谈。布劳恩也许没有想到,就是这些谈话,改变了他未来的人生,他竟被聘为中国红军的军事顾问,进入中央苏区。

12月3日,埃韦特给共产国际执委会书记皮亚特尼茨基的第2号报告中写道,准备派遣布劳恩去苏区,“给我们派来一位邻居[8]。他暂时在这里按自己独特的题目在加工材料,可能稍后我们要把他派到苏区去。他那个局[9]把他置于我们的管辖下,财务方面也由我们管。我想,您是同意对问题的这种提法的”。[10]

12月31日,皮亚特尼茨基在莫斯科给埃韦特发去电报,表示同意。电报写道："致库尔特[11]。瓦格纳[12]应去苏区。行前发给他每月200元的薪金和去苏区的费用。在那儿他应从当地朋友们那里领取薪金。请在你们的报告中告诉我发给他的确切数目。"[13]

这是共产国际执委会给在上海的远东局的正式指示。远东局对布劳恩去苏区寄予了厚望，埃韦特在给皮亚特尼茨基的第3号报告中指出："我们从来不能给自己提出从这里领导战役的任务；但是，有瓦格纳在，还是能在一些紧迫问题上提出某些建议、警告和指示的。当然，当他本人在那里时，这项工作可以进行得好得多（此事正在安排中）。"[14]

1933年9月底，布劳恩被派到中央苏区。临行前，弗雷德（即曼弗雷德·施特恩，共产国际驻华军事代表兼中共中央总军事顾问）要他到苏区后要严格执行他的一切指示。为了保证在危急情况下能够直接联系，弗雷德同他商定了一个密码，这个密码只有他们两人知道。埃韦特稍稍劝阻了一下，他说："一切决议最后还是应由中国共产党中央委员会政治局和瑞金革命军事委员会作出。"[15]

一天半夜，布劳恩带上几百美元和一只小手提箱，乘车来到码头，在那里上了一艘英国海轮，海轮把他带到了汕头。在那里，他遇到了中国的联络员王牧师[16]。4年后，布劳恩在延安又见到了他，当时他在中央新闻部门当翻译，还承担一些保卫和联络任务，1936年正是这位王牧师在西安帮助埃德加·斯诺同苏维埃国家政治保卫局局长邓发接上了关系。

王牧师带着布劳恩离开城市，向韩江河畔走去，在河边的一个哨卡，突然被一个国民党哨兵截住。一名军官检查他的护照，检查了好久。王牧师对军官说，布劳恩是考古学家，想参观附近的一座古代寺庙。最后，军官还是让他们走了。

到达韩江后，王牧师将布劳恩交到另一个联络员手里，即匆匆告别。联络员把布劳恩引到船上。布劳恩爬进狭窄的船舱——在这里他平躺了几乎两天两夜，不敢出声。临近傍晚，船终于开动了。晚上，这只小船同其他许多小船一起由一只轮船拖着，向上游驶去。沿途停了多次，经过一道关口的盘查，第三天布劳恩才走上了小船的船板。天黑以后上岸，几个带着毛瑟枪的人迎接了他，这是他第一次见到中国红军战士。一队红军战士在队长卓雄的指挥下，越过赤白交界的封锁线。

卓雄率领一支十几人的武装小分队护送着布劳恩，昼伏夜行。布劳恩不会讲中国话,更不能走山路,这使护卫队大伤脑筋。在走山路的时候,有几道岗岭子非常难爬。卓雄等人想了个办法:用布条绑在他的腰上,上山的时候,一个人在前头拉,一个人在后头推;下山的时候,一个人在后头拽着,一个在前头扶着。就这样艰难地翻山越岭,走了六七个夜晚,他们才从大埔县绕过敌人的重重封锁线,经过永定、上杭,终于在才溪进入苏区,布劳恩这才骑上了马。时任福建军区司令员兼政委的谭震林带了战斗团到上杭地区去迎接,该团是由军区部队中党支部书记以上的干部组成的。谭在受领任务时,上级说:“如有情况,拼命也不要被敌人抢去。”[17]

布劳恩到达红都瑞金后,受到了博古等中央领导的热烈欢迎。为了保密起见,中共临时中央决定以后一律以“李德”这个中文名字称呼他,有时也称“华夫”。

红军时期的伍修权

为了方便李德的生活和工作,临时中央特意给他安排了两名精通俄语的翻译,其中一人是伍修权。李德后来赞扬他说:“在我所参加的政治局和常委会以及革命军事委员会的会议上,都是他为我翻译,我认为他翻译得完全正确。”[18]伍修权正因翻译精准,后来在“文革”中受到了红卫兵的攻击,在一张大字报上有一段是这么写的:“遵义会议上,正是李德这个大叛徒,最激烈地反对毛主席的军事方针。李德在会议上的报告和讲话都是反对毛主席的,而把李德的这些报告和讲话忠实地翻译过来的不是别人,就是伍修权这个混蛋。”

另一名翻译李德没记住他的名字,只记得他是“一个很壮实的中国北方人”,“他有扎实的军事知识,主要从事训练工作,在军事学院为我当翻译。在延安抗大——这是一所抗日干部学校,抗日战争开始后军事学院就叫抗大,我们也一起工作,一直到我离开”。[19]这个北方人就是王智涛。他先后在苏联基辅红军学校、莫斯科高级步兵学校学习,因成绩优异,留校担任共产国际的军事教官,本身学养深厚,其军事指挥水平恐不在李德之下,但受中央指派担任了李德的翻译,虽不情愿,也只好勉力为之。

为了保证国际顾问的安全,中央保卫局局长邓发亲自选点,监督施工,在瑞金城外沙洲坝、军委总部机关北侧一片稻田中间的空旷旱地上,建了一所独立的小院。军委总部参谋人员标图时，按军事术语称之为“独立房子”。

王智涛第一次见到李德，就是在这个独立房子中，印象是“他良好的军人姿态、冷漠的目光和居高临下的威严”。

开国少将王智涛

据王智涛回忆：

他个子很高，足有一米九，站在比较矮小的中国人中间，用“鹤立鸡群”来形容一点儿也不过分。他戴着一副褐色宽边近视眼镜，瘦削的身体，穿着一套并不合身但很干净整齐的新军服，腰扎橙黄色的宽皮带，脚蹬黑色长靴，站在地图前默默地吸烟。[20]

对李德的保卫工作，邓发负总责，警备科具体执行。军委警卫连的一个排负责警卫独立房子和外围，门卫二十四小时设双岗，每小时两班双人游动哨。李德配警卫班，警卫班 一名班长、四名警卫员和我们住在一起。客人来访，先要报请李德同意。李德出行，除警卫员随行外，作战科协同警备科要部署沿途和目的地的警卫。

军委供应局局长宋裕和负责生活保障，他派了一位管理员具体经办。尽管苏区物资供应很困难，红军干部战士的生活很艰苦，军委供应局还是想了很多办法，保证李德特殊的生活待遇。派曾在大饭店掌勺并会做西餐的李师傅来当炊事员，经常从战利品中搜罗好酒、奶粉、咖啡、白糖、巧克力、可可粉、各式罐头等供应李德。李德单独就餐，由李师傅在军委机关食堂做好后端到独立房子。一日三餐以烤馒头代替面包，再加上自炼的牛油、咖啡、奶粉，李师傅自制的香肠、沙拉，也算是地道的西餐了。还有鸡鸭鱼肉，鲜嫩的青菜、水果，伙食相当不错。李德的服装是特制的红军军服，邓发还派人到白区买来皮夹克、皮靴和一些苏区罕见的日用品。

李德配有驭手班，九匹高头大马，四匹青色骡子。每次出行，四五个挎着盒子枪的警卫，好几个腰别手枪的干部，簇拥着一个洋人，前呼后拥，马蹄嗒嗒，在苏区也算是一道风景线。[21]

王智涛不喜欢李德的冷傲，不久即调走从事防空工作，不再当李德的翻译了。

李德是博古等临时中央领导人从共产国际驻上海的代表埃韦特手里要来的,埃韦特为此专门向莫斯科发出了几封请示电报。1933 年春天,他们得到了共产国际的同意,但答复强调:李德作为没有指挥权力的顾问,受中国共产党中央委员会的支配。李德的背后,还要受曼弗雷德·施特恩的指挥。

红军时期的博古

土地革命战争初期的中国共产党和工农红军,因缺少经验,对于来自社会主义苏联老大哥的意见是十分尊重的,对以苏联为首组织起来领导世界无产阶级革命的共产国际,也同样如此,一些人甚至到了盲目崇拜的地步,时任临时中央总书记的博古等人,就犯了这样的错误。李德作为共产国际派来的"钦差",受到了博古等人的热情欢迎,博古还将中国工农红军的军事指挥权交给了他。李德本来不过是来当军事顾问的,结果却因此成了说一不二的"太上皇"。

李德无疑算得上苏联红军正规战的专家,尤其对建设一支骑兵有独到的见解。他也许是一个出色的战术家,指挥一个军、一个师的部队也没问题,但问题是,其军事素养并未达到指挥整个中国红军的水平。由于博古不懂军事,而原来懂军事的毛泽东、刘伯承、萧劲光等红军领导人又遭到排挤或降职,李德的决策指挥权得不到有效的约束与纠正。

★ 李德的两个"婆婆"

其实,对李德的约束倒也并非没有,在李德之上还有两个"婆婆",他们就是埃韦特和弗雷德。

埃韦特,1932 年 3 月,应中共临时中央请求,共产国际执委会决定将东方书记处副主任埃韦特派到中国担任驻华代表、驻上海远东局书记。

弗雷德,原名曼弗雷德·施特恩,共产国际驻华军事代表兼中共中央总军事顾问,1933 年上半年抵达上海。据李德回忆:"大约在 1933 年春天,总军事顾问到了上海。他叫曼弗雷德·施特恩,简称弗雷德,以后在西班牙战争中以克勒贝尔将军著称。他游历了欧洲、美国和日本,来迟了几个月,几次约会都给耽误了。幸好我们从莫斯科起就很熟悉,有一天他在大街上与我攀谈,我介绍他同阿图尔·埃韦特建立了联系。虽然弗雷德作为总顾问是我的上级，但出于秘密工作的原因，仍由我与中央委员会上海办事处继续保持联系。”[22]

1932 年 6 月，中共临时中央又致电共产国际执委会，要求派军事专家帮助中共中央。12 月，苏联红军参谋部第四局派李德到远东局工作。但李德只是中共中央军事顾问组的成员，总顾问另有其人，那就是曼弗雷德·施特恩。

曼弗雷德·施特恩

弗雷德到远东局任职后，和远东局书记埃韦特经常发生冲突，两人互不买账，都向共产国际写信或发电报，状告对方。埃韦特认为，弗雷德总是越权，在政治方面指手画脚，在他身边碍手碍脚，不给他看军事电报汇报，而且“开始对［中共］中央和革命军事委员会进行总体上谴责性的批评”[23]，因此埃韦特决定将弗雷德派到中央苏区去工作，建议共产国际执行委员会另派军事代表参加远东局。

弗雷德则指责埃韦特“对地下工作的起码要求漫不经心”，对持不同意见者“采用各种手段”，“很像小政客伎俩”。弗雷德提出到川陕根据地工作，但未得到埃韦特同意。埃韦特和弗雷德之间的矛盾令共产国际执委会很头痛，多次回电要他们不要在中国共产党面前暴露分歧，但没什么效果。两人的矛盾最终以分别被召回莫斯科而告终。李德后来回到莫斯科后，向共产国际执委会抱怨：“埃韦特同志是共产国际执委会驻上海代表。他根本不干预军事工作，而弗雷德在 1933 年至 1934 年间是我的直接上司，从未帮助过我，而是阻碍我制定正确的方针。”[24]

弗雷德到上海就任后，在 1933 年 6 月中旬向中共临时中央建议采取“两个拳头打人”的方针，主张将红一方面军主力分为两部分作战。博古按照他的指示，将红一方面军的“铁拳头”一、三军团分开，红三军团为东方军，入闽西北作战，红一、五军团为中央军，在北面原地作战。结果是东方军疲惫不堪，中央军无仗可打，白白浪费了扩大根据地、准备反“围剿”的好时机。

的确，李德在指挥红军作战时犯下的不少错误，其实来自他的上司弗雷德。弗雷德远在上海遥控指挥，对红军的实际情况更缺乏了解。弗雷德满脑子主观的臆断和空想，李德对此也感到大惑不解。李德赴中央苏区后，就收到了弗雷德各种各样的指示，有些指示十分奇葩，以致引起了作为下属的李德的不安，甚至不满。

李德抱怨说:“弗雷德给我的指示和建议最多。他深信苏联会给予武器援助,并且抱有进行一场大规模正规战争的幻想。”[25]他命令李德,尽快让人建立一个飞机场。李德尽管并不同意这些指示,但仍执行了。在他的催促下,红军在瑞金建造了一个备用机场。但这个飞机场从未对红军发挥过任何作用,后来却为国民党的飞机效劳了。

对弗雷德身居上海遥控中央苏区红军的缺陷,共产国际也有所觉察,因此福建事变期间,1934 年 1 月 2 日,共产国际执委会书记处给中共中央发电报特别强调:“关于我们提出的作战问题的建议,或者我们从上海提出的这种建议,你们只应看作是建议。无论从这里还是从上海都不能像你们那样清楚地了解战场上的形势。因此与战场上的形势有关的所有问题,都应由[中共]中央和革命军事委员会研究决定。”并且专门对电报中给中共应对福建事变的部署加以说明,“重复一遍,这只是建议,你们可以改变或根本不采用”。[26]

同日,共产国际执委会给弗雷德的电报特别要求他去苏区,近距离指导中央红军。电报委婉地说:“为了避免发生这种误会,最好您去中央苏区。那里您可能更有用武之地。只有您确信去那里没有大的风险,才需要这样做。”同时明确要求他不能越俎代庖,替代中革军委作决策,“如果不能去那里,那就请您继续像以前一样给[中共]中央和革命军事委员会提建议,但不要要求他们必须执行这些建议”。[27]

埃韦特在 1934 年 2 月 16 日写给弗雷德的信中,针对他越俎代庖的毛病,说:“军事代表的任务应该是根据对现实情况的分析本能地提出最好的建议。部分或全部地采纳关于军事问题的这种建议只能是[中共]中央和革命军事委员会的事情。没有也不可能有任何办法靠命令、纪律或指责来‘强迫’人接受来自上海的军事计划或指示。”[28]埃韦特能认识到这点,实属不易,可惜的是福建事变失败木已成舟,第五次反“围剿”灾难性的后果已经酿成!

埃韦特向共产国际报告了弗雷德存在的诸多问题。3 月,弗雷德遂被召回莫斯科。

★ 红军德国顾问与白军德国顾问的较量

历史这时出现了有趣的巧合,在国民党的南京政府中,也有一个德国军事顾问团,为首的是佛采尔,其后又有塞克特、法尔肯豪森、克里伯尔等有名的德国军官，他们以德军为蓝本改组和训练国民党军队，特别是蒋介石的中央军。塞克特还帮助蒋介石草拟了“铁壁合围”的新战术来对付红军。

蒋介石的德国军事顾问
法尔肯豪森

李德也清楚地知道这些对手的到来，他在《中国纪事》中记载：“好几百外国军事顾问坐镇在南京，坐镇在许多军队的司令部里，有一部分是以著名的将领塞克特（1935年由法尔肯豪森替代）、韦策尔和克里伯尔为首的德国军官，还有美国人，如著名的飞行员林德伯格上校。他们改组了国民党军队，特别是中央政府的军队，并以现代技术和新式战略训练了这些军队。他们还草拟了‘围剿’计划，计划上的那些作战原则在开始几次已为人所认识，不过在以后的第五次‘围剿’中更加完善和最终贯彻了。最主要的原则是：为了提高部队的士气，采取政治和纪律的措施；以几个师的兵力结成强大的纵队，集中进攻，在行进道路和地区上连续构筑堡垒。”

于是，国共双方都在德国顾问的“顾问”下，围绕着“围剿”与反“围剿”展开了新一轮的较量。

李德到来时，正值国民党军队对中央苏区发起第五次“围剿”之时。蒋介石并不甘心前四次对红军“围剿”的失败，他不顾日本对华侵略的日益加深，仍继续执行“攘外必先安内”的政策，加紧对红军组织新一轮“围剿”。

蒋介石吸取了前四次“围剿”红军失败的教训，撤销了赣粤闽边区“剿匪”总司令部，改组“军事委员会委员长南昌行营”，不顾与行政院发生冲突的后果，建立了全权处理赣粤闽湘鄂五省军政事务一元化的“围剿”权力机构。向美、英、德、意等国大量借款，购买飞机、大炮。1933年7月，他在庐山设立了军官训练团，请来了德、意、美的教官，为他训练初级军事干部，企图找到剿灭红军的“高招”。推行所谓“三分军事，七分政治”的计划，政治围攻、文化围攻、经济围攻、交通围攻，加上数十万大军组成的军事围攻。蒋介石的德国军事顾问团针对红军缺乏攻坚装备的弱点，为他制定了“稳扎稳打，步步为营，修碉筑路，逐步推进”的作战方针，辅之以保甲团练政策，企图构成严密的包围圈，断绝苏区的物资来源，迫使红军进行阵地战来比力量拼消耗。在具体的战略战术上，蒋介石放弃了长驱直入打运动战的打法，改为采取持久战和“堡垒主义”的新策略。

事实上，曾任德国国防军总司令的塞克特并非蒋介石“堡垒政策”的制定人。制定这一政策的是他的前任乔治·佛采尔中将（即李德提到的韦策尔），蒋介石的第二任德国军事顾问团团长。他主张以密集的碉堡群，对中央苏区进行包围，然后缓缓推进，一边推进，一边筑碉堡。佛采尔认为：“共产党的统治区不过五六万平方公里，只要保持每天前进二里的速度，不出一年，就可以全部吃掉。”蒋介石根据这一建议制定了第五次“围剿”的新战法：战术上要以守为攻，战略上要取攻势即以攻为守。军行所至，立建碉堡，逐步推进，稳扎稳打，三里五里一进，十里八里一推。进行一步，即守一步，逐渐前进，缩小“匪区”。陈诚则将此形象地比喻为“抽干鱼塘的水来抓鱼塘里的鱼”。[29]

蒋介石的德国军事总顾问
汉斯·冯·塞克特将军

当一切准备好之后，1933 年 9 月下旬，蒋介石亲自坐镇南昌指挥，调集 50 万大军向中央苏区发起了第五次“围剿”。蒋介石任命顾祝同为北路军总司令，计 33 个师又 3 个旅，由北向南构筑碉堡封锁线，实施对中央苏区的主攻；陈诚的第三路军在第一、第二路军策应下，向广昌方向推进，寻求红军主力决战，进攻中央苏区；在中央苏区南面，蒋介石以重金收买陈济棠为南路军总司令，出兵两个军封锁赣粤边境；在中央苏区西北面，蒋介石任命何键为西路军总司令，率所部 9 个师又 3 个旅，和浙赣闽边守军 5 个师又 4 个保安团，分别“围剿”湘赣、湘鄂赣和闽浙赣苏区红军，并阻止中央红军向赣江以西和赣东北机动；在中央苏区东面，有第十九路军总指挥蔡廷锴指挥的 7 个师又 2 个旅，负责福建防务，并阻止红军向东机动。国民党空军 5 个中队配置在南昌、临川、南城，支援地面作战。

9 月 25 日，国民党北路军 3 个师从南城、硝石向黎川发动进攻，打响了对中央苏区第五次“围剿”的第一枪。由于红三军团为主的东方军尚在福建作战，以红一军团为主的中央军尚在永丰、乐安地区，红军在黎川仅有一个 70 人的教导队。9 月 28 日，国民党军占领了黎川。

强敌压境，中共临时中央和红军的领导人都在认真思考如何打败国民党军新一轮的“围剿”。中共临时中央领导人继续按照“左”倾冒险主义的战略，提出“御敌于国门之外”的错误方针，要求不惜代价将敌军挡在苏区之外。

李德住在“独立房子”中，就如同这所不合群的住所一样，其孤傲的性格，使之听不进中国红军诸将领的意见。时任中共总负责人的博古，年仅 26 岁，不懂军事，把军事指挥权完全交给了本是军事顾问的李德。李德就这样掌握了第五次反“围剿”的军事指挥权。

李德把持下的中革军委错误地判断了形势，误以为中央苏区已经建立了中华苏维埃共和国，红军已经正规化，同国民党军队的作战便是国家和国家之间的作战、大军和大军之间的较量。

如何打败国民党军新一轮的“围剿”？李德要求红军以阵地战、堡垒战，结合短促突击顶住敌人，而且经常要求红军对以堡垒作依托的敌人发动进攻。这种打法与中央红军第一至第四次反“围剿”成功的打法背道而驰，但李德固执己见，认为毛泽东等人坚持的游击战、运动战是右倾，说“游击战的黄金时代已经结束”。

10 月中旬，在李德的住处，召开了中央革命军事委员会会议，商议第五次反“围剿”计划。博古、李德、张闻天、项英、毛泽东、刘伯承等领导人出席了会议。周恩来和朱德由于在前线，未能参加会议。会上，毛泽东和刘伯承根据前四次反“围剿”的经验提出，仍应以游击战、运动战为作战指导思想。然而，李德慷慨激昂地提出：我们不要被敌人的气势汹汹所吓倒，要敢于和敌人打阵地战，把敌人消灭在阵地前。这一颇具煽动性的话着实打动了一些人。接着，李德按照总顾问弗雷德的指示提出对策：“通过地方武装，以阵地战把敌人牵制在北部赣江和盱江（抚河）之间，并且如一年前所计划的那样，把五军团（一个师）放在黎川以南进行防御，命一、三军团（五个师）继续向东北方向挺进。”[30]

于是，毛泽东、刘伯承的意见被否决，李德的意见与临时中央的领导人不谋而合，第五次反“围剿”的作战计划就这样按照李德的“新原则”展开了。李德于是超出共产国际对军事顾问的限制，也远超出了其对手佛采尔、塞克特、法尔肯豪森等德国同胞的职责范围，成为红军军事指挥事实上的“太上皇”。

此前，中革军委为收复黎川，再令东方军以一部阻止黎川国民党军南进，主力进攻硝石、资溪桥、黎川；令中央军由永丰、乐安地区东移，攻击和牵制南城、南丰地区的国民党军主力，以保障东方军收复黎川。10 月 6 日，东方军在向硝石前进途中，于洵口、飞鸢与由黎川前出侦察的国民党吴奇伟第六师十八旅不期而遇，几乎全歼了该旅（三个团缺一个营），俘敌旅长，取得了洵口遭遇战的胜利。不久，东方军在黎川城与德胜关之间的团村又击溃敌 3 个师 12 个团的兵力。这本是两个偶然性的胜利，并未能改变全局的不利，却让博古、李德冲昏了头脑，他们错误地认定中国已存在“直接革命形势”，片面夸大洵口遭遇战的普遍意义，不顾强敌压境、敌强我弱的局面，实施“全线出击”“御敌于国门之外”的错误方针。

17 日，蒋介石对各“围剿”军发出训令，要求各部队本着“战略攻势，战术守势”的原则,继续构筑绵密的碉堡封锁线,稳扎稳打,逐步推进。18 日,驻南城的4 个师由硝石进到潭头市,其先头部队和黎川之3 个师又1 个旅进占资溪桥。

在此情况下,李德主导下的中革军委仍令红一方面军主力插入国民党军堡垒密集地区实施强攻,并提出“如果原则上拒绝进攻这种堡垒,那便是拒绝战斗”。22 日,红军东方军以3 个师攻击资溪桥和潭头市,主力集结于石峡、洵口、湖坊地区,准备围点打援。国民党军据碉坚守,红军连攻4 天未果,不得不放弃在资溪桥与敌决战的计划。

1933 年 11 月,第五次反“围剿”期间,周恩来与部分红军指挥员在建宁前线合影

10 月 28 日,中革军委决定组建红七、红九军团。红七军团下辖第十九师、第二十师和第三十四师,寻淮洲任军团长,萧劲光任政治委员。红九军团下辖第三师、第十四师和独立第一团、第四团,罗炳辉任军团长,蔡树藩任政治委员。随后,中革军委命令新成立的红七军团深入抚州附近地区活动,企图调动金溪及南城、南丰之国民党军。11 月 11 日,红七军团向浒湾进攻时,在八角亭附近遭到来自金溪、琅琚和浒湾出击的国民党军的夹击。红三军团立即驰援,在八角亭东南受阻,12 日向敌阵地攻击,遭受重大伤亡,被迫撤出战斗。红七军团也在阵地被突破后撤退。是役,红三军团和红七军团伤亡达1100 余人。15—17 日,为配合东方军作战的中央军主力奉命由荐源桥至棠阴的国民党军堡垒线间隙北出时,在云盖山、大雄关遭到国民党军5 个师的攻击,伤亡严重,被迫向苏区内转移。至此,红一方面军虽经近两个月浴血苦战,却未能“御敌于国门之外”,反而遭受了很大损失,陷于战略上的被动地位。此后,东方军和中央军的番号实际上就取消了。

至此,博古、李德等人的“左”倾冒险主义的军事路线宣告失败。然而,他们随即走到了另一个极端,采取军事保守主义,要求红军用阵地防御来“迟滞敌人的进攻,削弱其力量”,以达到制止敌人第五次“围剿”的目的。

福建事变发生期间,12 月 16 日周恩来致电博古、项英,对中革军委连日电令屡更,使部队运转增加很大困难提出批评,再次请求“在相当范围内给我们部署与命令全权,免致误事失机”,“否则亦请以相机处理之电令给我们。事关战局责任,使我不能不重申前请”。[31] 接此电后,李德以统一前后方指挥为名,建议并经中共中央局决定,取消中国工农红军总司令部和红一方面军的名义和组织，将原"前方总部"撤回后方，并入中革军委机关，由中革军委直接指挥中央苏区各军团和其他独立师、团作战，实际上，是由博古、李德直接指挥军队。

11 月"福建事变"发生后，蒋介石即从"围剿"中央革命根据地的北路军中，抽调一部分兵力进攻第十九路军，对中央革命根据地也暂取守势。本来这是中央红军击破国民党军第五次"围剿"的一个良机，但博古、李德没有利用这一时机痛击敌人，打破"围剿"，并从军事上支援福建人民革命政府，反而只用很少兵力监视北面敌人，而把红军主力西调去进攻永丰敌人的堡垒地带，结果未能打破敌人的"围剿"，福建人民革命政府也在孤军奋战中失败。

1934 年 1 月下旬，蒋介石在镇压福建事变后，将进攻福建的部队组成东路军，以蒋鼎文为总司令，和已成立的北路军、西路军、南路军相配合，形成对中央苏区的合围之势，重新开始进攻。红军再次陷入反"围剿"的苦战之中。

★ 共产国际试图帮助中央红军打破第五次"围剿"

鲜为人知的是，眼看着中国红军陷入国民党军的包围之中，共产国际也希望能指导中国红军突出重围。共产国际执行委员会政治书记处政治委员会 4 月 29 日给埃韦特和中共中央的电报详述了他们的八项建议：

> 1. 同时从北面和东面发起攻势的敌强大集团军，在逐步"蚕食"苏区，对整个苏区的威胁增大了，特别是来自东北边区方面敌军的威胁。
>
> 敌军缓慢地步步为营的推进，使我们对敌设防阵地的反攻变得非常困难，收效甚微。只有在敌集团军之间的间隙，我们还能在进攻的敌人的翼侧和后方采取积极的行动。在有利的力量对比情况下，这种积极的行动，也只有在我们前线兵力的工事防御同我们机动拳头对敌人翼侧的积极打击和游击力量深入敌后的行动结合起来，才能带来明显的效果。如果在敌后纵深和交通线上有游击小组活动的话，它们的任务将是：勇敢地袭击敌人出动的部队，特别是它的后方，摧毁敌人在修筑的堡垒和道路，为敌人的物资运输设置障碍。
>
> 2. 为了缓和中央苏区的处境，国统区党组织的迫切任务是，有计划地开展游击运动，特别是在农民采取行动的地方，首先是在以下地区：湖南的郴州；沿平汉铁路线；浙江西南部（第十军也要作出努力）；福建东北的福鼎和寿宁地区，以及厦门方向；广东的东江地区。要同至今仍无领导的广西游击队取得联系，让它们向湘粤边境地区运动。
>
> 3. 由六军团和在赣江东岸重新组建的部队以及地方游击力量共同努

力,突破敌人在吉安和赣州之间地段的封锁,为赣西苏区同中央苏区的合并创造前提条件,决不能让敌人把这些地区分开。我们认为,这次战役具有很大意义,因为实施这次战役将使蒋介石难以包围中央苏区。

4.(1)如果关于贺龙在东面采取行动的消息确凿,那就可以批准和加快他将在1934年夏季在东南方向发动的攻势。

(2)也要为我们在长江南岸湖泊地区的力量确定向南面湖南省推进的任务。

(3)第三独立师和江西西北角游击队的任务,仍然是定期袭击九江至南昌的铁路线。

5.有计划地采用各种办法瓦解敌人部队的工作刻不容缓。要尽可能投入更多的力量和资金来向敌人部队和警备队进行政治渗透,广泛开展在敌人薄弱地方的破坏活动(如机场、军用列车、运送军队和弹药的船只、交通线等)。

6.在国民党地区要宣传保卫和积极支援中国苏区的口号,广泛宣传苏区的成就、那里实行的经济和政治措施,同时要把它同抗日民族革命战争的口号联系起来。

要把华北的工人运动,特别是天津的工人运动引导到这些口号上来,还要引导到反对国民党军队向南调动,便于日本人占领华北的行动上来。在那里,要利用工人运动的发展来开展反帝斗争,建立工人纠察队和游击队。

7.单独的任务是:像以前指出的那样,扩大四川苏区。还必须着手扩大陕西苏区,为此,我们认为,需要为组织孙殿英军队起义做准备工作,之后利用起义部队来争取扩大陕西中部(红二十六军活动地区)的苏区。

8.最后:支援中央苏区红军反击六次"围剿"第二阶段[32]的斗争的所有措施都应该是"突击"实施的。这无疑将有助于红军的斗争和不损失很多有生力量就粉碎敌军对我地区的进攻。[33]

共产国际的上述建议,总的看,倒不是全无道理,但寄希望于工人运动和兵运工作,需要长期的准备,显然是缓不济急的。兵运工作,甚至想到联合臭名昭著的孙殿英,不知是基于什么样的考虑。也许是孙殿英想到了冯玉祥当初正是借助苏联和共产国际的援助,迅速成长壮大,便也找了共产国际,希望走冯玉祥发展的路子。不知共产国际后来如何停止了对孙部的兵运工作,现在也无这方面的档案资料公布。

该电报提出军事行动要"在我们前线兵力的工事防御同我们机动拳头对敌

人翼侧的积极打击和游击力量深入敌后的行动结合起来”，这相对于“御敌于国门之外”“分兵把守”的打法，是个进步。第五次反“围剿”战役后期，中央红军在高虎脑战斗、万年亭战斗以及温坊战斗中，基本都是采用这个打法。电报提出的利用红六军团、红十军的行动减轻中央红军的压力，后来逐渐发展演变为红六军团西征、红七军团北上先遣等行动。

电报还提出，要把发动国统区群众支援中央苏区，“同抗日民族革命战争的口号联系起来”，这与稍后中国工农红军“北上抗日”的战略方针正是意蕴相通的。中共中央及其领导下的中国红军一直主张抗日。早在1932年4月15日，中华苏维埃共和国临时中央政府主席毛泽东发表了《对日战争宣言》，正式对日宣战。1933年1月，中共首次提出中国工农红军准备在三个条件下同任何武装部队订立共同对日作战的协定。1934年7月15日，毛泽东、张国焘、朱德、周恩来、王稼祥联合署名发布了《中华苏维埃共和国中央政府、中国工农红军革命军事委员会为中国工农红军北上抗日宣言》，提出“苏维埃政府与工农红军不辞一切艰难，以最大的决心派遣抗日先遣队，北上抗日。只要进攻苏区的武装队伍接收(受)我们提出的三个条件，那我们工农红军的主力，即可在先遣队之后，全部出动，同全中国一切武装队伍联合起来共同抗日”。[34]这是中共中央首次提出“北上抗日”的方针，后来成为各路红军长征的战略方针。

★ 共产国际同意中央红军的长征

1934年5月，中共中央书记处在瑞金开会，鉴于广昌失守后，红军内线作战已十分困难，决定将红军主力撤离中央苏区，进行战略转移，并将这一决定报请共产国际批准。

6月16日共产国际执委会书记处给驻华代表埃韦特和中共中央发电报，表示“我们完全赞成你们目前根据对形势的正确评价而实行的计划”[35]。但同时提出，要设法改变不利处境，“争取保存中央苏区的前途，是与在外部地区、在交通线上和在靠近敌人设防地区的后方广泛开展游击战密切联系在一起的。不这样大规模地开展游击运动，在苏区内，机动能力非常有限的军队的处境，到今年秋季敌人发动新的攻势，作出最后努力来突破苏区的防线时，就会发生危机。但是在夏季，红军若竭尽全力，是能够采取主动把业已形成的不利形势改变为有利的”。[36]

17日，共产国际执委会书记处给中共中央的电报中，答复“建议发动福建战役将其作为预防和吸引开敌人，进而便于保存苏区或从那里撤离(如果不可避免这样做的话)的措施”。[37]

此前的6月4日,远东局成员赖安给乔治·哈迪(1929—1930任赤色国际代表兼赤色职工国际太平洋书记处书记)的信中已预测了中央红军即将在秋季进行的战略转移:“根据江西、福建地区最近的事态发展,特别是注意到中央红军蒙受的一系列惨重的军事挫折和损失,以及因此中央苏区根据地的缩小,可以推测,如果中国其他地区的军政形势以及国际因素不会导致发生‘出人预料的’重大冲突,以后几个月在阶级力量对比和政治重新组合方面也不会导致发生重要变化的话,那么在最近的将来,可能是秋天,中央苏区红军的主要有生力量将不得不放弃江西、寻找出路和在湘川方向寻找发展苏维埃运动的新的地区,同时要顽强地保卫现有的中央苏区根据地。”

赖安指出,远东局一些人“从去年12月起,一方面阐发了关于本阶段在中央苏区不可避免地要发生决战的失败主义‘理论’,而另一方面与此相联系,仍在考虑红军能否‘坚持’到春季或夏季”。

赖安从国统区工作的视角,分析了中央红军为什么未能打破第五次“围剿”:“造成中央苏区目前极其不能令人满意的军事形势和江西、福建地区暂时遭到重大挫折的主要原因之一,是党在非苏维埃地区,特别是在主要工业中心城市和工业领域,首先是由于群众工作做得很不够而没有能力在最近一个时期发动强大的群众性运动,来积极支持和保卫中央苏区,并给予国民党帝国主义的第六次讨伐行动以毁灭性的打击。”

赖安举了具体事例来说明:“除了奉[中共]中央之命或在其直接领导下沿边界或在中央苏区附近实施的袭击和各种游击行动外,还有一个事实是,在从第六次进攻开始时起(到1934年6月1日)的近一年期间,党、赤色工会和其他组织没有能力阻止发出哪怕一列火车、一艘舰船或一架飞机去反对中央苏区,由于轻视和工作做得不能令人满意,没有能力阻拦敌人从北方向江西、从上海向九江、从上海向福州厦门地区、从杭州向南昌等地运送国民党军队和军人装备,哪怕是五分钟。”

他认为,“很明显,党在非苏维埃地区,特别是在工会工作方面和领导罢工运动方面的群众工作水平比较低下,加之不善于把争取日常经济政治要求和需要的斗争,同日常有步骤地组织、动员和领导工人、农民和劳动群众保卫苏维埃运动、保卫红军和保卫苏区的工作结合起来,这不仅是整个党的主要弱点之一,而且也是促进江西目前军事形势不利发展的基本因素之一”。[38]

事实上,早在1933年11月,福建事变、广昌战役之前,作为军事代表的弗雷德就出于对中央苏区军事形势的悲观,制订了湖南计划:中央苏区红军基本力量向湖南西部和西北部地区突破,以打击从北面进攻中央苏区的国民党部队的侧翼和后方。当时这个计划遭到了中共中央和中革军委的反对,并遭到了共产国际的拒绝。[39]

1934 年 8 月返回莫斯科的埃韦特，于 15 日在共产国际执委会书记处作关于中国形势的报告时，介绍了中央红军不得不进行战略转移的原因：“位于江西南部—福建的中央苏区同样处境也很艰难，敌人大大地缩小了我们的地区，夺取了便于战略推进的据点，为自己的继续推进修筑了较好的道路网并建立了一个彼此相联系的小型碉堡（几千个）体系。敌人以优势的兵力强加给我们一个接一个的战役并且总是在自己的据点附近。我们尝试避开这种使我们一再丧失领土的[打击]。但是，接受战斗从来也没有使我们取得完全胜利，而只是取得部分胜利，因为敌人总是能很快地调来增援部队。……鉴于形势的严峻，[中共]中央在中央苏区进行了总动员。同时通过并开始实施保卫所剩下的苏区和在苏区外开展游击战的详细计划。……现在敌人的前哨距离我们的首府瑞金只有 60 公里。事态的进一步不利发展会迫使我们在竭尽一切防御能力之后，在敌人的湖南一线寻找突破口。”[40]

★ 共产国际代表帮助设计长征的方向

中央红军战略转移后，将走向哪里？共产国际的代表埃韦特帮助红军作了设计。他在 1934 年 6 月 2 日给皮亚特尼茨基的报告中写道：

> 中央苏区的危险形势、军事形势和与此相联系的所有其他问题，在最近几个月大大尖锐化了，没有希望在最近争取到有利于我们的根本改变。此外，还存在这样的危险：秋天敌人会全力从四面猛攻我们已经大大缩小了的中央苏区，放弃以前的缓慢推进、挖通道和修碉堡的战术，换句话说，将开始进行集中而迅速的打击。
>
> 由于广昌和建宁的失陷以及敌主要兵团的进一步推进，还由于不间断的战斗和不充足的战利品，我们的弹药大大减少了。红军的损失巨大。开小差现象在增加。
>
> 敌军的大量集中和不断地挖通道和防御工事（如果敌人在同我们的斗争中将继续取得成绩的话），使中央一号建议难以实施。中央一号建议是：“留在中央苏区，转入游击战，将其作为我们斗争的最重要方法。”当然，把我们的基本力量分成小的游击小组，可以在许多据点、许多地方长时间给敌人制造麻烦，但仅仅这样做决不能保证有效地保卫中央苏区。
>
> [中共]中央说：“否则我们只有保卫中央苏区到最后，同时准备将我们的

主力撤到另一个战场”……不应把中央指出的两种可能性截然对立起来。[41]

在这份报告中,埃韦特还指出,中央苏区突围的方向可到湖南,与贺龙的红二军团会合,进而创建新的苏区。“如果我们成功地进行了突破,那长江还会长时间成为我们同四军团[42]建立联系的很大障碍,而同正在转移的贺龙二军团取得联系,进而建立新的苏区,将是完全能够实现了。”[43]埃韦特后来回到莫斯科,8月中旬向共产国际报告时,解释道:“只有在这个方向突破,才有胜利的机会,才会有助于建立新的苏区。但是敌人也知道我们的这个意图,因为这是唯一可行的,所以敌人为防止这种事态发展开始了积极的准备。”[44]

埃韦特认为,中央苏区要借鉴红四方面军从鄂豫皖苏区转战川陕苏区的经验教训。“四军团1932年在预先未作计划的情况下向四川采取远征行动表明,除了游击兵团,我们主力的一部分,应该留在老的地区,以防止敌人在没有我方任何抵抗的情况下全面而神速地占领这些地区。这一部分军队不应人数很多,否则我们没有足够的力量在[中共]中央电报中规定的方向顺利地进行突破。在这个方向上,我们的基本力量,只有在实行保卫的各种可能性都用尽之后并且在保存着我们大部分有生力量的情况下才应使用。但游击小组和江西、福建地区的兵团,将进行类似于我们留在以前的鄂豫皖苏区的力量所进行的斗争。”[45]

埃韦特预计到了,中央苏区的未来的战略转移势必要突破国民党军的多道封锁线。“敌人从四军团1932年的远征学会了许多东西,虽然他们有比1932年更加强大的、我们必须克服的防线(赣江、赣湘边界和湖南湘江一线),虽然敌人在采取行动之初拥有比1932年多得多的军队来组织追击,但对于我们的进一步推进来说反正都一样,恐怕我们也没有别的选择。”[46]

★ 共产国际与北上抗日先遣队的派出

1934年6月16日、17日,共产国际执委会在批准中央红军战略转移的同时,建议派出红七军团向东行动,牵制国民党兵力,为中央红军战略转移创造条件。内容如下:

1. 现在就用自己的一部分部队经福建向东北方向发起战役,以期最后这些部队成为将来闽浙皖赣边区苏区的骨干力量,现在四省边境地区就有可观的游击行动和第十军的核心力量。这次战役,威胁蒋介石的主要基地和交通线,对保存中央苏区和便于其余部队向湖南方向撤离(如果我们不得不这样做的话),都具有很大的意义。因此,扩大从福鼎到鄱阳湖的游击区，是在中央苏区军队面前可能出现的任何选择中的最重要任务。

2. [即使]考虑到目前的战线防御有暂时被削弱的风险，我们还是建议随第七军之后再投入三个师，它们绕开敌人战线行进，如沿着经过尤溪的中心线前进，然后向北，以便深入敌后以果断的行动切断现在从沙县、建宁扇形地区进攻中央苏区的敌集团军的交通线。在七八月间，这个军团独立作战时，不要去占领敌人的堡垒，可以同第十军和北面的游击队一起给敌人的整个战线造成这样的威胁，使敌人不先尝试消除这个新的威胁，就不能下决心投放力量进攻中央苏区。

3. 归根到底，即使秋季战斗结局不利，我们在中国东南部还有三个主力作战集团军：(1)由七、三、十军团组成的，在目前的中央地区东北部活动的集团军；(2)留在中央苏区进行游击战的集团军；(3)在湘赣边境上的西部集团军，这个集团军将包括撤到那里的中央苏区部队，还有六军团等。[47]

中革军委接受了共产国际的建议，6月下旬，命令红七军团军团部和所属的第十九师，从福建连城回到江西瑞金待命。为了执行新任务，红七军团突击补充了2000多名新战士，合计6000多人。其中战斗人员4000多人，分编为三个师，实际上各相当于一个大团。整编后，新战士占了全军团的三分之一左右；武器严重不足，许多战士只能使用梭镖作战；宣传品和后勤物资共500多担，负荷很大，不便于机动作战。

中革军委旧址（瑞金云石山梅坑）

7月初，红七军团的部队到达瑞金后，李德和党中央、中革军委的几位主要领导人接见了军团长寻淮洲、政委乐少华、参谋长粟裕和政治部主任刘英，宣布红七军团军团部暨红十九师改编为红军北上抗日先遣队，立即向闽、浙、赣、皖等省出动。中央规定先遣队行动的最后到达地域为皖南，因为那里已经有几个县的群众暴动，建立了一小块苏区，要求红七军团在一个半月内赶到，支援和发展那里的革命局面。

接着，中共中央和中革军委分别给红七军团发出作战训令和政治训令，说明抗日先遣队的主要任务是深入国民党统治区的深远后方，宣传推动抗日运动的发展，开展游击战争，在敌人最受威胁的地方，建立新的苏维埃根据地，调动围攻中央苏区的国民党军队。训令还详细部署了红七军团北上的三步行动计划：第一步，由瑞金出动，经连城以北、永安东南，到达福州、南平之间的闽江地域，并在红九军团的配合下北渡闽江；第二步，渡过闽江后，经古田、庆元、遂昌向浙西前进，在有利的条件下，协同红十军消灭浙赣边境地区的敌人；第三步，在浙江及皖南地域，创立新苏区及苏维埃根据地。一路上尽可能与各地苏区、游击区的红军取得联系，以利北上行动。

接受训令后，红七军团在瑞金进行整编，同时对兵员和后勤物资作了尽量补充。7 月 7 日，抗日先遣队在中央代表曾洪易、军团长寻淮洲、政委乐少华的率领下，从瑞金出发，在万民欢呼的送别中，踏上了北上抗日的先遣征程。

★ 共产国际对长征出发时间的批复

博古在 1934 年 9 月 17 日给共产国际执委会的电报中，报告了中央红军长征的出发时间和目的地。电报写道：

> ［中共］中央和革命军事委员会根据我们的总计划决定从 10 月初集中主要力量在江西的西南部对广东的力量实施进攻战役。最终目的是向湖南南部和湘桂两省的边境地区撤退。全部准备工作将于 10 月 1 日前完成，我们的力量将在这之前转移并部署在计划实施战役的地方。我们期待……这里不晚于 9 月底作出最后决定。波戈列洛夫。9 月 17 日。[48]

共产国际执委会政治书记处政治委员会 9 月 30 日回电表示同意："考虑到这样一个情况，即今后只在江西进行防御战是不可能取得对南京军队的决定性胜利的，我们同意你们将主力调往湖南的计划。对南京的决定性行动只能在前面的湖南机动作战结束后采取，这意味着，首先歼灭何键的军队，这样我们的力量才能进一步壮大和巩固。"[49] 并且提出建立东方军、南方军，以牵制国民党军、掩护主力红军向湖南转移的建议。

这时，埃韦特已离开中国，远东局成员只剩下赖安和赤色工会驻华代表贝克，赖安实际上起着共产国际驻华代表的作用。赖安 1934 年 9 月 3 日给共产国际执委会东方书记处写信，对形势作了过于乐观的估计，得出与中共中央书记处 5 月下旬请示、共产国际执委会 6 月 16 日指示和埃韦特 8 月 15 日报告截然不同的结论，以为红军进行战略转移后，还有打破国民党军第五次"围剿"的可能。

赖安在信中说："与大约在 1934 年 6 月初敌人的大规模进攻战役基本上停止和暂时受到限制的局势相比，现在的局势对中央苏区和红军是更为有利的。顺利保卫中央苏区和坚决粉碎第七次进攻，以及夺回在第六次'围剿'中失去的部分苏维埃土地，扩大苏区和建立新的苏维埃根据地的可能性还是非常大的。”

赖安十分乐观地讲了几条理由：

1. 由于超额完成了革命军事委员会和[中共]中央制定的在6至8月间的动员计划和工作计划以及在夏天成功实施的一系列战役，红军有效地突破了敌人在中央苏区东南部和西部战线的包围，同时巩固和加强了自己的阵地，现在红军迫使敌人分散[自己的兵力]，并在一定程度上改变其在江西南部、湖南东南部、福建西部和北部的军事部署，在不久的将来，很可能甚至改变其在江西北部的军事部署。当前红七军[50]在浙江南部和红六军[51]在湖南东南部顺利实施的战役，还要带来某种附加的战术上和阵地上的优势，这种优势在最近几个月内可能具有更大的意义，更不要说在浙江西南部、湖南东北部和中部可以建立新的苏区以及这个因素的意义了。

上面提到的这些战役取得了一些可观的战绩，其中有：给敌军主力部队以一系列沉重的打击；延迟和部分地瓦解了第七次“围剿”的准备工作，特别是在福建战线；保证了相当多的弹药、药品、食盐、火药、物品等的供应（尽管步枪、机枪等的数量还不太多）；对政府军的一些师起到一定的精神瓦解作用，在许多参谋人员中也发生了这种情况；其次，红军第十军团在这个时期胜利地保卫了自己在江西东北部的主要根据地以及在安徽南部的新苏区。此外，总的说来，近几个月在江西、福建、湖南和安徽等省的各种游击队和游击小组的战斗力增强了，他们的行动更加协调，开展得更加广泛和有效。

2. 刘湘的主力、第五和第六野战军8月底在万源地区的惨败，不仅意味着敌人受到了惨重损失，而且意味着至少暂时消灭了他们在四川的进攻兵力的核心力量。红军当前反攻的开始和随后在万源—城口地区取得的一些重大胜利，已成为战争的转折点，使阶级力量对比继续更快地朝着有利于我们的方向变化。显然，这不仅对于完成收复在春天和夏初“围剿”过程中丧失的地区及扩大和巩固川陕边区的苏区的任务具有重大的意义，而且对于反击对中央苏区的第七次“围剿”也具有重大的意义。

3. 最近几个月表明，贵州东北—四川东南的苏区和游击区的状况有一定的加强，而贺龙的部队取得了一些新的胜利。报刊的一些可信的报道表明，贵州北部至少有六个地区处在苏维埃政权的控制之下，包括德江、余庆和石阡等重要地区。这里主要的问题是建立和巩固稳定的中央苏维埃根据地，扩大这个根据地并保证贺龙部队和红军其他部队之间的协调作战和游击行动,特别是在湘西和川东南地区。

4. 湖北东部、安徽西部和河南南部的苏区,红军和游击队的状况在6至8月间也大有改善,这是因为在最近几个星期内取得一些重要胜利(例如,在麻城—商城地区,敌人的两个旅实际上被消灭,缴获了大量步枪和弹药),也是因为成立了几个新的游击中心。[52]

赖安的想法,显然过于盲目乐观。他看到了长征前的兵员大量动员,却未看到这些新兵因为来不及予以足够的训练和教育,战斗力不容乐观;他看到了武器弹药较充分的供应,以及阻击敌军进攻打的几个胜仗,却未看到红军巨大的伤亡,以及未能改变被动的战略态势;他看到了红六军团西征、红七军团先遣北上初期调动敌军的成果,却未看到调动的敌军兵力并不大,未能给中央苏区红军的压力予以实质性的减轻;他看到了川东北红军的大力发展,但未料到,张国焘后来会放弃这里引兵到川西北。再说四川对中央苏区可谓远水解不了近渴。按照他的想法,红军没有必要离开中央苏区,只需原地坚守就可打破敌军的"围剿"。

共产国际和中共中央都没有接受赖安的观点。因为,严峻的现实是,国民党军在德国军事顾问策划的"铁壁合围"下,正步步逼近瑞金,中央苏区已越来越小,岌岌可危。而中革军委已准备了半年之久,中央红军近十万大军的长征,已是箭在弦上、不得不发了。

---

[1] 卓雄:《李德进苏区实况》,载《党史通讯》1985年第5期。

[2] 孙峻亭、李树庭:《接李德进苏区——访当年执行任务者卓雄》,《纵横》2000年第3期。

[3] [德]奥托·布劳恩:《中国纪事》,现代史料编刊社1980年12月版,第3页。

[4] [德]奥托·布劳恩:《中国纪事》,现代史料编刊社1980年12月版,第5页。

[5] 1933年1月18日《国际新闻通讯》,见中共中央党史研究室第一研究部译:《联共(布)、共产国际与中国苏维埃运动(1931—1937)》13卷,中共党史出版社2007年9月版,第330-331页。

[6] [德]奥托·布劳恩:《中国纪事》,现代史料编刊社1980年12月版,第20-21页。

[7]《布劳恩关于苏区军事形势的书面报告》(1933年5月13日),中共中央党史研究室第一研究部译:《联共(布)、共产国际与中国苏维埃运动(1931—1937)》13卷,中共党史出版社2007年9月版,第331页。

[8] 指奥托·布劳恩。

[9] 指苏联红军参谋部第四局。

[10] 中共中央党史研究室第一研究部译:《联共(布)、共产国际与中国苏维埃运动(1931—

1937)》13 卷,中共党史出版社 2007 年 9 月版,第 264 页。

[11] 即埃韦特(格伯特)。

[12] 即奥托·布劳恩。

[13] 中共中央党史研究室第一研究部译:《联共(布)、共产国际与中国苏维埃运动(1931—1937)》13 卷,中共党史出版社 2007 年 9 月版,第 288 页。

[14] 中共中央党史研究室第一研究部译:《联共(布)、共产国际与中国苏维埃运动(1931—1937)》13 卷,中共党史出版社 2007 年 9 月版,第 309 页。

[15] [德]奥托·布劳恩:《中国纪事》,现代史料编刊社 1980 年 12 月版,第 41 页。

[16] 指红色牧师董健吾。

[17]《卓雄同志谈话录》,载中共广东省委党史研究室、中共汕头市委党史研究室:《红色交通线》,1986 年 2 月,第 220 页。

[18] [德]奥托·布劳恩:《中国纪事》,现代史料编刊社 1980 年 12 月版,第 44 页。

[19] [德]奥托·布劳恩:《中国纪事》,现代史料编刊社 1980 年 12 月版,第 44 页。

[20]王智涛:《从共产国际归来的军事教官——王智涛回忆录》,军事科学出版社 2015 年 4 月版,第 98 页。

[21] 王智涛:《从共产国际归来的军事教官——王智涛回忆录》,军事科学出版社 2015 年 4 月版,第 99 页。

[22] [德]奥托·布劳恩:《中国纪事》,现代史料编刊社 1980 年 12 月版,第 35 页。

[23]《埃韦特给皮亚特尼茨基的信》(1934 年 4 月 10 日于上海),载中共中央党史研究室第一研究部译:《联共(布)、共产国际与中国苏维埃运动(1931—1937)》14 卷,中共党史出版社 2007 年 9 月版,第 110 页。

[24] 中共中央党史研究室第一研究部译:《联共(布)、共产国际与中国苏维埃运动(1931—1937)》15 卷,中共党史出版社 2007 年 9 月版,第 351 页。

[25] [德]奥托·布劳恩:《中国纪事》,现代史料编刊社 1980 年 12 月版,第 40 页。

[26] 中共中央党史研究室第一研究部译:《联共(布)、共产国际与中国苏维埃运动(1931—1937)》14 卷,中共党史出版社 2007 年 9 月版,第 7—8 页。

[27] 中共中央党史研究室第一研究部译:《联共(布)、共产国际与中国苏维埃运动(1931—1937)》14 卷,中共党史出版社 2007 年 9 月版,第 5 页。

[28] 中共中央党史研究室第一研究部译:《联共(布)、共产国际与中国苏维埃运动(1931—1937)》14 卷,中共党史出版社 2007 年 9 月版,第 89 页。

[29]《德籍军事顾问在中国(上)》,《军事历史》2005 年 2 月。

[30] [德]奥托·布劳恩:《中国纪事》,现代史料编刊社 1980 年 12 月版,第 47 页。

[31]《周恩来年谱(1898 - 1949)》(修订本),中央文献出版社 1998 年 2 月版,第 260 页。

[32] 指福建事变后蒋介石指挥国民党军对中央苏区的进攻。

[33] 中共中央党史研究室第一研究部译:《联共(布)、共产国际与中国苏维埃运动(1931—1937)》14 卷,中共党史出版社 2007 年 9 月版,第 119—121 页。

[34] 载《红星》报第56期,1934年8月1日。

[35] 中共中央党史研究室第一研究部译:《联共(布)、共产国际与中国苏维埃运动(1931—1937)》14卷,中共党史出版社2007年9月版,第144—145页。

[36] 中共中央党史研究室第一研究部译:《联共(布)、共产国际与中国苏维埃运动(1931—1937)》14卷,中共党史出版社2007年9月版,第144—145页。

[37] 中共中央党史研究室第一研究部译:《联共(布)、共产国际与中国苏维埃运动(1931—1937)》14卷,中共党史出版社2007年9月版,第146页。

[38] 中共中央党史研究室第一研究部译:《联共(布)、共产国际与中国苏维埃运动(1931—1937)》14卷,中共党史出版社2007年9月版,第135页。

[39] 中共中央党史研究室第一研究部译:《联共(布)、共产国际与中国苏维埃运动(1931—1937)》14卷,中共党史出版社2007年9月版,第134页。

[40]《埃韦特同志1934年8月15日在共产国际执行委员会政治书记处政治委员会上所作的报告》,载中共中央党史研究室第一研究部译:《联共(布)、共产国际与中国苏维埃运动(1931—1937)》14卷,中共党史出版社2007年9月版,第193—194页。

[41] 中共中央党史研究室第一研究部译:《联共(布)、共产国际与中国苏维埃运动(1931—1937)》14卷,中共党史出版社2007年9月版,第127页。

[42]即指红四方面军。

[43] 中共中央党史研究室第一研究部译:《联共(布)、共产国际与中国苏维埃运动(1931—1937)》14卷,中共党史出版社2007年9月版,第129页。

[44]《埃韦特同志1934年8月15日在共产国际执行委员会政治书记处政治委员会上所作的报告》,载中共中央党史研究室第一研究部译:《联共(布)、共产国际与中国苏维埃运动(1931—1937)》14卷,中共党史出版社2007年9月版,第194页。

[45] 中共中央党史研究室第一研究部译:《联共(布)、共产国际与中国苏维埃运动(1931—1937)》14卷,中共党史出版社2007年9月版,第131页。

[46] 中共中央党史研究室第一研究部译:《联共(布)、共产国际与中国苏维埃运动(1931—1937)》14卷,中共党史出版社2007年9月版,第129页。

[47] 中共中央党史研究室第一研究部译:《联共(布)、共产国际与中国苏维埃运动(1931—1937)》14卷,中共党史出版社2007年9月版,第144—145页。

[48] 中共中央党史研究室第一研究部译:《联共(布)、共产国际与中国苏维埃运动(1931—1937)》14卷,中共党史出版社2007年9月版,第251页。波戈列洛夫为博古的化名。

[49] 中共中央党史研究室第一研究部译:《联共(布)、共产国际与中国苏维埃运动(1931—1937)》14卷,中共党史出版社2007年9月版,第256—257页。

[50] 指红七军团。

[51] 指红六军团。

[52] 中共中央党史研究室第一研究部译:《联共(布)、共产国际与中国苏维埃运动(1931—1937)》14卷,中共党史出版社2007年9月版,第225—233页。

第二章
共产国际与福建事变

★红军与十九路军签订秘密协定
★南辕北辙的"救援"
★慢了一拍的直接救援
★十九路军对红军的政策自相矛盾
★总军事顾问弗雷德为何瞎指挥?
★共产国际远东局负责人公开泄密
★共产国际预判十九路军必败
★"左"倾关门主义对中革军委的影响
★共产国际检讨在福建事变上的错误

1933年9月25日，国民党北路军3个师从南城、硝石向黎川发动进攻，打响了对中央苏区第五次“围剿”的第一枪。10月17日，蒋介石对各“围剿”军发出训令，要求各部队本着“战略攻势，战术守势”的原则继续作战，构筑绵密的碉堡封锁线，稳扎稳打，逐步推进。“左”倾军事路线实行“全线出击”“御敌于国门之外”的错误方针，在浒湾战斗及云盖山、大雄关战斗中，红一方面军经过近两个月的浴血苦战，败多胜少，遭受了很大损失，陷于战略上的被动地位。就在中央苏区处境日益困难之时，一个打破第五次“围剿”的良机出现了。

十九路军筹划福建事变会议的旧址

11月20日，驻福建的国民党第十九路军将领蒋光鼐、蔡廷锴出于爱国抗日的目的，与国民党内李济深、陈铭枢等一部分反蒋势力发动了震惊中外的福建事变，成立了“中华共和国人民革命政府”，公开宣布抗日反蒋。事变发生后，蒋介石立即从“围剿”苏区的前线抽调9个师入闽，讨伐十九路军，中央苏区压力顿减，出现了粉碎国民党军第五次“围剿”的有利时机。然而，红军的决策者却未能把握好这一良机，第五次反“围剿”作战最终以失败告终，中央红军[1]被迫走上长征路。为何中央红军没有利用好福建事变这一良机呢？其间，共产国际及其驻华的军事顾问有何责任？他们到底作出了什么样的错误决策？

★红军与十九路军签订秘密协定

福建事变的爆发，本来对孤军奋战的红军来说，在战略上是极为有利的。本着"敌人的敌人就是朋友"的定律，红军即可摈弃与十九路军的前嫌，联手对付蒋介石的军队。中共中央高层及红军领导层中许多人也正是这么想、这么做的。而且，此前红军已同十九路军达成了联合反蒋的临时秘密协定。

1933年9月下旬，第十九路军委托陈公培（吴明）秘密到达南平县王台（今南平市王台镇）与红一方面军东方军领导人彭德怀等人谈判，双方以中华苏维埃临时中央政府和红军提出的"共同抗日三条件"为政治基础，达成多项共识或谅解。从此，十九路军与红军化干戈为玉帛，王台谈判为双方进一步合作谈判打开了大门。

为表示中共方面的重视，毛泽东和朱德在瑞金特地会见了十九路军谈判代表徐名鸿、陈公培。毛泽东、朱德在为他们举行的宴会上发表讲话，阐明了以前公布过的统一战线的基本方针，表示赞同和十九路军在抗日反蒋方面合作。徐、陈两位代表听后深受感动，感慨地说："我们以为，毛是半土匪半游击队的头领；我们绝没有想到，他竟是这样一位睿智的政治家。"随后双方拟订初步协议。在谈判中双方在红军与十九路军之间的中立地带问题上出现了争议，蔡廷锴很快电示谈判代表："接受苏维埃政府的全部条件，因为我们的目的是，不管怎么样都要签订协议。"[2]

10月26日，第十九路军代表徐名鸿与红军代表潘汉年在江西瑞金签订了《反日反蒋的初步协定》。随后，潘汉年以全权代表名义在汀州与福建政府签订了抗日停战协定。

潘汉年

两天后，共产国际执委会远东局给皮亚特尼茨基的电报中，汇报了协定的内容：

1. 彼此停止对对方的军事行动。
2. 取消（对中央苏区的）封锁。

3. 在十九路军控制的地区,释放政治犯,保证结社、出版等自由。

4. 协议生效后,以十九路军名义发表反帝反军阀蒋介石宣言。

5. 互换代表并保证他们的安全。

6.(协议)生效前保守秘密,不发表关于双方协议的文件。补充协议是:关于双方反蒋行动的单独协议和贸易协定。协议在批准之日生效。[3]

共产国际对十九路军并不"感冒",但希望通过十九路军帮助中国红军取得急需的武器装备,刚开始是希望通过十九路军从海外订购,并向驻上海的远东局寄来了专项经费,其中一次就达300万墨西哥元之巨,用作购买武器装备之用。[4]

签订初步协议之后,蔡廷锴要求苏维埃政府派全权代表同他的代表一起去福建。潘汉年于是作为苏维埃政府的全权代表同蔡廷锴的代表一起去了福州。潘汉年在与蔡廷锴会晤时,递交了由毛泽东亲自签署的官方证书,其中正式确认委任潘汉年为苏维埃政府的全权代表。蔡廷锴满意地说:"我没有料到,你们也有这些东西,我对此事没有准备。"他先问潘汉年:"如果我们在福建成立政府,并向日本帝国主义宣战,苏联会不会承认我们的新政府?"他又补充说:"要知道,孙中山在广东成立政府时,苏联就支持他,这给了他极大的帮助。我想继续孙中山的事业,在国内要同共产党人合作,在国际范围内保持同苏联友好。"[5]潘汉年不能替苏联作出担保,只能安慰他说,作为原则,苏联始终会帮助被压迫民族进行解放斗争的,如果他们真的成立强大的政府,那么苏联一定会支持它的。

蔡廷锴接着说:"最难办的是,如果我们成立一个新的政府,没有一个政府会正式承认我们。"潘汉年则提请他注意,美国对他们表现出比较友好的态度。并说明在反对日本帝国主义的斗争中,并不排除利用同其他帝国主义大国的某种友好关系和利用帝国主义者之间矛盾的可能性。潘汉年其时已得知美国驻华大使馆代表约翰逊曾专门乘飞机到常州,会见十九路军的代表。这个情况,也许是担心中共方面会指责他同帝国主义有联系,蔡廷锴没有讲。听了潘的这一番话,蔡廷锴高兴地抓住他的手,使劲握着说:"天哪,我没有想到,苏维埃代表如此精通外交事务。……你们有广阔的眼界。"[6]

由于李德指示过潘汉年要从十九路军方面弄到武器装备,潘汉年于是委婉地提道:"假如我们真的共同进行反对日本帝国主义的斗争,那就请您注意,我们有一个很大的不足。您其实了解我们红军的英雄主义精神,知道我们有多么英勇的战士,但我们缺少现代军事技术装备。如果你们真想同我们共同战斗,你们可以帮助我们获得一些现代技术装备,如高射炮、改良型山炮、炸弹发射炮等。”蔡廷锴回答:“是的,这个不难。如果我们占领了某些港口要地,我们就可以以十九路军的名义正式订购军事器材。”但蔡表示当下不行,他说:“您知道,眼下还没有一个帝国主义大国承认我们,我很难支持你们。”[7]

稍后,共产国际感到请十九路军代为购买武器装备不安全,因为担心“收到订货后形势可能发生变化,他可以把我们的全部订货据为己有”。皮亚特尼茨基11月2日和18日给埃韦特的电报中,表示不要经十九路军购买武器,而要直接从他们手中买。“我们建议立即从他那里购买重型火炮、飞机、防毒面具和药品。”电报指出:“我们建议只从蔡廷锴那里购买,货到我们地区后付清。在外国公司那里购买,向苏区供货无保证。”[8]但在同十九路军没有形成实质性的同盟关系时,这显然是不切实际的。当这个指令转到潘汉年手中时,他感到十分棘手,遂决定暂且不提,等双方关系更密切后再说。

这时,蒋光鼐和陈铭枢从香港乘飞机来到福州。蔡廷锴向潘汉年表示:“我们确信,你们真诚地希望同我们建立统一战线。我个人,只想站出来同日本帝国主义作斗争,我打算正式退出国民党,推翻蒋介石政权,成立新的政府。”他说得很坦诚。但谈到具体军事合作问题时,他说:“现在我们还不能这样做。我们想尽快成立新的政府,并以这个政府的名义同你们签订协议,不过要请您同我一起去福州。”[9]

十九路军总指挥蒋光鼐

蔡廷锴、蒋光鼐等人认为,如果蒋介石决定反对十九路军,那么首先就会打击红军。十九路军一旦要同红军签订军事协议,就应当给红军一些武器装备。但他们并不太愿意这样做,同时他们清楚,不这样做双方的合作谈判就不会达到目的。因此,他们虽然口头上答应了,但并无实质性动作。

十九路军军长蔡廷锴

到福州后,蔡廷锴向十九路军各师的指挥官示意,有苏维埃政府的全权代表在这里。但同时他却不让手下的师长们直接同潘汉年交谈。他召开了军事委员会会议,邀请潘汉年出席。这样做是想让自己的指挥官们感到,他们有红军的支持,他们有同盟军。

1933年11月20日,福建人民政府宣告成立。11月下旬,中革军委派张云逸为驻福建第十九路军代表。

福建事变时召开的全国人民临时代表大会的代表合影

双方尽管互派了使节,举行了多轮会谈,但军事协定的签署进展却始终不顺。于是双方采取了另一种方式,即先签订难度较小的互惠的贸易协定,开展贸易往来。当时苏区缺少很多生活必需品,诸如食盐、药品等等。苏区有些产品卖不出去,如纸张、大量的钨。毛泽东在闽西上杭县才溪乡作调查时,曾在长汀对十九路军代表陈小航说:"回去告诉傅柏翠先生,现在我们苏区四面受封锁,特别是食盐,只有由龙岩经过蛟洋到连城这条路,请多加帮助。"[10]

11月27日,张云逸代表苏维埃临时中央政府和中革军委同十九路军代表陈小航在龙岩签订《闽西边界及交通条约》。贸易协定顺利签署后,苏区军民情绪高涨,大家都认为同十九路军建立贸易联系是正确的。十九路军地区的居民也很满意,因为他们可以向苏区出售自己的商品。

这一时期,毛泽东代表中央苏区的新泉外贸分局同十九路军的代表在龙岩签订了《公约》,规定:"保证双方安全,货物畅通;钨砂每百斤五十大洋,以盐、布、棉花、西药付款。"后来在具体执行中,也有少量的枪支、弹药、煤油及文具纸张等日用品。[11]

福建政府与中央苏区互通贸易,使红军得到了急需的盐和西药。双方还继续就军事、政治等方面的合作进行了广泛的接触和磋商。福建政府兵力仅5万人,他们多次表达了希望红军到福建支援十九路军作战的愿望。

★南辕北辙的"救援"

福建事变的爆发,极大地威胁着蒋介石的统治。蒋介石对福建事件极为惊惧,急忙组织了"讨逆军",去进攻福建政府。蒋介石自任总司令,指挥以蒋鼎文、张治中、卫立煌为总指挥的第二、第四、第五路军共12个师和海、空军等约

15 万人，从浙、赣、粤三省分路进攻福建，还勾结日、英等帝国主义国家派出军舰、海军陆战队侵入福建海域、港口，策应其作战。

这时，中央苏区的东部威胁骤减，如果红一方面军能及时与十九路军联合起来的话，对于改变敌我力量对比无疑是极为有利的。周恩来、张闻天等领导人主张，侧击入闽之敌中央军，配合十九路军的行动。

《良友》画报报道福建事变

毛泽东在福建事变发生后，多次向博古、李德建议要与十九路军联合起来。他后来在《中国革命的战略问题》一文中写道，他当时力主红军主力，“无疑地应该突进到浙江为中心的苏浙皖赣地区去，纵横驰骋于杭州、苏州、南京、芜湖、南昌、福州之间，将战略防御转变为战略进攻，威胁敌之根本重地，向广大无堡垒地带寻求作战。……迫使进攻江西南部福建西部地区之敌回援其根本重地，粉碎其向江西根据地的进攻，并援助福建人民政府”，从而粉碎敌人的“围剿”。毛泽东特别加了一句预言：“此计不用，第五次‘围剿’就不能打破，福建人民政府也只好倒台。”

彭德怀也向博古建议：留五军团保卫中央苏区；集中一、三军团和七、九军团，向闽浙赣边区进军，依托方志敏、邵式平创建的革命根据地威胁南京、上海、杭州，支援十九路军的福建事变，推动抗日运动，破坏蒋介石的第五次“围剿”计划。

可惜，中共临时中央[12]拒绝了这些意见。

红一方面军与十九路军这时唇亡齿寒，本应以最快速度派兵驰援福建，但匪夷所思的是，红一方面军的主力红一军团却向相反的方向出击了。

远在上海的中国红军总军事顾问弗雷德在 1934 年 1 月 2 日给中央红军的电示是：“你们能否从一军团拿出一个师和两个独立团，派它们去赣西北，以通过我们向赣江以西运动的部分力量的联合行动建立西方军并在南昌至九江铁路线地区开展作战行动。”

在弗雷德的遥控下，红一方面军主力之一的红三军团，被调用于阻断十九路军去广东的道路，目标却是从十九路军中受中共影响较大的四十九师中取得武器装备，“尝试从四十九师那里取得装备和枪支，帮助武装三军团后方的游击队和地方力量”。这是一个不着边际的目标。

红一方面军的第七、第五和第九军团,则要求“互相靠近行动,准备作为突击力量防备南京军队掉过头来进攻主要苏区”。[13]

对此,彭德怀曾十分痛心地批评道:“红军主力不出击闽浙赣边区,不去威胁南京、杭州,不做十九路军的掩护者,福建事变只能成泡影,是不能巩固的。蒋介石有钱进行收买,再加强大的军事压力,十九路军就会完蛋。金钱收买外加军事压力,这是蒋介石的惯技,只有对红军不灵。我们不支持十九路军,中央苏区的一翼失去了依托,政治上拆去抗日民族统一战线的桥梁,福建事变很快失败了。蒋介石准备了一年的第五次‘围剿’第二阶段就又开始了。”[14]以弗雷德为代表的共产国际远东局 1 月 12 日给中共中央的电报,仍不愿承认其指挥的错误,称:“不管我们考虑的西方战役是否合适,在该战线进行较大战役的时机已经丧失。但作为旨在吸引敌人注意力和牵制敌人兵力的手段,我们赣西部队采取的行动值得给以重视和加以领导,而可能的话,也应该用独立的部队给予加强。通过这种办法,我们可在某种程度上防止来自北面的威胁,保持前线的稳定,在中心地区部署最低限度的兵力。”[15]

弗雷德对国民党粤系甚至存有不切实际的幻想,企图同吴奇伟和薛岳建立统战关系,更奇葩的是,甚至提出与粤系接触的途径之一是通过蔡廷锴。“应认真对待同吴奇伟和薛岳的[关系]问题,通过两种途径:间接的是通过我们的代表和蔡廷锴,直接的是通过重申根据三项条件专门向他们的部队提出的建议。”[16]事实上,十九路军将领对粤系也无大的好感,据蔡廷锴后来评价:“那时粤当局一面赞成抗日,并答允派兵归我指挥,一面又暗中监视与挡驾,此种两面策略、虎头蛇尾行为,实令人愤慨。”[17]

同吴、薛两位将领的所谓“谈判”,其实是蒋介石对福建事变采取的“伐交”“攻心”战。蒋介石深知,红军此时属于十九路军的友军,派粤军向红军表示“友好”,无异于挖十九路军的墙脚。据苏联红军参谋部第四局 1 月 10 日的综合报告,国民党军第九十师师长吴奇伟的代表向中华苏维埃政府驻福建政府代表提出了相互停止作战行动的建议。“蔡廷锴通知苏维埃政府代表,驻江西的南京军队总指挥(蒋介石)的助手陈诚,也有意向中国红军司令部提出停止作战的建议。”所幸,红军并未上当,且决定通过预告打击吴奇伟部队,以观其“反蒋行动”的表现。粤系并非十九路军可靠的同盟军,事实上,福建事变失败后,十九路军最后的余部就是被粤军吞并的。

★慢了一拍的直接救援

福建事变发生后，蒋介石在对十九路军采取分化瓦解与军事打击并举的同时，十分担心红军与十九路军联手。为防止红军对十九路军的策应，他还派出兵力从黎川南出，构筑了由东山至德胜关和东山经熊村、黄土关至光泽之间的碉堡封锁线。蒋介石可能不曾想到，中央红军竟然在很长的时间内没有帮十九路军的忙，而是放开了闽北防线，成了"坐山观虎斗"的看客，让蒋介石军队能够顺利南下福建。

李德在回忆录《中国纪事》中记录了直接驰援十九路军行动停顿下来的怪现象。他写道："中央苏区全部正规部队的三分之二到四分之三，并且都是最精锐的部队处于发起攻击的准备状态中，但是进攻没有发动起来。"[18]

博古本来持援助十九路军的观点，觉得"这是一次难得的时机，应该抓住这个时机实现 1933 年年初以来就在酝酿的建立新的民族统一战线的思想，组成远远超出苏区范围的，以国民党统治区的广大人民群众为基础的抗日阵容"。但上海中央局却持反对立场，其理由为蔡廷锴"倾向于第三党（社会民主党），而社会民主党是顽固反共的。上海局认为，蔡反蒋不过是军阀之间的一般斗争，我们应该最大限度地利用这种斗争来加强我们自己在内战中的地位"。[19]博古就没再坚持自己的意见，向上海中央局的教条主义作了让步。

但最终中革军委落实的还是弗雷德的方案。

在弗雷德眼中，十九路军依然为敌军，认为红军同意与十九路军谈判，"应该看作是瓦解敌军工作的一部分"。[20]"党对福建事变作出评价，应本着这样的精神：这次事变是由国民党的腐败造成的，福建首领是国民党的残余，民众不能认真地对待他们的'左'的辞藻。"主张福建的党组织要把游击运动和开展土地革命结合起来。好在，他的结论是"至于苏维埃政府和红军的政策，我认为，需要继续实行合作政策"，"把十九路军推向敌人的营垒，毕竟是错误的"。[21]

根据弗雷德的计划，第一军团开拔至永丰，第三、五军团在广昌待命。在此期间，弗雷德用无线电发来一个经上海中央局批准的详细计划。计划规定，在一个月之内集中主力向江西西部迅速挺进，直至湖南边界，除占领南昌外，也要尽可能地攻占长沙。这个计划太冒险，太不符合实际力量的对比情况，因此遭到了中央政治局和中革军委的坚决拒绝。李德也反对这个计划。

作为弗雷德的下级，李德不便直接否定弗雷德的计划。为了打消其古怪的念头,李德建议,命令第一军团派部队到永丰进行侦察;同时,把同弗雷德的争论上诉到共产国际执委会,请博古要求共产国际执委会表态。这两个建议都通过了。不出所料,侦察的结果显示,国民党军在赣江以东向纵深层层修筑堡垒,这不是我们的兵力和其他手段所能突破的。同时萧克派人来报告,说第六军团在赣江以西也遇上了坚固的堡垒而不得不返回原地。

在延平被占领后,十九路军陷入了非常艰难的境地。蔡廷锴通过电台请求红三军团彭德怀尽快派出部队挽救危局,阻止蒋介石的进攻。但蔡廷锴看到红军不是派部队去援助十九路军,而是向西,向远离福建的方向推进。蔡廷锴又向红军的总司令朱德发电报请求援助。接到电报,朱德发动大家一起讨论:如果我们现在不派部队去援助十九路军,它就会很快被消灭,那就会中断我们建立的贸易联系——我们苏区是靠这种联系获得生活必需品的,联系的中断会给苏区居民造成很大的打击。讨论的结果是,临时中央决定放弃背道而驰的西攻计划,援助十九路军。

1934 年 1 月上旬,为援助十九路军在福建延平地区抵御入闽国民党军,朱德总司令布置杨尚昆率红三军团东出延平地区截击国民党军,并给该军团配备了一个炮兵营。随后,红三、红七军团即向沙县地域移动。但当红军赶到延平时,国民党军主力已过,只能尾随国民党进攻,失去了侧击的机会,无法扭转整个战局。红军没有汽车作为运输工具,单靠徒步尾追,据潘汉年估计,需要 7 天时间才能给十九路军管用的援助。

不久,蒋介石就派兵包围了福建。30 个师的部队经闽北苏区南下,刚到浙赣边境,红军即奉命撤退。国民党军长驱直入闽北。十九路军内部这时对如何对敌却意见不一。十九路军和蒋军在白沙一经交战,师长司徒非在延平作战不力而降,古田赵一肩师被围,激战三昼夜而降。谭启秀在水口作战,兵力单薄,援军未到已被突破。右翼第二军毛维寿态度不明,其他各军均无决战之心。蔡廷锴无奈,只好在泉州将几无损失的 4 个军交给毛维寿,允许其率部通电投降蒋军。[22]

蔡廷锴和陈铭枢反复向潘汉年提出:如果红军不去援助他们,他们将不得不撤退。他们已经丧失任何希望,并已开始撤退。他们有一半军队已被蒋介石军队消灭。政府的全部人员仓皇逃往香港,处境非常困难。潘汉年鼓励蔡廷锴说,红军将始终同他在一起。当红军攻占沙县时,蔡廷锴对此非常高兴,并为红军举行了宴会。

1 月 15 日福州被蒋军攻陷,福建事变即告失败。仅用了 54 天,蒋介石就将十九路军镇压下去。1 月 21 日,蒋军占领漳州。十九路军第一军至第四军军长联名通电拥蒋,福建人民政府的李济深、陈铭枢、蒋光鼐、蔡廷锴等军政领导人先后败走香港。

十九路军大部分被蒋军诱降瓦解,战至最后随蔡廷锴撤到龙岩的不到 3000 人,主要是周士第团 1500 人,两个炮兵营 900 人。这时,又有红军代表被派到蔡廷锴那里去,再次向他提出了武器弹药问题,蔡只是摆摆手。

这时,追兵蜂拥而至,仅有的这点人马该何去何从?是参加红军,还是背靠苏区在闽西打游击,或者回广东老家依附陈济棠?最终,蔡廷锴让残部去广东军阀陈济棠军中,结果被粤军的黄任寰缴械遣散,徐名鸿秘书长竟被枪决,仅团长周士第只身逃出。十九路军最后的一点种子就此消亡。

★十九路军对红军的政策自相矛盾

有些人在反思福建事变失败的原因时,似乎只看到红军对十九路军支援不力的责任,却未看到其实十九路军也有很大责任。十九路军领导人犯的错误主要是:不愿给红军提供武器;事变初期也没有邀请红军协助作战;事变后期则丧失信心。

蔡廷锴既希望红军军事援助,又不与红军签订军事协定,这种自相矛盾的心理,既不利于双方的团结合作,也为共产国际远东局和中共中央上海局不信任十九路军埋下了严重隐患。潘汉年与陈铭枢进行了八次谈判,却始终未能达成或订立联合作战的军事协定。

1933 年 12 月 20 日和 1934 年 1 月 13 日,朱德、毛泽东两次致电福建人民政府李济深、陈铭枢、蒋光鼐、蔡廷锴,提出“动员群众,与苏维埃和红军合作到底,订立联合作战的军事协定,采取一致的军事行动”等六项紧急建议,敦促福建人民政府立即实践其宣言中及协定上所允诺的人民民主权利,向十九路军全体官兵宣布为反日反蒋,只有与苏维埃和红军合作到底,并采取一切有效方法与联合一致的军事行动。然而,直到这时,蔡廷锴也未放弃其左右摇摆的政策,未与红军进行密切的军事合作。

埃韦特后来回到莫斯科,在报告中提到已签订的反蒋抗日协议,“该协议从来没有得到所谓的人民政府的正式批准,但是它的一系列条款的内容,至少部分地实现了(释放在福建的政治犯,部分地解除封锁,没有发生任何军事上的相互进攻)”。[23]

李德后来在《中国纪事》中称,福建事变本来是“天赐良机”,之所以失败,来自十九路军的原因是,“关于军事合作问题,蔡廷锴首先并不是要得到直接的支持,他只是想签订一个包括确定分界线等内容的互不侵犯协定。对此起了决定作用的,可能是两个原因:一方面,他根据1933年我们进攻的经验,害怕红军会占领他的领地,‘吃掉’他和他的军队;另一方面,他觉得必须考虑军队领导中特别是广东省政府中政治上温和分子的情绪,因为他依靠的正是他们善意的中立态度。二月初或二月中,当他的处境迅速恶化时,他改变了自己的态度,但为时已经太晚了”。[24]

★总军事顾问弗雷德为何瞎指挥?

在过去的许多历史书中,我们看到的只是李德的决策偏执而且僵硬。对此,李德回莫斯科后向共产国际大吐苦水,抱怨他犯的错误,常常是由于要受制于总军事顾问弗雷德的遥控。人们看到的李德瞎指挥,其实往往正是由于弗雷德在后面瞎指挥使然。福建事变中,弗雷德的指挥令人十分费解:为何在如此紧要的关头,却要做损人而不利己的事呢?

弗雷德在福建事变前就固执地要求中央苏区的红军要利用蒋介石对付冯玉祥的“抗日同盟军”时北线获得的喘息之机,向福建的十九路军发起攻势。弗雷德有两条奇怪的理由。第一,他暗示苏联可能向中国的中央苏区提供武器援助,需要通过空运和获得福建沿海的一个港口来解决。第二,他认为,蔡廷锴对冯玉祥的长城抗战支持不力,表明他是一个不可靠的人,为争取蔡廷锴成为抗日反蒋的盟友,必须向他显示一下红军的实力,因此对十九路军要“先打后谈”!

李德认为,蔡廷锴对冯玉祥的长城抗战,确实只尚言语,未见行动。但他和尤尔特都认为,按照共产国际执委会1933年1月的指示精神,他仍然是一个可能的同盟者。所以李德提出:“中央红军不应再对他进行军事进攻,而应把全部注意力集中到北线,也就是集中到蒋介石军队这边来。”[25]

弗雷德对李德提出的异议作了驳斥,并补充说,即使不能使蔡廷锴就范,但通过对十九路军的胜利攻击,我们也可以在即将到来的同蒋介石的决战中,确保我军在福建的后方和侧翼,然后我们就能转而对国民党中央军在北面的进攻,开展积极的骚扰活动。[26]

由于弗雷德固执己见的主张占了上风,1933年夏,红三军团在闽西发起了对十九路军的作战。经过3个月的战斗，夺取了一连串的小城，缴获了大量武器弹药、粮食布匹。十九路军的几个师遭到了重创。9月底10月初，红军的进攻在南平停了下来。李德指出，这次作战，虽然取得了胜利，但是蒋介石部队乘红军北线空虚之机，出其不意地占领了黎川，赣东北大部分根据地丧失，“这样，蒋介石的第五次‘围剿’夺得了有利地位，而我们在福建的优势也因此而丧失了”。[27]

由于之前对十九路军有这样的逻辑，弗雷德在福建事变发生后，蒋介石军队进攻十九路军，十九路军最需要红军帮助之时，却不同意红军对其立即实施坚强有力的援助，反而将主力从中央苏区的东线调至西线永丰地区，去进攻敌人的堡垒阵地，企图等到十九路军遭到蒋介石军队重创之后，再作驰援。

中共上海中央局的思路与弗雷德一样，即“利用国民党阵营内部新产生的矛盾，给蒋介石以毁灭性的打击”；不切实际地要红一方面军去冒险，“一旦蔡廷锴开战，中央红军就在西北一线突破敌人阵地，越过赣江，夺取国民党军队的外侧，从敌人背后向南昌挺进”。[28]而党内个别领导人在与福建政府的合作中还存有讨巧的心理，说：“要先叫十九路军吃一点亏，我们再帮助他们，那他在与我党合作中价钱就便宜了。”[29]

也许是旁观者清的缘故，远在莫斯科的共产国际执委会对弗雷德的计划并不同意，他们于1934年1月2日给中共中央应对福建事变的建议是：“你们的部队应该避开蒋介石的进攻部队，在迅速重新部署后，从北面和南面同时打击进攻十九路军的蒋介石的翼侧和后方，最好是在它们之间发生冲突的时候。”[30]

可惜，这个指示来晚了，红军已按照弗雷德的部署行动了。

按照弗雷德的部署，红一方面军将“一、二军团[31]、工人师和4个独立团集中到永丰城以南，目的是突破敌人设防地带和向北进攻”。在十九路军中开展政治工作，以期把它吸引到自己方面来。在十九路军的部队中，最倾向于转到中共方面来的是四十九师，然而毕竟该师没有过来。后来红军长征一过草地后，正是该师受胡宗南指挥，前往包座奔袭红军，结果被红四方面军几乎全歼。当然，这是后话。这说明，弗雷德当时想争取四十九师也是不现实的。

取得了战果的主要是红十七师，该师击溃了敌七十七师一个团，缴获了400多支步枪和11挺机关枪。[32]

1月2日，弗雷德给中共中央的电报中，要求在福建事变快速发展的形势下，红军的任务是：“以援助十九路军（为）借口，同四十九师密切配合，在1月间用三军团力量保持住漳平、屯岗（音）地区的基地，以便将来在东北战线作战和封锁十九路军去广东的道路。对四十九师从下面争取士兵群众的工作应给以加强。三军团在广东方向的后方应通过武平、上杭、永定地区加强对游击队行动给以掩护，行动范围尽量向广东以及漳州方向扩大。……请尝试从四十九师那里取得装备的枪支，帮助武装三军团后方的游击队和地方力量。”[33]

李德认为：“弗雷德的计划，是要在西北部向敌人的中心地区，发动一次无论从时间上还是空间上来讲都是无法实现的大规模进攻。他的这个冒险主义的战略方案，以及坚持这一方案的顽固态度，阻碍了革命军事委员会及时作出把主力放到闽北，同十九路军一起作一决战的唯一正确的决定。而当他下决心这样做时，为时已经太晚，机会也已经错过。”[34]

★共产国际远东局负责人公开泄密

在福建事变中，共产国际远东局负责人埃韦特本人，不仅没有发挥良好的指导作用，相反还犯了公开泄密的低级错误。

后来他回莫斯科讲到关于红军与十九路军谈判内容被泄密一事，辩称：“与十九路军的谈判不是什么秘密，相当具体的情报已从十九路军代表那里泄露出去。”[35]其实，泄密者不光是十九路军方面，还有埃韦特本人。

事件的发生是这样的：埃韦特擅自用“中共领导和负责成员”名义，主动向上海的《中国论坛》等报刊透露他从中国共产党方面获悉的《初步协定》及双方合作情况。

对埃韦特的泄密行为，中共临时中央表示强烈不满，于 1933 年 12 月 27 日直接致电共产国际执委会，反映三点意见：第一，“你们驻上海的代表未经我们同意，甚至未通知我们驻上海的代表，以我们党负责人名义接受《中国论坛》和其他外国报纸记者的采访”；第二，“十九路军不愿意公布我们同它签订的协议，更希望不要急于拿出关于购买武器、交易量、交换各种商品的各种协议的证据。为了避免关系破裂和改善我们的军事状况，同时利用我们的战绩在斗争过程中得到较好巩固的情况（原文如此），也为了工农的利益，我们满足了这些要求”；第三，“你们驻上海的代表……讲述了同十九路军签订的秘密协议和互不侵犯协议，并且在通报时犯了许多错误。所有这些使我们处于很困难的境地”。[36]

共产国际执委会于 1934 年 1 月 2 日复电中共临时中央时表示歉意：“我们的代表不同你们协商，甚至不通知你们驻上海的代表，就以你们党或你们党代表的名义（我们还没有收到有关此事的所有电报，不能准确地理解电文）接受记者采访，他的这种行为是绝对错误的。我们坚决谴责我们代表的这种行为。”[37]

本来，福建事变爆发后，蒋介石即把“联共”作为一个重要的舆论武器，在《告剿匪将士书》中攻击十九路军将领：“陈铭枢等竟与共党勾结，于号日（注：即20日）在闽组织伪府，突行叛变。……谋与共党合作，信使不辍，最近互不侵犯之协约已成。”[38]韦埃特公开泄密，授人以柄，无疑为蒋介石提供了重磅炸弹，使十九路军陷入更加孤立无援的境地。

蔡廷锴曾回忆：两广原来与我们有盟约的，我们一再去电争取合作，但他们看到我们联共、放弃党国旗号之后也起来反对，各省（包括湘、黔、滇、川、康、鲁、陕）原来是有友好联系的，由于形势不对头，也没有一省通电支持。平时在国外的闽、粤籍华侨是热烈支持十九路军的，这次华侨支持的也寥寥无几。“惟广东、广西、湖南、山东当局虽有代表接洽，但态度暧昧。”[39]

埃韦特直到1934年8月回到莫斯科，承认错误时仍很勉强，“在利用这个协议及其内容方面我与［中共］中央发生了分歧。由于缺少快速的通信联系，我以答记者问的方式犯了一个形式上的错误，我是在人民政府宣布成立后向报界发表谈话，阐述了党的立场。在这次答记者问中谈到了关于互不进攻的‘秘密协议’，同时指出了众所周知的红军多次重复的主张”。[40]

★共产国际预判十九路军必败

弗雷德和临时中央犯错误的背后，有深厚的共产国际因素。1933年11月27日苏联《真理报》发表《福建省的形势》，也对福建事变进行了负面的评价。时任中共驻共产国际代表团负责人的王明宣称，十九路军领导人发动福建事变是“玩弄手腕和‘左’倾词句”。

福建事变的每一步，临时中央和共产国际远东局都及时报告了共产国际。福建事变发生当天，埃韦特就向共产国际执委会的皮亚特尼茨基发去电报：“如果福建采取反南京步骤，您是什么意见？您是否同意苏维埃政府建议蔡廷锴靠自己的力量组织不叫红军而叫人民革命军的工农武装？我们有人，但没有武器。这些力量应该同红军和福建军队实行合作来对付南京的进攻。”[41]

共产国际执委会远东局密切关注着福建事变，对事变的过程了解得相当透彻。在1934年1月12日给中央苏区连续发来两封电报，精确地预测：福建目前的政权，最近必定要垮台，即使十九路军主力采取军事行动，也无法阻止目前的迅速垮台，福建部分军政首领向南京的投降和另一些首领转到广东人方面。这个发展进程正在把福建事变给我们带来的暂时而有限的优势化为乌有，南京的强大军队在准备继续包围中央苏区。[42]

远东局判断十九路军失败后有四种前途："(1)失败和向南京投降。(2)归并到闽东南受日本人鼓励的匪帮里，很明显，这些日本人是日本介入的先行者。(3)加入粤军。(4)寻求投奔红军的途径。"[43]

可惜，远东局应变的对策却十分乏力，也极不可靠。远东局提出："去把十九路军的部队吸引到我们方面来或使其脱离(十九路军)，去获取武器，解除或动摇敌对部队的武装，歼灭地主武装，以及给予向前推进的南京军队以重大的打击。"[44]

福建事变失败后，共产国际执委会1月17日给中共中央的建议是，能否通过武力和宣传相结合的办法，争取十九路军部队起义，"能否在转到红军方面来的口号下组织十九路军部队起义，特别要注意四十九师，要解除忠实于十九路军指挥部的部队的武装，为此要利用(红)三军团"。[45]

共产国际后来指示中共中央"采取积极行动，阻止南京人通过占领福州来取得建立进攻红军的设防出发地区的可能性"，红军其实也迅速出击闽中，但为时已晚，且收效不佳。谁也不曾想到，十九路军崩溃会如此之快！

★"左"倾关门主义对中革军委的影响

是否援助十九路军，如何援助十九路军，说到底毕竟是中共临时中央的事，是中国工农红军的事。如果当时的临时中央和中革军委能作出正确决策的话，福建人民政府恐怕也就不会那么迅速地崩溃了。可惜的是，临时中央和中革军委的决策存在着严重的失误。之所以失误，究其根源，则是当时确有"左"倾关门主义的干扰。

福建事变爆发后，中革军委决定，集中红一、三、七军团以及独立三十四师，总共7个战斗力很强的师，发动一次进攻。中央苏区全部正规部队的三分之二到四分之三，处于发起攻击的战备状态，但进攻没有发动起来。

苏区中央局有人不同意援助福建政府，称福建事变是"反动统治阶级的一部分企图通过新的谋略来欺骗民众，以便逃避它们越来越迫近的灭亡"，谴责十九路军和福建政府"言行不一致"、"不履行对中华苏维埃政府和红军的义务"、

“不主动不坚决”等。认为,应先在闽北打败蒋介石军队后,再给予支持。苏区中央局多数人赞同援助十九路军,从博古到周恩来、朱德,包括李德等人都同意;然而在上海的临时中央局的一些领导人对福建政府抱有偏见,认为“这一政府不是人民的,而且还不是革命的”,“完全是反革命派行骗人的把戏”!因此不愿与其联合。

匪夷所思的是,1933年11月25日中革军委发出关于红一方面军行动的训令,强调“不应费去大的损失来与东北敌人新的一路军作战,而让十九路军替我们去打该敌”,“我们要看新的第一路军作战的结果以及敌人新的部署如何,可能在十二月中旬突然将我们的主力转移到西方对付敌人的第二路军”。这就拒绝了朱德、周恩来提出的配合福建第十九路军的正确意见。[46]

中共临时中央11月27日发表的《福建的事变和我们的任务》和12月5日发表的《为福建事变告全国同胞书》中明确认为福建事变“是反动统治的一种新的欺骗”,“是一些过去反革命的国民党领袖和政客们企图利用新的方法来欺骗民众的把戏”,必须“揭破他们的阴谋”。

中共临时中央发出的《为福建事变告全国同胞书》还称福建人民革命政府成立后“并没有任何真正反帝与反军阀官僚豪绅地主的实际行动”,“它不会同任何国民党的反革命政府有什么区别”;认为中间的道路是没有的,“一切想在革命与反革命中间找取第三条道路的分子,必然遭到惨重的失败,而变为反革命进攻革命的辅助工具”。这个声明等于做了蒋介石想做而没有做到的事,也令红军准军事盟友的十九路军领导人深感心寒。

李德在《中国纪事》中记载:“弗雷德的建议得到了中央委员会上海办事处的有力支持,中央政治局和革命军事委员会也从瑞金发来电报,表示同意。先前大体上和我意见一致的尤尔特同志也改变了主意。同样,原先迟疑不决的博古,也在政治局里被多数压倒,或者说改变意见。”[47]在共产国际远东局及中共上海中央局的压力下,作为临时中央负责人的博古没有坚持自己的正确意见,对这种教条的“左”倾关门主义作出了妥协。

12月12日国民党军为保障其进攻福建第十九路军的侧翼安全,以第八纵队周浑元三个师在第五纵队罗卓英两个师的策应下,由黎川南出,向团村、东山、德胜关进犯,其中两个师向红五军团阵地发动进攻。朱德、周恩来急令已奉命西调但尚在团村附近的红三军团和第三师、第三十四师从东西两个方向对敌反击。但因兵力不集中(由于按照博古和李德决定的作战方针,与红一军团分兵作战),仅打成击溃仗,国民党军大部得以逃脱。

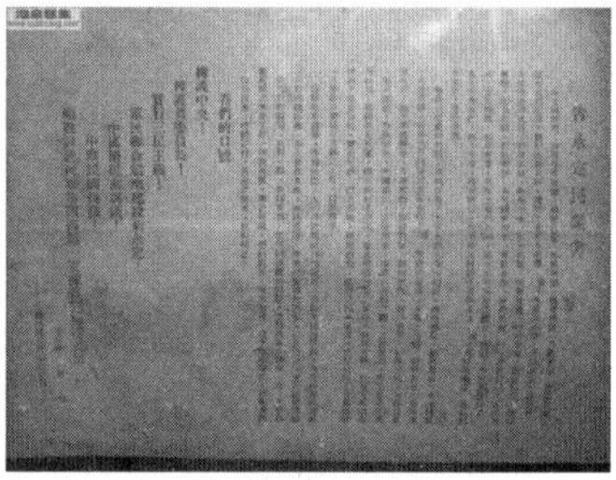

福建事变后国民党军队镇压十九路军的告示

第二天,朱德、周恩来致电中革军委,报告团村战斗情况,说:“我东方军昨日战斗相当激烈,杀伤敌虽近千,恐缴获不多,非再集中全力给敌以更大杀伤,不易使东北暂归平静,而使我战略转移(原文如此)。”团村战斗,如一、三军团会合作战,战果必不致如此。提出目前应集中兵力,“我突击兵团分割作战,在一般干部乃至战时将新战术应用尚未了解与熟练条件下,常不能达到高级要求的胜利,且常付过大代价,此点在目前特别重要”。[48]朱德建议立即集中主力,调红一军团及红十四师至康都西城桥准备会同红三、红五、红九军团主力,甚至红七军团主力一部,在东山、德胜关与国民党军主力决战。

但中革军委连电朱德、周恩来,不同意他们在前方的提议,并下达重新布置的密令,坚持将红三军团、红一军团和红九军团主力西调永丰地区,进攻国民党军构筑的堡垒线,并在 24 小时内 4 次变更作战命令。博古和李德坚持将红军主力西调,让第十九路军单独去同蒋介石军队作战。

1934 年 1 月 12 日红三军团分三路进攻沙县。为援助十九路军在福建延平地区抵御入闽国民党军,周恩来布置杨尚昆率红三军团东出延平地区截击国民党军,并给该军团配备了一个炮兵营。随后,红三、红七军团即向沙县地域移动。但当红军赶到延平时,国民党军主力已过,无法扭转整个战局了。

这时,蒋介石的军队已经占领了闽北,正向福州方向推进。被打败的十九路军前途渺茫,虽然坚持反抗,但终究不敢决一死战。中革军委终于改变决策,把红军先头部队的 7 个师调到福建,在南平地区向蒋介石部队的右翼发起进攻,以减轻十九路军的负担。政治局和军事委员会这次一致作出了相应的决议。蔡廷锴深知自己处境之艰难,无路可寻,所以也同意红军向福建中心地区挺进。

这时,情况有了变化。红一、三军团急行军向南平挺进,红七军团和独立三十四师在邵武以东地区抵抗陈诚的部队,以掩护红一、三军团的左翼。就在这时,蔡廷锴的一名师长带领他的全师人马投降了蒋介石,他的部队占领了建阳、建瓯和南平,以致红军无法渡过闽江,不得不把整个先头部队转向东南方。1 月中旬，福州失守。十九路军领导内部发生分裂，军队大部分投降，只在闽南还有个别部队进行反抗。红军的先头部队在闽中打击了新编第五十二师，占领了一块相当大的地区，包括沙县、三明、永安和尤溪等城市。可惜为时已晚，已经影响不了战争的结局了。红军只能力求保护十九路军要人的安全，这一目的算是达到了。

★共产国际检讨在福建事变上的错误

中共驻共产国际代表团以及上海中央局错误估计了形势，中共内部的“左”倾关门主义，加上福建政府内部的问题，双方的观望、貌合神离、错误决策等一系列的失误，使红一方面军未能及时援助福建事变，丧失了打破第五次“围剿”最重要的一次良机。对于福建事变的失败，共产国际意识到在指导中国红军时犯了难以挽回的错误。后来，多次认真进行了检查。埃韦特 1934 年 8 月回到莫斯科述职时有一个专题便是关于福建事变的。

潘汉年 1935 年为报告遵义会议情况到莫斯科后，专门就福建事变作了长篇报告。在向共产国际执委会书记处报告时，他不无遗憾地说：“若是我们以前有建立反帝人民阵线的方针，并本着王明同志近期提出的建议的精神行事，若是我们这样做了，我们就能粉碎蒋介石军队的进攻，因为实际上第六次‘围剿’（指对中央苏区的第五次‘围剿’）是在蒋介石消灭了十九路军之后才开始的。如果我们真正同十九路军实现了行动统一，蒋介石就不会那么容易进攻我们。十九路军以及其他集团的将领都希望同我们签订协议，但我们当时是以另一种方式提出统一战线问题的。我们不是统一战线的倡导者，而是人家派代表来找我们的。如果我们正确地实行反对日本帝国主义的人民阵线政策，那么今天中国的军事地图就完全是另一个样子，我们会取得更多的成就。”[49]

李德 1939 年回到莫斯科时，也专门就福建事变作了检讨。对福建事变的失败，共产国际负有很大的责任，而作为共产国际军事顾问的李德自然也难辞其咎，但最大的直接责任者当数驻上海遥控指挥的总军事顾问弗雷德。李德承认“我自己也是应该受到批评的”。[50]他在弗雷德及上海中央局的双重压力下，没有迅速作出决断，以致坐失良机。

共产国际后来在指导 1934 年 9 月中央红军长征前夕同粤系军阀陈济棠的谈判时，就注意吸取同十九路军谈判时的教训。同年 10 月 8 日，就在中央红军即将踏上长征征途时，共产国际执委会政治书记处政治委员会给中共中央发电报,再次询问与粤系的谈判,提出要吸取福建事变的教训。

1934 年 2 月,蒋介石在镇压福建事变后,将入闽部队组成东路军,和已成立的北路军、西路军、南路军相配合,形成对中央苏区的合围之势,重新开始进攻。

好在还在福建事变失败前夕,共产国际远东局便已预见到"蒋介石一旦取得对福建问题的满意解决,较大规模的进攻定会恢复",指示中共中央,准备在福建事变后,应对蒋介石发动的大规模进攻。"利用福建的运动战时期,争取延缓南京军队的快速推进,我们应该努力延长这个阶段,给从东北和东面进攻在我们手里的汀州的蒋介石军队设置尽可能多的障碍。……必须把我们能在 1、2 月份集结或建立的所有预备队集中在广昌地区,以便以后投放到建宁和泰宁,从那里组织我军主力在上述战线进行反击。"[51]这等于为后来的广昌战役及其后长达半年的长征准备拉开了序幕。

---

[1] 1930 年 8 月,红一军团和红三军团在湖南浏阳永和会师,组成中国工农红军第一方面军。1931 年 11 月中革军委成立,红一方面军总指挥撤销,方面军所属部队由中革军委直接领导和指挥,称中央红军。1932 年 6 月恢复红一方面军番号。1934 年 1 月,红一方面军再次归中革军委领导,改称中央红军。1935 年 8 月,再次恢复红一方面军番号。

[2]《潘汉年在共产国际执行委员会书记处非常会议上的发言》(1935 年 10 月 15 日于莫斯科),载中共中央党史研究室第一研究部译:《联共(布)、共产国际与中国苏维埃运动(1931—1937)》15 卷,中共党史出版社 2007 年 9 月版,第 49 页。

[3] 中共中央党史研究室第一研究部译:《联共(布)、共产国际与中国苏维埃运动(1931—1937)》13 卷,中共党史出版社 2007 年 9 月版,第 574 页。

[4]中共中央党史研究室第一研究部译:《联共(布)、共产国际与中国苏维埃运动(1931—1937)》13 卷,中共党史出版社 2007 年 9 月版,第 618 页。

[5]中共中央党史研究室第一研究部译:《联共(布)、共产国际与中国苏维埃运动(1931—1937)》15 卷,中共党史出版社 2007 年 9 月版,第 50 页。

[6]中共中央党史研究室第一研究部译:《联共(布)、共产国际与中国苏维埃运动(1931—1937)》15 卷,中共党史出版社 2007 年 9 月版,第 51 页。

[7] 中共中央党史研究室第一研究部译:《联共(布)、共产国际与中国苏维埃运动(1931—1937)》15 卷,中共党史出版社 2007 年 9 月版,第 50—51 页。

[8] 中共中央党史研究室第一研究部译:《联共(布)、共产国际与中国苏维埃运动(1931—1937)》13 卷,中共党史出版社 2007 年 9 月版,第 585 页。

[9] 中共中央党史研究室第一研究部译:《联共(布)、共产国际与中国苏维埃运动(1931—1937)》13 卷,中共党史出版社 2007 年 9 月版,第 623 页。

[10] 中共中央党史研究室第一研究部译:《联共(布)、共产国际与中国苏维埃运动(1931—1937)》15 卷,中共党史出版社 2007 年 9 月版,第 52 页。

[11] 赖晨、张茜:《1933 年:苏区与十九路军的钨盐贸易》,《湖北档案》2014 年第 10 期。

[12] 1931 年 1 月中共六届四中全会召开,选出中央政治局委员 9 人,政治局候补委员 7 人。到了 9 月中旬,在上海的政治局委员只有周恩来、卢福坦、王明、刘少奇 4 人,仅占政治局成员的四分之一,失去了“代表多数”的作用。周恩来将赴中央苏区,王明将去莫斯科,这样一来,中央政治局无法正常运转。为此,共产国际远东局指示中共改组中央领导,成立临时中央政治局,并提出组成人员的具体建议。9 月中旬,中共临时中央政治局召开第一次会议,经共产国际批准,成立临时中央政治局,博古负总责,中共临时中央在上海成立。1933 年临时中央与苏区中央局合并,对外称“中共中央局”,仍为临时中央。1934 年 1 月,中共中央局名称停用,中共六届五中全会在瑞金举行,选出新的中央委员会,改选了中央政治局,临时中央遂告结束。

[13] 施特恩给中共中央的电报,1934 年 1 月 2 日,于上海,《联共(布)、共产国际与中国苏维埃运动(1931—1937)》14 卷,第 215、216 页。

[14]《彭德怀自述》,人民出版社 1981 年 12 月版,第 184 页。

[15] 中共中央党史研究室第一研究部译:《联共(布)、共产国际与中国苏维埃运动(1931—1937)》14 卷,中共党史出版社 2007 年 9 月版,第 16 页。

[16] 中共中央党史研究室第一研究部译:《联共(布)、共产国际与中国苏维埃运动(1931—1937)》14 卷,中共党史出版社 2007 年 9 月版,第 3—4 页。

[17]《蔡廷锴自传》,黑龙江人民出版社 1982 年 10 月版,第 308 页。

[18] [德]奥托·布劳恩:《中国纪事》,现代史料编刊社 1980 年 12 月版,第 84 页。

[19] [德]奥托·布劳恩:《中国纪事》,现代史料编刊社 1980 年 12 月版,第 85 页。

[20] 中共中央党史研究室第一研究部译:《联共(布)、共产国际与中国苏维埃运动(1931—1937)》13 卷,中共党史出版社 2007 年 9 月版,第 600 页。

[21] 中共中央党史研究室第一研究部译:《联共(布)、共产国际与中国苏维埃运动(1931—1937)》13 卷,中共党史出版社 2007 年 9 月版,第 632—633 页。

[22]《蔡廷锴自传》,黑龙江人民出版社 1982 年 10 月版,第 315 页。

[23]《埃韦特同志 1934 年 8 月 15 日在共产国际执行委员会政治书记处政治委员会上所作的报告》,中共中央党史研究室第一研究部译:《联共(布)、共产国际与中国苏维埃运动(1931—1937)》14 卷,中共党史出版社 2007 年 9 月版,第 198 页。

[24] [德]奥托·布劳恩:《中国纪事》,现代史料编刊社 1980 年 12 月版,第 84 页。

[25] [德]奥托·布劳恩：《中国纪事》，现代史料编刊社 1980 年 12 月版，第 36 页。

[26] [德]奥托·布劳恩：《中国纪事》，现代史料编刊社 1980 年 12 月版，第 37 页。

[27] [德]奥托·布劳恩：《中国纪事》，现代史料编刊社 1980 年 12 月版，第 38 页。

[28] [德]奥托·布劳恩：《中国纪事》，现代史料编刊社 1980 年 12 月版，第 65 页。

[29]《黄火青同志谈在福建事变时的经历》，《党史研究资料》1982 年第 8 期。

[30] 共产国际执行委员会政治书记处政治委员会给中共中央的电报，1934 年 1 月 2 日，于莫斯科，全宗 495，目录 184，卷宗 36（1933 年发文），第 276—277 页。法文打字稿，原件。《联共（布）、共产国际与中国苏维埃运动（1931—1937）》14 卷，第 218 页。

[31] 中央红军没有二军团，但原文如此，二军团应系红三军团的笔误。

[32]《工农红军参谋部第四局关于中国红军状况的第 9 号综合报告》（不早于 1934 年 1 月 10 日于莫斯科），中共中央党史研究室第一研究部译：《联共（布）、共产国际与中国苏维埃运动（1931—1937）》14 卷，中共党史出版社 2007 年 9 月版，第 12 页。

[33] 中共中央党史研究室第一研究部译：《联共（布）、共产国际与中国苏维埃运动（1931—1937）》14 卷，中共党史出版社 2007 年 9 月版，第 3 页。

[34] [德]奥托·布劳恩：《中国纪事》，东方出版社 2004 年 6 月版，第 88 页。

[35]《埃韦特同志 1934 年 8 月 15 日在共产国际执行委员会政治书记处政治委员会上所作的报告》，中共中央党史研究室第一研究部译：《联共（布）、共产国际与中国苏维埃运动（1931—1937）》14 卷，中共党史出版社 2007 年 9 月版，第 198 页。

[36] 中共中央党史研究室第一研究部译：《联共（布）、共产国际与中国苏维埃运动（1931—1937）》13 卷，中共党史出版社 2007 年 9 月版，第 652 页。

[37] 中共中央党史研究室第一研究部译：《联共（布）、共产国际与中国苏维埃运动（1931—1937）》14 卷，中共党史出版社 2007 年 9 月版，第 6 页。

[38] 薛宗耀：《1933，共产国际驻华代表的泄密事件》，《福建党史月刊》2013 年 10 月，第 51 页。

[39]《蔡廷锴自传》，黑龙江人民出版社 1982 年 10 月版，第 314 页。

[40]《埃韦特同志 1934 年 8 月 15 日在共产国际执行委员会政治书记处政治委员会上所作的报告》，中共中央党史研究室第一研究部译：《联共（布）、共产国际与中国苏维埃运动（1931—1937）》14 卷，中共党史出版社 2007 年 9 月版，第 198 页。

[41] 中共中央党史研究室第一研究部译：《联共（布）、共产国际与中国苏维埃运动（1931—1937）》14 卷，中共党史出版社 2007 年 9 月版，第 628 页。

[42] 中共中央党史研究室第一研究部译：《联共（布）、共产国际与中国苏维埃运动（1931—1937）》14 卷，中共党史出版社 2007 年 9 月版，第 17 页。

[43] 中共中央党史研究室第一研究部译：《联共（布）、共产国际与中国苏维埃运动（1931—

1937)》14 卷,中共党史出版社 2007 年 9 月版,第 14 页。

[44] 中共中央党史研究室第一研究部译:《联共(布)、共产国际与中国苏维埃运动(1931—1937)》14 卷,中共党史出版社 2007 年 9 月版,第 17 页。

[45] 中共中央党史研究室第一研究部译:《联共(布)、共产国际与中国苏维埃运动(1931—1937)》14 卷,中共党史出版社 2007 年 9 月版,第 25 页。

[46] 中共中央文献研究室:《朱德年谱(1886—1976)》新编本(上),中央文献出版社 2006 年 11 月版,第 359 页。

[47] [德]奥托·布劳恩:《中国纪事》,现代史料编刊社 1980 年 12 月版,第 37 页。

[48] 中共中央文献研究室:《朱德年谱(1886—1976)》新编本(上),中央文献出版社 2006 年 11 月版,第 360 页。

[49] 中共中央党史研究室第一研究部译:《联共(布)、共产国际与中国苏维埃运动(1931—1937)》15 卷,中共党史出版社 2007 年 9 月版,第 55 页。

[50] [德]奥托·布劳恩:《中国纪事》,现代史料编刊社 1980 年 12 月版,第 88 页。

[51] 中共中央党史研究室第一研究部译:《联共(布)、共产国际与中国苏维埃运动(1931—1937)》14 卷,中共党史出版社 2007 年 9 月版,第 13 页。

第三章

共产国际关注长征进程

★共产国际关注中央红军同陈济棠的秘密谈判

★共产国际与红十军团的组建

★共产国际关注四渡赤水战役期间的红军

★共产国际关注在四川的苏区和红军

★中共中央派人到共产国际汇报遵义会议

★共产国际积极筹划援助中国红军武器装备

★共产国际设法恢复与中共的通信联络

长征是震撼世界的英雄史诗，长征通过改变中国继而改变世界。但长征不是单向影响着世界的，世界也对长征发生着深刻的影响。世界对长征的影响主要体现在苏联和共产国际对中国长征的影响。20 世纪 30 年代的中国革命，作为国际共产主义运动的一部分，自然离不开共产国际的影响。共产国际对红军长征的进程究竟产生了多深的影响，恐怕很少有人思考过这个问题。过去，人们往往只是记住了共产国际对红军指导失误造成的损害，却忽略了共产国际无论是主观还是客观上，对长征也有过不少积极的影响。

★共产国际关注中央红军同陈济棠的秘密谈判

长征前夕，中央红军处在国民党军铁桶般的包围圈中，而长征这样大规模的战略转移，突破口选择在哪里，才能确保中央红军能以较低的损失突出重围？

据红军的侦察情报表明，敌人防御薄弱的地方在中央苏区西南的湘粤桂三省交界处。这里有四道南北方向的堡垒封锁区，它们之间相距有 50 至 60 公里，纵深有 200 至 300 公里，在最重要的东西方向上有堡垒相联结。但重要的是，从这里突围可以利用桂系、粤系与蒋介石的矛盾，而且粤军在进攻中央苏区上一直不太积极，这为红军借道粤军防线突围长征，提供了绝佳的机会。

恰好，这时国民党南路军总司令陈济棠主动派人登门来找红军，希望与红军进行停战谈判。据李德《中国纪事》一书记载：“9 月初，广东省主席陈济棠突然向红军递交了一份秘密停战声明。如果不考虑粤军以蜗牛般的速度极其缓慢地向会昌行进,以及许多民团的经常袭击,那么南线从 1932 年以来一直是比较平静的。现在蒋介石发动新的‘围剿’,陈济棠显然是担心,至今一直使他没有同蒋介石发生直接对峙的苏区一旦失守,蒋介石就会同他争夺赣南领地,并危及他在广东的统治。”[1]

陈济棠的信使受到了红军的热情欢迎,周恩来、朱德接待了来人,讨论了停战和联合抗日等问题。朱德还致信陈济棠:“先生与贵部已申合作反蒋抗日之意,德等当无不欢迎。惟情势日急,日寇已跃跃欲试于华南,蒋贼则屈膝日本之前,广播法西斯组织,借款购机,增兵赣闽,若不急起图之,则非特两广苟安之局难保,抑且亡国之日可待。”[2]

朱德重申了中共中央 1933 年 1 月由毛泽东、朱德签发的《中华苏维埃临时中央政府、工农红军军事委员会宣言》,表明了与粤军合作的诚意。在这封信中,朱德向陈济棠提出五项建议:

一、双方停止作战行动,而以赣江沿江至信丰而龙南、安远、寻乌、武平为分界线。上列诸城市及其附一里之处统归贵方管辖,线外贵军,尚祈令其移师反蒋。

二、立即恢复双方贸易之自由。

三、贵军目前及将来所辖境内,实现出版、言论、集会、结社之自由,释放反日及一切革命政治犯,切实实行武装民众。

四、即刻开始反蒋卖国贼及法西斯之政治运动,并切实做反日反蒋之各项军事准备。

五、请代购军火,并经门岭[3]迅速运输。[4]

博古在 1934 年 9 月 14 日给共产国际执委会的电报中报告了此事:“广东的代表仅作为建立联系的信使[已经来到],带来了具体的建议。我们让他给陈济棠带去了一封信,附有去年我们向第九军提出的那些[协议]条件。在我们的策略中(原文如此),广东提出的目标是,为了自己的私利,利用我们作为反对蒋介石的屏障。”[5]

共产国际执委会政治书记处政治委员会高度关注对陈济棠的统战工作,并予以及时的指导。1934 年 9 月 23 日,执委会给中共中央的电报指出:“向广州人提出我们曾向十九路军提出的那些条件，这是不现实的，也是不正确的，会使我们丧失利用广州人和南京人之间矛盾的机会。作为主要条件，请提出援助红军军事装备，其中包括子弹。装备运到之后[我们可以]用现金[支付]。他们可以在交货地点或上海收取货款。第二个条件是取消经济封锁和帮助开展贸易。第三个条件是广州军队从江西南部撤往广东边界，尤其是，从赣州、信丰和龙南等县撤出。请说明，这样就会使红军获得机动作战和保卫中央苏区的可能性。但是，如果签订的协议能保证广州人接受前两个条件，那就不应坚持第三个条件。请务必向我们通报关于与广州人谈判的进展情况。"[6]

在朱德、周恩来的直接推动下，陈济棠不久即致电红军，建议派军事代表来广州面商军事问题。中共中央遂决定派出宣传部副部长潘汉年和粤赣省军区司令员兼政委何长工为代表，前往粤军独立第一师第二旅旅部驻地江西寻乌县罗塘镇，与陈济棠的会谈代表——少将参谋长杨幼敏及他的两个师长黄质文、黄旭南[7]，举行秘密会谈。

博古向共产国际执委会汇报了谈判进程。据李德回忆，粤军驻扎的地区是唯一有利的突围地点，如果不利用，以后要突围就很成问题了。以上种种考虑起了决定作用。"谈判还在继续，从我们这方面来讲，主要是为了掩饰我们的战略计划。"[8]

寻乌谈判旧址

何长工

毛泽东对谈判深表赞同，此前他就曾对何长工说："我们要吸取福建事件的教训，善于利用陈、蒋的矛盾，粉碎敌人的'围剿'，壮大自己的力量。但是，也要提高警惕，军阀毕竟是军阀，要'听其言，观其行'。"[9]

与此同时，远在莫斯科的共产国际也十分赞同与粤军的谈判，也要求中共中央注意吸取教训，不要重蹈福建事变的覆辙。

共产国际执委会政治书记处政治委员会1934年10月8日给中共中央的电报，特别提醒："如果关于蒋介石在最近准备向广州人发起进攻的消息可靠，我们就应该力求与广州签订军事协议。签订这个协议之后，我们不应该把它看作是一种策略手段，而应该真正积极参加同广州人联合反对蒋介石这个主要敌人的行动。不要重犯在福建事变期间所犯的错误，当时我们没有积极地支持第十九路军。"[10]

这时，潘汉年、何长工与粤军的谈判正在紧张进行中。经过三天三夜的会议，终于达成了五项十分务实的协议：

一、就地停战，取消敌对局面；

二、互通情报，用有线电通报；

三、解除封锁；

四、互相通商，必要时红军可在陈的防区设后方，建立医院；

五、必要时可以互相借道，我们有行动事先告诉你，陈部撤离四十华里。我军人员进入陈的防区用陈部护照。[11]

寻乌谈判纪念馆陈列的寻乌会谈的情景还原雕塑

与陈济棠的谈判，使中共中央和中央红军成功地找到了战略转移的突破口。其后，中央红军的战略大转移，就是以南线作为突破口的。

陈济棠也基本履行了秘密协议，当即派人给红军送去了大量食盐和几百箱子弹。正是因为有了这个秘密协议，保证了红军过前两道封锁线时几无大的战斗，作战损失轻微。

1935 年 2 月 11 日共产国际执委会东方书记处在关于中国军事形势的通报材料中写道："中共中央关于红军撤出江西包围圈的决定于 1934 年 11 月完全实现了。这个决定和向西运动的主要方向的选择，是在蒋介石第六次'围剿'结束前所形成的形势下唯一可以实现的。"[12]

★ 共产国际与红十军团的组建

当中央红军长征行至遵义地区时，传来了红十军团兵败怀玉山、方志敏被俘的消息,全军上下无不为之震惊。红十军团是怎么来的?为何要编成?其实这也与共产国际不无关系。

红十军团的成立要从红七军团担负抗日先遣队的使命说起。前文已述,共产国际执委会政治书记处政治委员会在1934年6月16、17日给中共中央的电报中,在批准中央红军战略转移的同时,建议红七军团向东行动,牵制国民党兵力,以"威胁蒋介石的主要基地和交通线,对保存中央苏区和便于其余部队向湖南方向撤离"。[13]

根据这一份电报,中共中央和中革军委决定以红七军团组成"抗日先遣队"。也正是在这封电报中,同时就包含了共产国际对未来成立红十军团,以及红六军团西征的设计,"即使秋季战斗结局不利,我们在中国东南部还有三个主力作战集团军:(1)由7、3、10军团组成的,在目前的中央地区东北部活动的集团军;(2)留在中央苏区进行游击战的集团军;(3)在湘赣边境上的西部集团军,这个集团军将包括撤到那里的中央苏区部队,还有6军团等。"[14]

苏联和共产国际当时在中国革命者心中有很高的威望,从苏联留学归来的乐少华担任了红七军团政治委员以及稍后成立的红十军团政治委员。当时从苏联红军中直接学来的"政治委员最后决定权",对红七军团和红十军团的领导层影响很大。粟裕后来在回忆录中不无感慨地谈道:"当时'左'倾宗派主义的领导者,对红军中原来的干部是不信任的,寻淮洲虽是军团长,却没有实权,很难有所作为。七军团的领导权,实际上由曾洪易、乐少华两人掌握。中央代表曾洪易,曾在闽浙赣苏区任中央代表和省委书记,积极推行'左'倾错误政策,造成了极大危害,到抗日先遣队以后,面对艰险的斗争环境,他一直悲观动摇,后来投敌叛变了。军团政委乐少华,也是'左'倾错误政策的坚决执行者,曾到莫斯科留学,回国后很快升任七军团政治委员。他既无实际斗争经验,又很蛮横霸道,动辄拍桌子骂娘,以'反政治委员制度'的大帽子打击压制干部,并滥用所谓'政治委员最后决定权'进行瞎指挥。"[15]

随后,共产国际执委会又于1934年9月30日给中共中央的电报中,在同意中央红军向湖南进行战略转移的同时,提出应组建独立的东方军,以牵制国民党军,为中央红军的长征创造条件。电报提出:"组建独立的东方军,由第七、第十军团和来自中央苏区的另一个军团组成,目的是在东部四省交界处建立和发展一个根据地,给蒋介石的军队在湖南方向上的集中造成困难,还可以隐蔽我们在湖南的主要计划。……把目前在汀州—连城地区活动的部队留在福建而不调往湖南是比较适宜的。这个军团应该组成独立的南方军，其任务是在厦门方向或者在东北方向进行机动作战，也是为了在闽赣边界地区建立自己的根据地。”[16]共产国际的这个设计，从打破敌军追剿的策略上看，本不无道理，但具体操作起来却是难以实行的。

其时，中央红军的兵力大部分正用于战略转移，剩下的部队已无法组建东方军、南方军，只能以在这一地区活动的红七军团和红十军，组建红十军团。红十军团虽然号称“军团”，却势单力薄，显然是无法完成共产国际设计的如此庞大而艰巨的计划的，这给红十军团的失败埋下了隐患。

方志敏

1934 年 10 月底，红七军团抵达方志敏等领导人创建并发展起来的闽浙赣革命根据地，在江西德兴县（今德兴市）重溪同红十军会合。11 月 4 日，中革军委来电，命令红七军团与闽浙赣苏区的红十军合编为红十军团。任命刘畴西为军团长，乐少华为政治委员，继续担负抗日先遣队的任务。红十军团下辖三个师，曾洪易为赣东北省委书记兼军区政委，方志敏为赣东北军区司令员，粟裕调任军区参谋长。军团整编后的任务是：出击浙皖赣边，创建新苏区，打击“追剿”的敌人。从一般意义上来讲，通过调整，红军的编制体制本应更加合理，士气会更加高昂。但从当时革命斗争的全局来看，两大红军主力编成一个军团早已不合时宜。那时，中央红军长征已一个多月，闽浙赣苏区第五次反“围剿”斗争也处于最危急的时刻，南方革命斗争处于低潮。新成立的中央军区命令红十军团撤出闽浙赣苏区，到皖南打运动战，又是更大的失误。粟裕后来指出：“在当时形势下，组成红十军团，并把长于打游击的红十军和地方武装集中起来进行大兵团活动，企图打大仗，这是战略指导上的又一个更大失误，为后来红十军团的挫折和失败埋下了祸根。”[17]

共产国际恐怕怎么也没有想到，他们的谋划和指示，会导致红十军团的组建，也不会想到，红十军团最终会以失败而告终。“编成一个军团，不编不垮，一编正规战打不成，游击战也打不成。经验还是要把正规军变成游击队”[18]，朱德总司令曾经这样痛心地评价红十军团的失败。的确，红十军团这支 8000 多人马的队伍，从1934年11月编成到1935年1月失败只存在了短短两个月。在中央红军长征后，南方土地革命斗争走向低潮，先遣队未能及时实现由大兵团运动战向分散的游击战争的转变；也由于敌我力量过于悬殊，长期孤军奋战，加之指挥上的失误，最后在国民党军优势兵力围攻下遭到失败。红十军团第十九、二十、二十一师在怀玉山突围失败，方志敏、刘畴西等人被俘后牺牲，整整一个军团的部队就此消失殆尽，实在令人为之扼腕叹息！

★共产国际关注四渡赤水战役期间的红军

当中央红军长征转战于川滇黔地区，进行四渡赤水战役时，共产国际虽然无法用电报与红军联系，却凭借国民党办的报纸、广播等公开新闻途径，密切关注着红军的行军作战进程。而共产国际对红军行踪的判断，也与长征的真实进程惊人地接近。

1935年2月11日共产国际执委会东方书记处关于中国军事形势的通报材料指出："江西红军兵团的主力，即收拢成一个机动拳头的四五万武装战士，到1935年1月底其先遣队已进入四川省，位于长江南岸重庆与泸州之间的地区。运动的目的——使自己的部队与四川红军兵团部队会合。"[19]

一渡赤水的土城渡口

这里谈的目的地，正好符合遵义会议后、一渡赤水前红军前进的目标。1月20日，红军总部在详细了解敌情之后，制定的《渡江作战计划》规定了红军的作战方针，交代了具体的作战任务。计划指出："我野战军目前基本方针，由黔北地域经过川南，渡江后转入新的地域，协同四方面军由四川西北方面实行总的反攻"，初步任务是"准备渡过金沙江，从叙州（即今天的宜宾）上游渡河"。[20]

由于信息不灵，共产国际对红军长征初期的损失显然不了解。通报中有这样的误读："红军在运动中以及在与广州战线左翼部队的战斗中和在进入广西的战斗中（这是在1200至1400公里的整个行军途中仅有的两次重大冲突）遭到的损失没有超过2500人。为了完全实现给自己提出的战略目标，只剩下250公里的地带要由江西兵团和四川兵团一起努力去克服。"[21]从上述通报的内容可知，它只是源于对广东军阀陈济棠谈判以及对广西军阀反蒋情绪的了解，作出的简单分析，对红军过第四道封锁线——湘江时付出的巨大损失却并不知晓。

不过，难能可贵的是，共产国际从报纸上的消息中就能分析出四渡赤水是灵活机动的，“在过去的阶段，机动灵活的艺术就在于在行进途中进行迂回或‘清除堵塞’”。当然，他们不知道，灵活机动的原因，主要是红军换了最高军事指挥，将“天才般的”“用铅笔画直线的战略家”李德换了下来。

通报赞扬了中国红军的纪律严明，连“敌人的报纸都不得不承认，在红军行进中并没有发生对居民的抢劫行为和破坏社会秩序的现象。这家报纸承认，甚至对那些有理由害怕红军临近的人所采取的措施都显示了严格的政治上和物质上的合理性。居民对红军不可能产生不好的印象或者害怕‘红色恐怖’”。

共产国际注意到四渡赤水期间，红四方面军和红二、六军团对中央红军的战略策应。通报写到红四方面军的策应：“四川兵团于 1 月下半月开始从自己的根据地经保宁向西南实行正面进攻。”

而对红二方面军的策应，通报则写道：“现在可以认为乌江河谷就是位于黔北和川南地区正在形成过程中的苏维埃根据地的南部边界。贺龙同志的第二军团和萧克同志的第六军团在湖南省西部和湖北省最西边的一角作战，掩护着江西兵团的右翼。协同行动的这两个军团是一个独立作战的兵团，约有两万名武装战士。1935 年 1 月，这个兵团的部队曾经与常德地区的湖南军队作战，他们占领了桃源和慈利两座城市。贺龙和萧克同志向湖南方面的行动最有助于保证江西兵团有必要的时间在新根据地进行安顿。”[22]

共产国际观察红军的一渡赤水之战，写道：“在泸州地区，渡江的第一次尝试没有成功，因为设在刘湘大本营的蒋介石新司令部及时地把刘湘的第二十八军从保宁地区调往南部。该军从北面几乎与从南面渡江的红军先头部队同时抵达江边。红军的这次渡江没有成功，在渡口也没有发生战斗，而出现了这样一种情况：红军不想在靠近渡口的不利条件下作战，自己主动地调头向西去寻找更合适的渡江地点。”

共产国际的通报写道：“胡宗南的第十八师团开始从甘肃进攻四川北部的老苏区之后，白军前线司令部才有可能从前线撤下刘湘的第二十八军并将它调往南部。这个地区的红军不得不让自己的一部分部队转向陕西方面，去迎接新的危险。从保宁地区的进一步攻势，因此就停了下来，这对终止江西兵团在泸州地区的渡江尝试起了不小的作用。”这是指红四方面军打的广昭战役。这一仗，被徐向前称为“我们和敌人打了个平手，未达到预期的目的”。

共产国际观察红四方面军的陕南战役，写道：“不久前我们在报纸上看到这样的消息：川北红军攻占了陕西的宁强城，并且威胁着陕甘边界上的凤县城。这个报道证实了这样的消息：红军取得了对敌军第十八师团的重大胜利。我们以前说过的来自甘肃的危险，现在有一半已经消除了。这个重要情况使红军有可能继续向甘肃方面行动。”

共产国际观察中央红军的二渡赤水、再占遵义时写道：“这时敌军的湖南兵团（何键加蒋介石的5个师）已接近贵州的乌江，并且渡过了该江，夺取了三座城市：遵义、湄潭和绥阳，这三座城市曾被认为已牢牢控制在位于贵州新地区南部的红军手中。江西红军兵团主力不得不向东南方向派出一些部队，去加强贺龙—萧克同志的军团。现在由于上述两个军团的联合行动，敌人又被击退，逃过乌江，红军又重新占领了失去的城市。”[23] 由于单凭公开的新闻报道，共产国际的叙述难免有所偏差。所谓的“加强贺龙—萧克同志的军团” 的看法，便是同国民党军一样，“中”了红军的声东击西之计。

★共产国际关注在四川的苏区和红军

中央红军长征离开川滇黔地区后，将去往何方？共产国际将目光投向了四川。

其实，早在中央苏区第五次反“围剿”期间，共产国际就饶有兴趣地对四川苏区给予了高度的关注，看好这里的红军和苏区，并计划给予大规模的援助。

远东局给共产国际执委会的电报，记录了活跃在川陕苏区的红四方面军的实力：“从苏区回到四川的信使报告说：在我们手里有17个完整的县和6个城镇的县，人口有900万。在敌人进攻、屠杀和从一些地区赶走老百姓之后，现在人口尚有700万。正规红军有5个军团，每个军团有3个师。（总）人数7万（四军团现在是所有军团的主导常备军），武器装备良好；有组织的地方力量是10万装备简陋的人员（这些数据可能约有30%的夸大）。……搬走的绥定兵工厂，有熟练技术工人，每天生产3000到5000发子弹，还修理步枪。红军约有1000万发子弹。缺少统一的作战指挥。……经济和财政状况很好。有足够数量的粮食，价格也便宜。……党很薄弱。约有1.5万名党员。”[24]

埃韦特于 1934 年 3 月 6 日给李竹声(中共上海中央执行局书记)的信,专门指示要扩大四川的苏区、如实宣传四川红军的成绩。“以后 6 个月总的战略方针,其目标是把我们的政权扩大到四川的决定性地区和歼灭敌人。……还需要加上简短的前言,说明四川的成绩和能力,明确要防止发生轻视防御和在对敌斗争中不努力坚守就放弃我们的部分土地的现象,防止出现对我们苏区目前的扩大产生‘满足’情绪的危险,说明在发展我们正规军的同时在白区准备进行游击战和一般政治工作的必要性,等等。”[25]

他就上海中央局递交的一份报告中对红四方面军的批评,表示不同意,他对如下提法表示了否定和批评,如报告中有:“迅速回到了最初在巴中、通江、南江的根据地”,“我们还很快丧失了最初的土地成果”,“[红军]甚至后撤数百里”,“敌人已经取得了很大成绩”,“湖北、湖南苏区的可悲历史”等。认为此类表述提法没有事实根据,“必定会对四川的同志产生很不利的影响。批评意见应该提出,但要以我们所知道的事实为依据。”[26]

埃韦特 1934 年 8 月 15 日在给共产国际执委会的报告中,对四川的红军和苏区予以高度的好评。报告写道:“我们红军拥有 3.5 万到 4 万支步枪。弹药比江西多得多,食品也是如此。那里没有任何铁路,可用来运送火炮等重兵器的道路很少;这个省在经济方面是独立自主的,有人口 5500 万或 6000 万;在建立广阔而巩固的根据地时,四川具有向各个方向,包括向其他一系列省扩展的可能性。……从传播革命的角度和军事战略的角度看,这个地区展现出比我们的中央苏区具有的更多的发展前景。”[27]

赖安在 1934 年 9 月 3 日给共产国际执委会的信中,报告了万源战役的情况:“刘湘的主力、第五和第六野战军 8 月底在万源地区的惨败,不仅意味着敌人受到了惨重损失,而且意味着至少暂时消灭了他们在四川的进攻兵力的核心力量。红军当前反攻的开始和随后在万源城口地区取得的一些重大胜利,已成为战争的转折点,使阶级力量对比继续更快地朝着有利于我们的方向变化。显然,这不仅对于完成收复在春天和夏初‘围剿’过程中丧失的地区及扩大和巩固川陕边区的苏区的任务具有重大的意义,而且对于反击对中央苏区的第七次‘围剿’也具有重大的意义。”[28]

共产国际执委会 9 月 4 日给中共中央的电报表示:“我们认为四川省的苏区具有十分重要的意义。为了帮助第四军[29]指挥部,根据你们的请求,我们向那里派遣一位军事专家。”[30]

弗雷德9月16日在莫斯科就支持四川苏区和发展中国西北革命运动,建议共产国际高度关注四川苏区和红军。他说:"由于江西中央苏区遇到了困难,四川[苏区]问题就提到了首要地位。放下四川苏区不管,让它自行发展和放任自流,那将是一个极大的错误,以后不仅会影响中国革命的进程,而且在日本发动对苏战争的情况下这里也会[起到]影响日本后方的战略地位(原文如此)。……四川的红军拥有较好的武器装备,在战士数量上具有相当强大的优势,并不亚于中央苏区红军,它所面临的敌人比江西的敌人软弱得多。"同时指出"四川红军的弊病首先是党团组织软弱"。[31]

同时,他还颇有创意地提出了一些具体的设计,如:

> 在中亚建立一所秘密的军政学校,培训那些从西北各省派出工作的干部,以及接收从四川红军通过新疆和四川之间目前已经打通的道路派到我们这里来学习的一定数量的干部。
>
> 从莫斯科经常派遣经过培训的新干部,这些干部出自中国组织的编制,应正常进行派遣。也可以从远东(通过突西铁路)向新疆输送干部,这些干部来自那些在满洲北部战斗过程中被迫转入苏联境内的游击队,它们在那里被解除了武装;西北局的任务是通过与四川的联系来组织和领导中国西北各省的游击战;这种游击斗争最终将与四川红军的斗争融为一体;随着游击活动的发展需要经过中亚向当地运送一定数量的小型手提式无线电台和其他军用物资,等等。[32]

共产国际执委会东方书记处1935年2月11日、3月18日关于中国军事形势的通报材料写道:"在1933至1934年间已由第四军团的干部发展成为超过10万武装战士的军队。"[33]这是一个比较准确的数字。但,共产国际由此推测的中央红军数字却是过于乐观。认为江西兵团(即中央红军)已"发展成为20万人的一支战斗军队。如今这支干部军队和现在的川陕苏区红军已经拥有在党中央和革命军事委员会统一直接领导下的20万人的武装力量,可以不担心与任何一个敌军的单独集团进行决战。只要江西红军进入新的地区,党中央就能真正实现自己的口号:在最近的历史时期内拥有百万红军。……在四川实现这一计划的土壤是极其有利的,总的形势现在也对红军有利。"[34]

共产国际预测:“红军在刘文辉管辖的地域运动(向岷江以西)可能不会有战斗,也就是说刘文辉会同意让红军向成都挺进。在这里很重要的一点是:红军在对两个方案(同刘湘交战还是与他缔结反对主要敌人的战斗同盟)作选择时,会选择后一个方案,因为没有必要延误时间,去完成歼灭软弱敌人的次要任务。”[35]

这个预测有一定的道理,虽然刘文辉没有像共产国际说的那样,同意红军向成都挺进。事实上,红军进入四川后行进的路线的确是在刘文辉的地盘上,刘文辉对红军的堵截也比较消极。刘文辉同刘湘实力相较要弱得多;刘文辉部队与红军作战时,火力强度和战斗意志都对红军威胁不大。在大渡河地区,刘文辉并未像晚清石达开太平军在大渡河边遇到的藏族土司部队那样破坏松林河上的索桥,也未将泸定桥的铁索进行有效的破坏;红军强渡大渡河时遇到的阻击也不是很强。红军以摧枯拉朽之势,打得酣畅淋漓、意气风发,一举打破了蒋介石“让朱毛成为第二个石达开”的迷梦。

★中共中央派人到共产国际汇报遵义会议

众所周知,中共中央率中央红军长征于1935年1月到达遵义后,15日至17日在遵义旧城琵琶桥原军阀柏辉章的公馆内召开了中央政治局扩大会议,即著名的遵义会议。会议总结了第五次反“围剿”失败的经验教训。会议选举毛泽东为中央政治局常委,决定常委中再进行适当的分工:取消在长征前成立的“三人团”,仍由最高军事首长朱德、周恩来为军事指挥者,而周恩来是党内委托的对于指挥军事下最后决心的负责者。2月5日在鸡鸣三省会议上,决定由张闻天代替博古负中央总的责任(习惯上也称之为总书记);决定以毛泽东为周恩来在军事指挥上的帮助者,博古任总政治部代理主任。

遵义会议旧址

遵义会议还留下了一个尾巴,那就是向共产国际汇报,取得共产国际承认的问题。其时,中国共产党作为共产国际的一个支部,不但组织上必须接受共产国际的领导,而且作为主张抗日、力量算不上雄厚的一个政党,得到苏联和共产国际的支持也是至关重要的战略大计。遵义会议的一系列重要决定,更换领导,改变军事路线,特别是中止了共产国际派来的军事顾问李德的指挥,这些都有必要得到共产国际的认可。

派谁去莫斯科汇报最合适?张闻天和周恩来同时想到了一个人,他就是时任中央红军总政治部宣传部部长的潘汉年。潘汉年曾在周恩来领导下的特科工作,积累了丰富的白区对敌斗争经验,而且还在上海建立起了联系广泛的关系网。让他到上海恢复党的地下组织,并设法寻找共产国际在上海的代表,潘汉年无疑是最合适的人选。

当时,中共与共产国际之间的秘密电台在长征出发后被毁坏,导致原有的联系中断。早在1931年,王明到苏联前,曾与博古约定一个中间联络人,考虑到白色恐怖还很严重,他们就选择了潘汉年。

潘汉年离开遵义后,经上海远赴莫斯科执行使命。考虑到潘汉年并非政治局委员,也未出席遵义会议,新的中共中央领导层认为,与共产国际取得联系事关重大,应该再派一位职务更高的人前往莫斯科,最好派一名政治局常委去比较合适。遵义会议后改选的政治局常委有张闻天、周恩来、毛泽东、陈云和博古。张闻天提出由自己亲自去完成这一使命,但中央刚刚宣布他任总书记,张闻天的这一提议未获得通过。后经中央斟酌,决定由政治局常委陈云前往莫斯科汇报。陈云在中央红军到达懋功后,即离开红军前往上海。其时上海白色恐怖严重,幸亏得到宋庆龄的大力帮助,陈云才与陈潭秋、曾山、瞿秋白的夫人杨之华以及何叔衡的儿子何实楚一起,搭上了开往海参崴(今俄罗斯的符拉迪沃斯托克)的苏联货轮离开上海。

1935年9月中旬陈云与潘汉年到达莫斯科后,向王明作了汇报。王明对博古的交权表示遗憾,对张闻天上台表示能接受。[36]

陈云和潘汉年在莫斯科,向共产国际提交了遵义会议精神的报告提纲、手稿等文件。10月15日,共产国际执委会书记处召开非常会议,由陈云、陈潭秋、潘汉年作有关红军的专题报告。陈云作了长征和遵义会议的长篇报告,潘汉年则专门就福建事变前后与十九路军谈判的情况作报告。

在报告中,陈云三次提到毛泽东的名字,指出:“我们党能够而且善于灵活、正确地领导国内战争。像毛泽东、朱德等军事领导人已经成熟起来。”他简述了遵义会议的情况。

红军时期的陈云

陈云在分析长征前期失利的原因时特别指出,指挥僵硬是主要一条原因,总是按照纸上画好的直线笔直前进,而地图上往往画得不对,常常因此陷于绝境,不得不折回重走。在黎平,领导人内部发生了争论,对“靠铅笔指挥”的领导人表示不信任,反对继续直线前进的做法。原来的领导人竟要把反对他们意见的人送上军事法庭。这场争论以决定改变原来的方针而告结束,终于纠正了过去的错误。

陈云强调:“第二阶段西征取得的第四个胜利,就是在遵义举行了扩大的政治局会议。参加会议的不仅有政治局委员,还有全体军事领导人、各军团的军团长和政委。这次政治局会议决定进军四川。此外,我们在这次会上纠正了第六次反‘围剿’最后阶段与西征第一阶段中军事领导人的错误。大家知道,军事领导人在这一阶段犯了一系列错误。现在,这些错误得到了彻底纠正。建立了坚强的领导班子来取代过去的领导人。党对军队的领导加强了。我们撤换了‘靠铅笔指挥的战略家’,推选毛泽东同志担任领导。至此,结束了我们西征的第二个阶段。”[37]

共产国际执委会书记曼努伊尔斯基听了陈云、潘汉年的报告后,当即发言说:“这是极其珍贵和十分重要的材料,多年来我们还不曾有外国党的这类材料。”赞扬中共“在中国成长为一支巨大力量的生气勃勃的党”,同时表示“这个材料应该发表,加以广泛宣传,当然要删掉出于保密考虑不能公布的部分,例如,对那位帮助过你们的、可以说是天才的代表的批评”。[38]

陈云、潘汉年的汇报,对共产国际肯定遵义会议的决定,认可张闻天和毛泽东的领导地位发挥了很大影响。

从共产国际和中国革命的档案可以看出,此前,由于毛泽东在创建红军和根据地方面的贡献,以及在党和红军中的崇高地位,共产国际一直对其予以高度的重视和支持。

由于临时中央对毛泽东不满意,宁都会议解除了毛泽东的兵权。苏区中央局在1932年9月3日给中共中央的电报告知,打算将毛泽东从前线召回,让他在中华苏维埃共和国政府中工作。1932年10月7日在上海的中共临时中央给中共苏区中央的电报说:“至于与毛泽东同志的分歧,我们再重复一遍,请尝试用同志式的态度争取他,造成积极斗争的路线。要在党内、红军内和群众中宣传积极的路线。争取党和红军中的干部,使他们相信纯防御路线的错误和危险,不进行反对毛泽东的公开讨论。现在我们反对将他从军队中召回,如果他服从党的纪律的话。目前采取这一步骤,会给红军和政府造成严重的后果。要保证一致,这是斗争成功的前提。速发给我们补充信息,不要等到[一切]事实既成之后。”而临时中央的这个电报是受到共产国际远东局的支持的。这份电报的英文稿由共产国际远东局发给了莫斯科,文件上批注:“送曼努伊尔斯基、米夫同志。亦送别尔津同志和共产国际执委会政治书记处政治委员会。”[39]

1932 年 10 月 8 日埃韦特给皮亚特尼茨基的报告写道:“毛泽东迄今还是有声望的领袖,因此为实行正确路线而与他进行斗争时必须谨慎行事。所以我们反对决定的这一部分。要求消除领导机关中的意见分歧,反对目前撤销毛泽东的职务。我们要使他改变观点。”[40]

1933 年 3 月 19 日共产国际执委会给中共中央的电报特别强调:“对于毛泽东,必须采取最大限度的克制态度和施加同志式的影响,为他提供充分的机会在中央或中央局领导下担任负责工作。”[41] 1933 年 3 月 28 日远东局给中央苏区的电报:“我们请你们与毛泽东密切合作,但要注意完成我们的军事工作,使之不受大辩论和摇摆的干扰。”[42]

1934 年 1 月中共中央六届五中全会后,博古等人企图以送毛泽东到苏联治病为由,将其彻底排除到政治圈外。当他们将这一想法上报共产国际后,共产国际拒绝了。

共产国际执委会政治书记处 4 月 3 日的政治委员会会议在听取中共中央关于毛泽东因病是否适宜去苏联的电报后,皮亚特尼茨基明确表示:“他不宜来莫斯科。必须尽一切努力在中国苏区将他治好。只有在中国苏区绝对不能医治时,他才可以来苏联。”[43]

4 月 9 日,共产国际执委会政治书记处政治委员会给埃韦特的电报:

致代表。[我们]反对毛泽东出行,因为我们不认为能够使他在旅途中免遭危险。即使需要大笔开支,也绝对需要在苏区组织对他的治疗。只有在完全不可能在当地医治和有病死危险的情况下,我们才同意他来莫斯科。

政治委员会[44]

陈云等人在莫斯科向共产国际汇报的遵义会议情况,产生了反响。共产国际迅速转变态度,明确表示支持毛泽东在中国共产党内的领袖地位。1936 年,共产国际机关刊物《共产国际》第 1—2 期合刊上发表了《中国人民领袖毛泽东》一文,称赞毛泽东有"铁的意志,布尔什维克的决心,英勇无畏的精神,是革命名将和政治领袖的无限天才"。

1936 年 7 月,是中国共产党成立 15 周年之际,这时,恰逢中共中央与共产国际重新接通无线电联系不久,共产国际进一步了解到中国的革命形势以及毛泽东在党和红军中的重要地位。因而共产国际在为庆祝中共成立 15 周年发表的长篇文章中,将毛泽东放在领导中央红军长征胜利的红军领导人第一位,"红军主力在中国人民及其红军的最好领袖——毛泽东、朱德、周恩来、王稼祥、陈云、彭德怀、林彪、董振堂、刘伯承、罗炳辉等同志领导之下,在西征中,沿途经过无数的战争,跋过最大的山脉,渡过最大的江河,穿过羊肠小道与走过天险绝地,在这样艰难困苦的永垂不朽的长途远征中,中国红军之指挥员与战斗员表现了群众英勇与光荣牺牲的模范(原文如此),表明了他们对于中国人民利益的无限忠诚"。[45]

格奥尔基·迪米特罗夫·季米特洛夫(1882—1949)

到 1937 年抗战全面爆发,随着通往苏联的西北国际通道开通以及第二次国共合作实现,中共中央派出一批共产党的军政要人赴苏联学习或治疗,他们对遵义会议和毛泽东的功绩进一步作了宣传。如,前往莫斯科疗伤的王稼祥,前往苏联的刘亚楼、林彪、杨至诚、李天佑、毛泽民等,向共产国际带去中共中央的文件和毛泽东的著作。

共产国际对毛泽东领导地位的肯定,对于毛泽东后来战胜张国焘分裂以及王明归国的挑战,成为第一代领导集体稳固的核心至关重要。1938 年 7 月,共产国际执委会总书记季米特洛夫向王稼祥和任弼时作了重要谈话。他说:“你们应该告诉中国共产党全体党员,在中国革命实际斗争中,应该承认毛泽东同志是中国共产党的领袖。请告诉王明等人,不要再争吵了。”[46]这样就基本排除了王明等人的公开干扰。

★共产国际积极筹划援助中国红军武器装备

中央红军长征出发后,共产国际一面关注着红军的动向,一面准备给予其国际援助。

1935 年 4 月,共产国际执委会东方书记处已经明确提出,应当在靠近苏联和外蒙古的西北地区创立战略根据地。苏联国防部、苏军情报局和共产国际联络局为此组成了一个三人组,专门研究中国红军未来在中国西北地区的发展计划和苏联援助的问题。

1935 年下半年至 1936 年上半年,共产国际连续 6 次派人潜入中国西北地区,试图接通与陕北红军以及中共中央的联系。

应该说,共产国际对中国红军的援助是真诚的,而且是有始有终的。早在红军长征前,就开始设法给了一些经费援助,试图帮助艰苦奋战的红军购买急需的武器装备。

从共产国际与中国革命的档案中,可以查到一些共产国际的援助信息。

共产国际执委会东方书记处 1933 年 10 月 12 日给李竹声的电报,提出要为红军购买几架飞机的事:“请弄清楚并尽快告知,能否购买几架飞机,特别是歼击机。有否希望委托可靠的飞行员把这些飞机从空中提供给苏区? ……为达到这些目的,我们可以拨出专项经费。”[47]

埃韦特 1933 年 11 月 14 日在上海给皮亚特尼茨基的电报提道:“您什么时候能给我们寄来 25 万美元?”而且谈了,小批量采购为安全起见,找意大利公司。同时讲到收到来自共产国际转来的 300 万墨西哥元,“但是,由于数额巨大,为避免冒险起见,这些钱已以转账的形式汇到上海。代表。11 月 11 日”。[48]

格伯特 1934 年 1 月 25 日在上海给共产国际执委会国际联络部的电报提道:“到目前为止,在八九月份转交给党 24.56 万法郎,重复一遍,24.56 万法郎,6.16 万美元。”[49]

福建事变前,共产国际希望通过十九路军,帮助红军购买一些武器装备。

皮亚特尼茨基 1933 年 11 月 18 日于莫斯科致电埃韦特:“致代表。我们把钱分几部分寄去,暂时总共 5 万美元,重复一遍 5 万美元。我们建议只从蔡廷错那里购买，货到我们地区后付清。在外国公司那里购买，向苏区供货无保证。我们不知是否需要冒险。”[50]

回顾福建事变，格伯特认为，福建事变不成功的原因之一，是红军的经费不足，难以起到瓦解敌军的作用。他严肃地指出：“福建事件表明，技术准备薄弱，对事件的政治意义估计不足。无论是购买和运输装备的机会，还是瓦解十九军和其为数不多的士兵转到红军方面来的机会都没有完全利用。”[51]

长征出发前，共产国际谋求援助红军，解决一些迫切需要的武器装备和药品。

1934 年 4 月 26 日，皮亚特尼茨基致电埃韦特询问：“是否花钱（5 万）购买武器和药品……弗雷德告诉我们说，由于无法转给苏区，斯拉文那里存了很多钱。在上海，钱转来转去保存。请告知，这是怎么回事。”[52]

5 月 26 日共产国际执委会政治书记处政治委员会给李竹声的电报：“通过您收到了来自江西[中共]中央关于购买药品、食盐和用于生产子弹的原料的电报。您给他们转寄了我们寄去的用于采购的所有款项吗？如果没有，请马上告知还有多少钱，每月您能无特别风险地给[中共]中央转寄出多少？”电报还特别提到具体的操作方法，如路线、港口、联系人、资金：“为了利用采购和向江西提供物资的机会，需要在南方，可能的话在澳门设点，并从那里经福建港口建立特殊的联系路线。请弄清楚这种可能性。如果可以这样做，那我们就可以为此派去一名外国同志帮助做这项工作。应该成立一个公司，从事贩卖四川鸦片生意和从四川向江西倒卖白银。这样我们就可以为购买江西红军所必需的东西提供极重要的资金援助。”[53]

6 月 8 日共产国际执委会政治书记处政治委员会非常会议专门听取了中共关于经费支持的请求。皮亚特尼茨基决定：从未付中共款项中和从 1934 年后备基金中寄去 10 万卢布。此前，中共中央 1934 年 5 月 28 日给共产国际执委会的电报请求提供 100 万墨西哥元的援助，用于购买药品和军服。[54]

6 月中旬，共产国际执委会书记处在同意中央红军向湖南作战略转移的同时，给中共中央提出建议，讨论从哪些地方可以为红军提供弹药和药品：“我们也考虑到通过中国东南部和通过长江同红军保持联系的问题。一方面可以通过福鼎，也可以通过湖口、彭泽（鄱阳湖北面的港口）以隐蔽的方式从外面提供弹药和药品。”电报中还设计了在长江港口具体补给武器的办法：“请从苏区和从上海经意大利公司和其他外国公司或者军阀代表处寻找联络途径，以便通过最经济和最可靠的途径购买和提供弹药。你们能否为此建立自己的隐蔽的中介公司？请尝试通过这些公司出售四川红军有的商品，为中央苏区换取武器。”电报还热情地提出：“请经常通报形势和购买武器药品的情况。我们已开始根据中央的请求暂时给你们寄去一半费用。”[55]

格伯特6月26日在给皮亚特尼茨基的电报中指出：“在你们的电报中以及来自江西[中共]中央的电报中，提出了购买和运输药品、子弹和飞机问题，破坏工作和瓦解白军工作，以及大笔开支问题。这需要做认真而很周密的准备，制定灵活的计划。”[56]

共产国际执委会9月4日给中共中央的电报，建议中共中央“在中国南方的一个港口建立一个为苏区采购和运输武器、弹药和药品的不大而有效的机构”，并告知“最近几天我们将找到一位合适的外国同志并派他去帮助你们的同志做这项工作。请告在什么地方和如何组织这项工作最合适”。[57]

共产国际9月19日的电报还说：“最合适的港口是香港或澳门，我们将派两位同志到那里建立机构。”[58]

9月16日，弗雷德向皮亚特尼茨基就中国红军的未来发展方向问题提交了他的建议书，建议大规模援助四川苏区，“只援助培训的干部是不够的。需要援助武器、弹药、飞机等，这种需要可能会较快地——还是由于远东的战争——提到日程上来。在预见到这种情况和为这一时刻的到来做准备时，需要开始往中亚调运武装西北各省游击队5万名战士所需要的一切。要建立秘密基地仓库，储备能装备50人、100人和1000人队伍的成套备用武器弹药”。[59]

★共产国际设法恢复与中共的通信联络

直到红军长征临近湘江时，蒋介石才发现红军已如下山猛虎般地突出了德国军事顾问团精心设计的包围圈，而且已冲破了国民党军的三道封锁线。近十万红军为何会突然秘密突围？为何又会成功突出铁桶般的包围圈？

翻开权威的档案，我们就不难发现答案的线索。中革军委主席朱德于1934年9月25日发给各军团的电报中，就已隐约给出了谜底：“26日晨，蒋敌向我行总的攻击，李（延年）纵队向汀州进，陈（诚）路军向石城进，其以后目的是在占领我们的中心瑞金。而薛（岳）路军和周（浑元）纵队近日亦逐步前进，其目的是在占领我们的兴国，从西面切断我的主力。”电文还特意叮嘱：“一方面你们应给敌人相当的损失和抵抗；另一方面应很爱惜地使用自己的兵力，并且应坚决避免重大的损失,特别是干部。……在失利时,应有有组织退出战斗的计划。"[60]

这一电文清晰地表明,中革军委已了解国民党军总攻的动向,要求红军主力部队在节节抗击敌军的同时,注意保存实力,准备战略转移。

这份电报可从别的史料中得到印证。"三人团"决策者之一、共产国际军事顾问李德在《中国纪事》一书中写道:"我们从破译的电报中获悉(这对我们来说当然是极其重要的情报),蒋介石指示把发动新的大规模进攻的日期提前了大约一个月。至于为什么后来时间突然提前了,是因为在9月的最后几天中,蒋介石的主攻部队的确同时行动起来了。由于我们的侦察工作做得十分出色,党和军队的领导才能及时对计划作出相应的修改。"[61]

李德初到中央苏区时,就对红军的破译能力留下了深刻的印象。多年后他仍清晰地记得:"第三天晚上,我们到达建宁。朱德和周恩来在前敌指挥部会见了我们。他们领着我们穿过了指挥部。指挥部有十几间房子,包括警卫人员有几百人,其中有整整一连被亲热地称为'小鬼'的情报科的年轻工作人员,他们日夜值班,窃听和破译国民党的无线电报。"[62]

红军的破译水平到了出神入化的境界,对上自南京蒋介石,下至战场师团长的秘密电报都能破译,对其战略部署和部队动向全都一目了然。国民党军无法了解红军的情报,战场上红军对敌情的了解单向透明。红军长征中从来没有中过一次国民党军的埋伏,这是为何?原来,奥秘就在于红军的无线电人才技术高,电报加密方式很先进。

红军的无线电人才培养起点很高。早在1928年中共六大期间(在莫斯科召开),周恩来就挑选了一批在苏联学习军事的中共党员,改学无线电。有着"红色木匠"之称的无线电专家涂作潮,本来在莫斯科留学是学军事的,原想回国后当红军指挥员。周恩来亲自同他谈话,说国内红军作战时,常常因联络不畅,损失大,希望他掌握先进的无线电通信技术,解决红军的这个短板。"木匠"涂作潮于是欣然前往,改学了无线电。涂作潮、宋濂、谭献犹、刘希吾等4人进入列宁格勒(今俄罗斯的圣彼得堡)伏龙芝军事通讯联络学校,学习无线电技术。他们不仅学了无线电的硬件,也学了软件,不仅学了破译,也学了加密。

尽管国民党破译力量强大,但他们不仅在土地革命时期未能破译红军密码,而且直到1949年垮台前,都一直未能破译解放军的密码。

1931年6月底,中央苏区第三次反"围剿"前,中央红军共缴获5部收报机和4部发报机。战利品电台在国民党军队中使用的都是80到130米波长。涂作潮考虑到，这些电台缴自国民党军，如果继续使用此波长，国民党军知道，会守着这个波长监听，对红军的情报保密工作显然不利，于是将波长改设为40到70米，使新设波长和上海党中央电台的工作波长完全一致。

共产国际帮助培养的红军通信专家涂作潮

涂作潮所做的这项工作，开启了我军电子对抗的先河：红军不仅得以继续在80到130米的波长范围内侦听国民党军队的电报，而且用这个国民党军监听红军的已知波长发出若干声东击西的假电报，让敌人陷入混乱。江西中央苏区在1931年八九月间使用40到70米波长和上海中共中央保持联系，完全没有被敌人发现。据记载，当时用40到70米波长首次通报的内容是："弼时已安全抵达。"[63]

随着红军缴获敌人的电台越来越多，在曾希圣、王诤等人的艰苦努力下，红一方面军的通信兵部队也逐渐成立起来。红军还成立了专门破译敌军密码的中革军委二局，由曾希圣任局长，钱壮飞任副局长，下设三个业务科，一科（破译科）科长曹祥仁，二科（译电科）科长李作鹏，三科（侦收科）科长胡立教。

战斗在中央苏区千里之外的红四方面军红军电台机要员，也在磨砺自己的技术，破译能力也节节攀升，宋侃夫和蔡威成为破译敌人密码的行家里手。

红二、六军团在木黄会师后，红六军团带来了一部半电台，一部用于与党中央联络，半部则用作侦听使用，从此红二、六军团在战场上也变得"耳聪目明"起来，打仗如有神助，屡战屡捷。

中央红军、红四方面军，以及红二、六军团的红色破译专家大展身手，为红军对国民党军的多次作战中节节胜利，发挥了难以估量的奇妙作用。特别是在长征中侦听到了敌人大量的情报，对敌人的行动了如指掌，使红军如有神助，将"围剿"之敌打得焦头烂额。红四方面军打败川军6万兵力的"三路围攻"、20万兵力的"六路围攻"，中央红军的四渡赤水战役，以及红二、六军团的忠堡战斗、板栗园战斗等的胜利，都与破译了国民党军的作战电报不无关系。

曾任红三军团军团长、红一方面军司令员的彭德怀感慨地说："凭着红军指战员的英勇和出色的侦察工作，才免于全军覆没而到达陕北。"对于红军"听风者”的特殊功勋,毛泽东曾多次给予高度评价,他说“长征有了二局,我们好像打着灯笼走夜路”,“没有二局,长征是很难想象的”。

红军在战场上破译破获国民党军的电报,只需小功率电台,然而,要同远在数千公里之外的莫斯科联系,却必须有大功率的电台。1934 年 10 月中共上海中央局大暴露之后,中共中央与上海之间的无线电联系就中断了。中共中央率中央红军长征途中召开的遵义会议,选出新的领导人,也正得益于电台中断、共产国际无法干预。然而,毕竟中国革命需要共产国际的指导与支持,打通中共与莫斯科的通信联络也确是十分重要的大事。

李德在《中国纪事》中记载:“同共产国际执行委员会就这个问题的无线电往来,是一年半中最后的一次,中央委员会上海局连同电台都被国民党秘密警察查获了。这样,我们同共产国际代表团以及同共产国际执行委员会的联系完全中断了。由此而来的中央同外界的完全隔绝,对以后事态的发展产生了无法估量的影响,影响之深一直持续到 1936 年,即共产国际第七次世界代表大会的准备和召开时期。”[64]

中央红军曾打算通过红二、六军团与共产国际恢复联系。1934 年初夏,有一队政治和技术干部带着无线电设备和密码,历尽千辛万苦到达红六军团所在地。然而,由于物质基础薄弱,也未能成功。由于没有携带大功率的电台,中共中央与莫斯科之间的无线电联系,只能收到莫斯科消息,而莫斯科却收不到红军的声音,因此,共产国际与中共中央之间的无线电联系也就此中断。

潘汉年在遵义会议后奉命前往上海,将携带的无线电呼号交给了中共上海中央局,然而上海中央局由于屡遭破坏,无法将呼号转交共产国际。1935 年 6 月 20 日潘汉年赴莫斯科之前在上海特意就无线电通信问题给共产国际驻华代表写了一封信:“至于建立侦察网的问题,红军现在在获取敌人情报方面遇到了比第一、二、三、四次‘围剿’时更大的困难。”[65]

他还在信中写道:“我应在适当地区[不一定在上海]建立稳定的联络点,同时建立同四川南部的信使联系。[中共]中央看到中共上海中央局不断遭到破坏和国统区群众斗争领导薄弱,决定加强领导。同时[中共]中央新的负责同志——波克利洛夫(他的中文名字叫张闻天)和陈云认为,鉴于红军进行长期行军和长期内战,同军队一起转移的[中共]中央无力领导全国的工作,应该改变自己的领导方法。因此,他们要求我们同你们会面并讨论这个问题。如果你们同意,我将在某些合适的地区设立代理人机构以做好准备工作,同时建立电台和同川南的信使联系。在我离开[中共]中央前往上海之前,曾专门派出一名同志去建立联系,由于该同志到上海后先同中共上海中央局会了面,我也就同该局联系上了。"[66]

写完这封信后不久,潘汉年就去了莫斯科。

无论是中共中央还是潘汉年都不知道,共产国际其实也正设法打通同红军的通信联系。弗雷德回到莫斯科后,写了一篇《关于支持四川省苏区和发展中国西北革命运动的建议》,提出要派人恢复同红军的通信联络。他写道:

> (1)首先向我们的中亚地区(阿拉木图)投入一个核心领导小组(一位政治领导者,一位军事领导者,一位党的组织者,几位携带通讯器材的[共产国际执行委员会]国际联络部的代表),他们作为中共[中央]西北局开始工作。
>
> (2)西北局最初时期的任务是,研究一方面通过新疆—甘肃,另一方面通过蒙古西部、宁夏—陕西同四川建立通讯联络的可能性。[67]

中央红军仍在万里长征的艰苦转战之中,缺衣少粮、居无定所,无法解决通信联系的大功率电台及密码问题。

在中共中央和共产国际双方的共同努力下,直到 1936 年 6 月,中央红军已完成长征、东征后,中共中央才接通了与共产国际的电信联络。[68]

---

[1] [德]奥托·布劳恩:《中国纪事》,现代史料编刊社 1980 年 12 月版,第 106—107 页。

[2] 中共中央文献研究室:《朱德年谱(1886—1976)》新编本(上),中央文献出版社 2006 年 11 月版,第 401 页。

[3] 即筠门岭,系江西省会昌县的一个镇。

[4]《朱德军事文选》,解放军出版社 1997 年 1 月版,第 159 页。

[5] 中共中央党史研究室第一研究部译:《联共(布)、共产国际与中国苏维埃运动(1931—1937)》14 卷,中共党史出版社 2007 年 9 月版,第 236 页。

[6] 中共中央党史研究室第一研究部译:《联共(布)、共产国际与中国苏维埃运动(1931—1937)》14 卷,中共党史出版社 2007 年 9 月版,第 253 页。

[7] 据曾任国民党广东省平远县县长的秦庆钧回忆,参与谈判的系黄任寰,字旭南,而非“黄旭初”。

[8] [德]奥托·布劳恩:《中国纪事》,现代史料编刊社 1980 年 12 月版,第 107 页。

[9] 何长工:《难忘的岁月》,人民出版社 1982 年 6 月版,第 129 页。

[10] 全宗 495,目录 184,卷宗(1934 年发文),第 28 页背面。中共中央党史研究室第一研究部译:《联共(布)、共产国际与中国苏维埃运动(1931—1937)》14 卷,中共党史出版社 2007 年 9 月版,第 272 页。

[11] 何长工:《难忘的岁月》,人民出版社 1982 年 6 月版,第 131 页。

[12] 中共中央党史研究室第一研究部译:《联共(布)、共产国际与中国苏维埃运动(1931—1937)》14 卷,中共党史出版社 2007 年 9 月版,第 373 页。

[13] 中共中央党史研究室第一研究部译:《联共(布)、共产国际与中国苏维埃运动(1931—1937)》14 卷,中共党史出版社 2007 年 9 月版,第 143—144 页。

[14] 中共中央党史研究室第一研究部译:《联共(布)、共产国际与中国苏维埃运动(1931—1937)》14 卷,中共党史出版社 2007 年 9 月版,第 144 页。

[15]《粟裕战争回忆录》,解放军出版社 1988 年 11 月版,第 112—113 页。

[16] 中共中央党史研究室第一研究部译:《联共(布)、共产国际与中国苏维埃运动(1931—1937)》14 卷,中共党史出版社 2007 年 9 月版,第 256—257 页。

[17] 中共福建省委党史研究室、中共浙江省委党史研究室、中共安徽省委党史工作委员会、中共江西省委党史资料征集委员会:《中国工农红军北上抗日先遣队》,中共党史出版社 1991 年 2 月版,第 250 页。

[18]《粟裕战争回忆录》,解放军出版社 1988 年 11 月版,第 138 页。

[19] 中共中央党史研究室第一研究部译:《联共(布)、共产国际与中国苏维埃运动(1931—1937)》14 卷,中共党史出版社 2007 年 9 月版,第 373 页。

[20]《中革军委关于渡江的作战计划》(1935 年 1 月 20 日),中央档案馆:《中共中央文件选集》第 10 册,中共中央党校出版社 1991 年 3 月版,第 475—480 页。

[21] 中共中央党史研究室第一研究部译:《联共(布)、共产国际与中国苏维埃运动(1931—1937)》14 卷,中共党史出版社 2007 年 9 月版,第 373—374 页。

[22]中共中央党史研究室第一研究部译:《联共(布)、共产国际与中国苏维埃运动(1931—1937)》14 卷,中共党史出版社 2007 年 9 月版,第 382 页。

[23] 中共中央党史研究室第一研究部译:《联共(布)、共产国际与中国苏维埃运动(1931—1937)》14 卷,中共党史出版社 2007 年 9 月版,第 382 页。

[24] 中共中央党史研究室第一研究部译:《联共(布)、共产国际与中国苏维埃运动(1931—1937)》14,中共党史出版社 2007 年 9 月版,第 78 页。

［25］中共中央党史研究室第一研究部译:《联共(布)、共产国际与中国苏维埃运动(1931—1937)》14 卷,中共党史出版社 2007 年 9 月版,第 96 页。

［26］中共中央党史研究室第一研究部译:《联共(布)、共产国际与中国苏维埃运动(1931—1937)》14 卷,中共党史出版社 2007 年 9 月版,第 96—97 页。

［27］中共中央党史研究室第一研究部译:《联共(布)、共产国际与中国苏维埃运动(1931—1937)》14 卷,中共党史出版社 2007 年 9 月版,第 104 页。

［28］中共中央党史研究室第一研究部译:《联共(布)、共产国际与中国苏维埃运动(1931—1937)》,中共党史出版社 2007 年 9 月版,第 119 页。

［29］即红四方面军。

［30］中共中央党史研究室第一研究部译:《联共(布)、共产国际与中国苏维埃运动(1931—1937)》14 卷,中共党史出版社 2007 年 9 月版,第 234 页。

［31］中共中央党史研究室第一研究部译:《联共(布)、共产国际与中国苏维埃运动(1931—1937)》14 卷,中共党史出版社 2007 年 9 月版,第 238 页。

［32］中共中央党史研究室第一研究部译:《联共(布)、共产国际与中国苏维埃运动(1931—1937)》14 卷,中共党史出版社 2007 年 9 月版,第 239—240 页。

［33］中共中央党史研究室第一研究部译:《联共(布)、共产国际与中国苏维埃运动(1931—1937)》14 卷,中共党史出版社 2007 年 9 月版,第 375 页。

［34］中共中央党史研究室第一研究部译:《联共(布)、共产国际与中国苏维埃运动(1931—1937)》14 卷,中共党史出版社 2007 年 9 月版,第 375—376 页。

［35］中共中央党史研究室第一研究部译:《联共(布)、共产国际与中国苏维埃运动(1931—1937)》14 卷,中共党史出版社 2007 年 9 月版,第 381 页。

［36］秦铁:《从博古的错误说起》,《同舟共进》2012 年第 4 期。

［37］《共产国际执行委员会书记处会议史平同志的报告》,《党的文献》2001 年第 4 期。

［38］中共中央党史研究室第一研究部译:《联共(布)、共产国际与中国苏维埃运动(1931—1937)》15 卷,中共党史出版社 2007 年 9 月版,第 57 页。

［39］中共中央党史研究室第一研究部译:《联共(布)、共产国际与中国苏维埃运动(1931—1937)》13 卷,中共党史出版社 2007 年 9 月版,第 212—214 页。

［40］中共中央党史研究室第一研究部译:《联共(布)、共产国际与中国苏维埃运动(1931—1937)》13 卷,中共党史出版社 2007 年 9 月版,第 218 页。

［41］中共中央党史研究室第一研究部译:《联共(布)、共产国际与中国苏维埃运动(1931—1937)》13 卷,中共党史出版社 2007 年 9 月版,第 354 页。

［42］中共中央党史研究室第一研究部译:《联共(布)、共产国际与中国苏维埃运动(1931—1937)》13 卷,中共党史出版社 2007 年 9 月版,第 358 页。

[43] 全宗495,目录4,卷宗283,第37—39页。中共中央党史研究室第一研究部译:《联共(布)、共产国际与中国苏维埃运动(1931—1937)》14卷,中共党史出版社2007年9月版,第103页。

[44] 全宗495,目录184,卷宗47(1934年发文),第58页。中共中央党史研究室第一研究部译:《联共(布)、共产国际与中国苏维埃运动(1931—1937)》14卷,中共党史出版社2007年9月版,第104页。

[45] 中共中央党史研究室第一研究部译:《联共(布)、共产国际与中国苏维埃运动(1931—1937)》17卷,中共党史出版社2007年9月版,第327页。

[46] 原文为:据王稼祥和任弼时的回忆,季米特洛夫曾语重心长地说:"应该告诉全党,应该支持毛泽东同志为中国共产党的领导人。他是在实际斗争中锻炼出来的领袖,其他人如王明,就不要再争当领导人了。"([保]季米特洛夫著《季米特洛夫日记选编》,广西师范大学出版社,第9页;另据《任弼时年谱》,1938年7月)。

[47] 中共中央党史研究室第一研究部译:《联共(布)、共产国际与中国苏维埃运动(1931—1937)》13卷,中共党史出版社2007年9月版,第545页。

[48] 全宗495,目录184,卷宗54(1933年收文),第57页。中共中央党史研究室第一研究部译:《联共(布)、共产国际与中国苏维埃运动(1931—1937)》13卷,中共党史出版社2007年9月版,第618页。

[49] 全宗495,目录184,卷宗61(1934年收文),第271页。中共中央党史研究室第一研究部译:《联共(布)、共产国际与中国苏维埃运动(1931—1937)》14卷,中共党史出版社2007年9月版,第27页。

[50] 全宗495,目录184,卷宗36(1933年发文),第226页。中共中央党史研究室第一研究部译:《联共(布)、共产国际与中国苏维埃运动(1931—1937)》13卷,中共党史出版社2007年9月版,第623页。

[51] 中共中央党史研究室第一研究部译:《联共(布)、共产国际与中国苏维埃运动(1931—1937)》14卷,中共党史出版社2007年9月版,第149页。

[52] 中共中央党史研究室第一研究部译:《联共(布)、共产国际与中国苏维埃运动(1931—1937)》14卷,中共党史出版社2007年9月版,第118页。

[53] 全宗495,目录184,卷宗47(1934年发文),第130页。中共中央党史研究室第一研究部译:《联共(布)、共产国际与中国苏维埃运动(1931—1937)》14卷,中共党史出版社2007年9月版,第123页。

[54] 中共中央党史研究室第一研究部译:《联共(布)、共产国际与中国苏维埃运动(1931—1937)》14卷,中共党史出版社2007年9月版,第141页。

[55] 中共中央党史研究室第一研究部译:《联共(布)、共产国际与中国苏维埃运动(1931—

1937)》14 卷,中共党史出版社 2007 年 9 月版,第 146—147 页。
[56] 中共中央党史研究室第一研究部译:《联共(布)、共产国际与中国苏维埃运动(1931—1937)》14 卷,中共党史出版社 2007 年 9 月版,第 148—149 页。
[57] 中共中央党史研究室第一研究部译:《联共(布)、共产国际与中国苏维埃运动(1931—1937)》14 卷,中共党史出版社 2007 年 9 月版,第 234 页。
[58] 中共中央党史研究室第一研究部译:《联共(布)、共产国际与中国苏维埃运动(1931—1937)》14 卷,中共党史出版社 2007 年 9 月版,第 252 页。
[59] 中共中央党史研究室第一研究部译:《联共(布)、共产国际与中国苏维埃运动(1931—1937)》14 卷,中共党史出版社 2007 年 9 月版,第 241 页。
[60] 中国人民解放军历史资料丛书编审委员会:《红军长征·文献》,解放军出版社 1995 年 5 月版,第 38 页。
[61] [德]奥托·布劳恩:《中国纪事》,现代史料编刊社 1980 年 12 月版,第 108 页。
[62] [德]奥托·布劳恩:《中国纪事》,现代史料编刊社 1980 年 12 月版,第 61 页。
[63] 涂胜华:《父亲涂作潮早期的革命生涯》,载《人民政协报》2014 年 5 月 8 日。
[64] [德]奥托·布劳恩:《中国纪事》,现代史料编刊社 1980 年 12 月版,第 107 页。
[65] 中共中央党史研究室第一研究部译:《联共(布)、共产国际与中国苏维埃运动(1931—1937)》14 卷,中共党史出版社 2007 年 9 月版,第 449 页。
[66] 中共中央党史研究室第一研究部译:《联共(布)、共产国际与中国苏维埃运动(1931—1937)》14 卷,中共党史出版社 2007 年 9 月版,第 449—452 页。
[67] 中共中央党史研究室第一研究部译:《联共(布)、共产国际与中国苏维埃运动(1931—1937)》14 卷,中共党史出版社 2007 年 9 月版,第 238—239 页。
[68] 杨奎松:《苏联大规模援助中央红军的一次尝试》,载《近代史研究》1995 年第 1 期。

第四章
长征途中的国际友人

★长征途中的德国人李德

★第一个向世界宣传中国红军长征的外国人勃沙特

★在长征中作出特殊贡献的朝鲜人武亭

★骁勇善战的朝鲜勇士毕士悌

★三过雪山草地的越南人洪水

长征是中国工农红军的长征，也是中共中央的长征。但耐人寻味的是，长征的队伍中有一小批国际友人，其中有德国人李德，英国籍瑞士传教士勃沙特，越南人洪水，朝鲜人武亭、毕士悌。有人撰文说长征队伍中的朝鲜人有30多人[1]。这些出现在长征队伍中的国际友人，正说明长征不仅是中国革命史上的一座不朽的丰碑，而且是国际共产主义运动史上的一座丰碑，同时也是影响世界历史进程的伟大事件。了解国际友人在长征队伍中的传奇经历，有助于我们加深理解长征不同凡响的国际意义。

★长征途中的德国人李德

经过多年时间的沉淀，回望长征大海一样深厚博大的精神宝库，当我们用历史唯物主义的眼光来观察历史人物时，也许会让我们看到更多的经验与教训，得到更加丰富的启迪与鉴戒。比如，李德这个曾让我们颇不舒服的人物，在教科书中几近于定位为反面人物，实事求是地讲，对他恐怕是不能简简单单地用是与非、好与坏来下结论的。毋庸置疑，李德是“左”倾教条主义在军事上的代表人物，在第五次反“围剿”作战的失败上负有不可推卸的重大责任。但长征中的李德却是有功有过，他交出最高指挥权的过程，正是中国共产党和红军成长的过程，是中国革命完成大转折的关键环节。因此，了解长征中的李德，更有助于我们了解长征的一些重大细节。

红军之所以被迫退出中央苏区,踏上悲壮的长征路程,李德的错误指挥的确难辞其咎。当然,这也不是他的本意。1933 年 9 月,李德来到中央苏区,应该说,原本是怀着帮助中国人民完成解放事业的良好愿望而来的。但是他当上军事顾问、大权在握后,却因不了解中国之国情,不顾战争的实际情况,仅凭课本上的条条框框,坐在房子里按地图指挥战斗,正如《中央关于反对敌人五次"围剿"的总结的决议》对他的批评所言,"把军委的集体领导完全取消,惩办主义有极大的发展,自我批评丝毫没有,对于军事上一切不同意见,不但完全忽视,而且采取各种压制的方法,下层指挥员的机断专行与创造性是被抹杀了。"[2]其结果导致反"围剿"作战连连失利。需要说明的是,指挥失利,这是能力问题,不是动机问题。李德毕竟是一位国际友人,还是一位对红军多少作出过贡献的外国人。另外,我们也不能说,李德就一无是处。

对长征出发前的准备,李德还是坚称自己是有功劳的。他在《中国纪事》中提供了一组长征出发时各军团的武器装备情况:"根据我 1939 年的笔记中记载的 1934 年红军总参谋部的统计数字(机关枪的数字只是粗略的估计),中央红军在出发时的实有兵力是 7.5 万至 8.1 万人,其中 5.7 万至 6.1 万名战士,有 4.1 万至 4.2 万支步枪和 1000 多挺轻重机关枪。战斗部队编为五个军团,第一军团由第一、第二和第十五师组成,有 1.6 万至 1.8 万人,其中 1.4 万至 1.5 万名战士,有 9000 至 10000 支步枪和 300 至 350 挺机枪。第三军团由第四、第五和第六师组成,有 1.5 万人,其中 1.2 万至 1.3 万名战士,有 9000 支步枪和大约 300 挺机枪。"

这个数字对照 1934 年 10 月 8 日中央红军长征出发前《野战军人员武器弹药供给统计表》,可知是有一定的差距的。据该表统计,中央红军出征时的各军团人数为 86859 人,但除去拟补充的 9700 人,实为 7.7 万人,倒与李德提供的人数接近。步枪为 29153 支,另有短枪 3141 支;轻重机枪为 651 挺,自动枪、花机关 299 支。这个数字与李德所报数字出入就不小了。

李德还提道:"除此之外,作为突击部队而承担突围主要任务的这两个军团,还拥有 30 至 40 门轻迫击炮和大约 3000 枚我兵工厂制造的迫击炮弹,并且各有两门以上直接瞄准射击的野战炮和几百发炮弹。第五军团由第十三和第三十四师组成,有 1.1 万至 1.2 万人,其中 1 万名战士,有 7000 支步枪和 150 至 200 挺机枪。新编第八军团由原来的独立二十一师和二十三师组成,有 1 万人,其中 8000 名战士,有 6000 支步枪和大约 100 挺机枪。"[3]这个数字与《野战军人员武器弹药供给统计表》统计的装备数差距同样也不小，当时整个中央红军共有迫击炮 38 门，各军团有迫击炮 2～8 门。

李德的日记本在长征途中丢失，他后来于 1939 年凭记忆记录的这些数字，也难免出现错误。当然，即便有这些误差，也说明红军长征出发时，的确装备整齐、人员补充到位，是一支准备较充分的部队。因李德是“三人团”成员之一，参与指挥长征的准备工作，因此说李德对长征出发前的准备工作有贡献也并不为过。

《中国纪事》中译本封面

李德在《中国纪事》中争辩说，长征初期的突围行动总的来看是成功的，“尽管在突围的最后阶段损失这般严重，但中央红军仍在 1934 年 12 月中旬——出发两个月之后，顺利地冲过了在德国军事专家看来是不可攻破的国民党层层封锁。长征队伍这段时期在极其艰难的地区行程达 500 公里，历经数十次小仗和三次大仗，终于夺取了广阔的战略区域。蒋介石妄图把红军消灭在堡垒区的计划失败了。我军主力仍然保持着旺盛的战斗力，在笨重的后勤纵队和临时组成的部队把自己的累赘大部分甩掉以后，主力部队在质量上甚至还有所提高了。这些无可辩驳的事实的确为中央红军在长征中和长征以后的最后胜利创造了条件”。[4] 李德后来到莫斯科向共产国际汇报时仍坚持这个观点，“我认为，远征的准备工作是好的。突破四道防线的计划也一样，比较容易地克服这些防线就证明了这一点。”[5]

延安时期的李德

但在长征初期，李德作为制定计划和指挥中央红军的“三人团”成员之一，其军事指挥错误再次充分暴露，对红军造成的损失是巨大的。他的错误主要有两个方面：一方面过分强调保密，对战略转移没有进行应有的政治动员，以致离开中央苏区后出现大批新战士逃亡事件；另一方面在指挥上显得僵硬笨拙，从行军路线上看，过四道封锁线，正如一条直线，很容易被对手判断出前进的方向，加之带了大量的“坛坛罐罐”，进行“甬道式”搬家，行军速度极为缓慢，致使中央红军在长征初期损失惨重。在血战湘江后，全军已经减少到 3 万人。突破湘江成为红军长征中最令人痛心的一役。但不幸中之大幸的是,红军以高昂的代价粉碎了蒋介石将红军“全歼于湘江以东地域”的险恶图谋,同时也宣告了“左”倾机会主义军事路线的彻底破产。在惨痛的教训面前,广大红军将士深深感受到了“左”倾冒险主义者的危害。

李德后来承认其长征中的错误主要体现在长征第一阶段的准备工作。

> (1)自1934年夏提出以后的行动问题时,革命军事委员会在我的影响下立即提出两个方针:一个是竭尽全力保卫苏区;另一个是疏散。这对那些在为业已提出的目标继续战斗并且没有得到足够休息的军队产生了消极的影响。
>
> (2)准许携带大量的辎重。我本人虽然反对最初的计划,极力减少,但还是做得不够。这里反映出对远征的错误概念,认为这是一般的转移,没有充分考虑到军队在国民党地区即将面临的变化了的条件。
>
> (3)由于有庞大的后勤部队,又低估了敌人的行动,作战部队在很大程度上变成了非作战部队的掩护部队。它们行动缓慢,调动困难,因而造成了纵队不止一次地受到敌人部队的进攻,有掉队的,失去联系的,损失惨重。
>
> (4)远征的最终目的不明确,在完全越过敌人的防线之前(即在到达贵州之前),我极力避开决战,因此放过了同敌人的有利作战机会(在湘桂黔边区)。
>
> 由于犯了这些错误,在长征第一阶段的损失是很大的,军队疲惫不堪,与二、六军团会师未成。[6]

李德的这些错误引起广大红军指战员的强烈不满,他的声望逐渐下跌,就连最温和的周恩来也不给他好脸色。此后,通过通道会议、黎平会议、猴场会议、遵义会议,中共中央逐步解除了他的军事指挥权。

湘江战役后通道会议作出的决策,即在排除了李德的影响后作出转兵贵州的决策。据李德本人的记述:“在到达黎平之前,我们举行了一次飞行会议,会上讨论了以后的作战方案。在谈到原来的计划时,我提请大家考虑:是否可以让那些在平行路线上追击我们的或向西面战略要地急赶的周部和其他敌军超过我们,我们自己在他们背后转向北方,与二军团建立联系。我们依靠二军团的根据地，再加上贺龙和萧克的部队，就可以在广阔的区域向敌人进攻，并在湘黔川三省交界的三角地带创建一大片苏区。”[7]

李德的这个思路是坚持执行长征前“三人团”的原计划。但当时由于敌情发生重大变化，何键在湖南洪江、芷江，贵州松桃、铜仁、石阡一带集结了 20 万军队，设了四道防线，阻止中央红军主力北上与红二、六军团会合。国民党军布好了一个口袋阵，正等着红军主力钻进去。朱德在 12 月 12 日致各军团、各纵队电报中指出：“湘敌与〔以〕陶广一路军主力向通道进逼，其他各路仍续向洪江、靖县前进，企图阻我北进，并准备入黔。”[8]

李德后来在回忆录中抱怨说：“毛泽东又粗暴地拒绝了这个建议，坚持继续向西进军，进入贵州内地。而且他有洛甫、王稼祥和周恩来的支持。因此，毛的建议被通过了。他乘此机会以谈话的方式第一次表达了他的想法，即应该放弃在长江以南同二军团一起建立苏区的意图，向四川进军，去和四军团（即红四方面军）会师。”

李德还写道：“至于怎样实现这一点，他却闭口不谈。四军团目前在什么地方，我们知道的并不确切，因为和它长期没有联系了；此外同二军团的无线电联系也在行军时中断了。”

其实李德的这个说法并不确切，因为据红四方面军电台负责人宋侃夫回忆，红四方面军在川陕根据地与中央的通信联系是畅通的。中央红军长征进入湖南后，红四方面军电台以贺国光行营电台为中心，加紧破译了蒋介石的密码，不停地发给中革军委。至于红二军团，在通道会议时，已与红六军团会师后转战于川鄂湘黔地区，红六军团西征时带着电台，两军团于 10 月会师后，便接通了红二军团与中央的联系。

李德坚持北上湘西与红二、六军团会师的计划，但他并未给通道会议造成多大影响，因为他当时害了疟疾，过早地离开了会场。他回忆说：“从 1934 年秋季以后，我染上了严重的热带疟疾，这段时间发作得特别厉害。春季到达滇北山区时，我的病况才逐渐好转。当我看到所发布的命令时，我才知道了最后决定的全部内容。”[9]他请周恩来讲一讲详细情况，周恩来显得有些激动地说，中央红军需要休整，很可能在贵州进行，因为那里敌人的兵力比较薄弱。而博古也赞同转兵贵州，但他是希望先到贵州，再转至湘西一带，他认为，从贵州出发可以一直向北，在那里才真正有可能遇到很小的抵抗。

转兵贵州一周后，中央红军占领黎平，中共中央政治局在此举行了一次会议。李德因为发高烧没有出席。会议按照毛泽东的提议，作出了维持通道会议转兵的决议，前往川黔边建立根据地。有趣的是，李德认为他并未反对通道会议。他在《中国纪事》中写道，周恩来事先征求他的意见，李德提议，改变行军方向转向西北，以便绕过省会贵阳，渡过乌江，消灭较弱的贵州省军队，解放乌江以北和以西的、以遵义城为中心的地区；然后在这个地区建立临时根据地，寻找同蒋介石向前推进的军队进行战斗的时机。“其实，如果撇开周恩来提出的几个战术行动，向遵义继续进军的方案，同我的建议并没有什么区别。”李德还颇感委屈地说道：“虽然这个方案，除去最后一部分，大体上符合毛泽东在以前的谈话中所表示的意见，但又被他粗暴地驳回了，他没有提出一个不同的建议。”[10]通道会议没有会议记录和决议留存至今，但根据亲历通道会议的将帅的相关回忆，却并非如李德所言。如，作为李德翻译的伍修权在回忆中说：“部队前进到湘西通道地区时，得到情报说，蒋介石已察觉我们的意图是与二、六军团会合，就在我们前进方向布置了五倍于我的强大兵力，形成了一个大口袋等我们去钻。面对这一情况，李德竟然坚持按原计划行动，把已经遭到惨重损失的三万多红军，朝十几万强敌的虎口中送。”[11]

1935 年 1 月 15 至 17 日在遵义召开了中共中央政治局扩大会议，中共领导层深刻分析批评了博古、李德在军事指挥上的错误。

据杨尚昆回忆：“共产国际的军事顾问李德和他的翻译伍修权也参加了会议。李德坐在靠会场进门的地方。他坐的椅子，门里头一半，门外头一半。我记得他没有怎么说话，只是一个劲地抽烟。”[12]

由于李德对第五次反“围剿”的失败和长征初期中央红军遭受的严重损失负有不可推卸的责任，他的名字被写入遵义会议的决议，受到了严厉的批评。

毛泽东尖锐地批评李德不了解中国的国情，也不了解中国工农红军的情况，不作调查研究，听不得不同意见，生搬硬套在苏联有效在中国行不通的战略战术。李德和博古等人在军事上的一系列错误的战略战术，使红军吃尽了苦头，付出了惨重的血的代价。遵义会议取消了长征前成立的“三人团”，取消了李德对红军的军事指挥权。

遵义会议后，李德并不愿接受批评，在相当长一个时期内仍然不服。红军再次出发时他要求跟随红一军团行动，他本来以为军团长林彪会尊重他，却没想到得到了林彪的冷漠对待。据李德回忆：“林彪以一种不耐烦的态度接待了我，我以后在他的司令部度过了几个星期，在这期间他对我也几乎毫不过问。”

李德只好又回到了中央纵队。

而此后的长征路上，李德也并非总在作错误的判断，他虽然不再拥有军事指挥权，但仍然多次参加了中央政治局会议。

在四渡赤水战役中，红军因不断转战，部队减员很大。据李德《中国纪事》记载："总参谋部统计，这时战斗部队的实际兵力为2.2万人。这就是说，自遵义会议以来，中央红军已丧失它原有兵力4.5万人的一半多。实际的损失还要多些，大约是三分之二，或者用绝对数字来表示，基本部队损失了3万人，因为它的实际兵力通过招募志愿兵已增加了大约六分之一。这完全是行军中的损失，也包括许多不是计划内而是迫不得已的战斗中的损失。至于中央纵队和后勤纵队，他们总计还约有3000人，在经历了突围的严重损失后，现在比战斗部队的损失要小得多。"[13]

由于减员大，一些军事将领和党的领导人产生了对毛泽东的不满情绪，存在着要换人的想法。朱德、博古等人认为，这时党内必须要团结一致，才能共渡难关，这对中国革命至关重要。十分难得的是，李德尽管对毛泽东并不是很有好感，但也持这一观点，不赞同在目前这种时刻变换领导的要求，而认为应集中精力设法渡过金沙江。[14]在会理会议上，他也表示要支持毛泽东。应该说，作为共产国际军事顾问，李德的站位在这个关键时刻具有相当的影响力，在会理会议前的这场风波中，李德对维护毛泽东的领导地位也发挥了一定积极作用。

据李德回忆，渡金沙江前，毛泽东同他探讨了打通国际通道、取得苏联和共产国际援助的可能性。这恐怕是在长征中，毛泽东第一次提出要将长征的落脚点同打通国际通道联系在一起了。李德听了这个观点，十分惊讶。他在《中国纪事》中写道："我相信，他是第一次在这种场合当着我的面说的——带领红军经西康和青海到新疆，以便在那里和苏联建立联系，得到各方面援助。那时，我并没有觉得他当真有这种打算，但还是劝他打消这个念头。"[15]

1935年6月初到中旬，在前往懋功与红四方面军会师的途中，李德遭遇了一次不小的损失。当队伍蹚过一条虽浅但流速很急的河流时，驮东西的骡子跌倒了，装着李德全部东西的铁皮箱也落入水中。后来所有东西都被打捞上来了，可是少了李德的日记本。李德颇为遗憾地说："我到江西苏区以后，经常写日记，几乎没有间断，本子里记录的事实、时间、名字、提纲、数字等等现在都无法挽回地丧失了。虽然以后我凭着清晰的记忆又做了笔记，但这些笔记当然无法代替那本日记了。"[16]

中央红军与红四方面军在懋功会师后,李德见证了两军的情谊。他在《中国纪事》中记载的这段回忆,是对红五、九军团实力的重要佐证,也记录了红四方面军对中央红军的真诚帮助。他写道:“在两河口,虽然谈到了一方面军和四方面军的联合,但实际上并未实现,只对一些高级指挥员的职务重新进行了调整,第五军团和第九军团这时各有兵力2000至3000人,出于给养的原因,它们附属于第四方面军,四方面军分给三军团大约1500人作为补充,并向三军团以及一方面军的其他部队给予了物质上、主要是粮食上的援助。”[17]

6月26日在两河口召开的中央政治局扩大会议上,李德明确同意中央的北上抗日方针,反对张国焘南下。他的《中国纪事》记载了张国焘与中央南下、北上的争论:“关于会师后红军的主要推进方向的争论,在7月份整整进行了一个月。后来听说除了第十五军团以外,在陕西,还有以深得民心的游击队领袖刘志丹为首的地方部队在进行卓有成效的斗争,并在那里有了一个小而稳固的苏区,以及在许多中央委员所熟悉的共产党员高岗领导下的一个共产党省委和一个革命政府。当人们知道这一情况时,争论又有了新的内容。”[18]这一内容,可与沙窝会议决议相佐证,决议中说:“红廿五、廿六军及廿九军在川陕甘三省的活跃,尤其是一、四方面军两大主力在川西北的会合,造成了中国苏维埃运动在西北开展极大胜利的前途。”[19]加上之后毛儿盖会议《关于目前战略方针之补充决定》关于开辟甘、陕根据地的益处,“在政治上,我们能够同廿五、廿六军,及通(江)、南(江)、巴(中)游击区取得配合、协同动作及汇合”。李德的回忆说明,后来中共中央在榜罗镇会议决策到陕甘根据地,绝非一些人简单地认为哈达铺一张报纸定乾坤那么简单,仅靠一份报纸就决定红军长征将何去何从无疑太过儿戏。红军将去哪里,是中共中央经过长时间的酝酿和思考的结果。

1935年七八月间,红军大学成立,李德被派往红军大学讲授军事理论课,还参加过两次征粮队。李德认为:“可能是张国焘嫌我挡道,想把我排除出去,因为我从一开始就坚决反对他的战略观点。”李德赞成中央政治局两河口会议作出的北上川陕甘的计划,他说:“我确实也是一个忠实支持者,尽管我对遵义会议持有保留意见。”[20]

不久,发生了张国焘南下分裂红军的事件。在右路军中的红军大学也面临着南下、北上的选择。这时,红军大学教育长、红四方面军副参谋长李特鼓动红四方面军学员随张国焘分裂南下,并拔枪相向。关键时刻,李德挺身而出,用自己特殊的地位和尚存的领导身份进行坚决抵制,与李特进行了坚决的斗争。他坚持中央的北上抗日方针是正确的，不经毛泽东同意，任何人不得擅自把部队拉走，并在争吵中以他的身高和体格远比李特健壮的优势，下了李特的枪，演了一出“李德捉李特”的绝妙好戏，保护了毛泽东等领导人的安全，受到毛泽东、彭德怀的高度赞赏。

1935 年 10 月 19 日，李德随中共中央和红一方面军主力到达陕甘根据地的吴起镇，随后，在甘泉与陕北红军第十五军团会师，成为唯一走完长征征途的西方人。

作为长征的亲历者，李德对长征给予了积极评价。他认为，作为大规模战略转移的长征，从军事上来看成了战略退却，这种退却只是在最后阶段才转为前进。“虽然长征付出了巨大的牺牲，但从政治上看，仍然是中国红军的一次胜利。红军抵御了占有强大优势的敌军，突破了敌人的坚固阵地和重重包围，给敌人以数十次打击和成百次骚扰。红军行程 1 万多公里，横贯 12 个省，翻过 18 座大山，渡过 24 条大河。这是一个不可磨灭的功绩，是中国红军——共产党领导下的农民军队的全体战士伟大的勇敢、坚韧的毅力和革命的热情的明证。”[21]

李德从分析地理入手，看到了红军长征到陕甘地区，对未来抗日战争的影响。这一点也说明李德还是有着相当高军事素养的。“当我们骑马进入瓦窑堡时（这是最近一段时间我军司令部的所在地），我与博古就新根据地在日本、中国和苏联的政治交叉点中的地理位置进行了交谈。我们一致认为，这个地理位置提供了非常有利的条件，使我们能够把中国人民的民族革命解放斗争同世界范围内的反战和反法西斯主义的斗争结合起来。”

瓦窑堡会议上，红军开始部署东征。李德记录了毛泽东在一次政治局会议上关于东征的部署：“会上毛提出了新的战略计划，他把下列任务作为主要目标放在计划的首位，即得到苏联技术上和其他物质上的援助。为了达到这个目的，红一方面军应推进到蒙古人民共和国的边境，与苏联远东军建立直接联系。毛考虑分三个阶段来实现这个意图：第一，巩固陕北苏区，准备渡过黄河向山西挺进；第二，消灭由军阀阎锡山指挥的山西省省军，并在山西建立一个新的根据地；第三，向北进军，经绥远或察哈尔直到蒙古人民共和国。”[22]

李德在会上表示反对，并建议：把红军的作战行动局限在山西西部，否则不仅会损害抗日民族统一战线，而且也会损害苏联的和平政策。

会后，李德还不放心，特地给毛泽东和政治局委员们写了一封长信，信中详述了自己坚决反对红一方面军向蒙古人民共和国进军的理由。第一，认为“中国红军向蒙古人民共和国边境进军，将损害苏联的和平政策，客观上会成为日本侵犯蒙古人民共和国的借口”。第二，认为“从中国共产党建立抗日统一战线这一基本政治任务出发，中国红军的主要任务目前不在于去获得苏联的技术援助，而是必须在中国内地进行战斗，以便建立一个广泛的抗日统一战线，打击亲日的卖国贼军队。……毛泽东向山西挺进的计划不会达到上述目的，相反这个计划会重新点燃内战的火焰，为日本侵略者提供向华北扩大侵略的借口”。第三，认为“主力向蒙古人民共和国进行新的长征，如果途中敌人采取措施牵制住我军，主力也许不能返回，那陕北苏区的存在实在很成问题”。[23]

这封信由俄文译成中文之后，交给了周恩来，同时，李德还声明拒绝参加出征的队伍。过了几天，毛泽东率红一方面军（改称为“中国人民抗日先锋军”）出征了，李德仍留在瓦窑堡。

不久，周恩来告诉李德说，从山西来了电报，中央政治局批评了他信中的观点，说他误解了苏联和平政策的实质，过高地估计了敌人的力量，过低地估计了中国苏维埃运动和中国红军的实力。周恩来在向他转达了这个批评后，建议李德除了军事学院的工作，再参加参谋部的工作，防备敌人突然进攻或袭击新根据地。李德答应了周恩来的邀请。

周恩来讲到的电报，是指东征前的1936年1月31日，中央军委在延长县城召开扩大会议，毛泽东在会上再次阐述了巩固与发展的关系，解除了一些同志怕红军主力东征影响陕甘苏区巩固的顾虑，同时批评李德害怕红军转进到绥远、接近中蒙边境，会引起日苏战争的错误观点。

红一方面军东征经过75天的作战，消灭敌军7个团，俘敌4000余人，给晋绥军以沉重打击，迫使“进剿”陕北的晋绥军撤回山西，恢复和巩固了陕北苏区。东征中，扩红8000人，筹款30余万[24]，向全国表明了中国共产党抗日救国的实力和主张。事实证明李德的判断是错误的。

当时周恩来手里的部队仅有红军大学、独立部队和地方部队，以及参谋部和警卫部队，总计两三千人，但他还是显得很有信心。由于有同张学良和杨虎城的统战关系，主要的作战对象其实是土匪武装和民团。周恩来动员一切力量，保卫这个地形极为有利、坐落在孤立高地上、四周有坚固城墙的城市。李德和军事学院全部人员一起出发，去驱逐侵犯者，土匪们往往一触即溃，仓皇逃跑。李德后来回忆这段跟随周恩来保卫瓦窑堡大本营的历史，认为“我们之间的合作是完全令人满意的”。

1936年4月底，红一方面军回师陕北。5月在瓦窑堡的一个村子里，召开了政治局会议,李德也应邀参加了会议。会上李德承认了政治局对他的信的批评是正确的,他自己后来在《中国纪事》一书中说,“因为战事基本是按照我的想象进行的,而且涉及苏联和蒙古人民共和国的问题也没有担心的根据了。……由于东征的结局,这封信实际上已变得无的放矢了”,因此他还“赞颂”了毛的运动战的战略战术。而毛泽东“也谦和地表扬了我在抗击民团时的积极行动”。[25]

1937 年 1 月,李德随中央机关迁到延安,此后不再被邀请参加中共中央的任何会议。他先是参加了红军总参谋部的工作,后任中革军委所属的一个编委会主任,并于 1938 年加入中国共产党,其后至 1939 年他担任了中国人民抗日军政大学教授,讲授战役学。

李德在陕北期间,除了继续教学,还做了一件颇有意义的事,就是负责为红军建立和训练一个骑兵团,这是中国红军的第一个骑兵团。几百匹马是从宁夏送来的,一部分是从马步青的骑兵那里缴获来的,一部分没有经过训练的马则是从一个蒙古人的养马场弄来的。同时,还来了几百个善于骑马和愿意骑马的红军。李德本人虽然并不是骑兵出身,但他曾在伏龙芝军事学院学习过骑兵,他还有指挥唐波夫骑兵团的经历,加上在白俄罗斯和乌克兰的演习中所得到的知识和经验,使他顺利而愉快地完成了这项任务。

在延安,李德与美国人马海德做邻居,两人经常闲谈以消磨时光。生活艰苦,政治上的失落,加上孤独、寂寞,使身处异域的李德感到无聊和痛苦,他不想再留在中国,想回苏联去,但直到 1939 年他才成行。

这一年 7 月,周恩来骑马到中共中央党校作报告途中,因马受惊而坠地受了重伤,右臂骨折。限于延安的医疗条件,中共中央决定让周恩来去苏联疗伤。李德听说后,要求同机前往。8 月底的一天早晨,李德突然接到了中央通信员送来的纸条,上面只有张闻天写的一句话:“速来机场,你飞往莫斯科。”在延安机场上有不少人向李德告别,毛泽东也礼节性地祝李德一路平安。就这样,李德结束了他在中国的军事生涯,从此再也没有回过中国。

经一路辗转,李德于 9 月中旬抵达莫斯科。此前毛泽民于 8 月 26 日向共产国际执委会递交了一篇绝密报告,尖锐地对博古、李德等在领导党和红军的工作中所犯的错误,予以全面控诉。[26]李德因此受到共产国际监察委员会的一系列审查。9 月 22 日李德向共产国际递交了《关于我在华工作中的错误的书面报告》,承认:“我的错误都涉及中国红军的战略战术及其军事领导权,也就是说这些错误都在军事工作方面。……实际上我掌握了红军行动的决定权。这大大超出了我的工作范围，在客观上篡夺了红军在一年期间的指挥权。……我对红军在五次‘围剿’条件下的战略战术所阐发的观点和我在红军中所实行的主张实际上都是完全错误的。……由于犯了这些错误，红军的战斗力减弱了，苏区大部分土地丧失了，苏区总的条件已恶化到红军主力不得不离开的地步。”

李德同时对自己犯错误的原因作了申诉：“没有经验，对在中国受委托的工作没有做好准备，这些对我犯上述严重的机会主义错误起了很大作用。我从1932年底到达上海时到1939年8月离开延安时，从未收到过共产国际执委会的什么指示、通报，或者哪怕是同共产国际执委会机关取得什么联系。”

不仅如此，李德在报告最后还陈述自己失去对中国红军最高指挥权后为中国革命所作的贡献：“几年间，在困难的形势下，我努力在工作中，主要是在军校和红军部队、八路军部队开展的教学工作中纠正错误，并积极在中国党内支持中央的路线，诚实地完成它委托的任务。特别是1935年中央军队在云南发生危机[27]时和在张国焘搞分裂情况下，我坚定地站在中共中央一边，并为它的路线而斗争。”[28]

李德还是比较幸运的，也许正是他的这篇报告救了他，使他没有受到严重的处分。共产国际监委会与中共驻共产国际代表团协商后对李德的处理结论是：有错误，免予处分。其理由为：李德仅是顾问，无权对中国共产党的事务作出决定，他提出的意见中国共产党可以采纳，也可以不采纳；李德的错误在于不了解中国国情，所以出了一些不正确的主意，所以可以免予处分。但从此共产国际就不再重用他了。

此后不久，李德离开了原在共产国际和苏联红军的岗位，并严格遵守某些人告诫他的“对中国的经历和观察保持沉默”的规定，开始了一段平静的生活。他恢复了奥托·布劳恩的原名，被分配到苏联外文出版社工作，参加了将马克思、恩格斯原著从德文译为俄文，将列宁、斯大林原著从俄文译为德文的工作。

苏德战争爆发后，奥托·布劳恩以苏联红军军官身份参战，后被抽调去从事战俘管理教育工作。据说他“以渊博的知识和有说服力的、不容置疑的论据，对被俘德军的军官、将领们产生了很大的影响，许多原来的德国战俘都很感谢奥托·布劳恩为其治好了纳粹病”。战争结束后，他又回到本单位重新去做文学出版工作，并成为一名出色的政治、文学作品翻译家。他将许多著名的苏联长篇小说译成了德文，如《收获》《茹尔宾的一家》《远离莫斯科的地方》等。德意志民主共和国建立后，奥托·布劳恩当上了该国作家协会的第一书记，达到了他一生当中仅次于在中国时的另一个事业巅峰。

20 世纪 60 年代中期，中苏关系日趋紧张。就在这个时候，已经 63 岁的奥托·布劳恩突然不再遵守他已恪守了 20 多年的“保持沉默”的规定，重新“顾问”起国际事务，特别是中国问题来了，开始大讲特讲关于中国的事情，尤其是许多世所罕知的属于中国党和国家乃至于共产国际机密的事情。

1964 年 5 月 27 日，他在作为民主德国主要喉舌的德国统一社会党中央机关报《新德意志报》上发表了一篇题为《毛泽东以谁的名义讲话》的署名文章，大肆歪曲谩骂中国共产党和毛泽东，公开向中国共产党及其领袖以至政策宣战。随后又对其长篇回忆文章《从上海到延安》作了大量补充修订，于 1973 年正式出版了单行本《中国纪事》，里面详细记载了长征，虽然他仍然诋毁毛泽东，但也以亲历者的身份对长征给予了积极评价。这本书很快在苏联等国被译成多种文字发行。

李德在中国 7 年的岁月里，曾经结过两次婚。第一位夫人名叫萧月华。为了解决李德在华期间的个人生活问题，两人由组织上安排在瑞金结婚。萧月华是广东大埔一个农民的女儿，当时担任少共中央文书。两人缺少共同语言，婚姻生活很不和谐，时常吵架。两人曾经有过一个小孩，因肤色黝黑，被毛泽东幽默地称为“体现不出日耳曼民族的优越性”。但这段“涉外婚姻”在长征后就解散了。1955 年解放军授衔时，萧月华被授予大校军衔，享受正师级待遇。1983 年 11 月因病逝世于广州。

李德的第二任妻子李丽莲是 1937 年底同江青一起从上海投奔延安的舞蹈演员，年轻漂亮，活泼开朗，文化层次高，李德对她十分倾慕。李丽莲则看中了李德特殊的身份和他在延安还算优越的生活待遇。经过一段时间接触，他们相爱了。1938 年，李德找到了中共中央组织部部长陈云，提出了两个要求：一是要求加入中国共产党，以便参加党的生活；另一个是申请同李丽莲结婚。陈云代表组织同意了他的这两个要求。由于李德的第二次婚姻有一定的感情基础，所以还算比较平静和幸福。但当 1939 年李德离华返苏提出带李丽莲走时，因为手续未全，没有得到中共中央批准。李德只好和结婚不久的李丽莲挥泪告别，独自回到莫斯科。谁想一去竟成永别，两人再未谋面。李德在《中国纪事》中并没有提到萧月华，他只写了与李丽莲的婚姻，其实李德和李丽莲相处的时间要比与萧月华还短暂。

就在《中国纪事》出版后不到一年，1974 年 8 月 16 日，《新德意志报》发表了德国统一社会党中央委员会的讣告，宣布“奥托·布劳恩同志于 1974 年 8 月 15 日逝世，终年 73 岁”。

★第一个向世界宣传中国红军长征的外国人勃沙特

1934 年 10 月 2 日,红六军团在贵州黄平县境内正欲进攻旧州城时,却意外地在途中碰到了几名外国传教士,其中包括英国籍的瑞士人 R. A. 勃沙特夫妇。红军起初以为勃沙特是特务,于是就将他们逮捕,押着他们一起行军。

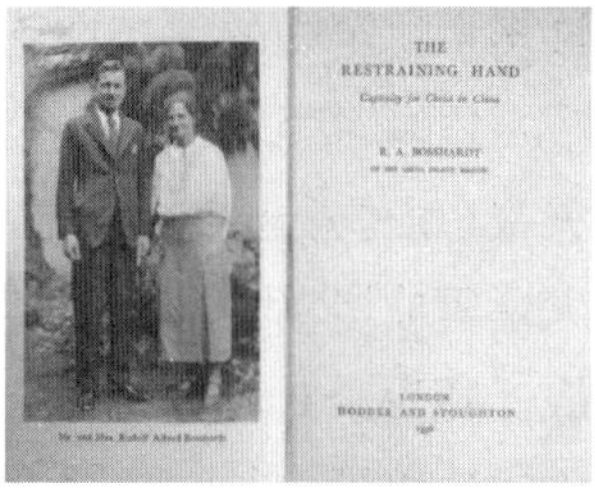

勃沙特夫妇合影

勃沙特是名虔诚的基督徒,因热爱中国,专门为自己改了个中国名字叫薄复礼,取孔子"克己复礼"之意,时任贵州镇远教堂牧师。勃沙特与其妻子露茜自安顺返回镇远,在经过城外一个小山坡时,正好与从江西西征入黔的红六军团相遇,命运由此发生了奇特的改变。勃沙特夫妇被红军扣留后,被带进一间房子休息。红军送回他们随身携带的所有东西,包括银圆也如数奉还。当晚,勃沙特的妻子睡在木板拼起的床上,勃沙特睡的是一张南方式躺椅,红军战士则多数睡在潮湿的野地上。第二天,红军弄清他们的身份后,就释放了外国传教士的妻子和孩子。对于外国传教士,红军从反帝的角度来看待,印象自然不好,认为他们来中国是搞文化侵略的,所以把他们当地主一样看待,财产要没收,拘留要赎金。红六军团领导人为筹集经费和药品,让教会拿出赎金和药品来赎勃沙特,因而将他继续拘押在红军队伍中。在红六军团漫长的行军历程中,勃沙特先后接触了萧克、贺龙、王震等红军首长。而他最先接触且印象最深的是军团长萧克。

《神灵之手》封面

他在其著名的亲历记《神灵之手》中讲述了他对萧克的印象:"我第一次见到萧克将军是在一次急行军之后的晚上。当时我被不期而遇的红军扣留了好几天,每天行军,疲惫不堪。这天晚上,刚刚歇息,将军召见我,要我帮他翻译一张法文贵州省地图。这张地图是他们刚缴获的。我端详着面前的萧克将军:他约有二十五六岁,一副极标准的军人仪表,谈起话来温文尔雅,让人感到他有很好的文化修养,有渊博的知识,是一位可敬的年轻领导人。虽然我们之间历史背景不同,文化教养各异,一时间,彼此也无法理解,但我非常敬佩他。"在勃沙特眼中,萧克还是一个热情奔放、生气勃勃的领导者,一双明亮的大眼睛闪闪发光,充满了信心和力量。他赞赏地讲道:“在艰辛曲折的旅途中,他不屈不挠。显而易见,人们誓死愉快相从的原因就在这里。我觉得,他是一个充满追求精神的共产党的将军,正希望在贵州东部建立一个共产主义的政权。”[29]

当时,红军极为缺乏地图,用的通常是旧中国中学生课本上的地图,图中只有省会、县城、大市镇和大河流、大山脉,只有20平方厘米大,无法准确地标定行军打仗的路线。在攻克旧州后,红军在一所教堂中找到了一张近一平方米大的贵州地图,但上面所标的地名不是中文。听说勃沙特能讲汉语还认识不少汉字,萧克就派人把他请来。勃沙特一看地图就认出这是一张法文地图,正好他妻子是法语区的瑞士人,为了同她家人沟通,他专门学过法语。于是在微弱的烛光下,勃沙特讲,萧克记,勃沙特在萧克的指点下,先把地图上重要的山脉、村镇、河流等名称用中文译出来,然后一一将其标注在地图上。整整干了大半夜,两人才把地图译完。萧克对勃沙特的友好合作十分满意。据萧克将军后来回忆说,红六军团在转战贵州东部和进军湘西时,勃沙特翻译的法文地图起到了非常关键的作用。萧克对这个外国人的贡献也始终念念不忘,他说:“因为这是一件不能遗忘的军事活动。当时,我们在贵州转战,用的是旧中国中学课本上的地图,32开本,只能看看省会、县城、大市镇的大概位置,山脉河流的大体走向,没有战术上的价值。当我们得到一张大地图,勃沙特帮助译成中文,而且是在最需要帮助的时候,解决了我们一个大难题。同时,他在边译边聊中,还提供了不少有益的情况,为我们决定部队行动起了一定作用。他帮助我们翻译的地图成为我们转战贵州行军作战的好向导。”[30]“得到这样一张一平方米大的贵州地图,我们多么高兴啊。虽然在那以前,我们对传教士的印象不佳,但这位传教士帮我们译出了这张地图,而且在口译时,边译边谈,提供了不少情况,使我在思考部队行动方向时,有了一定的依据。在合作之后,固有的隔膜无形消除了不少,尤其令人难忘的是,我们后来转战贵州东部直到进入湖南,其间全是靠这张地图。……有了这张地图,才稍微详细地看清楚贵州的山川城乡的大路,行动才开始方便了一些。”[31]

在边聊边改的过程中,萧克不仅知道了许多军事上有用的材料,也得知了勃沙特的身世。双方一起谈过许多问题,一起搞过娱乐活动,一起利用长征途中的难得的休息日聚餐,相互间有了进一步了解。

这个外国传教士以俘虏的身份,逐渐地认识了红军:他们穿着随手弄来而又根本不注意颜色的布料做成的军服,有蓝、灰、紫、绿、黄、黑等,一些人戴着毛线织的女式帽,一个战士甚至将教堂的祭袍像披风一样披在身上。新衣服、旧衣服、杂色衣服和床单什么的,形成了一幅装束混乱而又奇特的行军场面。但他们帽子上统一的红色标志和每到一处就在墙上书写大字标语的独特做法,使勃沙特明白他遇到的这支装束褴褛但纪律严明的队伍,是一支有主义、有理想的军队。

跟随红六军团长征的传教士勃沙特

勃沙特看到,这支军队得到了所到之处民众的衷心欢迎。"每天有不少穷人报名参加红军,红军一般先问姓名、年龄、有无疾病和抽不抽鸦片,然后问:'为什么要当红军?'回答是一致的:'因为我们在家吃不饱饭。'"透过被关押房子的小孔,他看见红军在建列宁室。所谓列宁室,就是红军一个读书学习的地方。每到一地,不管停留时间长短,列宁室是必建的。他还观察了行军中红军的党团员会议。勃沙特就此写道:"我就是这样在被迫中一点点认识了共产主义,并随着时间而逐步加深……看到那些人顽强的斗志和毅力……不能不使人为之感慨万千。"[32]

对于他这个俘虏,红军的作为令其非常感动:在搜查之后,"个人物品甚至连银角子都一分不少发还给他"。红军严格禁止以"洋鬼子""大鼻子"这样含贬义的词语称呼他,而称他为"外国人"或"老勃"。在行军中,红军尽一切可能照顾他。因为潮湿多雨,勃沙特提出要块油布,结果给了他一条床单,他后来才知道,"就这已是红军中非常奢侈的供给了"。在他病重的时候,红军为他打针、熬药、治病。[33]

在行军中,勃沙特的鞋坏了,红军给他找了一双非常合脚的橡胶雨鞋,而这鞋"却是从一位正嘟哝着的同志脚上'没收'来的"。对此他十分感动,说自己收下这双鞋是问心有愧的,因为好多战士由于来不及打草鞋,是光着脚在走路。在极端艰苦的条件下,红军还给他配备了一匹马,并尽一切可能给他单独提供加糖的米粥,设法为他购买鸡、鸭、鱼、水果、水饺,甚至炼乳罐头等当时稀有的食物。勃沙特在等待教会筹集赎金的漫长时间里,为回报红军的善意,每天不停地为缺衣少穿的红军编织毛衣、毛袜、手套,只有星期天例外。其中,包括为

《一个被扣留的传教士自述》封面

贺龙新生的女儿织毛衣。

一年半后，红二方面军长征至昆明附近的富民县境内，无条件地释放了勃沙特。行前，在激烈的战斗环境中，萧克、王震将军还设宴给他送行，大家谈笑风生，从中午一直聊到了黄昏，后因敌情紧迫需要转移而中断。萧克将军希望他作为中国人民的朋友，继续留在中国，“可以办一所学校办教育什么的，只要不强迫学生信仰上帝就可以”。临别之际，红军还送给他一笔丰厚的路费。

其时，这位外国传教士勃沙特已由红军的一个敌视者变为一个坚定的同情者，成为红军的忠实朋友。他对在红军的拘押经历，一点儿也不感到反感。相反，他对红军部队严明的组织纪律、执着的信仰，以及不赌博、不抽鸦片的作风，留下了极其难忘的印象。正是随着对红军一点一滴的认识，勃沙特最终找到了先前他一直在抱怨红军扣押他而后又释放他的真正原因，这是因为：红军要借此告诫外国人，他们反对在中国传播基督教，因为它是使中国人民甘受痛苦，毒害人民的精神鸦片，与共产主义信仰相悖。红军借此还要告诫世界各国，他们不允许基督教这种外来学说，来阻碍他们在自己国土上进行的共产主义实验。

从此以后，勃沙特每次和教友谈到红军时，态度都极为友善。他经常给人们宣讲：“红军对穷人很好，即使在艰苦征途之中，仍时时不忘穷人。红军打仗勇敢坚强，指挥官都很年轻。”他回到英国后，已因拘押的事件而成为名人，四处巡讲。一份英国的地方性报告这样写道：

> 薄复礼先生告诉我们，中国红军那种令人惊异的热情，对新的世界的追求和希望，对自己信仰的执着是前所未闻的，他说，他们的热情是真诚的，令人惊奇的。他们相信，他们自己所从事的革命是世界革命的一部分。红军已经超过两万人，他们大多数年龄在20到25之间。他们正年轻，为了他们的事业正英勇奋斗，充满了青春的活力和革命激情，薄复礼先生常常渴望他们成为基督徒，但他们却自豪地说，他们是红军，是共产主义者，所做的一切都是从这一点出发。在所经过的每一座小村庄，他们都要留下

标语、口号或其他特征。[34]

当红二、六军团还在长征途中时,勃沙特撰写的回忆录——《神灵之手》,便由伦敦哈德尔和斯托顿公司出版发行,成了西方最早介绍红军长征的专著。《神灵之手》出版后,颇受关注和欢迎。在《神灵之手》的结尾,他甚至还大胆呼吁年轻的基督徒要学习红军那种精神,并以红军那种简练有效的办法,重视穷困的民众,并和他们同呼吸、共命运。

勃沙特所著《神灵之手》

★在长征中作出特殊贡献的朝鲜人武亭

在中央红军万里长征的行列中,有一位赫赫有名的将军,他是红军中仅有的两位朝鲜籍指挥员之一,他以精湛的炮兵战术,博得了红三军团彭德怀等将士的普遍赞誉。他率领炮兵营在长征路上斩关夺隘,屡建奇功。他在张国焘制造分裂、红军面临南下北上之争的历史关头,发挥了特殊的作用。他还是中国共产党军队里的朝鲜义勇军领袖,他领导的中国共产党军队的炮兵和朝鲜义勇军,都创造了传奇性的军事成就。他就是武亭。

武亭,原名金武亭,1905 年出生于朝鲜咸镜北道镜城郡,在汉城(今韩国首尔)长大。由于家境不好,他在汉城一直半工半读,以微薄的工薪来维持学业和生活。在 14 岁那年,他参加了著名的"三一"反日爱国运动。之后考入了当时朝鲜最好的中学——中央高普。为从事革命活动,他在 1923 年退学。同年 3 月,他像许多朝鲜爱国者一样,渡过鸭绿江来到中国,寻求振兴祖国的道路。1924 年进入北方军官学校(一说为东北讲武堂),学习炮兵专业。毕业后,被任命为炮兵上尉。1925 年,他加入了中国共产党,随后参加了北伐战争。凭借过人的军事才能,年仅 22 岁就成为炮兵中校。

第二次国内革命战争期间,他先是在彭德怀红三军团中工作。红军在攻克湖南岳州后缴获了一些七五野炮和山炮,武亭便有了用武之地。占领岳州后,英、美、日兵舰很猖獗,对城岸乱轰。红军隐蔽地架好了炮,待敌舰逼近时,彭德怀和武亭还击了几十炮,十发以上打中了兵舰,迫使其不敢抵岸射击了。[35]1931 年 5 月,红军炮兵团在江西陂头成立,6 月,武亭成为该团第二任团长。

1934 年 10 月长征开始时,武亭担任军委第一纵队第三梯队队长兼政委,指挥包括炮兵营、工兵营、运输第一大队和附属医院在内的技术兵种。武亭率部像救火队一样，不论是在进攻还是在断后时，都率领红军的宝贝疙瘩——炮兵营，不辞辛苦，来回奔波，担任火力支援任务。

11 月下旬，中革军委决定分四个队从新安、全州之间渡湘江，突破敌人的第四道封锁线。这是长征开始以来最紧张最激烈的战役——湘江战役。红五师奉彭德怀军团长的命令，以急行军每天 100 余里的速度，抢占湘江渡口。武亭带领的军委炮兵营用火力支援他们，确保他们完成了任务。[36]

武亭率炮兵营在坪石单独作战，击溃敌 1 个保安团，歼敌 100 多人。最为精彩的是武亭在广西龙胜地区指挥的一场阻击战。当时红军突破湘江不久，人员伤亡过半，途中，中央纵队遭遇广西军阀李宗仁的部队。红三军团拼死撕开敌人的防线，并派彭雪枫率领的第四师阻击敌人，掩护主力通过。第四师打了一天一夜，伤亡很大，总部命令武亭率炮兵营参加战斗。彭雪枫对武亭交代："哪怕打到一兵一卒，也要守住。你们的背后就是中央纵队，不能后退一步。"武亭指挥炮兵营打得英勇顽强，胜利地完成了掩护中央纵队的任务。

黎平会议后，武亭改任红三军团炮兵营营长。他率部顽强战斗，不断配合步兵粉碎了敌军的围追堵截。在攻打娄山关等战斗中，红三军团的炮兵大显神威，对战斗的胜利起到了关键性的作用。

1935 年中央红军同红四方面军在四川会师后，武亭发挥了一次与炮兵技战术无关的作用。懋功会师后，中共中央在两河口召开政治局会议，会议通过了《关于一、四方面军会合后战略方针的决定》，决定集中主力向北进攻，在运动战中大量消灭敌人，首先取得甘肃南部，以创造川陕甘苏区根据地，使中国苏维埃运动放在更加巩固的基础上，以争取中国西部各省以至全中国的胜利。张国焘明里表示赞成，暗里却反对中央的北上方针，坚持南下。9 月 2 日向中央发电，借口噶曲河涨水，拒绝率左路军过草地向中央率领的右路军靠拢。随后又发生了企图危害中央的"九九密电"事件。

彭德怀后来回忆，那时他担心会和红一军团失去联系。由于没有向导，红一军团在俄界附近被困了。因为密码已经被张国焘控制，红一、三军团之间无法进行联络。彭德怀于是令红三军团机要人员编了一本新密码，交给了武亭，让这位可靠的朝鲜族党员，去俄界同林彪和聂荣臻联系。武亭带着指北针，翻山越岭，独自一人去执行这个特殊的使命。

就在武亭将密码本送达红一军团的当天，张国焘电令徐向前、陈昌浩率部南下，毛泽东、中共中央和中央红军面临被裹胁南下，甚至发生红一、四方面军内讧的危险。毛泽东果断决定率红三军团和军委纵队即刻前往俄界,与红一军团会合,挫败了张国焘的阴谋。武亭接通的红一、三军团的电台联络,在这次决定红军命运的行动中发挥了重要作用。

聂荣臻后来回忆说:“当时我们一军团进到了俄界,巴西只有三军团少数部队。我们在俄界对于上述情况一点也不知道,只收到了三军团发来的一份电报,要我们停止前进,以后派武亭同志送来信件,我们才知道张国焘闹分裂和中央的危险处境。”[37]武亭送密码,为长征立下了大功,彭德怀对武亭也更加信任。

朝鲜人武亭

长征中牺牲的朝鲜革命者不少,红一方面军长征前有30余名朝鲜革命者,但到达陕北时,只剩下武亭、毕士悌等10多人,而毕士悌也在1936年红一方面军东征的战斗中牺牲了。

毕士悌牺牲后,彭德怀在党委会上发言:“太多的外国革命者为了中国的革命事业牺牲了。如果我们继续让他们在中国死去,还会剩下谁来为他们祖国的革命事业战斗呢?我们无法为那些已经死去的同志做些什么,但是我们不应该再浪费外国同志的生命了。”在彭德怀的呼吁下,军委下令,要保护爱惜武亭,让他去红军大学从事学习研究。这时,武亭正被恶化的胃肠病折磨着,彭德怀的呼吁等于救了他的命,所以,两人成了终生的朋友和同志。

1937年抗战全面爆发,红军改编为八路军,武亭被任命为八路军总司令部作战科长。1938年初出任八路军总部炮兵团长。

随着八路军中的朝鲜革命者日益增多,1941年1月,华北朝鲜青年联合会终于成立了,武亭担任会长。是年6月,原属于重庆系统的朝鲜义勇队部分成员先后投奔华北敌后抗日根据地,武亭把他们编为朝鲜义勇队华北支队,与八路军一起作战。

8月,朝鲜义勇队干部训练班在山西桐峪八路军总部所在地成立,武亭担任校长,专门培训从事抗日武装斗争的军事干部。接着,又在晋东南抗日根据地成立了朝鲜青年干部学校和朝鲜武装宣传队。在10月26日召开的东方各民族反法西斯大会上,武亭的画像作为外国抗日领袖之一同毛泽东并列。

武亭率领的朝鲜义勇军,像一面抗日的大旗,对在华朝鲜爱国者颇具号召力,朝鲜爱国志士纷纷从洛阳、重庆等地辗转来到太行山。他们被编入华北支队的各个分队,分别前往冀鲁豫、晋察冀、太行山等地区,开展敌后游击战和瓦解日军的斗争，并参与抗日根据地基层政权的建设活动。

1945 年抗战胜利后，武亭率领回国干部团回到祖国朝鲜。作为朝鲜人民的英雄，他并未受到热烈的欢迎。苏联对武亭和他的义勇军非常冷淡。新成立的朝鲜五道行政局选举中，武亭被选为第二号领导人——行政局副委员长。1948 年，他被任命为第二人民保安干部学校的校长。1948 年 2 月，朝鲜人民军成立，武亭正式担任炮兵总司令。同年 9 月，朝鲜民主主义人民共和国成立，武亭被任命为民族保卫省副相，仍兼任人民军炮兵司令。

1950 年 6 月朝鲜战争爆发，7 月武亭接任第二军团军团长，率部迫使美国第八集团军节节败退。当美韩军队构成了釜山防御圈后，武亭并不赞同继续对美军进行冒险的强攻。但朝鲜人民军相继发动了八月攻势、九月攻势，武亭为人民军东线司令官，只得奉命担任主攻任务。武亭指挥所部在东线节节取胜，但西线的人民军遭到挫败。9 月 15 日，美军在仁川登陆后，朝鲜战局逆转，人民军不得不撤退。深悉游击战之道的武亭指挥所部大部分顺利地回到了北方。接着，在奉命保卫平壤时，他率两个不足万人的预备师团，作了轻微的抵抗便率部撤走。由于撤退及时，损失轻微。但因放弃首都而被责罚，降为一个预备军团的军团长。1950 年 12 月在朝鲜劳动党二届三中全会上，他因为“战争中的严重错误”受了处分。当军团驻扎在满浦时，他因医疗纠纷怒而打死了医生，因此被解除了指挥权，后来又被开除军职。

1952 年 10 月武亭因病去世，朝鲜政府为他举行了隆重的葬礼。

★ 骁勇善战的朝鲜勇士毕士悌

中央红军的长征队伍中，除武亭外，还有一位著名的朝鲜籍高级指挥员。他六进军校，从朝鲜族反日军校到中国云南陆军讲武堂，从黄埔军校到苏联莫斯科步兵学校，再到中国红军大学，谁也不如他有如此罕见而丰富的军事学习经历；他身经百战，既灵活机动，又猛打猛冲。长征途中，他主要担任有“马背上的军校”之称的军委干部团参谋长，他就是毕士悌。

朝鲜人毕士悌

毕士悌是朝鲜平安北道人，生于 1898 年，后侨居中国吉林省珠河县（今黑龙江省尚志市）。他在短暂的一生中，曾用过金勋、毕斯蒂、杨林、杨宁、杨州平、老周等名字和化名。

1910 年 8 月,年仅 12 岁的毕士悌正在平壤读书,开始积极参加和组织反日学生运动,逐渐成了反日学生中颇有影响的骨干。1919 年毕士悌跟随父亲,参加了著名的“三一”爱国起义。起义失败后,为避开宪警的追捕,他告别亲人和战友,越过边界来到了中国的吉林省通化县一带,进入朝鲜族反日团体创办的新兴武官学校学习军事,并于年底以优异的成绩毕业。这是毕士悌一进军校。

1920 年 2 月,毕士悌调任吉林省汪清县西大坡朝鲜族反日军事学校教官,同年 10 月 2 日,日本军国主义蓄意策划了珲春事件,悍然出动 1 万多人,侵入中国吉林省的延边地区,对中国各族人民进行惨无人道的“讨伐”。毕士悌率一个连的兵力,参加青山里伏击战,取得了一个战术胜利,但反日作战整体以失败告终。珲春事件使毕士悌认识到,反对日本侵略者,是中朝两国人民共同的使命。因此,他决定继续留在中国,坚持斗争。这是毕士悌二进军校。

1921 年 6 月,他化名杨州平来到昆明,以华侨身份考入云南陆军讲武堂第十六期,被编入学员六队第一区队专修炮科专业。1924 年初,以学科和术科均列全校第一的优异成绩毕业。校方劝他留校工作,但他毅然放弃了这一宝贵的机会,他的心已经飞向了当时中国大革命的中心——广州。这是毕士悌三进军校。

1925 年,毕士悌在驻粤朝鲜革命者的推荐下,顺利考入黄埔军校。不久,又被任命为黄埔第三期学员队第四队的上尉队长,同时加入了中国青年军人联合会。这一年他加入了中国共产党。随后,被任命为黄埔军校的技术教官。这是毕士悌四进军校。

这年 11 月,毕士悌任国民革命军第四军独立团第三营营长,在团长叶挺的直接指挥下征战。1926 年 10 月,毕士悌从独立团调回黄埔军校,升任为中校技术主任教官。1927 年 4 月 12 日,蒋介石在上海发动了反革命政变,公开叛变革命。黄埔军校的许多革命师生遭到逮捕。为了保存革命的骨干力量,中共党组织决定派毕士悌去苏联学习。由此,毕士悌获得了五进军校继续深造的机会。

这年 8 月,他由上海前往莫斯科,进入中山大学学习。一年后,转入莫斯科步兵学校,继续学习军事。1930 年夏,他学成回国。随即,前往东北做军事工作。九一八事变后,他调任满洲省委军委书记。1932 年开始,参与领导并创建了满洲工农义勇军第四军第一纵队,简称磐石工农义勇军,辖三个小队,为后来的南满游击队、东北抗日联军第一军的诞生打下了基础。

1932 年 7 月，毕士悌奉命前往上海参加军事会议。会后，即被派往江西中央苏区，先后担任工农红军第一方面军补充师师长，中华苏维埃中央政府劳动与战争委员会参谋长，江西军区所属的会（昌）寻（乌）安（远）军分区司令员，红军二十三军军长，中央革命军事委员会总动员武装部参谋长等职。1933 年 4 月，任粤赣军区司令员，不久，任红一方面军红一军团参谋长。毕士悌率部参加过中央苏区的第四、第五次反“围剿”作战。他的指挥才能深得朱总司令的赏识。

1934 年 1 月 22 日，中华苏维埃共和国第二次全国苏维埃代表大会在瑞金召开，毕士悌作为朝鲜籍代表参加了会议，当选为大会主席团成员，并在会上发言。他当选为中华苏维埃共和国中央执行委员会执行委员[38]，与洪水一起，成为中央苏区工农民主政府中仅有的两名外籍委员。

会后，毕士悌被分配到红军大学工作。六进军校，智勇双全，成为毕士悌革命生涯的鲜明特色。

中共中央、中革军委于 1934 年 7 月起，分别派出红七军团北上，红六军团西征，红二十五军进军西北，从而揭开了中央红军转移的序幕。毕士悌于 7 月 22 日在《红色中华》报上发表了《拥护红军北上抗日宣言》一文，响亮地提出：“只有苏维埃及其红军才是武装中国民众的统帅，抗日的唯一正确代表。”

1934 年 10 月中旬，中央红军踏上长征征途。出发前夕，根据中革军委的决定，红军大学与中央革命根据地的四所军校合并组成红军干部团，由陈赓任团长，宋任穷任政治委员，钟伟剑任参谋长。红军干部团随中央和中革军委行动，归军委纵队司令员叶剑英直接指挥。该团的成员主要是来自军校的学员，他们大多是从部队选调来的有战斗经验的班排长以上干部和政治工作人员，称得上长征队伍中的精锐部队。因此，他们担负的任务是：“警卫党中央和中央军委机关，保卫中央领导同志的安全，并负责储备、培训和为部队输送干部，必要时也参加一些战斗。”[39]

长征初期，毕士悌作为干部团的重要干部，随部队突破敌人的四道封锁线，在强渡湘江等一系列极为艰苦的行军和作战行动中，在极度疲惫、饥饿和不断与敌战斗周旋的情况下，担负着极为艰巨的掩护和警卫任务。

1935年1月28日,毕士悌参加了著名的土城战斗。他亲率学员端着步枪冲锋陷阵,勇猛顽强地同敌人展开肉搏战。2月下旬,在二克遵义的战斗中,红军干部团在"开展战局的关键"时节,奉命由桐梓出发,一天强行军60公里,以部分兵力扼守娄山关,大部兵力同红一、红三、红五军团一起,与黔军以及吴奇伟纵队展开激战,赢得了遵义大捷。干部团在配合红三军团夺占老鸦山的战斗中,参谋长钟伟剑英勇牺牲。毕士悌自此接任干部团参谋长职务。

4月29日,中革军委发出了《关于野战军速渡金沙江转入川西建立苏区的指示》。根据这一指示,中央纵队要抢占的皎平渡,激流滚滚,两岸悬崖绝壁,地势十分险要。毛泽东、周恩来决定把夺取皎平渡的任务交给红军干部团,派刘伯承亲自指挥。毕士悌等人率干部团立即出发,徒步急行军140公里,化装成国民党部队,在无一伤亡的情况下,按期占领了皎平渡。

干部团夺取了皎平渡后,军委命令他们马不停蹄,立即抢渡金沙江,过江后强行军20公里,奔袭通安州。通安州是个不大的山地街镇,居高临下,地势十分险要。占据了通安州,就可以直接控制皎平渡渡口。更为重要的是,原定红一军团和红三军团分别抢渡的龙街渡和洪门渡,船只均被敌人烧毁,那里江面较宽,又有敌机轰炸,无法架桥。这样,全军都要改由皎平渡渡江。这一重大变化,使得夺取通安州成了保证全军安全渡江的关键环节。

刘伯承当即严令:不惜一切牺牲,必须把通安州拿下来,保证全军安全渡江!

从金沙江边到通安州,只有一条很陡很窄的山间小路,盘旋在悬崖峭壁的半山腰上,有一段路面仅能容一个人通过,小路一面临深谷,一面靠绝壁。敌人占据着山顶的有利地形,又是射击,又是从山顶上往下滚石头,拼命顽抗。

当此极为紧要的关头,毕士悌受命亲率红军干部团前卫营,执行夺取通安州这一十分艰巨的重大任务。身为红军干部团参谋长的毕士悌,并非按照"常规"位于前卫营的本队或后卫进行指挥或"督战",而是亲自带领侦察排,冲杀在前卫营的最前面。

前卫营吹响了冲锋号角,冲在前面的同志,有的中弹牺牲,有的被大石头砸伤。英勇善战的毕士悌继续身先士卒,机警地贴着绝壁,利用敌人的射击死角躲闪跃进。紧随其后的红军战士则模仿着他的战术动作,有效地减轻了作战伤亡。毕士悌的表率作用激励着大家猛打猛冲，一举攻占了由一个连的敌人扼守的火焰山隘口，继而乘胜直奔通安州。

毕士悌率领的前卫营一到通安州，便与刚从西昌、会理方向赶来增援的国民党军队遭遇。增援之敌是刘元瑭旅的两个团和一个迫击炮连。毕士悌迅即指挥所属部队抢先展开，抢先开火，抢先占领有利地形，把增援之敌打了个猝不及防，迫使其慌忙撤回镇外后山，占领有利地形，妄图继续顽抗。毕士悌的前卫营兵力较少，又极度疲劳，只好暂时退出通安州。

刘伯承听到干部团前卫营同敌人交火的枪声，当即判定形势严峻，急令宋任穷率一个营火速赶到通安州。刘伯承再一次强调，这是一次关系重大的战斗，必须不惜一切牺牲，坚决消灭敌人，占领通安州，保证全军顺利渡江。

前卫营同敌人仍在激战、对峙之中，日近黄昏，红军干部团主力及时赶到。五一节的下午，干部团经过简短的政治动员，即分兵两路，向当面之敌发起了冲锋。由于敌之正面是开阔地，又有强大的火力封锁，我方不宜实施正面进攻，干部团即以一个营在正面进行佯攻，另以两个营到右翼实施包抄迂回，攻击敌人。毕士悌连续作战，率领部队奋力拼杀，占领了小高地等有利地形，并不断向敌发起新的攻击。红军干部团终以牺牲 4 人、伤 8 人的微小代价，消灭了敌之大部分兵力，生俘了敌之部分官兵，取得了占领通安州的重大胜利。

红军干部团占领通安州后，有效地巩固了皎平渡渡口，保障了整个中央红军北渡金沙江任务的胜利完成。中央红军全部渡过金沙江，使得围追堵截的敌军与红军的距离一下子拉大到一个多星期的行程。

自 1935 年 5 月 9 日中央红军全部渡过金沙江，到 6 月 18 日红一、四方面军两大主力红军在四川懋功胜利会师期间，毕士悌协助团长和政委，指挥红军干部团经历了攻打会理城、借路彝民区、强渡大渡河、翻越夹金山等充满艰险的战斗历程。

红一、四方面军会师之后，中央决定将红军干部团同红四方面军的红军学校合并，改编成新的红军学校。合并后，红军干部团被改编成红军学校的特科团，由韦国清代理团长，毕士悌继续任参谋长。

在毛儿盖会议上，党中央作出了部队分左、右两路北上的决定，干部团所在的红军学校编在右路军，随党中央继续北上。1935 年 8 月，毕士悌在新的红军学校,跟随毛泽东率领的右路军,经过七天七夜的艰难跋涉,穿过了四川松潘的茫茫大草地。不久,张国焘公开分裂红军分裂党,红军学校中的原四方面军的学员,在教育长李特等人的煽动下,大多数被强令随张国焘南下,特科团(即红军干部团)的干部则继续坚持北上。

11月3日,中华苏维埃中央政府发布命令,任命红十五军团的军团长徐海东为西北革命军事委员会委员。同时决定恢复红一方面军番号,将红十五军团编入红一方面军序列。毕士悌随之出任红十五军团第七十五师参谋长。

两天后,毛泽东、彭德怀亲往甘泉道镇红十五军团军团部,接见了徐海东和程子华等。在听取了徐海东有关当前敌情和反"围剿"基本态势的汇报之后,中央决定会师陕北的各路红军,集中兵力,诱敌深入,在直罗镇一带给敌以沉重的打击。

按照部署,11月中旬,红一方面军开赴直罗镇地区。其中,红一军团隐蔽于直罗镇以北的石嘴、凤凰头一带,红十五军团隐蔽于直罗镇东南的东村一带,并以红十五军团的一个连部署在直罗镇西的一个山头上,执行诱敌深入的任务。当天晚上,在茫茫夜幕的掩护下,红一军团由北向南,红十五军团由南向北,于拂晓前迅速包围了直罗镇,并形成南北夹击的进攻态势。

毛泽东、周恩来冒着严寒,亲临前线,把指挥所设立在直罗镇北不远的一个高地上。战斗打响之前,毛泽东特别嘱咐各部队指挥员:"一定要打歼灭战。"

毕士悌深深地懂得,必须设法将直罗镇地区之敌,全部、干净、彻底地消灭掉。

第二天,天刚蒙蒙亮,毕士悌等即按照预先制定的作战方案,率领部队有如猛虎下山一般,分别从直罗镇南北高地上迅速压向敌阵。激战不到两个小时,红军便占领了敌人一〇九师师部所在地直罗镇,迫使敌师长牛元峰率一个多营的残兵败将,退守直罗镇东头的一个破山寨,负隅顽抗。由于寨子周围地形复杂,易守难攻,红十五军团以一支小部队实施攻击,一时难以得手。周恩来当即明确指示:"敌人已成了瓮中之鳖,不好攻暂且围着。寨子里既没有粮食,又没有水,他们总是要逃跑的,争取在运动中消灭它。"[40]

被围之敌固守待援。完全出敌意料的是,正当红十五军团围攻山寨之时,红一军团主力和红十五军团的一部兵力,也正胜利地击退和追歼企图增援之敌。被围困的敌师长牛元峰及其残部断定待援已经无望,只好趁着夜色实施突围。

突围之敌拼命西逃,毕士悌奉命亲率红十五军团第七十五师奋勇追击,在距山寨十几公里处的直罗镇西南山,将逃敌全部歼灭。狂妄自大的敌师长牛元峰被打死。

直罗镇战役的胜利,标志着红军彻底粉碎了敌人对陕北革命根据地发起的第三次"围剿",为党中央把全国革命大本营设在西北,献上了一个"奠基礼"。

中央红军与红十五军团在陕北会合,并把全国革命的大本营放在这里。陕北革命根据地地域广阔,回旋余地大,但人口有限,经济落后,交通不便,红军的兵员补充、给养和供应都很困难。这就决定了红军的当务之急是要在发展中求巩固,迅速扩大和发展革命根据地。

1936年1月19日,中革军委下达了《东进抗日及讨伐卖国贼阎锡山的命令》。1月31日,毛泽东在延长主持召开西北革命军事委员会会议,进一步研究了东征的行动路线和战略方针,部署兵力,调整干部,正式组成了由彭德怀任总司令,毛泽东任总政委,叶剑英任总参谋长,杨尚昆任总政治部主任的中国人民抗日先锋军。下辖红一军团,军团长林彪,政委聂荣臻;红十五军团,军团长徐海东,政委程子华。毕士悌继续担任红十五军团第七十五师参谋长。

1936年2月18日至20日,红一方面军先后下达了东征作战命令和补充指示。命令规定,方面军第一步作战任务是:"东渡黄河,以坚决手段消灭东岸地区之敌,占领吕梁山脉各县,首先占领石楼、中阳、永和等县,粉碎沿河堡垒线,控制船渡于我手中,在东岸造成临时作战根据地。"[41]

根据预定作战方案,红一军团以第二师第五团为先头部队,红十五军团以第七十五师为先头部队,于20日20时趁夜色开始渡河。

当夜没有星星,没有月亮。毛泽东率领中国人民抗日先锋军总部跟随作为渡河右翼梯队的红十五军团,在清涧县河口附近上船东渡。

渡河开始后,毕士悌奉命亲率第二二三团第一营作为先头营登船偷渡。他从先头营中挑选了40多名共产党员和共青团员组成渡河先遣支队,从较为隐蔽的王家河上船,顺着小河进入黄河。划着划着,突然听到来自对岸的激烈枪声。

敌人发现了。毕士悌随即下令,变偷渡为强渡,一面实施火力反击,一面奋力划船疾进。船抵贺家凹西北岸边,战士们犹如离弦之箭,冲向敌人,以步枪、机枪、手榴弹和手雷构成的密集火力,直指敌人碉堡。继攻下河边碉堡之后,又加速扩大战果,拔除敌阵地纵深碉堡。在不到一个小时的时间内,便将从河边到山脚的敌人地堡全部“报销”了,东岸守敌一个连的兵力被迫投降。

为了保障整个军团安全渡河,毕士悌又率领部队继续追歼逃敌。然而,正当他奋勇追击之时,一颗子弹在夜色中射入了他的腹部,毕士悌身负重伤,倒在了黄河岸边。据武亭介绍,由于那时的医疗条件差,无法挽救他的生命。他忍受了整整一天后,在痛苦的折磨中牺牲了。

二二三团参谋长韦杰看见毕参谋长躺在一件缴获自敌人的大衣上,双手捂着小腹。韦杰问他话,他已无力回答,只是手指敌人方向,示意要他到前边去。天亮后,当韦杰同团长、政委会合时,他们告诉他:“毕参谋长牺牲了。”韦杰听到这个消息,泪水禁不住夺眶涌出。

这一天是 1936 年 2 月 22 日[42],一位勇猛的朝鲜革命者,把最后一个脚印留在了东征途中,为中国的革命事业献出了宝贵的生命。

★ 三过雪山草地的越南人洪水

在走完了二万五千里长征全程的外国人之中,越南人洪水身兼“两个唯一”:唯一经历了中国人民军队从建军到土地革命战争、抗日战争的全过程,并直接致力于新中国国防现代化建设的外国人,又是在 1955 年开国将帅授衔时,唯一被授予将军军衔的外国人。

洪水

洪水,原名武元博、阮山,1908 年出生于越南首都河内一个富裕的爱国者家庭。1920 年,他考入当时印度支那的名牌学校——河内师范学校。1923 年,洪水在假期赴法国学习考察期间,结识了越南的无产阶级革命先驱胡志明,逐渐成了胡志明的亲密战友,同时开始接触马克思主义,立志投身于共产主义运动。从法国学习考察归来,洪水便转到河内附近的南定省南定市教书。在当地,他多次机智勇敢地组织发动反对法国殖民者和越南封建统治者的学生运动。

1924年6月16日，在国共两党合作的背景下，孙中山在广州创办了黄埔军校。同年12月，越共领导人胡志明以共产国际东方部委员的身份来广州担任鲍罗廷的秘书。胡志明在熟识孙中山之后，恳切地提出："孙先生，借您黄埔之宝炉，为我越南锻造几粒火种吧！"这一请求得到了孙中山的支持。

不久，洪水响应胡志明的号召，进入黄埔军校深造，黄埔四期，1925年7月至1926年1月，分批入校，1926年9月毕业。毕业后，他留在黄埔军校工作。1927年4月12日，蒋介石在上海发动反革命政变，随后武汉又发生七一五反革命政变。在中国革命陷入低潮之际，洪水却毅然作出了人生的重大选择——秘密加入了中国共产党。

1927年12月11日，广州起义爆发，洪水与当时正在黄埔军校学习、工作的30多名越南同胞一起，参加了起义战斗。[43]起义失败后，他前往泰国，与黄文欢一起，在泰国的越侨中继续从事革命活动。1928年6月，两广省委通过越南革命青年会通知洪水，让他返回中国参加党的秘密活动。

1929年1月，毛泽东、朱德率红四军主力出击赣南，抵达广东省东江地区时，即向两广省委提出了增派军事干部的要求。时任两广省委军委书记的聂荣臻便选派了包括洪水在内的一批军事干部加入红军。洪水参加红军后，先在东江红军第四十八团任连政治委员，后调入新编的红十二军三十四师，先后担任第一〇二团政治委员，师政治部副主任、主任等职，率领所属部队经历了其后的中央苏区反"围剿"作战。1932年洪水调入中央苏区，担任红军学校的宣传科科长兼政治文化教员。

洪水有个中国名字叫"鸿秀"，由于南方方言"鸿秀"二字发音与"洪水"相近，而当时的国民党宣传机器和国内的反动派都称共产党和红军为"洪水猛兽"，所以，他索性改名为洪水，以表示自己对反动派的蔑视以及干革命的坚强决心。

1931年，中央苏区的工农红军学校成立了一个以工农红军诞生之日命名的"八一"剧团。1932年底，洪水、李伯钊和红军学校俱乐部主任赵品三等人共同努力，创办了红军历史上的第一个剧社——工农剧社，洪水任社长，李伯钊任党支部书记。[44]他们每周举行演出晚会，为战斗紧张、生活艰苦的苏区军民，提供了难得的文娱享受和精神食粮。

随后中央在苏区各地成立工农剧社的分社,短短几个月,分社及红军剧团迅速发展到了60多个。工农剧社在中央苏区产生了很大的影响,为中央根据地的文化建设作出了突出贡献,洪水的知名度也随之大大提高。经党中央研究决定和提名,他在1934年1月召开的中华苏维埃共和国第二次全国苏维埃代表大会上,以"少数民族"代表的身份当选为中华苏维埃共和国中央执行委员会执行委员,同朝鲜人毕士悌一起,成为中央苏区工农民主政府中仅有的两名外籍委员。

然而,令人意外的是,洪水在受命起草《工农剧社章程》时,却因章程草案中的某些提法,不合"左"倾错误路线的"口味",被指责为"偷运了反革命托洛茨基主义","偷运了社会民主党和小资产阶级的和平主义……没有把握反对战争的列宁观点"。洪水因此被扣上"高级特务"的罪名,被开除了党籍。

1934年10月,中央红军长征开始后,已被开除党籍的洪水,编进了红军干部团直属队,负责直属队在长征途中的宣传鼓动工作。在长征队伍中,人们不时可以看到洪水跑前跑后,精神饱满、斗志昂扬地进行着长征途中的宣传鼓动工作。从他那积极乐观的神情中,人们怎么也不会想到,他当时还蒙受着开除党籍的冤屈。

为了迎接1935年元旦,红军在猴场附近举行了联欢晚会。洪水充分发挥自己的文艺特长,自编自演,为晚会增添了欢乐的气氛。

打下遵义后,中央纵队党委根据洪水自长征以来的突出表现,果断撤销了对他的处分,恢复了他的党籍。

1935年1月中旬,干部团驻扎遵义期间,洪水带领着宣传战士四处宣传,一会儿在街头演说,一会儿在广场表演,在大街小巷写革命标语,教唱红军新歌。对改善军民关系、振奋军心士气,发挥了重要作用。

四渡赤水期间,洪水随干部团敢打敢拼,勇猛顽强,受到刘伯承总参谋长的表扬。

红军四渡赤水之后,中革军委于4月29日发出了关于红军速渡金沙江的指示。5月2日,中革军委总司令部下令刘伯承总参谋长率红军干部团一个营及工兵,带电台一部,"赶于四号上午到皎平渡架桥"。在刘伯承的亲自指挥下,红军干部团巧妙夺取了金沙江皎平渡,保证了全军部队利用六只木船,昼夜不停地来回摆渡,安全渡过天险金沙江。宋任穷在回忆这段历史时指出:"巧渡金沙江这一壮举，成为古今中外军事史上的奇迹。红军全部渡江以后，敌人的大队人马才赶到金沙江南岸，渡江船只已被我全部烧毁，他们只好望江兴叹，徒呼奈何！他们所得到的仅仅是几只烂草鞋！我红军宣传队还为此编了一个叫《烂草鞋》的戏，在部队演出过。这个戏，热情歌颂了我军的机智勇敢和大无畏的革命乐观精神，尽情嘲笑了敌人的愚蠢和怯懦！”[45]

洪水随干部团于5月30日开始向四川的天全、芦山前进，通过原始森林，于6月初来到了雪山脚下。缺衣少粮、饥疲不堪的红军之所以能够爬过雪山，一个重要的因素就是大家士气高昂、团结齐心。而洪水率宣传队开展生动活泼的宣传鼓动工作，也发挥了不小的作用。宣传队员们不顾空气稀薄、说话困难，用尽全身力气进行宣传鼓动。在半山腰，他们边打竹板边鼓动：“翻山顶，看本领，比比哪个是英雄。”通俗、有力的喊话，在雪山的峡谷间回荡，给大家以巨大的力量和信心。

1935年6月18日，两大主力红军——红一方面军与红四方面军在四川懋功胜利会师了。会师之初，两个方面军的官兵互相关心、互相帮助，大家非常亲热，胜似亲兄弟。一次次的联欢会上，能歌善舞的洪水，自然少不了要“露一手”，来为大家助兴和鼓劲。

8月3日，红军总部制定了《夏洮战役计划》，决定将红一、四方面军部队混编为左、右两路北上。干部团随党中央在右路行动；洪水则离开红军干部团，跟随朱德、刘伯承来到了左路军工作。

9月，发生了张国焘分裂红军的事件，毛泽东、中共中央率红一方面军主力北上后，张国焘对反对南下的朱德总司令和刘伯承总参谋长进行迫害的同时，也对拥护中央正确路线，原属红一方面军的一些干部，扣上莫须有的罪名，加以迫害。洪水被张国焘打成了“国际间谍”，列入了捕杀名单。幸而有朱德和刘伯承的巧妙保护，洪水才免遭毒手，但却又一次被开除了党籍。

张国焘继9月15日发布《红四方面军大举南进政治保障计划》之后，又于17日发布南下命令。南下红军两过草地，体力消耗很大，但广大指战员发扬了“狠、硬、快、猛、活”的优良作风，运用奇袭、夜摸、迂回穿插等机动灵活的战术，一度打了不少胜仗。在10月8日至20日的绥崇丹懋战役中，击溃敌人六个旅，毙、俘敌军官兵3000余人。10月24日，又发起天（全）芦（山）名（山）雅（安）邛

(崃)大(邑)战役,以神速的动作翻越夹金山,向宝兴、天全、芦山之敌发动猛攻,毙、伤、俘敌1万余人,取得了南下以来最大的一次胜利。然而,在11月中下旬进行的百丈关之战,红军在歼灭川军1.5万以上的同时,自身也遭受近万人的损失。百丈关之战成了得不偿失的一仗,成为红四方面军南下的转折点,标志着张国焘南下战略的破产。

百丈关之战,洪水所在的部队被打散了。这时,洪水又得知党中央、中央红军已到达陕北,同陕北红军会合,并不断取得重大胜利的喜讯。于是,他化装成藏族老百姓,一个人孤身长征。由南向北,第三次爬雪山、过草地,独自向党中央所在地奔去。

一路上,洪水放过骆驼,牧过羊,讨过饭,遇到敌人还得东躲西藏。他历尽千辛万苦,凭着坚定信念和顽强毅力,终于在1936年初走到了延安。

洪水走到延安时,身着破旧不堪的藏袍,骨瘦如柴,许多战友和同事几乎都认不出他来了,同时,又被他那不屈不挠的革命精神深深地感动了。

不久,党中央撤销了张国焘强加在洪水头上的所谓"国际间谍"的罪名,再一次恢复了洪水的党籍。

1936年6月1日,中国人民抗日红军大学于瓦窑堡开学,洪水参加了一科的学习。一科,将星云集,有罗荣桓、罗瑞卿、彭雪枫、刘亚楼、耿飚、杨成武、张爱萍、谭政、陈光、王平等红军著名指挥员。

洪水有幸多次聆听毛泽东讲授的课程。有一次,毛泽东在课后参观学员宿舍,称赞学员们住的地方干净卫生,空气新鲜。走到洪水所住的窑洞时,毛泽东以玩笑的口吻关切地问:"小洪,你这个南蛮子,对北方的生活还习惯吧?""报告主席,一切都习惯。"洪水十分感动,立即起立,立正,满面笑容地回答。

洪水、陈剑戈夫妇在延安

"红大"高级科的学员都是年轻人,洪水当时也只有28岁。他是打篮球和演戏的积极分子。1936年10月,红一、二、四方面军的主力在甘肃会宁和静宁以北的将台堡(今属宁夏)会师,长征胜利结束。11月底,朱德、刘伯承、贺龙、关向应等来到中共中央所在地保安(今志丹县)。洪水和学员们去朱德住的窑洞拜访,朱德看见洪水如同见到了老朋友,高兴地说:“小洪,百丈战役后听说你们的队伍打散了,这么长时间未见到你,想不到你比我们早到延安了。你大难不死必有后福啊!”洪水笑着说:“我现在在‘红大’学习就是后福。”这以后,朱德经常到“红大”来打篮球,时而当球员,时而当裁判员,洪水也是篮球场上的积极分子,他们经常在一起,友谊更加深厚。

1937 年 1 月,洪水从红军大学毕业。这时红军大学改为抗日军事政治大学,他在“抗大”二期学习了一段时间,然后被分配到工农红军总政治部民运部工作。

七七事变后,红军主力改编为八路军,红军总政治部遂改为八路军政治部,洪水所在的民运部随一一五师东渡黄河,深入敌后开辟抗日根据地。他先后任晋东北特别委员会副书记兼宣传部部长、山西五台县四区区委书记、晋察冀军区政治部宣传科科长、《抗敌报》首任社长兼总编辑、抗日军政大学第二分校宣传科科长等职。

洪水在五台县四区抗日工作期间找到了自己的爱情,他与八路军干部陈玉英于 1938 年春节在五台东冶镇结婚。婚后,洪水认为陈玉英这个名字传统色彩太浓,帮她改名为陈剑戈。

1945 年,经越南劳动党中央和中共中央协商,洪水被调回越南,任第四、第五战区司令员兼政治委员,在胡志明领导下参加越南的抗法斗争,为越南人民的解放事业作出了重要贡献。1948 年洪水被授予越南当时的最高军衔——少将。

1955 年洪水被授予中国人民解放军少将军衔

1950 年 10 月,洪水第三次来到中国,任中共中央统战部越南科负责人。1955 年被授予中国人民解放军少将军衔。洪水就这样书写了在两国军队同时取得少将军衔的传奇。

1956 年 10 月,洪水因病医治无效,在越南与世长辞。萧克上将称洪水为“中国人民的战友,国际主义的英豪”。

[1] 姜廷玉:《揭秘:有哪些外国人参加了中国红军长征》,http://www.81.cn/jwzl/2016-11/04/content_7343792_2.htm.

[2] 中央档案馆:《中共中央文件选编》第10册,中共中央党校出版社1991年3月版,第469—470页。
[3] [德]奥托·布劳恩:《中国纪事》,现代史料编刊社1980年12月版,第110页。
[4] [德]奥托·布劳恩:《中国纪事》,现代史料编刊社1980年12月版,第122页。
[5] 中共中央党史研究室第一研究部译:《联共(布)、共产国际与中国苏维埃运动(1931—1937)》15卷,中共党史出版社2007年9月版,第343页。
[6] 中共中央党史研究室第一研究部译:《联共(布)、共产国际与中国苏维埃运动(1931—1937)》15卷,中共党史出版社2007年9月版,第343页。
[7] [德]奥托·布劳恩:《中国纪事》,现代史料编刊社1980年12月版,第124页。
[8] 中国人民解放军历史资料丛书编审委员会:《红军长征·文献》,解放军出版社1995年5月版,第171页。
[9] [德]奥托·布劳恩:《中国纪事》,现代史料编刊社1980年12月版,第124—125页。
[10] [德]奥托·布劳恩:《中国纪事》,现代史料编刊社1980年12月版,第125页。
[11] 伍修权:《我的历程》,解放军出版社1984年版,第79页。
[12] 杨尚昆:《遵义会议的回顾》,见《杨尚昆回忆录》,中央文献出版社2001年9月版。
[13] [德]奥托·布劳恩:《中国纪事》,现代史料编刊社1980年12月版,第157页。
[14] [德]奥托·布劳恩:《中国纪事》,现代史料编刊社1980年12月版,第156页。
[15] [德]奥托·布劳恩:《中国纪事》,现代史料编刊社1980年12月版,第156页。
[16] [德]奥托·布劳恩:《中国纪事》,现代史料编刊社1980年12月版,第165页。
[17] [德]奥托·布劳恩:《中国纪事》,现代史料编刊社1980年12月版,第171页。
[18] [德]奥托·布劳恩:《中国纪事》,现代史料编刊社1980年12月版,第175页。
[19] 中国人民解放军历史资料丛书编审委员会:《红军长征·文献》,解放军出版社1995年5月版,第636页。
[20] [德]奥托·布劳恩:《中国纪事》,现代史料编刊社1980年12月版,第178页。
[21] [德]奥托·布劳恩:《中国纪事》,现代史料编刊社1980年12月版,第199页。
[22] [德]奥托·布劳恩:《中国纪事》,现代史料编刊社1980年12月版,第214页。
[23] [德]奥托·布劳恩:《中国纪事》,现代史料编刊社1980年12月版,第217—218页。
[24]《中国工农红军第一方面军史》,解放军出版社1993年10月版,第646页。
[25] [德]奥托·布劳恩:《中国纪事》,现代史料编刊社1980年12月版,第223页。
[26]《毛泽民给共产国际执行委员会的书面报告》,中共中央党史研究室第一研究部译:《联共(布)、共产国际与中国苏维埃运动(1931—1937)》15卷,中共党史出版社2007年9月版,第325—336页。

[27] 指1935年4月红军经过云南省时,1935年3月成立的由毛泽东、周恩来和王稼祥组成的三人军事领导小组同林彪、杨尚昆和刘少奇在军事问题和组织问题上发生的意见分歧。在会理会议上,分歧得到了解决。

[28] 中共中央党史研究室第一研究部译:《联共(布)、共产国际与中国苏维埃运动(1931—1937)》15卷,中共党史出版社2007年9月版,第351页。

[29] [英]薄复礼:《一个被扣留的传教士自述》,昆仑出版社1989年2月版,第51页。

[30] [英]薄复礼:《一个被扣留的传教士自述》的序言(此序为萧克将军所写),昆仑出版社1989年2月版。

[31]《近代史研究》,1980年第1期。

[32] [英]薄复礼:《一个被扣留的传教士自述》,昆仑出版社1989年2月版,第51页。

[33] [英]薄复礼:《一个被扣留的传教士自述》,昆仑出版社1989年2月版,第100页。

[34] [英]薄复礼:《一个被扣留的传教士自述》,昆仑出版社1989年2月版,第122—123页。

[35]《彭德怀自传》,解放军文艺出版社2002年1月版,第155—156页。

[36] 据开国中将罗元发回忆。

[37]《聂荣臻回忆录》,解放军出版社1986年3月版,第286页。

[38] 石源华:《中国共产党援助朝鲜独立运动纪事1921—1945》,中国社会科学出版社2000年5月版,第216页。

[39]《宋任穷回忆录》,解放军出版社2007年8月版,第50页。

[40] 徐海东:《生平自述》,生活·读书·新知三联书店1982年12月版,第111页。

[41] 中国人民解放军历史资料丛书编审委员会:《红军长征·文献》,解放军出版社1995年5月版,第907页。

[42] 韦杰:《七十五师渡河先遣支队的战斗》,山西省石楼县委宣传部:《红军东征——影响中国革命进程的战略行动》,中共党史出版社1997年12月版,第495页。

[43] 陈寒枫、阮清霞:《我们的父亲洪水—阮山:中越两国将军》,中国书籍出版社2016年8月版,第57页。

[44] 星火燎原编辑部:《中国人民解放军将帅名录》(第三集),解放军出版社1987年7月版,第315页。

[45]《宋任穷回忆录》,解放军出版社1994年10月版,第65页。

第五章
长征的结束与共产国际

★长征落脚点的变化与共产国际

★红一方面军东征与打通国际通道

★共产国际代表林育英说服张国焘北上

★岷州会议与张国焘"西进"流产

★共产国际同意援助中国红军

★打通国际通道与三大主力红军会师

★从共产国际报告看红军长征结束时的兵力

长征是一次伟大的战略转移,也是中国共产党人独立自主,寻找适合中国革命发展道路的探索过程。在长征初期的遵义会议前后,中国共产党在没有共产国际干预的情况下,解除了共产国际派来的军事顾问李德的军事指挥权,纠正了其僵硬教条的军事路线,同时完成了中央领导层的重组,选出了中国革命新的掌舵人。但长征到底将走向何方?中国革命将如何继续前行?这些重大战略问题有必要得到共产国际的帮助和指导。事实上,共产国际也一直在高度关注中国红军长征的前途和命运,对红军长征的胜利结束,还是发挥了不少积极、主动的作用。

★长征落脚点的变化与共产国际

中央红军从1934年10月中旬踏上了长征路,但长征到底是到哪里去?长征的落脚点究竟在哪里?在许多人的印象中,长征似乎一开始就瞄准陕北吴起,就像确定了北斗星在那里,便可以一往无前地向前走就行了。其实,情况并非如此简单。长征开始时的最初目标是同湘西的红二、红六军团会合。但是中央红军长征出发后,随着客观情况的不断变化,长征的落脚点先后经过七次变化,后四次变化,都同试图打通国际通道、取得共产国际和苏联的援助紧紧联系在一起。

长征最早的目的地是湘黔边。李德在回忆录《中国纪事》中记载,“政治局委托我草拟一个8月至10月的新季度计划”,这个计划,向共产国际执委会作了汇报。“我的想法,以中央红军三个军团突破封锁线,此外在中央苏区内继续部署战略防御,保证以后主力重返苏区”,但他也指出“由于敌人的堡垒地带已经向纵深层层推进,主力能否回来还很成问题。……突围的目的,只限于冲破敌人对中央苏区越来越紧的包围,以获得广阔的作战区域;如果可能的话,还要配合已由第六军团加强了的第二军团,在华南的湘黔两省交界地区创建一大片新的苏维埃根据地”。[1]

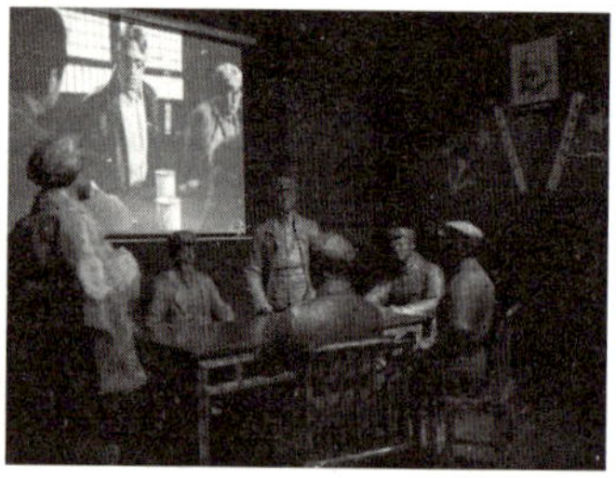

通道转兵纪念馆陈列的通道会议还原塑像

通道会议,改为去川黔边。12月12日在通道召开的中央负责人参加的紧急会议上,李德提出:“我提请大家考虑:是否可以让那些在平行路线上追击我们的或向西面战略要地急赶的周(浑元)部和其他敌军超过我们,我们自己在他们背后转向北方,与二军团建立联系。我们依靠二军团的根据地,再加上贺龙和萧克的部队,就可以在广阔的区域向敌人进攻,并在湘黔川三省交界的三角地带创建一大片苏区。”[2]湘黔边,主要是在湘西,鉴于这时敌军已在红军前进的方向设置重兵、张网以待的现实,若继续向湘西前进,则可能重现血战湘江那样的结果。毛泽东建议,放弃去湘西同红二、六军团会合的计划,改向敌人力量较为薄弱的贵州前进,到川黔边建立根据地。王稼祥、张闻天和周恩来等多数人赞成毛泽东的主张。会后下午7时,中革军委就会议精神给各军团、纵队首长“万万火急”电,“继续西进”,“进占黎平”。[3]

黎平会议旧址

12月18日中央政治局召开黎平会议,再次否定了李德、博古提出的“完全可以在乌江南岸建立一个临时根据地,再徐图进军湘西,与红二、六军团会合”的主张,维持了通道会议的决定,放弃去湘西建设根据地的原定计划,而决定到川黔边建立新的根据地。“过去在湘西创建新的苏维埃根据地的决定在目前已经是不可能的,并且是不适宜的”;“新的根据地区应该是川黔地区,在最初应以遵义为中心之地区,在不利的条件下应该转移至遵义西北地区”。[4]

之后,在猴场召开的政治局会议决定红军在通过乌江以后的战略方针是,在川黔边广大地区内转入反攻，“主要是和蒋介石主力部队（如薛岳的第二兵团或其他部队）作战，首先消灭他的一部，来彻底粉碎五次‘围剿’”；首先占领以遵义为中心的黔北地区，然后向川南发展，建立川黔边新苏区根据地。李德对此并不表示反对，他后来在《中国纪事》一书中声明：“其实，如果撇开周恩来提出的几个战术行动，向遵义继续进军的方案，同我的建议并没有什么区别。”

遵义会议后，改去川西北。1935 年 1 月中旬，中共中央召开了遵义会议，会后中革军委制定的作战方针是到川西北。“我野战军目前基本方针，由黔北地域经过川南渡江后转入新的地域，协同四方面军，由四川西北方面实行总的反攻。而以二、六军团在川、黔、湘、鄂之交活动，来钳制四川东南‘会剿’之敌，配合此反攻，以粉碎敌人新的围攻，并争取四川赤化。”[5]

扎西会议，变为去川滇黔。2 月 7 日，中革军委发出指示称：“根据目前情况，我野战军原定渡河计划已不可能实现。现党中央及军委决定，我野战军应以川、滇、黔边境为发展地区，以战斗的胜利来开展局面，并争取由黔西向东的有利发展。”中共中央和中革军委于 16 日在白沙发布的《告全体红色指战员书》指出：“决定在云、贵、川三省地区中建立根据地。……全体红色战士打大胜仗，消灭大量的敌人，缴他们的枪支子弹武装我们自己，并武装云贵川数千万工农劳苦群众，是我们目前最中心的任务。”

四渡赤水后，决定去川西。4 月 29 日，中革军委提出：“由于两月来的机动，我野战军已取得西向的有利条件，一股追敌已在我侧后，但敌已集中七十团以上兵力向我追击，在现在地区我已不便进行较大的作战机动，另方面金沙江两岸空虚，中央过去决定野战军转入川西，创立苏维埃根据地的根本方针，现在已有实现的可能了。”[6]

两河口会议，变为川陕甘根据地。1935 年 6 月中旬，中央红军同红四方面军在懋功会师，从这时开始，长征的落脚点同打通国际通道紧紧联系在一起。6 月 16 日中共中央、中革军委领导人关于两军会合后的战略方针致张国焘、徐向前、陈昌浩电，即有：“为着把苏维埃运动之发展放在更巩固更有力的基础之上，今后我一、四两方面军总的方针应是占领川、陕、甘三省，建立三省苏维埃政权，并于适当时期以一部组织远征军占领新疆。”[7]

17 日，张国焘、陈昌浩关于战略方针和部署的意见致中央领导人电：“北川一带地形、给养均不利大部队行动，再者水深、流急，敌已有准备，不易过。由岷江东打条件，准先念能详告（原文如此）。沿岷江北打松潘，地形、粮食绝无。

……同时向川、陕、甘发展，组织之[远]征军，占领青海、新疆，首先集主力打。”[8]

6月26日，中共中央在两河口的一座关帝庙内举行政治局会议，讨论红一、四方面军会师后的战略方针问题。周恩来在会上作报告，提出以运动战迅速攻打松潘胡宗南部，北上创造川陕甘根据地的战略方针。会后，据两河口会议精神，中共中央政治局作出《关于一、四方面军会合后的战略方针的决定》。决定指出：“在一、四方面军会合后，我们的战略方针是集中主力向北进攻，在运动战中大量消灭敌人，首先取得甘肃南部，以创造川陕甘苏区根据地，使中国苏维埃运动放在更巩固更广大的基础上，以争取中国西北各省以至全中国的胜利。”[9]

张国焘在《我的回忆》一书中认为，两河口会议提出的去向，其实是要靠近外蒙古，以便取得来自苏联的军事援助。他写道：

> 上午九时，毛泽东、朱德、周恩来、张闻天、秦邦宪和我六个政治局委员以及参谋长刘伯承，齐集在毛泽东的住所举行军事会议。首先由毛泽东提出了向甘北宁夏北进的军事计划。他说明共产国际曾来电指示，要我们靠近外蒙古，现在根据我们自身的一切情况，也只有这样做。我当即发问：“共产国际何时有这个指示？”张闻天起而答复：在他们没有离开瑞金以前（约十个月前），共产国际在一个指示的电报中，曾说到中国红军在不得已时可以靠近外蒙古。[10]

8月5日中央政治局通过的沙窝会议决议提道：“同时西北各省是中国反动统治及帝国主义力量最薄弱的地区，在地理上又接近世界无产阶级祖国苏联及蒙古人民共和国，这更造成苏维埃与红军发展的有利条件。……创造川陕甘的苏区根据地，是放在一、四方面军前面的历史任务。”[11]

毛泽东在会议上作了重要发言，也集中提出了背靠苏联的问题。他解释说，西北地区是“统治阶级最薄弱的一环”，是“帝国主义势力最弱的地方”，“因靠近苏联在政治上物质上能得到帮助”。[12]

俄界会议，作出在靠近苏联的地方建立根据地的决策。

9月12日，中共中央在红一军驻地甘肃迭部的俄界召开政治局扩大会议。毛泽东提出：“中央应继续坚持北上的方针。一、四方面军会合后，是应该在川、陕、甘创建苏区。但现在只有一方面军主力——一、三军北上，所以，当前的基

俄界会议旧址

本方针，是要经过游击战争，打通同国际的联系，整顿和休养兵力，扩大红军队伍，首先在与苏联接近的地方创造一个根据地，将来向东发展。”

毛泽东在结论中进一步指出：“关于目前的战略方针，同在川、陕、甘创造根据地的计划是有变更的，因一、四方面军已经分开，张国焘南下，使中国革命受到严重损失。”[13]

榜罗镇会议，决定去陕北。

9 月 18 日，红军在甘肃岷县以南的哈达铺休整期间，中共中央将北上的红军部队正式改编为中国工农红军陕甘支队；派谢觉哉、毛泽民去新疆建立交通站，“可能的话与国际接头”，设法打通与共产国际的联系。

哈达铺红一方面军司令部旧址

9 月 21 日，中央机关到达哈达铺。在哈达铺，从收缴的一批《大公报》《山西日报》中，张闻天、毛泽东等领导看到大量关于陕甘苏区的报道，对陕甘苏区的区域、红军力量有了进一步的认识，遂决定到陕甘去。28 日，中共中央在通渭榜罗镇召开政治局常委会会议，提出改变俄界会议关于接近苏联建立根据地的决定，确定将中共中央和红军陕甘支队的落脚点放在陕北。榜罗镇会议上，党中央第一次明确以陕北苏区作为红军长征的落脚点和中国革命的大本营。

10 月 22 日毛泽东在出席吴起镇中央政治局会议时，宣布将长征的落脚点放到陕北苏区。他说，陕甘支队自俄界出发已走了两千里，到达这一地区的任务已经完成。现在全国革命总指挥部到这里，成为反革命进攻的中心。敌人对于我们的追击堵截不得不告一段落，现在是敌人“ 围剿”。我们的任务是保卫和扩大陕北苏区，以陕北苏区领导全国革命。陕、甘、晋三省是发展的主要区域。[14]与会者一致同意毛泽东的报告和结论。这次会议，批准了榜罗镇会议的战略决策，由此宣告了中央红军长征的结束。

★红一方面军东征与打通国际通道

中央红军到达陕北、结束长征后，中共中央面临一个重大而紧迫的问题：中国工农红军将向何处发展？

对此，领导层提出了三种方案。

以张闻天为代表，提出的第一种方案是立足陕北，向北发展，出兵绥远、内蒙古、察哈尔等地，向外蒙古靠拢，以便打通和苏联的联系，取得国际支援。

第二种方案是确保陕北，向西扩张。向敌人力量软弱的宁夏、甘肃等地区发展，以便建立一个资源较为丰富、地域更为广阔的革命根据地，并进一步向新疆扩展，在西北地区壮大革命力量，创立新的苏区。

林彪提出的第三种方案是带领部队到陕南去打游击。

对张闻天的方案，毛泽东在 12 月 1 日给张闻天的电报中表示："关于红军靠近外蒙的根本方针，我是完全同意的。"所不同的是，时间与路径，最好是走山西与绥远的道路，"这是用战争用发展用不使陕北苏区同我们脱离的方针与外蒙靠近"。毛泽东指出，要完成上述任务，"我想有 6 个月左右的时间就够了。所以我们应在明年夏天或秋天与外蒙靠近，目前应立即开始组织蒙民游击队"。[15]

中共中央于 12 月 17 日至 25 日，在陕北瓦窑堡召开了政治局扩大会议，即瓦窑堡会议。

在瓦窑堡会议上，毛泽东在军事报告中，关于战略方针部分提出，1936 年应准备直接对日作战的力量，扩大红军。红军行动部署之基础，应确定地放在"打通苏联"与"巩固扩大现有苏区"这两个任务之上，并把"打通苏联"作为中心任务，拿"巩固扩大现有苏区"同它密切地联系起来。

关于行动方针，主要分为三个步骤。第一步，在陕西的南北两线给进犯之敌以打击，巩固和发展陕北苏区，从政治上、军事上和组织上做好渡黄河去山西的准备。第二步，到山西去，准备击破阎锡山的晋绥军主力，开辟山西西部五县以至十几县的局面，扩大红军一万五千人，并保证必要时返回陕西所需要的物质条件。第三步，根据日军对绥远进攻的情形，适时地从山西转向绥远，用小的游击战争与日军周旋。总的方针是与苏联取得联系。[16]

会议最后由毛泽东作结论：从现在起 40 天工作，准备东征。中革军委为确保战役胜利，于 12 月 24 日下达了《四十天准备行动计划》，随后红一方面军按照瓦窑堡会议决定的策略路线和战略方针，同陕甘苏区军民一道，展开了东征的准备工作。

1936年2月18日，红一方面军司令员彭德怀、政治委员毛泽东下达了“红一方面军关于东征渡河战役之作战命令”。20日晚，当聂荣臻的旧表指向八点时，红一方面军渡河作战开始。23日，红一方面军全部渡过黄河，兑九峪战斗后，分兵三路南下北上。作战均获得很大成绩。

刘志丹

东征战役，红军的一大遗憾是未能在兑九峪歼灭阎锡山军主力；最大的损失，则是在左路军转移收拢阶段，二十八军军长刘志丹不幸牺牲。当时山西方面，阎锡山和蒋介石合流，51个团的兵力，取堡垒主义向红军推进；陕西方面，蒋介石强令张学良、杨虎城军向陕北进攻，企图封锁黄河；国民党军控制下的神府、三边地区和环县、合水及其以西地区均较空虚。红一方面军在山西已无作战的有利条件，而在陕西、甘肃则产生了有利条件，因此战至5月2日，毛泽东、彭德怀下达西渡黄河命令，5月5日，红军东征战役结束。

红一方面军历时75天的东征作战，未能达成打通国际通道的目的，但战果不凡。东征战役共消灭敌人7个团、1.7万余人，俘其官兵4000余人，缴获各种枪械4000余支（挺）、火炮20余门，给阎锡山的晋绥军以沉重打击，迫使阎锡山把入陕“协剿”的两个师撤回河东，从而冲破了国民党对陕北苏区的“军事围剿”，巩固和扩大了陕北根据地。战后，毛泽东用这样几句话来总结东征胜利的意义：打了胜仗，唤起了民众，筹备了财物，扩大了红军。

★共产国际代表林育英说服张国焘北上

共产国际对解决张国焘的分裂事件，意外地发挥了恐怕其自身也远未料到的作用。发挥中心作用的则是从苏联回国的共产国际代表张浩。

1935年11月7日的这天，在张闻天的窑洞中，张闻天、博古、李维汉、邓发等正在开会时，一电报员送来了一份从定边来的电报，说定边赤卫队抓到了一个形迹可疑的人，自称张浩，说是共产国际派来的，有重要事情向中央传达。在定边县赤卫队的护送下，张浩于11月中旬到达中共中央所在地——瓦窑堡。

张浩，即林育英的化名。林育英生于1897年2月25日，与林育南、林彪

(原名林育蓉)出身同一家族,是湖北省黄冈县(今黄冈市)人。林氏三兄弟中林育英年龄最大,但他是受堂弟林育南影响才走上革命道路的。1935 年 7 月,林育英作为中共中央代表团成员,出席了在苏联举行的共产国际第七次代表大会。

林育英(化名张浩)

会后,为恢复共产国际与中共中央的联系,将共产国际七大精神迅速地传达给中国共产党,林育英被选派回国完成这一使命。当时从苏联回国,走陆路有三条路线:一是从东北回国,但那里被日本侵略军占领,不能通行;二是从新疆回国,路程太远,耽搁时间;三是从蒙古回国,但这条路线要越过茫茫沙漠,还要闯过国民党的层层关卡,风险较大。

为了尽快将共产国际的七大精神传达到国内,林育英最终选择了第三条道路。临行前,林育英做好了充分的准备,将自己装扮成商人,与在苏联受训的密电员赵玉珍踏上回国之路。为防止泄密,他将文件、密码默记在脑中,身上不带片纸只字,并使用化名张浩。张浩这个名字就是从那时候开始叫起来的。

李德在《中国纪事》一书中记载了他对张浩回国的印象:“11 月底或 12 月初,张浩出人意外地来到瓦窑堡。张浩是中央候补委员、中国共产党驻共产国际执行委员会的代表、出席共产国际第七次世界代表大会的代表。估计他是在苏区北部从飞机上跳伞下来的,后来他有一周左右的时间一直穿着一套带有皮里子的苏式飞行员服装。”[17]

张浩的到来,对中共中央来说,堪称“及时雨”。

他向中央领导同志传达了共产国际七大关于建立反法西斯统一战线和人民阵线,不再将中间力量看作危险敌人等精神,以及由中共驻共产国际代表团起草,以中华苏维埃共和国中央政府、中共中央名义发表的《为抗日救国告全体同胞书》(即《八一宣言》)的内容。

毛泽东、张闻天等对林育英的到来真是喜出望外。张闻天畅快地说:“张浩归国对我们的帮助很大,给我们打通了与共产国际的联系,帮我们了解了许多情况。”连日来,他和林育英经常在一起,就共产国际的指示、七大精神、《八一宣言》的内容,联系目前的政治形势,进行了长时间的详谈,几乎吃饭的时候都不

张闻天、刘英夫妇 1936 年在延安

离开。

张浩让中共中央及时地了解到共产国际政策变动的情况。他带来的共产国际的指示包括如下几点:(1)实行抗日反蒋的统一战线策略方针;(2)以建立国防政府与抗日联军为统一战线的最高表现形式;(3)改工农苏维埃为人民苏维埃;(4)富农政策及相关政策应加以改变。同时,张浩带来一条信息引起了中共中央的极大关注:斯大林同意主力红军向西北及北方发展,并不反对靠近苏联。

这条信息对中共中央和毛泽东而言,意义十分重大。中央红军历尽千辛万苦到达陕北,其时仍在几十万敌军的围追堵截下,而陕北苏区尚处于贫困、荒凉、狭小的状态,因而从长远计,仅靠陕北一隅显然难成大事。因此,毛泽东、张闻天等中央领导考虑,希望在共产国际和苏联的帮助下,解决红军的经费和装备问题,开拓更广阔的根据地。

毛泽东、张闻天、周恩来商请张浩做张国焘的工作。张浩来到陕北后才知道,红军内部发生了分裂事件,张浩也亲身感受到了张国焘那种咄咄逼人的气势。12 月 18 日,张国焘致电林彪等转林育英,指责毛泽东、周恩来等为“右倾机会主义”,北上行动是“逃跑”,要求“尽力反毛周路线”,并要陕北苏区及红军接受其领导。

据张闻天夫人刘英回忆:“闻天对张浩也很器重,一来就邀他参加政治局会议,并称他‘国际代表’,后来又出面提名张浩为政治局委员。同二、四方面军联系也好,对外打交道也好,许多电报署名都以张浩(或林育英)打头,用张浩当时这种特殊身份,对促进三个方面军的团结,特别是制止张国焘分裂党,起了很好的作用。”[18]

12 月 22 日,张浩致电张国焘,要求他维护党内团结,一致对敌。

1936 年 1 月 16 日,张浩根据毛泽东、张闻天的意见,以“共产国际代表”的名义,又给张国焘发去了一份电报:

共产国际派我来解决一、四方面军的问题,我已会着毛泽东同志,询问

一、四方面军通电甚(少?),国际甚望与一、三军团建立直接的关系。我已带有密码与国际通电,兄如有电交国际,弟可代转。再者我经过世界七次大会,对中国问题有详细新的意见,准备将我所知道的向兄转达。[19]

张国焘乘机想通过张浩要价,1 月 20 日致电张浩,要求在陕北的中共中央"自动取消中央名义",并称"党内争论请国际解决"。第二天,周恩来致电张国焘等,要求"请将与二、六军团密码速告知,以便直接通报"。张国焘为了隔绝中共中央与红二、六军团的直接联络,仍拒绝告知通信密码。

张国焘的举动激怒了中央。1 月 22 日中共中央政治局作出《关于张国焘同志成立第二"中央"的决定》,明确指出"张国焘同志这种成立第二党的倾向,无异于自绝于党,自绝于中国革命",责令张国焘立即取消他的一切"中央",放弃一切反党的倾向。

眼看矛盾激化,23 日,朱德总司令致电张闻天:现值革命新的高涨,党内急需谋统一,为避免对外不一致,"提议,暂时此处以南方局、兄处以北方局名义行使职权,以国际代表团暂代中央职务,统一领导"。[20]这是一、四方面军分离后,朱德单独给中共中央发的第二封电报,是代表四方面军主张在张国焘放弃自立"中央"的同时,为"给张国焘一个台阶下"而提出的"过渡性的办法"。

张浩以共产国际代表的身份,出面做工作,对张国焘的确震动很大。张国焘以为张浩的确是奉共产国际的委派来调解一、四方面军的纠纷,心理防线逐渐崩溃。

徐向前后来在其回忆录中分析张国焘此时的心理状态:

张国焘上不着天,下不着地,心里着慌。特别是张浩来电,传达共产国际的指示,肯定中央北进路线是正确的,高度评价中央红军的英勇长征,这对张国焘的分裂主义,无疑是当头一棒。这个时候,陈昌浩也转变了态度,表示服从共产国际的决定。孤家寡人的张国焘,被迫"急谋党内统一"。朱总司令和大家趁机做他的工作。我们还是老主意:取消这边的"中央",其他分歧意见,待日后坐下来慢慢解决。[21]

1 月 24 日张浩致电张国焘、朱德：共产国际完全同意中共中央的政治路线，并认为“中央红军的万里长征是胜利了”；“兄处可成立西南局，直属代表团。兄等对中央的原则上争论可提交国际解决”。[22]张闻天则致电朱德说：党内统一一致，才有利于中国革命，“接读来电至为欢迎”，指出张国焘“既愿放弃第二党组织，则他事更好商量”，表示“兄处仿东北局例，成立西南局直属国际代表团，暂时与此间发生横的关系，弟等可以同意”。[23]

与此同时，在朱德等人的劝说下，张国焘的态度不得不软下来。张国焘于 1 月下旬在任家坝召集会议，讨论中共中央发来的瓦窑堡会议决议的要点。会后，电告了“育英、闻天并转各中委同志”，表示“原则上完全同意”中央瓦窑堡会议制定的政治策略，并主张以国际代表团暂代中央。随后，张国焘向共产国际介绍了二、六军团的西进情况。

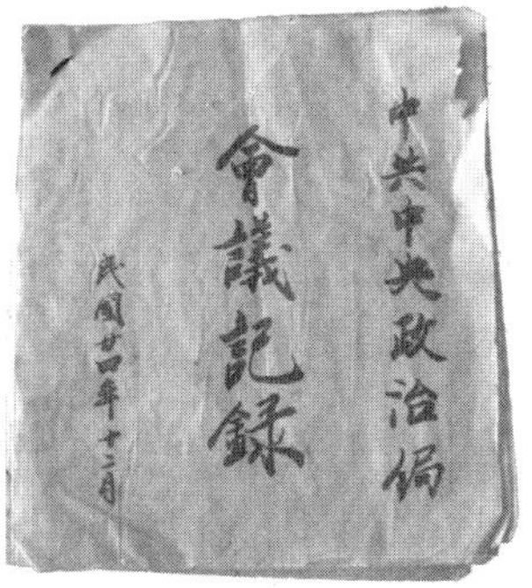

瓦窑堡会议决议

张国焘自己也承认，他在党内的地位开始下降。他在回忆录中写道：

> 当时我们在西康，目光所在主要自然是西南方面的实力派。我们曾多方设法，经过康定，向四川和云南一带的军人活动，要求他们一致抗日，共御外侮。但我们的努力，不是落空，便是毫无反应。反而陕北方面，却找着了一个军事巨头张学良。这种事态的发展使我自己在党内的地位开始转居劣势。[24]

2 月上旬，红四方面军遭遇天全失利，被迫撤离天全、芦山等地，张国焘南下建立川康边根据地的方针宣告破产。14 日，张浩、张闻天向朱德、张国焘发来电报，表示“兄等对政治决议既原则上同意，组织上亦用西南局，则对内对外均告统一，自是党与革命的利益，弟等一致欢迎”。关于战略方针问题，则告知“育英动身时，曾得斯大林同志同意，主力红军可向西北及北方发展，并不反对靠近苏联”。[25]并就红四方面军的战略行动方针，提出了三个方案，供其选择。

第一方案为北上陕甘。第二方案为就地发展。二、六军团则在靠近川南的云贵川边建立根据地,与四方面军相呼应。第三方案为南下转战。四方面军南渡大渡河、金沙江,与二、六军团取得近距离的会合,甚至转向云贵川发展,寻求机会前进。

上述三个方案,中央认为,第一方案是上策,如何实行,由四方面军视敌情、地形条件而定。

四方面军领导层经讨论,一致赞同继续北上的方案。因为朱德、刘伯承、陈昌浩和徐向前,过去就同意中央的北进方针,只是由于张国焘坚持南下,才造成了现在的局面。张国焘南下碰壁,不得不重新考虑他的南下计划,加之得悉斯大林同意主力红军靠近苏联,自然顺水推舟,同意北上的方案。

为策应红二、六军团北进,结合北上方针,在朱德、刘伯承、徐向前等领导人坚持和推动下制定了《康(定)道(孚)炉(霍)战役计划》,决定以主力迅速西进,经懋功、金汤、丹巴进取道孚、炉霍、甘孜,并相机占领康定地区。争取在这一地区进行休整补充,筹集粮秣、物资,尔后再伺机北上。

至4月上旬,红四方面军控制了东起丹巴,西至甘孜,南达瞻化、泰宁,北连草地的大片地区,南下红军由此转入了一个相对稳定的时期。

6月3日,朱德、张国焘、陈昌浩、徐向前致电各军首长,军委、总司令部、总政治部等组织仍恢复一、四方面军会合时的旧制。仍以朱德任军委主席,张国焘、周恩来、王稼祥为副主席,朱德兼任总司令,张国焘为总政委,陈昌浩任总政主任兼四方面军政委,刘伯承为总参谋长兼红大校长。决定成立方面军,以陕北红军为第一方面军,红二、六军团为第二方面军,第四、五、九、三十、三十一、三十二军为第四方面军。

这个电报成为组建红二方面军的重要原因,同时释放了张国焘即将放弃"第二中央"的信号。

6月6日,张国焘在炉霍召开的中央纵队(总部机关)活动分子大会上宣布取消他自立的"第二中央"。但他仍不愿承认中共中央的领导,提出中央职权由中共驻共产国际代表团暂时行使。

7月22日,中共中央致电朱德、张国焘、任弼时:"二、四方面军以迅速出至甘南为有利。待你们进至甘南适当地点时,即令一方面军与你们配合,南北夹击,消灭何柱国、毛炳文等部,取得三方面军的完全会合,开展西北伟大的局面。

……国际电台联络从6月起已畅通，望国焘兄将四方面军的情形及意见电告，以便转达国际。”[26]

7月27日，经中共中央批准组建了中共西北局，张国焘任书记，任弼时任副书记，朱德、刘伯承、贺龙、关向应、徐向前、陈昌浩、萧克、王震等20人为委员，统一领导红二、四方面军。这些电报加强了红一方面军与红二、四方面军的联系，促进了红四方面军北上，为三军大会师奠定了基础。

毛泽东等为张浩抬棺

在共产国际代表张浩的帮助下，中共中央不仅实现了从土地革命向抗日战争战略策略的转变，而且解决了张国焘的南下分裂，并促使其北上。因而，毛泽东对张浩的评价非常高。1942年，张浩在延安因病逝世，毛泽东为其题写了“忠心为国，虽死犹荣”的挽联，并亲自为之守灵、执绋、抬棺，以及给墓穴奠土。

★岷州会议与张国焘“西进”流产

在红二、四方面军进占甘肃南部，三大主力会师在即之时，恰逢两广事变平息，蒋介石急调胡宗南第一军由湖南北返，企图抢占西兰公路静宁、会宁、定西段，截断红军三个方面军的会合之路。

1936年9月2日，朱德、张国焘、任弼时致电张浩并转国际代表团、张闻天、毛泽东、周恩来、博古、彭德怀，提出三个方面军会聚西北后，战略方针有二：其一是“即以陕甘北、甘南、陕甘川边为根据（原文如此），争取民族革命统一战线的具体组成，首先赤化陕甘广大地区，尔后向川、豫、鄂发展”。其二是“因为客观情势的需要，经过准备时间，以主力转移到宁夏、甘、凉、肃、西宁地区，打通外蒙、新疆，奠定巩固后方，有依靠地向东南发展”。“关于战略方针的决定，我们认为须国际最后之决定。”[27]

9月13日，朱德与张国焘、陈昌浩致电毛泽东、周恩来，建议三个方面军协同作战，共同打击静宁、会宁之间的敌军，以期打通红二、四方面军与红一方面军的联系。

9 月 14 日，张浩、张闻天、周恩来、博古、毛泽东致电朱德、张国焘、任弼时，表示："国际来电同意占领宁夏及甘肃西部，我军占领宁夏地域后. 即可给我们以帮助。""为坚决执行国际指示，准备在两个月后占领宁夏"，要求"四方面军以主力立即占领隆德、静宁、会宁、通渭地区，控制西兰大道"，"以便十二月渡河夺取宁夏南部"。[28]

此时，从表面上看，中共中央领导人提出的这个意见，与朱、张的方案基本一致，所不同的是，朱、张提出的是要红一方面军、红四方面军共同占领西兰大道，而中共中央的意图则是由红四方面军占领西兰大道，以便到 12 月红一方面军主力渡过黄河占领宁夏北部，红四方面军夺取宁夏南部。稍后，毛泽东、周恩来等来电解释，如"一方面军主力南下作战，则定、盐、豫三城必被马敌夺去，于尔后向宁夏进攻不利"，并迭电催促朱德、张国焘等，要求四方面军宜在五天至七天内以主力出至隆德、静宁、会宁、定西大道，控制以界石铺为中心之有利基点，迟则界石铺通渭大道有被隔断之虞。

大敌当前，张国焘却不愿与强敌作战，反对中央北进静会地区的计划，主张渡黄河西进，并密令四方面军作好渡河西进的准备。朱德则坚决支持中央的战略建议，主张四方面军不要在甘南停留而径直跨过西兰公路去会合一方面军。但张国焘总想往西去，说"打日本不是简单的"。朱德笑他胆子太小了，说："四川军阀打仗是溜边的，碰上敌人绕弯弯，见到便宜往前抢。国焘同志你莫要溜边边呀！我们长征是要到抗日的前进阵地，红军要成为抗日先锋军、模范军。敌情在北面么，你老想向西去，当然打它不赢，只是跑得赢了！"[29]

9 月 16 日至 18 日，在岷州（今甘肃岷县）十里镇三十里铺一座西北风味的小四合院内，中共西北局举行了著名的岷州会议。会议在讨论《中共中央关于抗日救亡运动的新形势与民主共和国的决议》时，朱德把话题引到北进上，他说：中央的策略路线是正确的，它是随着形势的发展而发展的，我们要马上执行，并进行传达和教育，使大家对此都能有所理解。

岷州会议旧址

西北局在岷州开会前和会议期间，几次接到在陕北的中共中央来电谈四方面军行动问题，朱德多次找张国焘、陈昌浩等商量，力主按中央要求，迅速北上至隆德、静宁一线，实现与一方面军会合，但张国焘坚持主张西渡黄河进入甘肃西北部。朱德先说服了陈昌浩，他们一起做张国焘的工作，每天会后都争论到深夜。会议开到第三天，张国焘突然宣布辞职，住到岷江对岸的部队供给部去。朱德说："他不干，我干！"于是，找来作战参谋，挂起地图，着手制定北进行动方案。[30]当天晚上，张国焘又同意继续开会。与会的多数人赞成北上会合方案，即通过《通（渭）庄（浪）静（宁）会（宁）战役纲领》，决定趁胡宗南部尚未集中于静宁、会宁、通渭及定西大道之前抢先予以占领，以配合一方面军在运动中夹击敌人，争取与一方面军会师。19 日，四方面军总部下达了进军令。

命令下达后，张国焘凌晨 3 点多钟去找陈昌浩，企图说服陈昌浩支持他西进。他说了三点：(1)朱德、陈昌浩等无权改变他的计划；(2)命令是错误的，今天革命形势应该保存四方面军；(3)会合后一切都完了，要让我们交出兵权，开除我们党籍，军法从事。说到这里就痛哭起来。陈昌浩当即表示：(1)谁有权决定，要看是否符合中央要求，而你的决定是错误的；(2)必须去会合，会合后就有办法了，分裂对中国革命是不利的。我们是党员，错误要向中央承认，听候中央处理，哭是没有用的。谈到这里张国焘就走了。[31]

张国焘星夜急驰漳县盐井镇四方面军总指挥部，立即找徐向前、周纯全、李特、李先念等人谈话，利用他们还不了解岷州会议精神的机会，称北上是断送红军，坚持西进，并擅自命令部队停止北上，掉头西进。他说，我这个主席干不了啦，让昌浩干吧！接着又诉说了岷州会议上陈昌浩的意见得到多数人的支持，他的意见被否定的委屈。还说："我是不行了，到陕北准备坐监狱，开除党籍，四方面军的事情，中央会交给陈昌浩搞的。"[32]越说越激烈，甚至还掉了泪。徐向前当时从战役上考虑认为，在西兰通道地区与敌决战，红军占不到便宜。同时，三个方面军都向陕北集中，筹粮困难，不便久驻。所以他曾向朱德、张国焘提议派主力西渡黄河，策应一方面军西渡，共取宁夏。张国焘这么一哭述得到了徐向前等人的同情，大家不得不表示对于军事行动方针问题可以继续商量。张国焘指着地图鼓吹其西进计划。大家同意了他的意见。陈昌浩虽不同意张国焘的主张，但这时已有"取而代之"的嫌疑，就更不好反对了。

9 月 22 日，朱德接到张国焘从漳县发来的"坚决反对静会战役计划"、改部队北进为西进的电报后，一夜未眠。凌晨 3 时，与傅钟致电徐向前、周纯全转张国焘："国焘同志电悉，不胜诧异。为打通国际路线与全国红军大会合，似宜经静、会北进,忽闻兄等不加同意,深为可虑。”并告:“静会战役各方面军均表赞同,陕北与二方面军也在用全力策应,希勿失良机。党国幸甚。”他提议在漳县召开西北局会议,“续商大计”,并致电出席过岷州会议的西北局成员兼程赶到漳县开会,继续讨论行动计划问题。天亮后,朱德即骑马直奔漳县,一天内赶了120 里路。

23 日,中共中央西北局又在漳县召开了紧急扩大会议(即漳县会议)。会上,朱德说:“红四方面军和红一方面军会合,对整个形势是有利的。张国焘作为中共中央西北局书记,已签字同意北上计划,但未经中共中央西北局重新讨论,又马上改变计划,张国焘把自己同党对立起来了。能够和红一方面军会合为什么不会合? 执行西进计划是要受到重大损失的,我仍然坚持北上计划,我认为我坚持的意见是正确的。”[33]但是,会议在张国焘操控下否定了北上计划,决定四方面军西进。

部队继续西进洮州后,漳县会议的决定遭到了四方面军指战员的强烈反对,连红九军军长孙玉清这样的高级干部都愤愤地说:“天天向太阳落去的地方走!”不少人离队,消极抵抗。

萧克(左)和贺龙

据时任红三十一军军长的萧克回忆:“到洮州又开西北局会议,朱德说四方面军不应西进,而应向北进的理由。徐向前也说:‘鄂豫皖的老同志也不愿向西走了。’陈昌浩、傅钟、李卓然和我,都同意朱总的意见,一致要求北进。”[34]

这天晚上,徐向前从临洮返回洮州,向总部汇报,西进先头部队从老乡处了解到,现在黄河对岸已进入大雪封山季节,气候寒冷,道路难行,渡河计划难以实现。[35]张国焘说:“前面不通,可以绕道西行。”朱德劝他说:“是回头的时候了,不能一错再错。”

27 日,中央明令四方面军执行 18 日制定的静会战役计划。

28 日,西北局在洮州再次召开了会议,朱德、陈昌浩、徐向前等大多数人反对孤军西进,误失会合良机。这时加上中央来电明令禁止西进:“我一、四方面军合则力厚,分则力薄;合则宁夏、甘西均可占领,完成国际所示任务,分则两处均难占领,有事实上不能达到(完成)任务之危险。……四方面军仍宜依照朱、张、陈九月十八日之部署,迅从通渭、陇西线北上。”[36]

在西进渡河受阻，指战员强烈反对，中央明令禁止的情况下，张国焘不得不决定掉头北进。

张国焘后来在回忆录中谈到了他当时的思想情况："关于解决党内争端问题，多数认为我此时不能去陕北，应该集中力量，先执行西进的军事计划，然后再谈党内问题。对于这一点，我声明我主动地去陕北，足以表示内部团结的诚意，一俟西进计划顺利实现，我决这样做。我也说到共产国际已知道我们赞成抗日民族统一战线的新策略，又批准了我们的西进计划，两个中央对立的形势也已解除了，四方面军如果能在河西走廊立住脚，莫斯科仍会照原议支持我们，并不会将我们视作是反共产国际的分子。"[37]

西北局会议一致决定放弃西渡计划。16 时，朱德与张国焘、徐向前、陈昌浩致电毛泽东、周恩来、彭德怀和贺龙、任弼时、关向应、刘伯承："已遵照党中央指示停止西渡转向北进，先头一师十月四日可到通渭，八号到界石铺。"[38]

会后，中革军委发布《通（渭）庄（浪）静（宁）会（宁）战役计划》，指出：红四方面军应迅速进入通渭、庄浪、静宁、会宁、界石铺地区，争取迅速与红一方面军会合，相机消灭胡宗南的西进先头部队，巩固和扩大陕甘宁抗日根据地，争取抗日友军，以接通外蒙古、苏联为目的。[39]

9 月 29 日，毛泽东、周恩来回电："回师北上之电敬悉，各同志十分佩服与欣慰。"并告以一方面军将策应二、四方面军。[40] 至此，在朱德、陈昌浩、傅钟等同张国焘的艰苦斗争下，红一、二、四方面军在甘肃东部会师，总算成为定局。

★共产国际同意援助中国红军

1934 年 10 月，共产国际在与中共中央失去无线电联络后，十分挂念，经与中共驻共产国际代表团商量，遂派遣李立三前往中苏边境城市阿拉木图（今属哈萨克斯坦共和国），设法派人回国恢复与中共中央的通信联系。李立三受此任务后，即带领段子俊和一个搞无线电的波兰人赶往阿拉木图。李立三懂密电码的编制，他亲自编制了密电码，派出多批人员回国。

阎红彦

1935 年春，李立三选派了当时在苏联学军事的阎红彦回国。阎红彦因不知道中央红军的确切地址，从新疆回国后，经甘肃、宁夏、绥远、北平、西安，终于在年底找到了党中央。这时，张浩带着密电码，已先于他抵达瓦窑堡。此间，李立三又派出刘长胜带上密码本潜回国内，刘长胜经过一年多时间，于 1936 年春抵达陕北瓦窑堡，先后见到周恩来、毛泽东。

因此最先将密码带到中共中央的是张浩，这一密码也是李立三编制的。1936 年 1 月 16 日，张浩给张国焘的电文中说："我已带有密码与国际通电，兄如有电交国际，弟可代转。"不过，此时只是具备了与共产国际通电的可能，还缺一个硬件，就是大功率电台。

共产国际派到陕北送密码的刘长胜

共产国际与中共代表团在派出多批人员回国后，仍得不到中共中央的消息，他们分析判断，可能是由于中共中央没有大功率电台，于是又派出 7 人携带大功率电台回国。可惜一行人于 1936 年 4 月到陕西定边县安边镇时，被反动民团发现，经交战，6 人牺牲，1 人被捕，电台损失。

6 月，上海地下党将一台 100 多瓦的电台运抵陕北，中共中央才得以同莫斯科接上了通信联系。自 1934 年 10 月撤离中央苏区后，同共产国际中断已久的通信，终于恢复。中共中央书记处于 1936 年 6 月 26 日向中共驻共产国际代表团团长王明发出了第一号电报，电报长达 2000 多字，报告了国内形势、党和红军的情况。汇报红一方面军已结束长征，正在陕甘地区同张学良东北军、杨虎城西北军等建立抗日救国统一战线，欲成立西北国防政府，并提出希望共产国际提供财政援助和武器装备的援助。电文如下：

> 请您在共产国际了解一下，能否每月给我们 300 万元的援助，并开始在国外华侨和全世界工人当中募捐，我们对此寄予很大希望。
>
> 除财政问题外，军事问题也同样很重要，我们希望得到飞机、重炮、弹药、步枪、高射炮、浮桥……请了解一下，政治局势是否允许给我们提供援助和能提供多大程度的援助，我们等待您的答复。[41]

7 月 2 日，中共中央收到了中共驻共产国际代表团团长王明的回电："收到你们用李复之（林育英）带回的密码发长电的一、六、八、九、十、十一各点。"[42]

王明将这封电报上报给共产国际执委会后，季米特洛夫十分重视，随即将电报原文转呈斯大林。

8 月 25 日，洛浦、周恩来、博古、毛泽东等中共中央主要领导人致电王明，向共产国际请求帮助。电称："陕北甘北苏区人口稀少粮食十分困难，非多兵久驻之地，且北不出宁夏，东不出山西，亦无红军活动之余地，目前陕北苏区即已大为缩小，红军之财政粮食已达十分困难程度……为着避免与南京冲突，便利同国民党成立反日［统一战线］，靠近苏联，反对日本截断中苏关系的企图，为着保全现有根据地，红军主力必须占领甘肃西部宁夏绥远一带；依红军现时条件，如果不取得这一地带，则不可避免地要向现时位置之东南方面发展，如此：（甲）将被迫放弃现有陕甘宁苏区；（乙）红军发展方向不是与日本进攻方向迎头，而是相反方向，即不是抗日则是内战方向；（丙）日本帝国主义有利用此时机截断中苏关系的可能。"[43]

《季米特洛夫日记选编》封面

收到中共中央的求援电后，共产国际执委会立即予以积极的响应，季米特洛夫在日记中记载了 1936 年 9 月 7 日的有关活动："在克里姆林宫。讨论中国问题。建议：认为可以同意中国共产党人提出的计划草案（通过向宁夏和新疆运送武器支持中国红军等）。"[44]

9 月 8 日，卡冈诺维奇和莫洛托夫给斯大林的电报中，报告了中国工农红军计划发动一次战役打通到中蒙边界的苏联援助通道，具体是"在黄河封冻以后，第一方面军将于 1936 年 12 月前占领宁夏地区（距蒙古人民共和国南部边界 400 公里）；第四方面军将出动占领兰州，然后向肃州（甘肃省西部）推进"。对中共中央和中国红军给予武器装备、资金和人员方面的援助的请求，两人表示同意：

1. 同意中国红军的第一个行动方案，即：占领宁夏和甘肃西部。同时坚决地指出，不能允许红军再向新疆方向前进，因为这样做可能使红军脱离中国的主要区域。

2. 事先确定，在中国红军占领宁夏地区后，将给予大约 1.5 万到 2 万支步枪、8 门加农炮、10 门迫击炮和相应数量外国型号弹药的援助。

武器在 1936 年 12 月前集中在蒙古人民共和国南部边境，并通过著名的乌里茨基外国公司出售，同时准备运输工具把它们运到宁夏。请告您的意见。[45]

在取得了斯大林和苏联军方的承诺后，共产国际执委会迅速回电表示同意向红军提供军事援助，并批准了中共中央关于夺取宁夏和甘西的作战计划。

★打通国际通道与三大主力红军会师

红一、二、四方面军为何要齐聚陕北，在甘肃会宁地区会师？过去一般的史书并未交代，只简单提到壮大了革命力量，为抗日战争的前进出发阵地打下了坚实的基础。事实上，三大主力红军会师陕北，在一定程度上正是应中共中央打通国际通道、寻求共产国际和苏联武器装备援助的战略需要。

共产国际同意援助中国红军的来电，更加坚定了中共高层领导人发动一场大战役，拓展根据地的信心。

中共中央打通国际通道最早的方案，是打算联合东北军共同实施。1936 年 8 月 9 日中共中央给张学良的电报写道："乘蒋注意西南无力北顾之际，我们的整个计划须于八、九、十三个月完成其基本部分。"要求张学良派部队占领兰州。因占领兰州是整个计划的枢纽，其方法用东北军守城，红军二、四方面军攻击城外之毛炳文部，胜利后红军一部转向兰州黄河上游，给马步芳以打击，然后以一部取甘凉肃三州，一部取宁夏，配合东北军之一个军出绥远，抵御德王的进攻，树起抗日的旗帜。红军之另一部则在陕甘宁交界控制黄河东岸，并准备南下策应东北军主力抵御蒋之进攻。东北军以至少三个师好好地控制兰州，如此着成功，则可在当年秋天三个月内完成打通苏联的任务。"对甘凉肃的占领，最好使用东北军之一部，留出红军在外面用。"[46]

然而，张学良虽愿与红军联合行动，但因周边都是国民党军，蒋介石还不断督令他剿共，东北军行动受限，要公开配合红军行动显然不现实。因此，打通国际通道主要还得靠红军自己。

靠红军自己呢，仅靠陕北的红一方面军，实力不够，联合红二、四方面军便成必然的选择。

1936年8月10日,中央政治局召开会议,毛泽东在报告中指出:“红二、四方面军的北上对打通苏联,保卫苏区,统一红军领导,都有很大的意义,应极力地欢迎红二、四方面军,并使他们完全在中央领导之下。”[47]

9月14日,张浩、张闻天、周恩来、博古、毛泽东就占领宁夏的部署联名电告朱德、张国焘、任弼时:“国际来电同意占领宁夏及甘肃西部,我军占领宁夏地域后,即可给我们以帮助。……为坚决执行国际指示,准备在两个月后占领宁夏。”并对红一、二、四方面军的行动作了部署。

为防止张国焘率部提前渡黄河西进,毛泽东等在电报中特别叮嘱:“以上部署主要是四方面军控制西兰大道,不使胡宗南切断,并不使妨碍尔后一、四方面军夺取宁夏之行动……至于占领甘肃西部,候宁夏占领,取得国际帮助后,再分兵略取之。”[48]

但张国焘对让四方面军单独对胡宗南部作战感到不安,他对这一作战计划表示疑惑。

9月19日,针对张国焘的疑虑和欲西进攻甘西的倾向,毛泽东、周恩来、彭德怀专门就攻打宁夏问题作了回复:“打通国际,重点在宁夏,不在甘西。”因当时的宁夏地域广阔,面向陕、甘、青、绥、内外蒙古,比今天的宁夏回族自治区大很多,是整个西北之枢纽。

电报分析了攻宁夏的优点和可行性,认为我军只要能占领宁夏之乡村,靠近贺兰山,便可取得攻城武器,再行克城。外蒙古、宁夏间是草地,有许多汽车通行路,过去苏联就是从这些道路来接济冯玉祥的。邓小平同志亦亲从定远营汽车路走过。苏联从外蒙古接济,我们需先占领定远营。据宁夏同志云,宁夏因有贺兰山,气候比绥远、青海、陕甘北部及甘西较暖,且是产大米区域,在西北为最富。

电报特别针对冬装、粮食问题,要求:“红四方面军应先占领宁夏南部后,住几个月,待明年春暖再攻甘西。实行攻甘西,亦须得到苏联协助才能攻克甘、凉、肃三州等坚固城池。现盐池、定边可大批买布,我们在向张学良部借款,为你们制备一批衣服。从中卫到红水、永登,沿黄河西岸并不通过沙漠。”

关于攻宁夏的时机,“须待结冰期,这样可不用造船就过河。结冰从阳历12月开始,距今还有70天左右。此70天内,红四方面军占领静宁、通渭、会宁、靖远、海原、中宁及金积之一部,粮食不成问题。红一方面军则占领固原、灵武、同心城及金积之一部,准备12月初渡河”。

电报最后特别强调要团结协作，指出："夺取宁夏打通苏联，不论在红军发展上，在全国统一战线，在西北新局面上，在作战上，都是决定的一环。在当前一瞬间，则拒止胡军把一、四两方面军隔开，又是决定一环。时机迫促，稍纵即逝，千祈留意，至祷至盼。"[49]

岷州会议后，得知张国焘又坚持西进，甚至指挥红四方面军撤离通渭地区，张浩、张闻天、毛泽东等迭电红军总部，给张国焘做工作，并于26日致电任弼时、贺龙、刘伯承："请你们向国焘力争北上计划之有利，西进将被限制于青海一角，尔后行动困难，且妨碍宁夏计划。"[50]

10月3日，又出现了一个新的情况，四方面军刚刚制定的《通庄静会战役计划》不慎遗失，落入敌手。朱德、张国焘等急电中央及红二方面军："敌已恐明确我企图。因此目前整个行动方针：首先争取在靖远附近于结冰前渡河，尽量避免决战，万不得已时，可作部分的决战。"[51]

8日，蒋介石、张学良拟组织"通渭会战"，准备与红军决战。当天，张学良将该绝密军事计划通报给中共中央，并且提出红军佯攻兰州、抑留东北军于学忠部，以及集中兵力抗击胡宗南部等建议。根据张学良提供的情报和建议，中共中央及时通知了红二、四方面军，并调整了部署。

10月8日，红四方面军先头部队同红一方面军接应部队在会宁以东的青江驿、界石铺会合。10日，红军总部与红四方面军领导人抵达会宁，当晚红一、四方面军会师大会在会宁举行。

中共中央和中革军委针对蒋介石的"通渭会战"，于10月11日发布《十月份作战纲领》，决定提前实施宁夏战役。要求各方面军做好渡河和攻击宁夏的准备，从11月中旬起，以红一方面军的西方野战军全部和红四方面军的三个军，进攻宁夏；以红四方面军的另两个军、红二方面军全部和陕甘宁军区独四师，组成向南防御部队，必要时抽一部参加进攻宁夏。该计划要求至迟于11月10日前完成一切攻宁准备，并在10月内保持西兰大道于我手中。

鉴于张国焘的摇摆性，毛泽东还作了最坏的打算，准备万一红四方面军不愿渡河时，要单靠红一方面军单独渡河，执行宁夏战役计划。他于10月13日致电彭德怀："请按照十月作战纲领准备作出宁夏战役计划纲要，与朱、张面商后提出于军委。……一、二两师本月底须集中固原以北，以便全野战军集中训练，至少半个月，预先准备粮食。……充分注意个别同志之可能的动摇性。准备在无别部参加时，野战军单独执行冰期计划。"[52]

10月18日，共产国际来电告诉中共中央，苏联方面将提供给红军300辆卡车，550~600吨重的军事物资。但这些卡车不能越过外蒙古边境深入到100公里以外的地方，否则就等于对中国的侵略。红军必须设法制服绥远德王及其他军阀可能的骚扰，保证这些汽车不会受到空军的袭击，并能够派出足够的部队来接收货物。[53]半个月前，共产国际已电告中共中央：苏联只能从外蒙古方向为红军提供援助，红军必须夺取绥远定远营，前伸至外蒙古边境接取物资。虽然有新增加的这些难题要克服，也没有红军希望的飞机、大炮，但能有300辆卡车装载的600吨左右武器弹药装备，这对缺枪少弹的红军来说，也是一个相当可观的数字了。因此，中共中央仍下决心实施宁夏战役计划。

10月16日，朱德、张国焘致电彭德怀、贺龙、任弼时、关向应并报毛泽东、周恩来，根据《十月份作战纲领》，对全军作出具体行动部署，要求红四方面军"三十军渡河成功后，九军即速跟进"。10月18日，朱德、张国焘电告毛泽东、周恩来："三十军电谓：二十日晚即可偷渡。"19日，毛、周复电："三十军渡河，以至少备足十只船开始渡为宜"，"二十日渡河问题是否推迟数日，请依具体情况斟酌。"[54]

蒋介石于10月22日赶到西安督战，调集近20个师的兵力，驱赶东北军内战，从东、西、南三个方向，沿兰州、陇西、秦安、固原弧形地带，向红军展开全线猛攻。到23日，国民党军占据了华家堡、会宁、通渭、静宁、界石铺等地，西兰大道丢失。

朱德、张国焘于23日下令四方面军之三十军立即渡河，九军跟进。24日晚，三十军渡河成功。25日，九军跟进。接着，四方面军前线指挥部也于26日过河。

★从共产国际报告看红军长征结束时的兵力

三大主力红军会师，标志着长征胜利结束。长征完成了一次伟大的战略转移，为人民军队保存了武装力量。那么，长征结束时，红军究竟还有多少人？这个数字，有必要用史实说话。

红一方面军长征结束时的人数：

单说红一方面军长征结束时的人数，容易产生歧义，有必要分为：红一方面军单独结束长征时的人数（即陕甘支队结束长征）和三大主力红军会师时的人数。

红一方面军结束长征时的人数是多少？据毛泽东 1935 年 12 月 17 日给彭德怀《同意夺取甘泉宜川》的电报,其中写道:“棉衣送前方者 3700 套,收到否？全部收到,请查复。尚差 2400 套,前后方分任解决,前方 1000,后方 1400,因后方尚须解决新战士衣服。”[55]这是距离陕甘支队 10 月 19 日到达吴起结束长征、11 月 3 日同红十五军团重组为红一方面军时间较近的一份史料。

从电文中的棉衣数分析,此时红一军团约 6100 人。这一数字同新中国成立后萧华写的诗中提到哈达铺整编红军存 6000 人相吻合,诗中写道:“红军越岷山,哈达大整编。万里云和月,精兵存六千。”

有人也许会说,张国焘分裂事件发生后,红一方面军在左路军中不是还留下了红五、红九两个军团吗？不错。但此时五、九两个军团人数并不多,合计不超过 5000 人。前文已述,李德在《中国纪事》中提到第五军团和第九军团这时各有兵力 2000 至 3000 人,四方面军分给红三军团大约 1500 人作为补充。[56]此外,据徐向前回忆,抽调四个团给一方面军,后经中央同意抽了三个建制团过去,即四军三十二团,1100 人;三十军二七〇团,1600 人;三十三军二九四团,1100 人,共 3800 人。[57]这样,共计 5300 人到红一方面军,这一人数与五、九军团人数大体抵消。

中共中央书记处于 1936 年 6 月 26 日在致中共驻共产国际代表团的第一号电报中谈到,“陕甘红军,总数 2.5 万人”。[58]

三大主力红军会师前夕,1936 年 8 月 28 日《军委参谋部关于西北地区敌情及红军情况致共产国际电》,有一份详细的统计:

> (1)红一军团 8000;(2)红十五军团 6000;(3)各直属部队,红二十八军 1400,二十九军 1200,三十军 1300,八十一师 700,第一独立师 500 人,2 个步兵独立团共 800 人,1 个骑兵团 400 人,一个山炮连 150 人,通信、警卫部队 800 人,总计约 7200 人。以上正规红军三项,共 21000 人。(4)地方部队:总计 6000 余人。[59]

陕南陈先瑞七十四师及游击队 2000 余人,未计入总数。

总数内含:在苏区内扩红 1 万人(地方部队在内),东征在山西扩红 8000 人,西征扩红 1000 余人,俘虏兵争取 3000 人。另有红大学员 800 多人。

这个数字,可以同李德就红一方面军东征问题给毛泽东等的信作一比较印证,李德在信中主张慎重考虑敌我力量对比,因为“我们有一万三千人,其中二分之一是新战士和三千新的俘虏军”,“敌人阎锡山一个就有八万人”。

李德在《中国纪事》一书中对红军东征前的兵力提供了详细的说明:陕北红军的实有兵力统计数字是1.6万至1.9万人,其中一方面军5000至6000人,十五军团7000至8000人,独立部队和地方部队4000至5000人。[60]1936年,周恩来告诉埃德加·斯诺的数字有些不同,按他的说法,一方面军7000人,十五军团包括刘志丹的独立部队1万人,徐海东的红二十五军3000人,共计2万人。对总数的估计差别不大,但各个部队的数字有些出入,原因是部队在很短的时期内连续进行了两次改编。

考虑到军委向共产国际报告人数时,已经历了东征、西征,争取了一批俘虏和大批扩红,离三大主力红军会师的时间仅一个半月。因此,根据这一电文,我们不难得出结论,红一方面军此时的正规部队加地方部队约为2.9万人。

红四方面军人数:

据张国焘于1936年9月11日,就红二、四方面军实力及活动地区致张浩转共产国际和中央领导人电,红四方面军共25个团,红二方面军共12个团,到甘南后,已扩红3000余。[61]显然红四方面军经过三过草地和一系列征战后,人员损失不小,但该电文没有具体数字,此前的9月1日《朱张致党中央及军委电》中,有红四方面军兵力如下:四军5700人,五军4600人,九军9600人,卅军8000人,卅一军5000人,方面军直属队5000人,总直属队4664人,共计42564人。[62]

10月16日,毛泽东关于与二、四方面军开会问题致彭德怀电,其中提到“四方面军据朱电有四万”。[63]

红二方面军人数:

据任弼时7月6日向中央汇报的电报称:“这次远征,计费时7个多月,行军1万余里,沿途大小战斗10余次,伤亡约5300人。出发时两个军共1.7万人,到甘孜会合时为1.45万人,二军9000人,六军5300人。”[64]

即长征出发时为1.7万人,过草地前为1.45万人。

长征结束前夕,贺龙于1936年9月28日在关于红二方面军目前状况致毛泽东、周恩来、彭德怀电中,详述了当前编制和人数:

在甘孜时决编成二方面军,将三十二军编入。因三十二军全部仅 1300 余人,故二军之第五师编入三十二军,现二军共 6500 余人,六军 4000 余人,三十二军 2800 余人,二方面军共 1.33 万余人。二军为 6 个团,六军 4 个团,三十二军 5 个团,各团均不充实,小的团四五百人,大的团七八百人。因部队分散,统计未清,精确数字以后再告。目前正加紧扩红突击,拟在两月内扩大 2 万人。[65]

李德《中国纪事》一书中记载:“根据官方的统计,1936 年夏,当他们通过四方面军的参谋部与保安进行无线电联系的时候,还有一万五千至二万人。周恩来认为,一万五千人比较接近事实。”[66]

李德写长征结束时,“他们平安地到达了甘肃东南边界,但在向北继续进军的途中,与常驻那里的‘三马’的五六个师以及正在向我一方面军进军的胡宗南的军队进行了多次交战,遭受了严重的损失……据当时内部估计,红二方面军的兵力是一万至一万二千人。”[67]

李德的估算与贺龙、任弼时的报告基本一致。

综上所述,1936 年 10 月三大主力红军会师、长征结束时,合计红一、二、四方面军的红军部队,共有 7.5 万余人。

---

[1] [德]奥托・布劳恩:《中国纪事》,现代史料编刊社 1980 年 12 月版,第 105 页。

[2] [德]奥托・布劳恩:《中国纪事》,现代史料编刊社 1980 年 12 月版,第 124 页。

[3] 中共中央文献研究室:《毛泽东年谱(1893—1949)》,人民出版社、中央文献出版社 1993 年 12 月版,第 477 页。

[4] 中共中央文献研究室:《毛泽东年谱(1893—1949)》,人民出版社、中央文献出版社 1993 年 12 月版,第 478 页。

[5] 中国人民解放军历史资料丛书编审委员会:《红军长征・文献》,解放军出版社 1995 年 5 月版,第 240 页。

[6] 中国人民解放军历史资料丛书编审委员会:《红军长征・文献》,解放军出版社 1995 年 5 月版,第 321 页。

[7] 中国人民解放军历史资料丛书编审委员会:《红军长征・文献》,解放军出版社 1995 年 5 月版,第 511 页。

[8] 中国人民解放军历史资料丛书编审委员会:《红军长征·文献》,解放军出版社 1995 年 5 月版,第 517 页。
[9] 中国人民解放军历史资料丛书编审委员会:《红军长征·文献》,解放军出版社 1995 年 5 月版,第 537 页。
[10] 张国焘:《我的回忆》,东方出版社 2004 年 3 月版,第 435 页。
[11] 中国人民解放军历史资料丛书编审委员会:《红军长征·文献》,解放军出版社 1995 年 5 月版,第 607 页。
[12] 中共中央文献研究室:《毛泽东年谱(1893—1949)》,人民出版社、中央文献出版社 1993 年 12 月版,第 504 页。
[13] 中共中央文献研究室:《毛泽东年谱(1893—1949)》,人民出版社、中央文献出版社 1993 年 12 月版,第 513 页。
[14] 中共中央文献研究室:《毛泽东年谱(1893—1949)》,人民出版社、中央文献出版社 1993 年 12 月版,第 482 页。
[15]《毛泽东军事文选》第一卷,军事科学出版社、中央文献出版社 1993 年 12 月版,第 408 页。
[16] 中共中央文献研究室:《毛泽东年谱(1893—1949)》,人民出版社、中央文献出版社 1993 年 12 月版,第 541 页。
[17] [德]奥托·布劳恩:《中国纪事》,现代史料编刊社 1980 年 12 月版,第 207 页。
[18]《在历史的激流中——刘英回忆录》,中共党史出版社 1992 年 9 月版,第 91 页。
[19] 中国工农红军第四方面军战史编辑委员会:《中国工农红军第四方面军战史资料选编》(长征时期),解放军出版社 1992 年 8 月版,第 321 页。
[20] 中共中央文献研究室:《朱德年谱(1886—1976)》新编本(上),中央文献出版社 2006 年 11 月版,第 556 页。
[21]《徐向前回忆录》,解放军出版社 2007 年 8 月版,第 353 页。
[22] 中共中央文献研究室:《朱德年谱(1886—1976)》新编本(上),中央文献出版社 2006 年 11 月版,第 556 页。
[23] 中共中央文献研究室:《朱德年谱(1886—1976)》新编本(上),中央文献出版社 2006 年 11 月版,第 556 页。
[24] 张国焘:《我的回忆》,东方出版社 2004 年 3 月版,第 445 页。
[25] 中共中央文献研究室:《朱德年谱(1886—1976)》新编本(上),中央文献出版社 2006 年 11 月版,第 558 页。
[26] 中国人民解放军历史资料丛书编审委员会:《红军长征·文献》,解放军出版社 1995 年 5 月版,第 1084 页。
[27] 中国人民解放军历史资料丛书编审委员会:《红军长征·文献》,解放军出版社 1995 年 5 月版,第 1309 页。

［28］中国人民解放军历史资料丛书编审委员会：《红军长征·文献》，解放军出版社 1995 年 5 月版，第 1125 页。
［29］中共中央文献研究室：《朱德年谱（1886—1976）》新编本（上），中央文献出版社 2006 年 11 月版，第 581 页。
［30］中共中央文献研究室：《朱德年谱（1886—1976）》新编本（上），中央文献出版社 2006 年 11 月版，第 583 页。
［31］“陈昌浩与张国焘关于北上和西进的争论”，录自《中国工农红军第四方面军战史资料选编》（长征时期），解放军出版社 1992 年 8 月版。
［32］《徐向前回忆录》，解放军出版社 1984 年 7 月版，第 491 页。
［33］中共中央文献研究室：《朱德年谱（1886—1976）》新编本（上），中央文献出版社 2006 年 11 月版，第 154－155 页。
［34］《萧克回忆录》，解放军出版社 1997 年版，第 242 页。
［35］《徐向前回忆录》，解放军出版社 1984 年 7 月版，第 499 页。
［36］中国人民解放军历史资料丛书编审委员会：《红军长征·文献》，解放军出版社 1995 年 5 月版，第 1154 页。
［37］张国焘：《我的回忆》，东方出版社 2004 年 3 月版，第 455 页。
［38］中国人民解放军历史资料丛书编审委员会：《红军长征·文献》，解放军出版社 1995 年 5 月版，第 1158 页。
［39］中国人民解放军历史资料丛书编审委员会：《红军长征·文献》，解放军出版社 1995 年 5 月版，第 1161 页。
［40］中国工农红军第四方面军战史编辑委员会：《中国工农红军第四方面军战史资料选编》（长征时期），解放军出版社 1992 年 8 月版，第 740 页。
［41］中共中央党史研究室第一研究部译：《联共（布）、共产国际与中国苏维埃运动（1931—1937）》15，中共党史出版社 2007 年 9 月版，第 226—227 页。
［42］李思慎：《李立三与 20 世纪 30 年代的中共无线电通讯》，《百年潮》2014 年第 10 期。
［43］《洛甫、恩来、博古、泽东关于红军行动方针问题给王明同志电》（1936 年 8 月 25 日），转引自杨奎松：《中国近代通史》第 8 卷，第 457—458 页。
［44］《季米特洛夫日记选编》，广西师范大学出版社 2002 年 10 月版，第 46 页。
［45］中共中央党史研究室第一研究部译：《联共（布）、共产国际与中国苏维埃运动（1931—1937）》15 卷，中共党史出版社 2007 年 9 月版，第 252 页。
［46］阮家新：《破解西安事变之谜的重大发现》，《军事历史研究》2014 年第 1 期。
［47］《毛泽东年谱（1893—1949）》，人民出版社、中央文献出版社 1993 年 12 月版，第 567 页。
［48］《中共中央领导人关于占领宁夏的部署致朱德、张国焘、任弼时电》（1936 年 9 月 14 日），中国人民解放军历史资料丛书编审委员会：《红军长征·文献》，解放军出版社 1995

年5月版，第1124—1125页。
[49] 中国人民解放军历史资料丛书编审委员会：《红军长征·文献》，解放军出版社1995年5月版，第1134—1135页。
[50] 中国工农红军第四方面军战史编辑委员会：《中国工农红军第四方面军战史资料选编》（长征时期），解放军出版社1992年8月版，第725页。
[51] 中国人民解放军历史资料丛书编审委员会：《红军长征·文献》，解放军出版社1995年5月版，第1170页。
[52] 中共中央文献研究室：《毛泽东年谱（1893—1949）》，人民出版社、中央文献出版社1993年12月版，第646—647页。
[53]《苏联大规模援助中共红军的一次尝试》，见杨奎松：《读史求实：中国现代史读史札记》，浙江大学出版社2011年11月版。
[54]《中国工农红军第四方面军战史》，解放军出版社1989年10月版，第372页。
[55]《毛泽东军事文选》第一卷，军事科学出版社、中央文献出版社1993年12月版，第411页。
[56] [德]奥托·布劳恩：《中国纪事》，现代史料编刊社1980年12月版，第171页。
[57]《徐向前回忆录》，解放军出版社2007年8月版，第319页。
[58] 见季米特洛夫给斯大林的信，1936年7月于莫斯科，绝密。中共中央党史研究室第一研究部译：《联共（布）、共产国际与中国苏维埃运动（1931—1937）》第15卷，中共党史出版社2007年9月版，第223页。
[59] 中国人民解放军历史资料丛书编审委员会：《红军长征·文献》，解放军出版社1995年5月版，第1098—1104页。
[60] [德]奥托·布劳恩：《中国纪事》，现代史料编刊社1980年12月版，第202页。
[61] 中国人民解放军历史资料丛书编审委员会：《红军长征·文献》，解放军出版社1995年5月版，第1120页。
[62] 杨奎松：《西安事变新探：张学良与中共关系之谜》，山西人民出版社2012年2月版，第218页。
[63]《中国工农红军第四方面军战史资料选编（长征时期）》，解放军出版社1992年8月版，第114页。
[64] 中国人民解放军历史资料丛书编审委员会：《红军长征·文献》，解放军出版社1995年5月版，第1153页。
[65] 中国人民解放军历史资料丛书编审委员会：《红军长征·文献》，解放军出版社1995年5月版，第1164页。
[66] [德]奥托·布劳恩：《中国纪事》，现代史料编刊社1980年12月版，第239页。
[67] [德]奥托·布劳恩：《中国纪事》，现代史料编刊社1980年12月版，第241页。

第六章

共产国际与长征后的西路军征战

★向北打通国际通道的宁夏战役失利

★共产国际改变了援助中国红军的方向

★共产国际关心西路军进程

★共产国际对西路军失败的影响

★共产国际停止了援助?

★认识西路军问题应站在历史唯物主义的立场上

★共产国际派陈云等援接西路军余部

★共产国际援助“新兵营”办成现代化的军校

西路军的失利，在中国革命史上实属罕见，是我军军史上一个令人扼腕的悲壮事件。长期以来，关于西路军的失利原因，一直存在着尖锐对立的两派观点，一派认为西路军的失败是张国焘右倾逃跑主义的产物，一派则持所谓"借刀杀人"的阴谋论。但这两派都忽视了一点，历史往往是合力使然。在这诸多合力中，共产国际是举足轻重的一大因素。共产国际对于西路军的形成、失败以及营救，都有着至关重要的影响。

★向北打通国际通道的宁夏战役失利

红四方面军总指挥徐向前、政治委员陈昌浩率领的红五军、红九军、红三十军共 21800 人于 1936 年 10 月 25 日，从甘肃省靖远县河包口（虎豹口）西渡黄河，向河西走廊进发，执行打通国际路线、建立河西走廊根据地的战斗任务。西路军西征，是在中央打通国际通道的战略需求，也是在中央的战略部署下才启动的，自然一开始也得到了毛泽东、彭德怀等人的支持。

西路军过黄河的甘肃靖远县虎豹口渡口

早在此前的 9 月 9 日，朱德、张国焘就加紧西渡黄河准备等问题致电徐向前、陈昌浩、周纯全,提出:“一方[面]军来电主张过黄河,在西宁、宁夏、甘凉地区发展,不得已时才向川、陕、鄂、豫区发展。他们对南京亦在进行外交。……估计目前情况,我一、二、四方[面]军应以两个军渡黄河为宜,一个军尽量在黄河右岸活动,现在须立即准备。”[1]

彭德怀在10月25日致电毛泽东,报告关于红三十军渡河后三个方面军的作战部署:“三十军昨晚渡河已得手,本日黄昏前可渡毕,第九军继续。估计蒋敌在我军既已渡河,集中兰州一部占永登,可能一部仍向郭城驿、靖远追击前进。……已提出部署意见如下:1. 四方面军主力以三个军渡河,两个军抗击会宁之敌。”[2]

毛泽东在10月26日致电彭德怀提醒:“国焘有出凉州不愿出宁夏之意,望注意。”同时,也肯定过河后占永登是对的,“三十军占领永登是对的。九军必须占定远营,这是接物攻宁的战略枢纽,不应以一方面军去占,不便利,又失时机”。[3]

然而,由于敌我力量悬殊,中革军委制定的《十月份作战纲领》刚开始实施,便因作战失利而被迫临时改变。国民党军260个团从东、南、西三个方向扑来。很快,西兰大道被敌军控制。正在渡河的红四方面军在胡宗南部的急速推进下被拦腰截断,被切割成河西和河东两部分,过河的三个军21800余人留在了河西,另两个军以及红一、红二方面军5万余人则被截在了河东。宁夏战役计划被迫终止。

11月5日,朱德、张国焘致电徐向前、陈昌浩,称过河西征的四方面军为河西纵队;8日,中革军委才将其称为西路军;11日,中央正式命令成立西路军军政委员会。

11月23日,西路军军政委员会在告指战员书中,动员全体将士,肩负起“在西北创造巩固的抗日根据地的光荣历史责任”,创造根据地的条件十分有利,“围绕我们的抗日力量,有雄厚无比的苏联、外蒙共和国,我们背靠新疆,接通苏联,均能给中国的抗日战争以国际的援助”。[4]广大指战员备受鼓舞,士气高涨地踏上西征征途。

★共产国际改变了援助中国红军的方向

1936年10月30日,中革军委向共产国际书记处报告了红军渡河作战失利的情况。

几天后，共产国际鉴于向中共提供军事援助的蒙古方案无法实现，红军很难突破到蒙古边界，来电表示从外蒙古援助的办法作废，苏方将改由苏联方向经新疆提供帮助，这次可以将援助物资增加一倍，请红军改由甘肃河西走廊去新疆哈密接运军用物资。

共产国际为何要变更援助中国红军的方向？这样做主要是担心可能引起日本与苏联之间的冲突。10 月，关东军制定了侵绥计划，绥远抗战即将爆发。从国际关系看，当时苏联想拉住蒋介石政府和英、美一起反法西斯，从宁夏方向对中国红军进行援助，可能会影响苏联的国际关系。[5]站在苏联视角思考，就会出现李德在红一方面军东征前夕给中共中央信中的看法，即："中国红军向蒙古人民共和国边境进军，将损害苏联的和平政策，客观上会成为日本侵犯蒙古人民共和国的借口。"[6]而这显然是共产国际所不愿看到的。

突然变更战略方向，令中共中央十分震惊，但毕竟是求人帮助，无奈之际，只好复电陈述这一变动将导致的严重困难："从哈密输送货物的办法对于我们主力红军已无用处，这个改变已经迟了。已渡河的红军约两万一千人，可令其向哈密方向前进，但通过五千余里路程，战胜这一带敌人与堡垒，需要许多时间，至少也是明年夏天的事情。并且除非你们用汽车送到安西，要红军到哈密去接是不可能的。因为哈密、安西之间是一千五百里无人烟的沙漠。"[7]中共中央已经意识到这五千里西征之路十分艰险，但是打通国际、取得武器装备对于红军的生存和发展，实在太重要了，西路军只能继续向西，执行打通国际的使命。

11 月 19 日，张浩、朱德、张国焘、周恩来等联名致电西路军领导人："你们任务应在永昌、甘州、凉州民勤地区创立根据地，以一部向古浪、土门方向活动，在有利条件下，消灭由古浪来敌，大部对付向凉州、永昌前进之敌，同时以一部夺取甘州、肃州至安西一带地区，并可以一部在民勤活动，迷惑敌人，使敌人疑我西路军有由民勤经定远营配合陕甘主力企图。"并告知："远方对于经哈密接济你方，已原则上同意，物资、经济均可接济，正设法解决交通运输，拟技术手续（原文如此）。大约以明年开春后可望大批接济，现正急谋小部接济，大的于我占领安西后即可实现。"[8]

中共中央于 12 月 1 日电告共产国际：西路军已达甘州地区，正派一部向肃州、安西前进，本月或至迟明年 1 月即可到达安西，"你们政治上物质上援助务请迅速决定，告知我们"。[9]

★共产国际关心西路军的西征进程

打通国际通道,既是中共中央壮大红军力量、发展革命事业的迫切愿望,也是共产国际援助中国革命的必然选择。时任共产国际执委会总书记的季米特洛夫热忱地帮助中国红军落实军事援助问题。今天从季米特洛夫日记中可以找到共产国际援助中国红军的一些具体记录。

从这些记载来看,共产国际对中国红军的援助是实实在在的,具体的操作阶段也很细致。在西路军渡过黄河之初,他们就曾派人试图来援接中国工农红军,今天我们从一封电报《准备放弃一条山、五佛寺》中可以看到一斑:"到我处之外人确系红军,自称带900骆驼驮送货给中国红军,现已被马敌截去。"这封电报是1936年11月6日徐向前、陈昌浩发给朱德、张国焘的。电报中的"外人",即指苏联和共产国际派来联络的人。令人扼腕的是,共产国际派人送来的骆驼及物资全部落入了马家军手中。要是这些物资到达西路军手中的话,能征善战的红四方面军,无疑将实力大增,恐怕就可以一路向西,横扫马家军。要知道,西路军于1937年1月初攻克高台、临泽后,正是因为总供给部驮弹药物资的100多匹骆驼被马家军劫走,才陷入没有粮弹的险恶处境,被迫用石块、大刀与马家军骑兵日夜拼杀,最终兵败。试想:西路军要是得到了900骆驼物资的话,会怎么样? 也许历史就会改写了。

当中共中央电告西路军成立并向西进发后,共产国际就一直关注着西路军的进程。执委会总书记季米特洛夫亲自指导对中国红军的援助事务。

季米特洛夫日记记载着若干具体援助活动:

> 1936年12月2日
>
> 收到政治局今天作出的决定。
>
> 1166吨箱装货物(这里指向中共提供的援助)。
>
> 由外贸人民委员会负责提供卡车、燃料、弹药等。
>
> 已给财政人民委员会发电报,在拨出200万卢布之外,再提供:50万美元,5000卢布(其中15万美元已用于订购外国制式的飞机)。
>
> 484名相关专业的军人(驾驶员、技术员、指挥员)将进入新疆政府服役。
>
> 远征队队长为莫云科夫大校。[10]

由此可见，共产国际援助中国红军的武器装备的确增加了一倍，并且派了近500人进入新疆专事援助工作，只等西路军前来取货。

为了援接西路军，中共驻共产国际代表团决定组织一个既代表共产国际又代表中共中央的代表团，前往新疆将援助物资交给红军西路军部队。正在莫斯科向共产国际汇报的陈云被任命为代表团团长，滕代远任副团长，团员有李春田、冯铉（即何晓理）、段子俊。冯铉为翻译，段子俊负责电台，李春田管译电。代表团出发前，季米特洛夫特设家宴招待他们，并问他们有什么困难，需要点什么。他们提出西路军进新疆后缺少弹药、武器。于是季米特洛夫通过联共中央领导，答应送给他们90辆坦克和90门大炮。他们非常高兴，心想这回接到西路军后可以搞开一个局面了。12月8日，陈云和滕代远率代表团一行五人从莫斯科出发，坐火车一直到哈萨克苏维埃社会主义自治共和国的首都阿拉木图，脱下西装，换上苏联军队的棉袄，秘密到了中苏边境的苏联一方的霍尔果斯。在那里，他们看到了苏联当局准备供给西路军的坦克、大炮和其他武器弹药。

没想到几天后，西安事变爆发，由于苏共中央认为事变有日本方面的背景，故改变原来的允诺。中共驻共产国际代表团电示陈云停在边境，等候指示。陈云、滕代远等五人被安排住在苏联边防军一个营长家里。有时，他们想看电影，经提出后，能坐好几百人的电影院只给他们五人用，怕别人遇见他们。想出去打打猎，森林里连个鸟都没有。就这样，他们在边境等待，没想到这一等就是四个月。

★共产国际对西路军失败的影响

关于西路军失利的原因，我们认为是合力的结果。

这里，先抛开主观因素，不难发现，导致西路军西征失利的客观因素有很多。仅从地理环境来看，西路军征战的河西走廊是高寒地区，11月份已天寒地冻，滴水成冰，气温降至零下二三十摄氏度。西路军在渡黄河西征前夕，刚刚经历了长征，尚未恢复体力，就踏上了西征征程。对缺衣少食的西路军来说，险恶的自然环境确实是很大的敌人。

甘肃西部南有海拔3至5千米的祁连山，北有北山和沙漠、戈壁滩，中间为一条狭长的走廊，回旋余地很小。这里的山，几乎都是慢坡，方便骑兵一路冲上山顶，西路军经浴血奋战夺取的山头，往往经不起马家军骑兵的冲击。红九军守古浪损兵过半，元气大损，很大程度上就是这种地形使然。河西走廊堡寨林立，每一个堡寨几乎相当于一个小堡垒。对马家军来说，红军因无重武器，无法轰开其厚厚的墙壁，所以易守难攻；然而，红军付出很大代价攻下的堡寨，却因不得不分兵把守，易被各个击破。而且，马家军有蒋介石派来的飞机、大炮助阵，能炸开堡寨墙壁，然后马家军可骑着马冲入，势不可挡。这是西路军在永昌四十里堡以及张掖倪家营子等地屡受重创的主要原因之一。

敌我力量悬殊也是一个客观原因。西路军一路征战，消灭了马家军 2 万余人。然而，马步芳、马步青则有包括 7 个骑兵旅和炮团在内的正规军 3 万余人，民团 10 万余人，还有空军第 15 大队。马家军不但剽悍顽劣，而且粮弹兵源供给不乏，骑兵多，运动快，熟悉地形，能边打边补充，无后顾之忧。西路军有 21800 人，但人地生疏，粮弹无继，孤军奋战，人员有损无补，使得西路军虎落平阳被犬欺，最终兵败。

马步芳(左)与马步青

关于西路军失利的主观因素，过去的专著、文章论及不少，这里不再赘述，只侧重从共产国际因素加以分析。

除前文所述，共产国际把援助中国红军的方向从宁夏变为新疆，给西路军带来很大困难以外，“不得靠近新疆”也是一个严重的制约因素。

季米特洛夫在 1936 年 9 月 11 日的日记中写道：“确定对中国问题的决定：……明确指出中国红军不得继续向新疆方向推进，否则红军便有可能脱离中国的主要地区。”

11 月 23 日，张闻天、毛泽东电告西路军：“远方来电正讨论帮助你们，但坚决反对退入新疆。……着重在凉州、永昌之间，各个消灭马部，西面仅以五军占领之。”这封电令其实是重申共产国际“不得继续向新疆方向推进”的指令。

让西路军向新疆方向进军，却又不得继续向新疆方向推进，这个自相矛盾的命令，无疑是给西路军的一个紧箍咒。

此时，西路军已经占领永昌，19 日上报中央，准备以主力在凉、甘（即今武威、张掖）之间发展，同时派一部西出肃州、安西（今瓜州）。“请转远方迅速准备物资，最好能早与我们接通，并送一批子弹，按时接济。”[11]

11月21日、24日西路军给中央致电痛陈迅速西进的必要性和滞留河西走廊的危险性:“据我们现有实力,各军子弹平均只三排到四排,五军每人只两排,各军机枪子弹甚少,炸弹消耗甚多,存者无几。……群众斗争不易发动,扩红筹资较难。……五军全部约十二月五日前可到安西。国际接济最好先期或按时到达,无论如何皮衣、子弹速来。……如取到接济,可以回击甘、凉,便合力配合主力行动。……我们现无能集优势兵力,弹药太少,难在甘东地区灭敌。”[12]

然而,除了11月23日中央给西路军“坚决反对退入新疆”的电令之外,11月26日中央又给西路军总部致电:“远方接济,三个月内不要依靠。目前全靠自己团结奋斗,打开局面。”[13]估计这也同样是执行共产国际的电令。

12月23日西路军领导人电告中央时,即希望“促新疆以抗日名义至少出六个团,并带货物。一直进到甘州,以维持后方及远方交通”。[14]

然而到1937年1月8日,中央致电西路军:“依现时敌情、地理、经济、粮食、气候条件,西路军须全部集结临、高地带,执行上述任务,并求休补,现勿分兵去安西。”[15]不难看出,其中仍有共产国际“不得继续向新疆方向推进”指令的影子。

徐向前后来在回忆录中感慨地说:“西路军过了黄河,如果不在一条山蹲那么久,不在永昌、山丹搞根据地,照直往西走,扣住嘉峪关,把玉门、安西、敦煌一守,接通了新疆,形势会大不一样的。一是有饭吃,不挨饿;二是有衣穿,不挨冻;三是有枪炮、弹药补充,有广阔回旋余地。说实在话,西路军只要有个炮兵团,马家军再增加一倍,都不够我们打的。西路军先打到西边,取得补充,立住脚跟,再往回打,是不至于失败的,至少也不会败得那样惨。”[16]

西路军为何不得继续向新疆方向推进?为何共产国际没有派人从新疆将援助物资送至安西?或者为何不派出飞机向西路军投送急需的弹药、粮食、衣服?当时,新疆是在盛世才的统治之下,盛世才奉行“反帝、亲苏、民平(民族平等)、清廉、和平、建设”六大政策,得到了苏联的大力扶持才成为“新疆王”的。显然,苏联担心红军西进会影响盛世才在新疆的统治,继而影响到苏联的利益,还将影响到未来苏联与蒋介石政府的合作关系。当时作为新疆与甘肃交界处的星星峡驻扎的盛世才部队属于边防军,无论是盛世才还是蒋介石都将星星峡作为一个特殊的边界,双方均不愿越雷池半步。一旦越界就意味着战事爆发。后来,西路军余部进入新疆,引起了驻哈密的亲蒋小军阀尧乐博斯的反叛,尧部企图消灭入疆的西路军余部,却反被盛世才部和西路军余部联手打败。这就不难理解,共产国际为何始终没有从新疆前伸至安西或派飞机越界空投援助物资的举动。

星星峡

★共产国际停止了援助?

本来,1936 年 12 月 2 日季米特洛夫已收到了苏共中央政治局援助中国红军上千吨军事物资的决定,可惜数日后,西安事变爆发,极大地影响了西路军完成打通国际通道的进程。

有学者认为,正是由于西安事变爆发,苏共中央、斯大林和共产国际对西安事变的性质和作用作了错误判断。称:“张学良部队叛变无疑是中国亲日分子的一个阴谋。”认为西安事变“对日本最有利”。由于这个原因停止给中国红军援助达四个多月,未将援助物资及时运到哈密或安西,对西路军失败影响重大。但事实上,这个观点仅是推论,目前尚无公开档案证明共产国际在西安事变后停止了援助,而且长达四个多月。

西安事变对西路军的使命的确产生了不小的影响。一方面,西安事变后,为对付国民党中央军进攻的威胁,中共中央需要西路军停下来策应河东红军和东北军、西北军,以利于和平解决西安事变;另一方面,西安事变后,国共和谈到了关键时刻,中共中央希望将河西走廊上的张掖、武威等地划为红军防地,这需要西路军坚守。因此,多次电令西路军停下来,建立根据地。这些复杂多变的使命,系客观环境所致,但并非来自共产国际。

西安事变发生后,共产国际多次来电报,为中共中央妥善解决事变提供大量建议。事变结束之后不久,1937 年 2 月 9 日及其以后的一段时间里,苏联军方还几次来电谈到希望西路军仍然按原定方针尽快接通新疆,表示他们已决定扩大援助红军的军事物资规模。[17]

3 月 28 日共产国际执委会再次致电中共中央,关切地询问:“西路军还有多少人? 为什么徐向前和陈昌浩离开了军队,他们现在在哪里? 你们为援救西路军采取了什么具体措施?”[18]

李德《中国纪事》记载:共产国际执委会这时向中国共产党中央委员会发出了具体指示,其中建议让张学良和杨虎城对“三马”施加压力,必要时甚至可以争取张、杨的军队与红军一起向甘肃进军,另外还建议向南京政府要求,以抗日民族统一战线的利益为重，停止内战，特别要迫使“三马”停止对西路军的一切作战行动。[19]

1937 年 3 月 2 日，共产国际执委会给中共中央书记处发电报，表示：

(1)很遗憾，从我们方面缓解西路军的处境是不可能的。你们讨论一下从你们方面采取一切可能的步骤来拯救西路军并与红军主力建立联系。为此目的，你们要与张学良和杨虎城的军队进行谈判，看能否从他们方面对马步芳施加压力，如有必要并同他们协商你们的部队和他们的部队作相应调动。

同时我们觉得，你们建议南京政府为了共同的和解对马步芳施加影响，并争取停止那些违背你们意志的军事行动，这也是合适的。

(2)拨出 80 多万美元供你们支配。转交给你们这笔款项的指令已发出。除这笔钱外，你们还可指望得到与这笔款项数目相当的一笔补充经费。转交款项的技术困难很大，你们方面要尽一切可能使转交简便些。

(3)我们已采取措施加快派遣你们所需要的人员。[20]

★认识西路军问题应站在历史唯物主义的立场上

首先，西路军的失败不能完全归结为“张国焘错误路线”。

传统的观点认为：西路军的西征是为敌人吓倒的极端的例子，是退却主义的“张国焘路线”。红军第四方面军的西路军在黄河以西的失败，是这个路线的最后破产。大量的历史事实表明这个观点是站不住脚的。

三大主力红军会师之前召开的岷州会议，否定了张国焘版的“西进计划”，西路军的每一步行动都得到了中央和军委的指示和同意。还因为 11 月 16 日之后，张国焘与西路军基本无联系。宁夏战役的重点是先打蒋介石的中央系胡宗南部，10 月 30 日，彭德怀下令发起海(原)打(拉池)战役。但张国焘却命令第四、第三十一军撤离前敌总指挥部指定的作战位置，致使海打战役未能实现。胡宗南部于 10 月底 11 月初打通了增援宁夏的道路，将黄河东岸的红军主力与河西部队的联系切断，这样，红军夺取宁夏战役计划失败，张国焘对宁夏战役的失败负有责任。11 月 15 日中革军委来电要求“各兵团首长绝对服从前敌总指挥彭德怀同志之命令”。朱德、张国焘于 11 月 30 日到达陕北保安与中央会合。

可以认为,从此时开始,张国焘已失去对西路军的指挥权,他只在1937年1月8日给西路军发过一封电报,强调"军委对西路军的指示是一贯正确的,对西路军是充分注意到的","如果还有过去认为中央路线不正确而残存着对西路军的怀疑,是不应有的","应当在部队,特别在干部中,提高党中央和军委的威信"。[21]

准确地说,张国焘对西路军失败负有延缓中央军事决策的责任。

其次,也不能归结为所谓的"阴谋论"。

近年来,互联网上出现了一种论调,就是"有意让西路军失败论",或称"借刀杀人"的"阴谋论"。批驳所谓"阴谋论"的理由主要有:

第一,西路军在正式命名和西进河西走廊之前,毛泽东和中共中央曾充分征求过西路军主要领导的意见。1936年11月中旬,西路军在土门、大靖、古浪一线,尚未进入河西走廊时,中革军委曾致电西路军领导人,征询意见:西路军是否能够完成基本任务?是否有把握消灭二马?如无把握是否可返回河东?西路军军政委员会电复军委:有绝大把握消灭二马;坚决完成任务,现不利于返回河东。于是,中革军委才同意西路军西进。如有意使其失败,西进之前决不会征求西路军领导的意见。

第二,关于在河西走廊建立根据地的指示,确实是中央在指导上的失误。但这种失误,绝非有意为之,而是认识上的偏颇,这种偏颇是对河西走廊地理民情了解不足所致。无论是毛泽东、朱德等人,抑或是徐向前、陈昌浩等人,对建立根据地的重要性是深有体会的,想到建根据地来解决西路军的困难,并非空穴来风之突发奇想。

第三,中共中央和毛泽东、周恩来等,都曾竭尽全力营救西路军。西路军陷入困境后,中央向东北军提出"派四个团突然袭占永登、古浪,策应徐、陈,并为准备棉大衣一万五千件、鞋袜各一万八千双,子弹带一万五千条,补充子弹十五万发"[22]。

早在西路军刚刚陷入困境时,党中央和毛泽东等就曾指示在西安的周恩来,把停止二马对西路军的进攻作为与国民党谈判的重要条件,后又组成以刘伯承为司令员的援西军。1937年2月发布命令,以红四军、红二十八军、红三十一军、红三十二军等部组成援西军;西路军失败后,援西军遂驻于甘肃镇原、宁夏固原以南地区,收容西路军零散人员。党中央和毛泽东等又想尽一切办法,营救失散和被俘的西路军将士,派陈云和滕代远到新疆接应西路军左支队,派曾当过毛泽东老师的谢觉哉任驻兰州办事处党代表,并把营救西路军将士作为办事处的三大任务之一;为寻找西路军军政委员会主席陈昌浩,专门请民主进步人士高金城到张掖活动;甚至企图不惜重金,保全西路军被包围的干部;等等。其中不乏毛泽东的亲自指示。

对西路军被俘人员的营救工作还是颇为有效的,后来马家军停止了对被俘西路军人员的屠杀。经努力,营救失散和被俘将士在5000人以上,其中包括秦基伟、方强、李聚奎、刘瑞龙、徐立清、魏传统、陈宜贵等。这令我们对西路军的遭遇多少感到一些慰藉。

★共产国际派陈云等援接西路军余部

西路军在失败之时,共产国际和苏联仍是西路军余部的希望。上自中革军委,下到西路军将士,都有这样的认识。

1937年3月12日,中革军委主席团在接到西路军本日给军委的告急电报后,复电徐向前、陈昌浩:"你们现已处于特殊情况之下,已不是一般方法所能解决问题,必须立即采取特殊方法达到保存一部分力量的目的。因此,我们向你们提出下列两种方法,请你们考虑决定一种:(一)率现存的三团人员向蒙古边境冲去;(二)率现存的三团人员打游击战争。"

3月13日,中央电示:为保存现有力量,西路军一是冲向蒙古边境,一是就地分散游击。

3月14日,西路军仅剩的2000余人,边打边撤到石窝山。西路军军政委员会召开石窝会议,成立西路军工作委员会,决定将现有人员分为三个支队,分三路游击。三个支队唯有李先念直接率领的左支队一路幸存,翻越祁连山,经安西之战,于4月底进至甘肃、新疆交界处的星星峡。

4月5日随左支队行动的西路军工委在祁连山中向中央请示:"因人员饥疲至极,武器弹药亦太少,以及地形与敌骑的限制,实无再与较强敌人作战的可能。我们慎重考虑,前途只有在敦煌稍休整,迅速经新疆到远方学习,培养大批干部。请转呈中央,速向国际及新疆交涉。"[23]

7日,军委主席团向西路军工委回电:"你们可以向新疆去,已电彼方设法援接。……远方对于西路军进入新疆转赴远方求学问题,已决定了。为此,目前西路军必须到达星星峡,他们在该地迎候你们。"[24]西路军工委遂决定率左支队奔星星峡而去。经过40多天在冰天雪地中的艰苦行军,这支部队已饥疲不堪，在攻打安西城未果后，被敌骑穷追，在红柳园遭到追上来的马家军骑兵围攻，突围部队沿着公路电线杆，分别向星星峡进发。

中央代表团迎接西路军余部的星星峡

西路军左支队一支队队长杨秀坤等人跨越茫茫戈壁滩，终于看到了星星峡的土碉堡，与盛世才的边卡大队长王效典接上了头。王效典奉盛世才命令，在这里热情地接待了这支红军队伍。他率领边防军，乘着大卡车，打着红旗出卡迎接红军。

王效典

为救援西路军，共产国际和中共中央派出在苏联的陈云、滕代远、冯铉、段子俊、李春田五人组成一个代表团，在共产国际帮助下，前往新疆援接西路军左支队。1937 年 4 月下旬到达迪化，盛世才同意援接西路军。陈云与盛世才商妥了接应西路军的具体事宜后还商定，西路军左支队入疆后对外改称“新疆边防督办公署新兵营”。盛世才令教导团特科大队调集装甲车 4 辆、卡车 72 辆编组出发，陈云等随车队前往。车队行至吐鲁番、哈密，多次与反对红军入疆的尧乐博斯叛匪发生激战，将其大部歼灭，扫清了星星峡到迪化的道路。之后，陈云带着空车 30 辆，装着从盛世才那里要来的重机枪 2 挺、步枪 200 支、子弹 20 余万发前往星星峡。

见到陈云、滕代远等中央代表，到达星星峡的西路军左支队的战友们一齐拥上前去热烈地和陈云、滕代远等人握手，一时间百感交集，热泪盈眶，呜咽着说不出话来。左支队的主要领导干部有李卓然、李先念、程世才、李天焕、曾传六、郭天民、黄火青、宋侃夫、王子纲等人。清点人数时，发现只剩 300 多人！惨重的损失使得大家心情沉重，陈、滕代表中共中央和毛泽东向这些历尽艰险的指战员表示慰问。

陈云发表讲话：“同志们，党中央非常关心你们，特派我和滕代远同志前来迎接。我代表毛主席、党中央向你们问好！我从莫斯科回国前，见到了斯大林，他也向你们问好,共产国际也向你们问好！西路军是好样的,你们历经了千难万险,九死一生,同敌人作了最坚决的斗争,经受了考验。革命斗争中有胜利也有失败,你们虽然战败了,但保存了有生力量,就会发展壮大起来,你们现在的几百人,将来可以扩充到几千人上万人,争取革命的更大胜利。”[25]

援接西路军余部的

中央代表之一滕代远

陈云还协调了盛世才,派出飞机空运了枪支、弹药、衣物、粮食等。经过几天的休整和营养,这些九死一生的将士脸上泛出了红晕,像枯萎的小苗,沐浴阳光雨露后,恢复了体力和精神。

这时到达星星峡的左支队红军已达417人[26],面貌焕然一新的西路军将士兴高采烈地登上汽车,踏上西去迪化的征程。左支队到达迪化后,盛世才到城外10余公里的红雁池迎接。夜幕降临后,部队才入城,驻扎在西大桥阜民纺纱厂内。不久后,左支队应盛世才的要求,迁到迪化东门外的一个营房里,为掩人耳目,对外称作“新兵营”。

★共产国际援助“新兵营”办成现代化的军校

如何安排左支队的出路？这是陈云考虑的当务之急。起初,中共驻共产国际代表团的计划是挑300多人赴苏联学习,但久久没有下文。陈云一边组织大家就地学习文化,开展军政训练,一边按照中共中央的意见向共产国际报告和催问。

收到陈云发来的电报后,季米特洛夫1937年6月17日给斯大林写了封信,请示西路军余部的上学问题:

亲爱的斯大林同志:

到达新疆的一批“游牧人”(393人)通过派去见他们的中共中央委员施平同志,坚决要求我们让他们到苏联来学习,使他们有机会受到真正的政治军事训练。

为了到新疆,他们在途中克服了难以想象的困难,这些“游牧人”希望根据中共中央的指示并取得这里的同意后被派到苏联学习。

据我们现有的情报，这批人是优秀的和经过考验的西路军指战员残部，从中可以真正培养出优秀的干部。在新疆没有进行这种培训的必要条件，所以我们觉得，把“游牧人”留在那里是不适宜的，更何况他们现在无所事事，不可避免他们的队伍有分化的危险。

我们建议：

1. 将这些“游牧人”转到苏联进行学习。

2. 在学习问题安排好以前，暂时安置他们到克里米亚军营。

我们能够接收100到150人去我们的中国分校，其余的人将在以后安排到其他学校，当然是在进行相应的仔细挑选之后。

请您作决定并就这个问题作出最后指示。

致同志式的敬礼！

季米特洛夫[27]

文件上有莫洛托夫的批示：“最好让他们在新疆学习。我们可以给予部分教员和资金方面的帮助，盛世才督办也应该给予他们部分帮助。”

七七事变发生后，陈云、滕代远、李先念、李卓然研究决定，将西路军左支队入疆部队进行整编：保留西路军工委；将左支队改编为总队（总称总支队），队部设政治处、总务科，下辖四个大队，每大队编三个排，每排三个班，每班十人左右；另编一个干部队，直属工委领导。

鉴于苏联方面的意见，再加上抗日战争全面爆发，中央决定：一部分总支队领导回延安到前方抗战；一部分干部留在新疆工作；大部分学习。

根据共产国际和中共中央的指示，陈云、滕代远、李卓然等西路军工作委员会的成员商议后，决定把“新兵营”进一步办成现代化的军事技术学校。陈云提出了下一步学习军事、政治和文化的计划，军事课包括战术和装甲车、汽车、大炮、飞机和坦克。

10月23日，陈云、滕代远致电毛泽东、张闻天，汇报西路军入疆部队的学习情况：“西路军余

盛世才

部四百三十人，抵迪已有五月余，仅以本身力量进行中文、算术、常识、军事、政治的训练，进步虽有，而新武器没有学习，多次要求赴苏学习，未得国际批准。……今日已商准督办，下星期一送一百五十人入学汽车，三月毕业后再学铁甲车、坦克。我们认为利用新疆，在三年内培养五千军事的新干部，是可能的，并必需的。且学校名称、设备，现比陕北完备些。中央意见如何，望转报国际和指示我们，以便遵行。"

25 日，毛泽东、张闻天复电陈云、滕代远，表示同意将西路军人员分配到迪化各学校去学习新技术。

"新兵营"实际上是抗战时期，中国共产党在新疆的一个多兵种多学科的军事学校。

中共代表团给西路军培训作了颇富创意的超前设计，主要进行现代化的军兵种培训，分别就"飞机、铁甲、汽车、炮兵和骑兵"作培训。

陈云通过各种渠道，详细调查了盛世才部队的机械化装备情况和军官学校的教学能力，提请盛世才和苏联教官帮助"新兵营"学习掌握现代武器装备的要求，得到苏联驻新疆总顾问巴宁中将的支持和盛世才的首肯。

陈云向"新兵营"将士发出"向机械化进军"的号召，要求"新兵营"的每个同志，都要充分利用眼下的时机和条件，学会一两门现代军事技术，将来好带回延安去，带到各个抗日前线去，发挥骨干作用，发挥机械化的作用。

"新兵营"挑选了 67 人组成一大队，主要学习汽车驾驶和修理，之后，总支队再从中选调了 50 多人学装甲车；另有约 60 名红色学员学炮兵，编为特科大队；又选调 11 人到新疆军医学校和兽医学校（军办兽医站）学习，学制两年。

盛世才的装甲大队官衔比别的部队高，排长是中尉，还有的是上尉。官大一级压死人，他们牛气十足，摆出的臭架子比汽车教官大得多，讲课也洋里洋气的，故意叫红色学员"坐飞机"，弄得学员们听不懂，还不许多问。针对这种情况，学员就利用休息时间全排碰头，每次归纳一两个主要的疑难问题，由一个同志问。

新疆乌鲁木齐的"新兵营"旧址

为了解决这些难题，确保教学效果，邓发又把在苏联学习过的吉合等人调来当教员，讲授俄语、战略战术、机枪课等。自己的同志当教员，学员们感到特别亲切，不摆架子，讲得实际，教得耐心，日夜和学员们在一起，有问必答。从这以后，学员们学得特别快，进步明显。

1939 年 9 月，学装甲车的学员以“参观”的名义，参加了盛世才的联合兵种演习，与盛部装甲车队在一起演习了三天。苏联顾问不断地提出情况，要他们判断和行动。演习结束后，回“新兵营”讨论体会时，大家都说大开眼界，学到了不少新东西，见到了飞机、重炮、装甲车、骑兵，以及用无线电进行通信联系，真是开了“洋荤”。有的学员感慨地说：“我们西路军要是有这样的武器，在河西走廊就不会失败，一定能战胜敌人，就不会有成千上万的同志牺牲在西北的黄土高原上。”大家表示，今后要更加努力地学习现代军事技术，将来到抗日前线狠狠地打击敌人。[28]

至 1939 年底考核时，红军学员的驾驶、修理、战术射击等课目，都取得了良好的成绩。苏联顾问对他们的学习很满意。

“新兵营”前后举办了两期无线电训练班。学员不到 60 人，第一期毕业后即被派回延安。第二期毕业后，部分学员被派往新疆各地和国际交通沿线，做电信联系和情报收集工作。此外，“新兵营”还办了俄文班，还派 30 余人到莫斯科学习情报工作。

最值得一提的是，陈云经与盛世才反复谈判后达成协议，决定借用新疆的航空队为八路军培训 50 名飞行员和机械师。从在延安的抗日军政大学和摩托学校中物色 19 人，又从西路军总支队挑选出 25 人，先后进入新疆航空队，合编为飞行班和机械班，借“机”生“蛋”，培养红色空军航空人才。

1938 年 3 月 3 日，新疆航空队第三期飞行班、第二期机械班在迪化举行了开学典礼。盛世才、苏联总顾问巴宁都到会祝贺。

“新兵营”航空队合影

随后就进入了紧张的航空理论学习。理论课的教员多数是苏联教官，有时，盛世才的教官也上些课。刚开始，盛世才的教官们听说“新兵营”的学员都没有什么正式的学历，对他们能否学好飞行心存疑虑。有的教官讥讽道：“你们这些大兵还想学航空，天知道！”有的军官在等着看红色学员的笑话。学员们对冷嘲热讽毫不介意，迎难而上，用爬雪山过草地的劲头来攻理论关。负责教学工作的是苏联顾问，总顾问和飞行顾问是古米佐夫和谢米诺夫。机务、领航、通信均由苏联顾问带领我们的学员。邓发事先与苏联顾问谈过“新兵营”学员文化水平低，苏联顾问表示：“只要他们好好地学，我们负责教会他们。”因此，苏联顾问在讲授课程和实际操作中，都非常耐心，手把手地教学。

在苏联顾问的帮助下，经过大家的刻苦努力，飞行班的学员不仅掌握了飞行，还学会了领航、通信、射击、投弹等空中技术。红色学员的投弹成绩超过盛世才的飞行员。不仅学会初、中级教练机，还会驾飞伊－15、伊－16战斗机。机械班毕业考试时，他们考试成绩都在80到90分。盛世才在毕业典礼大会上给学员们颁发了毕业证书，并授予严振刚中尉军衔，其余全部授予少尉军衔。机械班于1939年冬毕业，飞行班于1942年4月毕业。这是中共领导的武装力量中第一批空军飞行员和机械师，其中有原红一方面军16人，原红二方面军2人，原红四方面军24人，原红二十五军1人。

从1927年到1949年，由于艰苦的战争环境使然，无论是红军大学，还是抗大、陕北公学等学校，学员大都是学了几个月就“毕业”奔赴前线，在战争中学习战争，从而培养出了大批优秀的骨干。和这些学校比起来，“新兵营”将士从1937年到1939年共学了近三年，学制还算是最长的，其收获可以想象。这些学员后来在战争中特别是在解放战争和抗美援朝战争中，大都发挥了积极的作用。炮兵学员不少人后来成为我军炮兵部队的师、团级干部。400多人的西路军“新兵营”中就走出了28名开国将军。

值得一提的是，“新兵营”学员学成后能够回到延安，也多得益于援华苏联红军的帮助。

“新兵营”学员在学成后，分几批先后回延安，路途遥远，要经过河西走廊马家军防区，既有当年的血海深仇，也有各地方军阀虎视眈眈意图吞并这些技术精英的风险，其中的千难万险可以想象。

1940年1月，中共中央让“新兵营”的大部分人员撤回延安。“新兵营”一行329人，由朱光担任队长，新疆督办公署参议丁宝珍带大汽车30辆，从迪化出发。为了保障归途的安全，延安专门同莫斯科、迪化、重庆方面不断地致电交涉，达成了沿途顺利通过的协定。蒋鼎文就有吞并这支部队的企图，他曾电告何应钦扣留的打算。何应钦1月18日致电蒋鼎文，明令：“所议将徐部留新官兵到兰时予以扣留一节，万不可行。”[29]为避免遭到马家军堵截，“新兵营”的车队与苏联红军的一支援华车队结伴而行。这支苏联车队有50余辆汽车，正好要从新疆经河西走廊，运送一批抗日物资到重庆，车队有100名苏联红军战士，每辆车上都有一挺苏式机枪保护。车队队长与朱光留苏时便相识，两个车队混编后，浩浩荡荡地出发。

行军路上，苏联车队每天都派飞机进行联络。车队到山丹时，马家军发现是西路军余部，便关上城门，妄图收拾车队。仇人见面分外眼红。“新兵营”战士手握苏式转盘机枪，恨不得狠狠地扫倒一片，给牺牲的战友报仇。但最终他们以大局为重，强压满腔怒火，等待苏联车队与他们交涉。慑于苏军的火力优势和国际影响，加上“新兵营”早有战斗准备，马家军只得无奈打开城门放行。

“新兵营”与苏联车队分手后继续前进，顺利抵达兰州。最后历经千辛万苦，终于抵达延安。中央召开了欢迎会，喻新华在大会上讲了话：“我们错干了十年……”毛泽东纠正道：“你们没有错干，干得对。过去的错误张国焘负责，你们没有责任，你们是千两黄金买不到的。”[30]

大部队走后，留在新疆的航空队等“新兵营”的人员，在苏德战争爆发、盛世才公开反苏反共后，被关入监狱，直到张治中 1946 年主政新疆，才被周恩来营救回延安。毛泽东看望他们，一开口就说：“你们可从老虎口里钻出来了，我们可不放心你们呀！你们让老虎驮回来了。”[31]

西路军西征，从最初筹划到几乎全军覆没，乍看上去，是从 1936 年 11 月到 1937 年 3 月的 5 个月时间。其实，若往前追溯，可从 1935 年 6 月红一、四方面军懋功会师之时源起，时间长达近两年之久。这一历史事件，对红军长征的落脚点，乃至土地革命战争的走向都产生了巨大的影响。当时中国共产党是共产国际的一个支部，共产国际对中国共产党的大政方针以及领导人人选都发挥着很大的指导作用。在这个历史背景下，寻求共产国际的援助，本不难理解。然而，共产国际援助中国红军武器装备，这件看似符合逻辑、水到渠成的事情，却始终未能实现，而且让红军付出了巨大的代价。

西路军浴血奋战的河西走廊，在全面抗战期间，成为苏联援华的西北国际大通道，西路军数千被俘官兵参加了修筑这条国际通道的艰巨工程；西路军幸存的余部“新兵营”部分领导人与中共高级干部毛泽民、黄火青等为建设、保卫国际通道作出了贡献。八年全面抗战前四年，当苏联援华物资滚滚而来时，这些援华物资尽归国民党军队，好在是为抗战需要。

这一残酷的现实，彻底让中国共产党人放下幻想、丢下包袱，清醒地意识到，壮大人民军队，靠外援是靠不住的，关键还得靠自己。因此，我们就不难理解，为何毛泽东十大军事原则之一是“以俘获敌人的全部武器和大部人员，补充自己。我军人力物力的来源，主要在前线”。同样地，我们也就不难理解，为何中共对待外援的方针，抗战时期是“独立自主、自力更生”。

毛泽东曾指出，“我们的根本方针，是在坚持独立战争和自力更生的原则下尽可能地利用外援，而不是如同国民党那样放弃独立战争和自力更生依赖外援，或投靠任何帝国主义的集团”，“争取英、美、法同情我们抗日，在不丧失领土主权的条件下争取他们的援助，战胜日寇主要依靠自己的力量；但外援是不可少的，孤立政策是有利于敌人的”。这一方针的确行之有效，八年全面抗战期间，敌后抗日根据地的人民和军队，在几乎毫无外援的情况下，完全靠着自己的努力，“没有枪没有炮，敌人给我们造”，从战场上缴获敌人的武器武装自己。在老百姓支持下，抗击着数十万日军和几乎全部的伪军。他们破敌交通、断敌后勤，配合正面战场的中国军队作战，不断主动袭击敌军和进行反“围剿”、反“清乡”作战，以成千上万个大大小小的胜利逐渐改变敌我力量对比，将敌后战场的日军逐步围困在交通线和据点的点、线上，而抗日军民则占据了广阔农村的“面”。中共抗日武装从出征时的数万人，发展壮大到 100 多万人，为赢得抗战胜利奠定了坚实的基础。

---

[1] 中国人民解放军历史资料丛书编审委员会：《红军长征·文献》，解放军出版社 1995 年 5 月版，第 1118 页。

[2] 郝成铭、朱永光、麻琨：《中国工农红军西路军·文献卷》（上），甘肃人民出版社 2004 年 7 月版，第 326 页。

[3] 郝成铭、朱永光、麻琨：《中国工农红军西路军·文献卷》（上），甘肃人民出版社 2004 年 7 月版，第 332 页。

[4] 郝成铭、朱永光、麻琨：《中国工农红军西路军·文献卷》（上），甘肃人民出版社 2004 年 7 月版，第 448 页。

[5] 李先念：《关于西路军历史上几个问题的说明》，节选自郝成铭、朱永光、麻琨：《中国工农红军西路军·文献卷》（下），甘肃人民出版社 2004 年 7 月版。

[6] [德]奥托·布劳恩：《中国纪事》，现代史料编刊社 1980 年 12 月版，第 217 页。

[7]《中共中央书记处致共产国际执委会书记处电》，1936 年 11 月 8 日，见中心档案，495/74/283，转引自杨奎松著：《西安事变新探》，江苏人民出版社，2006 年 11 月出版，第 246 页。

[8] 郝成铭、朱永光、麻琨：《中国工农红军西路军·文献卷》（上），甘肃人民出版社 2004 年

7 月版,第 431 页。
[9] 杨奎松:《苏联大规模援助中共红军的一次尝试》,《近代史研究》1995 年第 1 期。
[10]《季米特洛夫日记选编》,广西师范大学出版社 2002 年 10 月版,第 48 页。
[11] 郝成铭、朱永光、麻琨:《中国工农红军西路军·文献卷》(上),甘肃人民出版社 2004 年 7 月版,第 429 页。
[12] 郝成铭、朱永光、麻琨:《中国工农红军西路军·文献卷》(上),甘肃人民出版社 2004 年 7 月版,第 439 页。
[13] 郝成铭、朱永光、麻琨:《中国工农红军西路军·文献卷》(上),甘肃人民出版社 2004 年 7 月版,第 451 页。
[14] 中国工农红军第四方面军战史编辑委员会:《中国工农红军第四方面军战史资料选编》(长征时期),解放军出版社 1992 年 8 月版。
[15] 郝成铭、朱永光、麻琨:《中国工农红军西路军·文献卷》(上),甘肃人民出版社 2004 年 7 月版,第 527 页。
[16]《徐向前回忆录》,解放军出版社 2007 年 8 月版,第 388—389 页。
[17] 杨奎松:《西安事变新探:张学良与中共关系之谜》,山西人民出版社 2012 年 2 月版,第 450 页。
[18] 中共中央党史研究室第一研究部译:《联共(布)、共产国际与中国苏维埃运动(1931—1937)》15 卷,中共党史出版社 2007 年 9 月版,第 290 页。
[19] [德]奥托·布劳恩:《中国纪事》,现代史料编刊社 1980 年 12 月版,第 249 页。
[20] 中共中央党史研究室第一研究部译:《联共(布)、共产国际与中国苏维埃运动(1931—1937)》15 卷,中共党史出版社 2007 年 9 月版,第 283 页。
[21] 郝成铭、朱永光、麻琨:《中国工农红军西路军·文献卷》(上),甘肃人民出版社 2004 年 7 月版,第 532 页。
[22] 郝成铭,朱永光、麻琨:《中国工农红军两路军·文献卷》(上),甘肃人民出版社 2004 年 7 月版,第 502 页。
[23] 郝成铭、朱永光、麻琨:《中国工农红军西路军·文献卷》(上),甘肃人民出版社 2004 年 7 月版,第 620 页。
[24] 郝成铭、朱永光、麻琨:《中国工农红军西路军·文献卷》(上),甘肃人民出版社 2004 年 7 月版,第 621 页。
[25] 中央文献研究室:《陈云年谱》(上),中央文献出版社 2000 年 6 月版,第 205 页。
[26] 中央文献研究室:《陈云年谱》(上), 中央文献出版社 2000 年 6 月版,第 204 页。
[27] 中共中央党史研究室第一研究部译:《联共(布)、共产国际与中国苏维埃运动(1931—1937)》15 卷,中共党史出版社 2007 年 9 月版,第 308—309 页。

[28] 中共乌鲁木齐市委员会党史工作委员会:《中国工农红军西路军左支队在新疆》,新疆人民出版社 1991 年 9 月版,第 94 页。

[29] 中共乌鲁木齐市委员会党史工作委员会:《中国工农红军西路军左支队在新疆》,新疆人民出版社 1991 年 9 月版,第 28 页。

[30] 中共乌鲁木齐市委员会党史工作委员会:《中国工农红军西路军左支队在新疆》,新疆人民出版社 1991 年 9 月版,第 99 页。

[31] 中共乌鲁木齐市委员会党史工作委员会:《中国工农红军西路军左支队在新疆》,新疆人民出版社 1991 年 9 月版,第 148 页。

第七章 共产国际与中共抗日民族统一战线的建立

★共产国际对瓦窑堡会议的影响

★中共对张学良、杨虎城部的统战工作

★毛泽东亲自做阎锡山等人的统战工作

★从反蒋抗日向逼蒋抗日的转变

★国共和谈的四个秘密渠道

★共产国际主张和平解决西安事变

★中共中央致电国民党五届三中全会

★七七事变后全民族统一战线的建立

制定并实施抗日民族统一战线的策略，可以说是中共及其领导下的红军取得长征胜利的关键，也是其后中华民族赢得抗战胜利的关键。20 世纪 30 年代，日本帝国主义之所以敢于侵略中国，很大程度上是因为当时中国内部四分五裂，而抗战后来之所以能赢得胜利，正是得益于以国共合作为核心的全民族抗日统一战线发挥的巨大作用。红军能够将一个失败后的大撤退，最终变为向抗日前线的大进军，也正是因为高擎“北上抗日”的大旗，并在长征后期实行抗日民族统一战线政策，使得中共将党和红军的前途命运，与中华民族的前途命运有机地结合在一起，才使得红军焕发了蓬勃的生机与活力，中国革命也赢得了生机与活力。翻开历史档案，回顾长征结束前后的历史，我们不难发现，全民族抗日统一战线的方针，从提出雏形，到顶层设计，再到国共合作和谈，直至统一战线形成，共产国际其实发挥了很大的指导作用。

★共产国际对瓦窑堡会议的影响

1935 年 7 月，中共即在莫斯科发表了著名的《八一宣言》，这一宣言向蒋介石集团释放了中共愿为抗日捐弃前嫌，进行国共第二次合作的信号。其时，正是中共中央率中央红军走在长征途中之时，中共在这样艰难的时刻仍能审时度势、适时把握历史机遇，展现了其宏大的战略眼界与非凡的气魄。而这一名闻天下、影响中国历史进程的宣言，与共产国际的推动是分不开的。

中国共产党从九一八事变起就坚决主张对日作战。1931 年 9 月 20 日，中共中央发表《为日本帝国主义强暴占领东三省事件宣言》，响亮地提出："反对日本帝国主义强占东三省！立刻撤退占领东三省的陆海空军！自动取消一切不平等条约！"但当时中共临时中央"左"倾冒险主义取得统治地位，在民族危机空前严重的情况下没有正确处理好国内阶级矛盾与国际上民族矛盾的关系，没有在新的形势下及时高举抗日民族统一战线的旗帜，而是强调国民党政权同苏维埃政权两个政权之间的对立，机械照搬共产国际关于日本侵略中国的提法与指示，甚至很不适宜地提出"武装保卫苏联"的口号。

中华苏维埃临时中央政府和中国工农红军革命军事委员会曾在 1933 年 1 月 17 日发表宣言，愿意在三个条件下同任何武装部队订立共同抗日作战协定，但在王明"左"倾教条主义影响下，这个宣言落实得并不好，以至于十九路军发动福建事变后，没有予以及时支持，坐视福建人民政府的失败，同时也失去了打破国民党军第五次"围剿"的大好机会。

1935 年 6 月，吴玉章在莫斯科得知《何梅协定》、平津日寇屠杀我爱国人民，心急如焚，急电在南俄休养的王明回来共商对策。王明此前参加了共产国际七大的筹备工作，预先得知七大的精神，接电后迅速返回莫斯科，按照共产国际七大的新思路，起草了《为抗日救国告全体同胞书》，经过中共驻共产国际代表团热烈讨论后定稿。

1935 年七八月，共产国际第七次代表大会召开期间，季米特洛夫作了《关于法西斯的进攻以及共产国际在争取工人阶级团结起来反对法西斯的斗争中的任务》的报告，呼吁在殖民地和半殖民地国家，共产党和工人阶级的首要任务，在于建立广泛的反帝民族统一战线。这次大会把建立最广泛的世界反法西斯统一战线作为各国共产党的基本策略。

在共产国际七大进行时，中共驻共产国际代表团起草的《为抗日救国告全体同胞书》译成了俄文，送交斯大林、季米特洛夫审阅，经共产国际同意，以中华苏维埃共和国中央政府和中国共产党中央委员会的名义发表。鉴于八月一日是中国工农红军的建军节和国际反战日，因此中共代表团同意把这个文件发表日期签为八月一日，因此称为《八一宣言》。

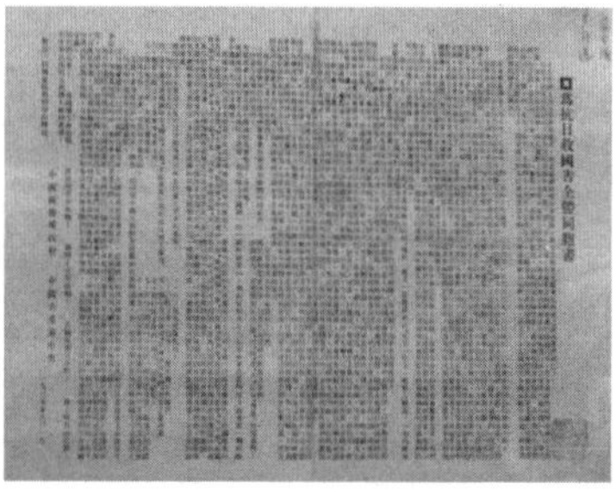

中共驻共产国际代表团发表的《八一宣言》

8月2日，季米特洛夫在七大的报告中肯定了这个宣言的主张，说："我们赞成英勇的兄弟中国共产党的倡议，联合中国境内所有那些愿意为救国救民而真正斗争的有组织的队伍，建立一个反对日本帝国主义及其在中国的走狗的最广泛的反帝统一战线。"[1]

《八一宣言》的基本思想是建立以中华苏维埃共和国政府为主体的"国防政府"，建立以国防军为主体的"抗日联军"。抗日联军应由一切愿意抗日的部队合组而成，在国防政府领导之下，组成统一的抗日联军总司令部。红军绝对首先加入联军尽抗日救国之天职。宣言提出抗日救国行政方针十条：

(一)抗日救国，收复失地。

(二)救灾、治水，安定民生。

(三)没收日本帝国主义在华一切财产，充作对日战费。

(四)没收汉奸卖国贼财产、粮食、土地，交给贫苦同胞和抗日战士享用。

(五)废除苛捐杂税，整理财政金融，发展工农商业。

(六)加薪加饷，改良工农军学各界生活。

(七)实行民主自由，释放一切政治犯。

(八)实行免费教育，安置失业青年。

(九)实行中国境内各民族一律平等政策。保护侨胞在国内外生命财产，居住和营业的自由。

(十)联合一切反对日本帝国主义的民众(日本国内劳苦民众，高丽、台湾等民众)作友军，联合一切同情中国民族解放运动的民族和国家作同盟，与一切对中国民众反日解放战争保持善意中立的民族和国家建立友谊关系。[2]

8月25日至27日，中共驻共产国际代表团召开会议，讨论在中国建立反帝统一战线问题。王明在会上作了《为争取建立反帝统一战线和中国共产党的当前任务》的报告，提出：中国人民的主要敌人是日本帝国主义；蒋介石只要真正停止反对红军的战争并掉转枪口去反对日本帝国主义，也不排除与之建立统一战线的可能性。

《八一宣言》和中共驻共产国际代表团的这次会议，提出抗日救国的政治主张,初步纠正了"左"倾关门主义,扩大了抗日民族统一战线阵营的范围。

《八一宣言》公布之时,中共中央正率红一、四方面军行进在长征途中,并不知道宣言的内容,但鉴于日本制造华北事变,民族危机加深的形势,已开始思考建立更广泛的抗日民族统一战线问题。中共中央到达陕北后不久,即于1935年11月13日发布《为日本帝国主义并吞华北及蒋介石出卖华北出卖中国宣言》,提出中国工农红军愿同"一切抗日反蒋的中国人民与武装队伍"联合起来,反对日本帝国主义。只不过,这时提出的仍是抗日与反蒋同时并举。

为了向在国内的中共中央传达共产国际第七次代表大会和中共驻共产国际代表团起草的《八一宣言》的精神,并恢复共产国际与中共中央的电信联系,共产国际与中共驻共产国际代表团决定派代表团成员、中华全国总工会驻赤色职工国际代表林育英,化名为张浩,让其装扮成商人,由莫斯科取道蒙古归国。张浩历尽千辛万苦,整整走了三个月时间,于11月中旬到达中共中央所在地瓦窑堡。张闻天见到张浩后,十分高兴,同他彻夜长谈,了解外面的形势及共产国际七大和《八一宣言》的精神。

这时,中共中央也正在思考着抗日民族统一战线的策略。11月17日,张闻天在瓦窑堡作《日本帝国主义的新进攻与民族革命战争的紧迫》[3]的报告,明确指出:"放在中国共产党面前的中心问题,就是经过怎样一些转变的环节,怎样灵活的运用广泛的统一战线的策略,推动广大群众的不满到抗日反蒋的实际行动,并引导这些行动走上直接的民族革命战争的道路。"[4]

根据张浩带回的新精神,张闻天主持起草了《中华苏维埃共和国中央政府、中国工农红军革命军事委员会抗日救国宣言》,于11月28日以毛泽东、朱德名义签发。宣言提出了"组织抗日联军与国防政府"的口号和抗日救国的十大具体纲领,发出了"有力出力,有钱出钱,有枪出枪,有知识出知识"联合抗日救国的号召,显系接受了共产国际七大和《八一宣言》精神,并直接吸收了《八一宣言》的部分内容。

11月29日,中央政治局扩大会议专门讨论扩大民族统一战线的问题。会上,张闻天在报告中提出,"要采取主动联合军阀反对日本帝国主义","不要等人家来找","我们现在主要是反蒋抗日"。他还在结论中强调:"统一战线不只是限于宣传,要变成实际

瓦窑堡会议油画

行动。例如抗日联军国防政府要真正做起来,对军阀也只有拿纲领去影响他。……要坚决同关门主义作斗争。……广泛统一战线问题放在全党的前面,看我们是不是能解决这一问题。”[5]

张闻天在11月20日、11月25日、11月26日接连写信、发电报给毛泽东,详告策略转变的情况,征求他和在前方的领导人的意见。毛泽东在12月1日给张闻天回电:“反蒋抗日统一战线的策略内容及具体的口号与纲领,完全同意。宣言请立发。”

12月13日,毛泽东继周恩来之后到达瓦窑堡,中央政治局领导在这里会齐。中共中央遂于12月17日在瓦窑堡召开了政治局扩大会议,贯彻共产国际建立反法西斯统一战线的精神,讨论全国政治形势与党的策略方针以及军事战略问题。

瓦窑堡会议旧址

在讨论政治形势与策略问题时,参会人员对如何对待民族资产阶级发生了争论。曾列席会议的郭洪涛回忆说:“在讨论全国的政治形势和党的策略路线时,对如何对待民族资产阶级及其他中间势力的问题,发生了争论。毛泽东同志认为中国的民族资产阶级及其他中间势力有两重性,是可以争取的。博古同志仍坚持‘左’倾关门主义的态度,并引用斯大林关于中间势力危险的论断,不同意毛泽东同志的科学论断。第二天毛泽东同志再次发言,反驳了这种意见,并且举例说明中间势力是可以争取的。他说在中央苏区时,福建十九路军曾要和我党联合反蒋,当时的中央拒绝,是错误的。要停止关门主义,不要再犯。最后他反问道:‘难道这样做(指联合民族资产阶级和其他中间势力),就是对祖宗不忠?对祖先不孝吗?’言词之尖锐是我入党以来首次听到的。在毛泽东同志发言时,博古同志躺在张闻天同志的床上,默不作声。经过充分讨论,很快取得了一致,大家都同意建立最广泛的抗日民族统一战线。”[6]

会上争论激烈,大家各抒己见。在充分民主讨论的基础上,会议于23日和25日相继通过了《关于军事战略问题的决议》与《关于目前政治形势与党的任务的决议》。

决议提出“中国共产党目前最中心的任务是抗日的人民统一战线的建立”,并以此确定了肃清关门主义的“左”倾错误,尽可能地利用公开合法的斗争形式进行工作,团结一切可以团结的力量,建立最广泛的抗日民族统一战线的策略方针。

这一新的方针,需要党内进行一次思想解放,决议呼吁:“只要有群众的地方,不论那里的领导者是怎样的反动,共产党员应该参加到里面去进行革命的工作。只有当共产党员表现出他们是无坚不破的最活泼有生气的中国革命的先锋队,而不是空谈抽象的共产主义原则的‘圣洁的教徒’,共产党才能取得中国革命的领导权。”推行这一新的方针,必须要防止“左”倾关门主义。因此决议强调:“为了更大胆地运用广泛的统一战线,以争取党的领导权,党必须同党内‘左’的关门主义倾向作坚决的斗争。在目前形势下,关门主义是党内的主要危险。”[7]

会后,毛泽东在12月27日召开的党的活动分子会议上作了《论反对日本帝国主义的策略》的报告。毛泽东指出:共产党和红军不但在现在充当着抗日民族统一战线的发起人,而且在将来的抗日政府和抗日军队中必然要成为坚强的台柱子。

根据瓦窑堡会议精神,中共中央于1936年春夏领导红一方面军先后发起东征、西征战役,并同张学良、杨虎城、阎锡山、冯玉祥等开展了一系列的上层统战工作。到9月底,中共中央不无自豪地电告长征途中的红二、四方面军:“李毅[8]与我益加接近,杨虎城亦与我们实行停战,李、白有代表来求订抗日协定,华北宋哲元、傅作义、韩复榘均接洽中,马步芳亦有妥协线索(原文如此),惟马鸿逵坚决反动,我应集力消灭。”[9]

这一时期,在对各派军阀的统战工作中,对张学良、杨虎城的统战工作最成功。众所周知,对张、杨卓有成效的统战工作,最终推动了西安事变的发生,并形成了“三位一体”抗日联合的有利格局。

★ 中共对张学良、杨虎城部的统战工作

红军与张学良的东北军可谓不打不成交。红二十五军和红一方面军结束长征后,便在劳山、榆林桥、直罗镇、黑水寺、张家湾等战斗中,多次击败前来“围剿”的东北军。东北军损兵折将,却得不到补充,张学良在痛定思痛之余,开始思考与红军停战合作的问题。红军将大批在作战中俘虏的东北军官兵经教育后释放回去,这也加深了东北军对红军的好感以及对中共联合抗日诚意的认识。

1935 年 12 月 16 日，在榆林桥战斗中被俘的东北军第一〇七师六一九团团长高福源，被红军释放回去，经东北军第六十七军军长王以哲安排面见张学良，从而架起了中共与东北军联络的桥梁。王以哲同彭德怀也由起初的信件往来迅速发展为电台联络。

1936 年 1 月 19 日，中共中央联络局局长李克农抵达洛川，与王以哲进行接触。20 日晚，张学良赶到洛川与李克农会晤。当天，毛泽东致电李克农："向彼方表示在抗日反蒋的基础上我方愿与东北军联合之诚意，务使进行之交涉克抵于成。"[10]毛泽东还提出："暗示彼方如诚意抗日反蒋，则我方可助其在西北建立稳固局面，肃清蒋系势力，进一步助其回平津、东三省，军饷、械弹我方亦有办法助其解决。并暗示彼方，如有抗日反蒋诚意，国防政府主席及抗日联军总司令可推张汉卿担任。"[11]红军本身就缺枪少弹，却提出"助其军饷、械弹"，显系指通过共产国际取得，这对张学良无疑有极大的吸引力。

此时的张学良之所以会与红军谈合作，一方面因蒋介石令东北军"围剿"红军，一箭双雕，意在既削弱红军，也削弱东北军；另一方面也因张背负家仇国恨，讨厌内战，希望联共抗日，打回东北去。

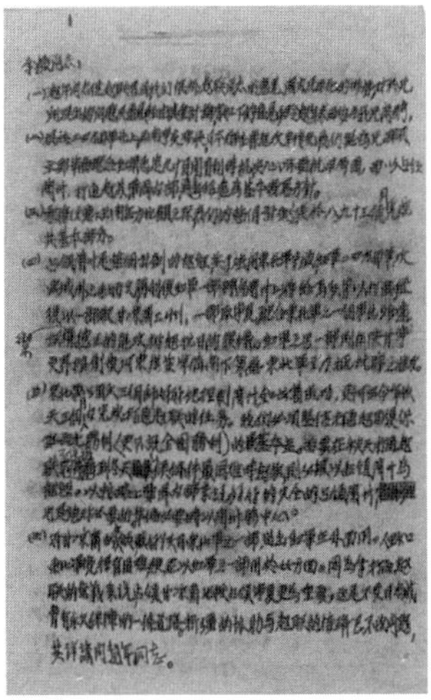

毛泽东写给张学良的信

21 日，李克农致电毛泽东、周恩来、彭德怀，报告同东北军会谈的情况：张学良表示愿意为成立国防政府奔走。李克农还与王以哲达成口头议定：一、东北军与中共红军双方同意立即停火；二、红军即由西安至延安公路上向两侧各撤出 5 华里以外，并保证公路交通和东北军驻军补给运输的安全；三、东北军同意补给中共红军一部分药品、医疗器材、通信器材和弹药等军用物资，由洛川六十七军和一〇五师仓库运至肤施（今延安市宝塔区）转交中共中央。

在李克农与王以哲谈判的基础上，4 月 9 日，周恩来与张学良在肤施的一所基督教教堂内举行了一次秘密会谈。张学良接受中国共产党关于停止内战、共同抗日的政治主张，并提出争取蒋介石抗日的意见。张表示："完全同意停止内战一致抗日；同意组织国防政府与抗日联军，愿参与酝酿此事。……蒋介石现在歧路上，虽不会彻底抗战但有可能争取与其合作。"[12]双方还商定了红军与东北军互不侵犯、互派代表等事项。

第二天,周恩来致电中共中央汇报了会谈的情况,认为张学良"确有抗日联共联俄要求及初步决心","张对经济、通商、交通上助我,确有诚意"。

4 月 11 日毛泽东同彭德怀复电林彪、聂荣臻,通报周恩来同张学良的会谈结果:"(一)国防政府、抗日联军认为唯一出路,十大政纲张研究后,提出意见。(二)赞助红军集中河北,四方面军出甘肃,张之部队可让路,二、六军团则须得中央军同意,彼可任斡旋。(三)派赴苏联代表,他的由欧洲去,我们的张任保护,由新疆去。(四)完全同意停止内战,并谓如红军与日军接触,则全国停战运动更有力。(五)在他未公开表明抗日以前,不能不接受蒋令进占苏区。(六)通商问题,普通办货由我们设店自购,军用品由他代办,子弹可供给。(七)互派代表常驻。(八)张云,红军出河北恐不利,在山西亦恐难立足,彼主张红军经营绥远,但如红军决定出河北,他可通知万福麟部不打我们。"[13]

周恩来、张学良会谈后,中共中央决定派刘鼎作为中共驻东北军代表,在西安工作。此前,刘鼎和张学良 3 月开始见面。刘鼎曾与朱德一起在德国留学,又到苏联军校再次深造,见多识广,了解东北情况,对国内外形势也颇有见解,张学良对其十分欣赏,遂聘其为随从副官。

刘鼎

5 月 23 日,彭德怀致电东北军王以哲,提出:"全国红军在共产党领导及中央革命军事委员会统一指挥下,诚意推张副司令出任抗日联军总司令。抗日者所需之枪械弹饷,共产党中央和苏维埃可设法接济。此意请转达汉卿先生。"[14]

经过李克农、刘鼎、周恩来等人的工作,张学良在实际行动上,也向共产国际和苏联日益靠近,对共产国际的军事援助也充满了期望。他希望东北军能与红军、十七路军结成"铁三角"抗日政权,经内蒙古或新疆,得到共产国际的军事援助,为未来打败日本的入侵打下坚实的物质基础。

5 月 28 日,中共中央政治局召开会议,决定当前要建立东北军、十七路军、红军的"三位一体",争取建立西北国防政府,在红军内部加强统一战线政策的教育。

随着日本侵华危机日益加深,不少中国的军政要人,如孙科、冯玉祥、陈果夫、于右任等人，均有联苏联共、一致抗日的主张。因此，中共要建立抗日民族统一战线，就有必要获得共产国际的认同与支持。

6月26日，中共中央同共产国际恢复了中断一年多的通信联系，向驻共产国际代表团团长王明发去的第一封电报即通报了对张学良、杨虎城等在西北的国民党军队的统战工作进展："去年12月，我们在上述所有部队中开展了争取建立抗日救国统一战线的运动，在东北军中取得了巨大成绩，居第二位的是杨虎城（部队），在其他部队里成绩不大。随着建立上层统一战线……在政治、军事、经济和外交方面正在进行准备，以便尽快达到成立西北国防政府的目的。"[15]

电报谈了与东北军、西北军结盟将可能面临的财政问题，希望得到国际的援助。"东北军战士每月的薪饷支出是200万元，全部靠南京拨款，若是军队发动起来，那么这些拨款就会完全停止。困难就相当大。陕西省……靠自我的供给。杨虎城的军队有3万多人，供给已经不够了。甘肃省有600万人口，税收收入也不够供给20万红军和东北军的，在他们加入抗日联军后，必须向七八万红军战士支付和东北军同样数目的薪饷，否则红军就很难扩充。……能否每月给我们300万元的援助，并开始在国外华侨和全世界工人当中募捐，我们对此寄予很大希望。"[16]

8月15日，共产国际执委会致电中共中央表示同意瓦窑堡会议决议以及建立抗日民族统一战线的方针。但同时表示，不同意张学良的入党申请。

此前，张学良打算联苏联共，他曾向刘鼎表示："我想把队伍拉出去和红军一起干！"甚至向中共中央提出了加入中国共产党的愿望，中共中央遂将此事报告共产国际。

共产国际在电报中指出，应只把工农和学生中优秀的信得过的分子吸收入党。"我们认为，不加选择地把大学生和其他军队的[旧]军官吸收到红军中来，也是错误的，因为这会破坏红军的统一与团结。"共产国际认为"同张学良的接触必须保持"，"在士兵群众和军官中广泛宣传抗日民族统一战线思想……但是不能把张学良看作是可靠的同盟者"。[17]

共产国际对张学良的看法不佳，也许是由于张学良在中东路事件中与苏联为敌，事实上，张学良对红军的帮助远远超出了共产国际的预料。

对张学良的统战工作，为红一、二、四方面军的大会师创造了条件。5月25日，中共中央致电红二、四方面军领导人："四方面军与二方面军，宜趁此十分有利时机与有利气候速定大计,或出甘肃,或出青海,在兄等大计决定之后,一方面军适时向天水、兰州出动,进一步策应兄等,使蒋军不能拦阻,至于奉军已与秘密约定不加拦阻。”[18]

6月3日、30日,红二、六军团与红四方面军部队在甲洼、绒坝岔会师,7月1日,齐聚甘孜,与红四方面军主力会师。之后红二、四方面军携手北上,8月初抵达甘南地区。以打通国际通道为目的的宁夏战役计划遂随之提到日程上来。8月9日,洛甫、周恩来、博古、毛泽东致函张学良,建议“兄部须立即准备配合红军选定九十月间有利时机决心发动抗日局面,而以占领兰州,打通苏联,巩固内部,出兵绥远为基本战略方针”。

有张学良的支持,中共中央坚定了打通国际通道的信心。8月12日,中共中央将与张学良商定的新的战略行动计划电告朱德、张国焘、任弼时,其中攻取宁夏的步骤改在冬季进行。对今后战略方针作如下的建议:“一、二、四三个方面军,有配合甲军(东北军)打通苏联,巩固内部,出兵绥远,建立西北国防政府之任务。由此任务之执行以配合并推动全国各派统一战线,达到大规模抗日战争之目的。……根据一、二、四方面军会合,甲军与我们联盟,日本指挥蒙伪军进攻绥远、内蒙,企图割断中苏关系及蒋介石注意西南、暂时无法顾及西北等情况,上述任务可能而且必须在较短时期内实行之。”[19]

8月30日,中共中央致电西北局领导人,提出目前的基本方针是:迫蒋抗日,造成各种条件使国民党及蒋介石不能不与我们妥协,以达到两党联合反对日本之目的;紧密地联合东北军,并进行西北其他各部的联合谈判,造成西北局面;反对日本截断中苏关系的企图,准备冬季打通苏联。

张学良

在此期间,张学良因身兼西北“剿匪”副总司令、代行总司令职,表面上不得不应付一些“剿共”军事行动,实则消极避战,暗中帮助红军。张学良通报蒋介石组织“通渭会战”消息,并给红军提出意见。10月9日中革军委致电朱德、张国焘等,就有如下内容:

李毅意见:1. 设法推迟会战时间。2. 我一方面军佯攻靖远,威胁兰州,抑留于学忠守城。3. 我二方面军在现区活动,钳制王均、关林中。4. 朱、张速通过西兰大道与一方面军会合,执行宁夏战役。5. 蒋有意抽固原部队到平凉,使全军集力作战,李毅因请我们佯攻固原。6. 庄浪守兵一团,请我以大力攻击。7. 胡表示坚决进攻,估计胡将紧随我军后,破坏我宁夏战役,建议集中抗击胡敌"[20]

三大主力红军会师前夕,强敌环伺,彭德怀于 10 月 10 日向毛泽东发去电报:"处[此]着须在必要时附行,并须李毅(即张学良)给以若干方便,才能有把握。"[21]张学良令王以哲率七个师帮助迎接红二、四方面军进陕甘。毛泽东于 11 月 10 日致电彭德怀和红二、四方面军首长:"请即按王以哲电述前进路线调二方面军开该地区,两路各以一部节节抗御,滞其前进,但不要真打。"三大主力红军会师时,已是寒冷天气,红二、四方面军却仍身着单衣草鞋。张学良得悉后,在西安赶制一万套棉冬装,以运往六十七军为名送给了红军。

按照红军与东北军的互不侵犯约定,红军采办货物经过洛川、富县等地,六十七军提供保护。红军则投桃报李,六十七军入苏区办货,红军也予以保护。红军同意在甘泉被围半年之久的六十七军两个营重新换防,不加阻挠。东北军名为"围剿"红军,实则与红军已成友军关系。

考虑到与东北军的关系,为统战计,红军虽已包围了东北军一部于李旺堡,张闻天、毛泽东、周恩来 10 月 18 日致电朱德、张国焘"李旺堡白团经双方接洽,李毅(张学良)演假进攻,我把白团放出了事。"[22]这样的事情,并不鲜见。还是在李旺堡,据时任红八十一师政治部主任的李志民回忆,12 月初,东北军一二九师前来进攻,"我们清点一下人数,发现东北军虽然枪打得不少,但大都是朝天放或往地下打,我方无一伤亡。……第四天开'仗',东北军打枪打得特别激烈,连水机关枪(重机枪)也'嗵嗵嗵'地打得挺欢。可仔细观察,重机枪简直成了高射机枪了。从远处听来,枪声一阵紧过一阵,很像是一场激战。……我们师同东北军一二九师白天'打仗',夜晚联欢,'激战'五六天,双方无一伤亡,真是一场奇特的阻击战"。等到 12 月 13 日,东北军撤走,阵地上留下许多"红军弟兄们,再见""红军弟兄们,抗日前线再见"的字条。[23]

11 月中下旬,红军发起的山城堡战役,得到了东北军的暗中支持。红军乘胡宗南一部孤军冒进,发起山城堡战役之时,王以哲部靠近战区,最有希望增援胡宗南部。但王部虚假推进,一日数电彭德怀,告知各部行军路线、抵达地点、作战部署。王以哲表示会全力配合红军。王仍顾虑红军不是胡的对手,因而再三叮嘱:"为保存抗日力量,亦似不必作无谓牺牲。"除了将战役所有计划提供给红军,还准备违抗蒋介石命令停止行军,导致胡宗南部孤军深入被歼灭。如果他按照蒋介石命令率领东北军 4 个师和中央军一同行军,红军就不可能有机会围歼胡宗南二三二旅等部。即使包围了二三二旅,也无法从容作战。11 月 22 日,红军取得山城堡大捷,消灭胡部一个多旅,缴获大量枪支弹药。山城堡战役的胜利对于巩固陕甘宁苏区、促进逼蒋抗日方针的实现起了积极作用。

到 1936 年深秋,在西北地区,红军和张学良的东北军、杨虎城的十七路军已初步形成"三位一体"的新局面。

中共在做张学良工作的同时,也加紧做杨虎城的工作。对杨虎城的统战工作有良好的基础,但也有不易解决的难点。

杨虎城

杨虎城及其率领的第十七路军,早在大革命时期就同中共有过密切联系。蒋介石发动四一二政变后,杨虎城仍允许南汉宸等共产党人在十七路军中活动。美国记者尼姆·威尔斯曾评价:"大革命失败后,中国到处都搞反革命清党,只有一个地方未搞,就是杨虎城将军统治的那个地区。"不仅如此,他还曾主动申请加入中共,希望"能做第二个贺龙",可惜由于中共当时受"左"倾思想影响,杨虎城的入党问题未能解决。即使杨部的共产党员在皖北暴动失败,蒋介石指名要逮捕魏野畴和南汉宸,杨也只是将其礼送出境。

1930 年蒋、冯、阎中原大战后,杨虎城离冯附蒋,但仍大量重用共产党人。对刘志丹的革命活动,予以资助和保护。1933 年初,红四方面军从鄂豫皖苏区转战川陕后,杨虎城派人与红四方面军联络,于 6 月达成了互不侵犯秘密协定,这对红四方面军川陕根据地的建立和发展起了重要作用。然而,1934 年底,红二十五军长征入陕,杨部 3 个旅先后被红二十五军歼灭,警三旅旅长、中共地下党员张汉民被俘后被杀。1935 年 2 月红四方面军发起陕南战役,全歼杨竹荪团。这些事件，严重影响了杨虎城与中共的关系。

1935年10月，中共中央率陕甘支队抵达陕北，结束长征后，开始密切关注对杨虎城的统战工作。为联合杨虎城共同抗日，中共中央通过各种形式同他联络。中共中央先后派汪锋、张文彬，中共中央北方局派王世英，中共驻共产国际代表团派王炳南等人到杨虎城处商谈联合抗日问题。经过多次谈判，杨虎城认识到了中共的诚意，表示赞成互不侵犯、取消经济封锁、建立军事联络、联合抗日等主张，并同意张文彬作为红军代表驻西安。杨虎城与中共关系遂再度升温。

1936年两广事变期间，据在西安工作的刘鼎、刘向三、张文彬、梁明等人报告，杨与中共联合之事已不再提起，就是此前签订的通商、联络、交通等事也搁在一边不谈了。[24]6月28日，毛泽东致电彭德怀，指出："杨虎城怕蒋特甚，一时当难于与我们建立积极关系。"[25]

张文彬在报告中，谈到杨虎城对来自苏联和共产国际的援助的担心：红军除非取国际援助，不应继续游击战争，红军的根据地最好设在甘肃、宁夏与陕西交界地区。担心国际援助一时来不了，更担心国际援助只给红军不给十七路军。[26]

1936年8月13日，毛泽东致信时任十七路军总参议的杜斌丞，希望他进一步推动杨虎城参加抗日联合战线，对西北各部亦望他大力斡旋。同日，毛泽东致信杨虎城，对杨同意联合战线表示欢迎，告以派张文彬奉诚拜谒，提出："望确实表示先生之意向，以便敝方作全盘之策划。先生如以诚意参加联合战线，则先生之一切顾虑与困难，敝方均愿代为设计，务使先生及贵军全部立于无损有益之地位。"[27]

9月6日，张文彬代表中共中央与杨虎城会谈，带来了中共中央抗日合作的协议草案。会谈中，他回答了杨虎城对国际援助的担心，说"国际援助不成问题"，"一切抗日友军，一切联俄联共武装都可援助，方式与方法则按具体情形决定"。[28]7日，张文彬与十七路军代表王菊人等达成了具体合作的协议。至此，杨虎城结束了摇摆，同中共站在了一起。

到西安事变前，红军与十七路军关系已十分密切。正是鉴于中共与杨部的良好关系，毛泽东于12月5日特致信杨虎城，就以下事情同他协商：其一，联合救国之大计，以长安为中心之五六省区宜有一种具体合作计划。其二，敝方三个方面军会合后,部队甚大,给养困难,弹药亦待补充,拟向兄处暂借三十万元。其三,敝军行动方向目前虽尚难确定,然不论东西南北,均与贵军唇齿相关患难与共。其四,空间通信再不可缓。[29]

★ 毛泽东亲自做阎锡山等人的统战工作

1936 年 2 月,红一方面军发起东征战役,东渡黄河,进入山西,在 75 天的征战中,消灭国民党军 7 个团,俘敌 4000 余人,给阎锡山以沉重打击。中共中央在 5 月令红军回师陕北,并发表了《停止内战一致抗日通电》。

蒋介石以“剿共”为名,进入山西的中央军驻扎晋南不走,威胁着阎锡山“山西王”的统治。同时日本侵略军气焰嚣张,对绥远、山西虎视眈眈,志在必得。是“降日”还是“抗日”,是“反共”还是“联共”? 阎锡山此时处在国、共、日“三颗鸡蛋上跳舞”的尴尬境地。

为了争取阎锡山,红军决定将东征战役俘虏的阎部第一九六旅三九二团团长郭登瀛释放。释放前,毛泽东、周恩来接见了他,向他阐明了中共抗日民族统一战线的政策,请他回去劝说阎锡山走“联共抗日”的道路。毛泽东还给阎锡山写信,让郭登瀛带给阎。信中写道:“敝军西渡,表示停止内战,促致贵部及蒋氏的觉悟,达到共同抗日之目的。……今遣郭团长返晋,面致手书,如有所教,迄令郭君再来,以便沟通两方,成立谅解。”[30]郭登瀛回到太原后,将信交给了阎锡山。

毛泽东还分别致信晋绥军第七十二师师长李生达、第六十六师师长杨效欧以及赵戴文,申明红军西渡为表示停止内战、一致抗日的决心;愿与晋军、阎锡山停战议和,筹商大计。[31]

8 月 14 日,毛泽东还分别致信宋哲元、傅作义,试图通过宋、傅与阎的老关系,与阎锡山直接打交道。毛泽东在给宋哲元的信中说:“鲁韩(复榘)、绥傅、晋阎三处,弟等甚愿与之发生关系,共组北方联合战线。先生必有同心,尚祈设法介绍。”

10 月,薄一波、杨献珍等受中共北方局的委派,同阎锡山建立抗日的统一战线,接办了阎锡山创办的“山西牺牲救国同盟会”。他们动员、组织和武装群众,开办多种训练班、教导团,培养大批抗日救亡骨干,在山西也扩大了共产党的影响。11 月 7 日,阎锡山召集“自强救国同志会”干部委员会开会,会上绝大多数人赞同联共抗日。这为阎锡山联共抗日搭好了台阶。

10月22日，毛泽东致信刘少奇，指出：“北方统一战线非常要紧，特别着重于军队方面，加紧二十九军工作之外，晋绥应放在第一位；民族革命同盟[32]如有些力量，须好好联络，首先推动他们赞助晋绥与我们的关系。”西安事变前夕，毛泽东于12月2日两次致电刘少奇，提出急需同晋绥当局建立友好关系，以便利红军行动。速从民族解放同盟或其他关系与晋阎、绥傅接洽，其条件为：“（一）晋绥容许红军参加抗日战线，划定一定防地，帮助解决给养，弹药。（二）红军愿意服从阎氏之统一指挥，并不干涉晋绥行政。（三）红军派出代表驻在晋阎、绥傅处，以资联络。”[33]

11月12日，中共中央派出彭雪枫赴太原与阎锡山秘密洽谈。彭雪枫到太原后，由南汉宸陪同与阎锡山会晤，递交了毛泽东的亲笔信。阎锡山看信后，决计联共“守土抗日”，同意红军在太原建立秘密联络站。彭雪枫遂在首义门“基督教青年会”六号院，建立了秘密联络站；几个月后，为方便使用电台，彭雪枫用化名和假身份在太原新满城街租了一套四合院，对外称“彭公馆”。陕北的石油、食盐源源不断地运来山西，山西的布匹、面粉、小米等不断运往陕北，使两地物资的缺乏得到互补，有力地促进了两地双边贸易。

绥远抗战爆发前后，中共对阎锡山领导的晋绥军表示大力支持。8月日军指使伪蒙军李守信部进犯绥东，日军则由热河开抵张北。毛泽东于14日写信给阎部戍守绥远的第三十五军军长傅作义，表示：“先生北方领袖，爱国宁肯后人？保卫绥远，保卫西北，保卫华北，先生之责，亦红军及全国人民之责也。今之大计，退则亡，抗则存；自相煎艾则亡，举国奋战则存。”他还指出：“近日红军渐次集中，力量加厚，先生如能毅然抗战，弟等决为后援。”[34]

11月中旬，第三十五军取得绥远抗战红格尔图战役胜利。21日，毛泽东、朱德致电傅作义，祝捷电报写道：“足下之英勇抗战，为中华民族争一口气，为中国军人争一口气。……红军抗日援绥，且具决心。……吾人深信，吾人现所努力之停止内战、抗日救国之行动，必能对于足下之抗日义举，遥为声援。……先生如能毅然抗战，弟等决为后援。亟望互派代表，速定大计，为救亡图存而努力。”[35]

西安事变发生后，毛泽东于12月16日致电阎锡山，提出：“时局应和平解决，万不宜再起内战。”希望阎出面斡旋和平解决西安问题。

12月23日毛泽东致信阎锡山，就和平解决西安事变问题提出：“敝方为大局计，不主决裂，亦丝毫不求报复南京，愿与我公及全国各方调停于宁、陕之间，诚以非如此则损失尽属国家,而所得则尽在日本。目前宁军攻陕甚急,愿我公出以有力之调停手段。”信中还说:“如何使晋、绥、陕、甘四省亲密团结,联成一气,俾对国事发言更为有力之处,敬祈锡示南针。”[36]阎也确实出面表达过居中调解的意愿,但由于蒋的拒绝而未能如愿。

毛泽东还于当日请山西吉县县长璩象咸代向阎锡山、赵戴文面陈下列几点意见:

(一)十分钦佩晋绥当局对日寇的英勇抗战、开放爱国运动及取消防共组织,敝方与晋绥的基本方针已属一致,希望晋绥当局坚持此方针不变更。

(二)希望即刻实现双方的密切合作,首先停止对西北的全部内战(包括对红军的与对西安的),给南京亲日派以压力达到此目的。

(三)红军要求晋绥当局同意(红军)开赴绥察抗日,愿受阎之指挥,不干涉晋绥行政与社会秩序,晋绥发给伙食、弹药。

(四)建立晋西、陕北交通通信,恢复通商关系,从吉县、延长局部开始。

(五)不使汤恩伯回陕,并调出李仙洲、高桂滋、高双成离开陕北,此事请阎、赵大力帮忙。[37]

中共中央高度重视对阎锡山的统战工作,而毛泽东亲自给阎锡山多次写信、发电报,特别是信中“愿意服从阎氏之统一指挥”这个提法颇有战略意义。我们就不难理解为何全面抗战爆发后,红军主力改编为八路军,即在第二战区阎锡山指挥之下。这时已大力开展的统战工作其实已埋下了深远的战略伏笔。

1937 年 8 月 30 日,“国民革命军第八路军驻太原办事处”的牌子正式挂出。彭雪枫等人在太原作报告、搞演讲,大力宣传抗日游击战争思想,还接待了来到办事处的各界慰问团及《大公报》《战时画报》等中外记者。从四面八方来到太原的热血青年经他和办事处的介绍走上了抗日前线。1937 年的太原,成为华北抗战基础最好的地区,成为华北救亡运动的中心。

除了对张、杨以及阎锡山的统战工作,这一时期,中共中央还对地方实力派做了大量统战工作。1936 年 8 月至 12 月,毛泽东本人亲自提笔向国民党军各派将领写了多封信。

8 月 13 日,他致信国民党军西北“剿总”第一路总司令、甘肃绥靖公署主任朱绍良:“两党两军之间,无胶固不解之冤,有同舟共济之责。望抛嫌释怨,以对付共同之敌。尚祈致意蒋先生,立即决策,国事犹可为也。”

9月8日,他致信国民党军西北“剿总”第一路副总司令兼第三军军长王均:“从井冈山就同先生打起,打了十年,也可以休息了!……两党合作之局既为时不远,双方前线宜尽可能减少冲突。如何处之,敬候卓裁。”

9月22日,他致信李济深、李宗仁、白崇禧,指出:“目前抗日救国大计必须进入具体实际的阶段。蒋介石氏及中国国民党一律参加抗日统一战线,实为真正救国政策的重要一着。贵我双方订立抗日救国协定,实属绝对必要。”

12月5日,他致信冯玉祥,指出:“目前急务似无急于停止内战。诚得先生登高一呼,众山齐应,今日停战,明日红军与西北‘剿共’各军立可开进于绥远战场。……泽东与先生处虽异地,心实无间,倘得不吝教诲,锡以圭针,敢不拜赐!”

他还指示刘少奇,必须向宋哲元及二十九军继续工作。韩复榘、傅作义、阎锡山、张自忠、刘汝明、商震六处,一有机会,即须接洽。“统一战线以各派军队为第一位,千万注意。”[38]

到1936年12月,中国共产党与晋、绥、察、滇、桂、川、新、甘、陕等省的地方实力派之间已初步建立了联系,从而为形成广泛的抗日统一战线,为全民族抗战局面的形成创造了条件。

★ 从反蒋抗日向逼蒋抗日的转变

中共在《八一宣言》中提出,在民族危机严重的情况下,愿意同一切愿意抗日的各党各派各界各军携手抗日,包括国民党军队在内。认识到不仅要开展下层统一战线,而且要开展上层统一战线工作,但最初仍排除了蒋介石集团,是在反蒋基础上的抗日统一战线,即反蒋抗日。瓦窑堡会议肯定了实行“上层统战”与“下层统战”的提法,认为“只有最广泛的反日民族统一战线(下层的与上层的),才能战胜日本帝国主义及其走狗蒋介石”。

张闻天依据共产国际的决议更指出:“高慢(原文如此)的宗派主义在现在的许多时机内与许多场合中已不是共产主义的幼稚病,而已是一种根深的罪恶。”同样,中央的决议也指出:“在目前说来,‘左’的关门主义,是党的主要危险。”

中共中央于1936年3月举行的晋西会议上,张闻天作了关于《共产国际“七大”与我党抗日统一战线的方针》的报告,指出:“我们现在主张国内和平,联合对日。……必要而且可能与各种政治派别进行上层统一战线,首先注意那些有群众的、有实力的、抗日的派别。……不论统一战线是上层的,下层的,或上下同时进行的,统一战线的协定如能公开,就一定都要在群众中进行广泛的讨论。……对最反动的法西斯分子进行最坚决的斗争,而不是迁就,如对蒋,这样可以使动摇者倾向我们。"[39]

这时,中共的"上层统战",是不包括蒋介石集团的,仍坚持抗日与反蒋并行。关于为什么仍要反蒋,张闻天在《关于抗日的人民统一战线的几个问题》中解释道:"我们所以要讨伐蒋介石,因蒋介石是把中国出卖给日本的主要负责者,是中国有史以来最大的汉奸卖国贼。"[40]

中共中央在指挥红一方面军东征战役期间,开始改变统一战线的思路,不再将抗日与反蒋并行。鉴于这时中共中央已开始考虑同蒋介石的南京政府进行谈判,晋西会议还专门讨论了同南京政府谈判的问题。会后不久,毛泽东、彭德怀致电张闻天,特别提出:"目前不应发讨蒋令,而应发布告人民书与通电。"在这时发讨蒋令,就意味着"把我们自己最高旗帜弄模糊了"。"我们应紧握反日统一战线去击破日本反共的统一战线。因此,我们基本的口号不是讨蒋令,而是抗日令。"[41]1936 年 4 月 25 日,中共中央发表《为创立全国各党各派的抗日人民阵线宣言》,首次公开把国民党列为抗日民族统一战线的对象。5 月 5 日发表的《停战议和一致抗日通电》不再称蒋介石为卖国贼,而称其为蒋介石氏。这实际上是中共公开放弃了"反蒋"的口号,宣布党的抗日反蒋政策已开始向逼蒋抗日政策转变。

5 月初,为避免与蒋介石、阎锡山拦阻红军东征的 50 多个团发生正面冲突,红军主动回渡黄河,并通电南京政府,"愿意在一个月内与所有一切进攻抗日红军的武装队伍,实行停战议和,以达到停战抗日的目的"。

6 月 20 日,中共中央致电国民党二中全会,正式提议国民党和共产党"联合起来",并诚恳发出呼吁:"立即同我们诚意的携手,抛开以往一切的仇怨,在争取中国民族解放的神圣事业中共同奋斗!我们随时都准备同贵党任何组织、任何中央委员、任何军政领袖进行关于合作救国的谈判。我们伸着手向着一切愿意抗日救国的人们!我们盼望你们对于我们这个诚恳的提议给以善意的考虑!我们等候你们对于我们这个提议的任何答复!"[42]

共产国际在与中共恢复通信联系后,基于建立反法西斯统一战线的需要,也指导中共中央改变对国民党反蒋抗日的方针。共产国际执委会 1936 年 8 月

15日给中共中央的电报指出："我们认为，把蒋介石与日本侵略者相提并论是不对的。这个观点在政治上是错误的，因为日本帝国主义是中国人民主要的敌人，在现阶段，一切都应服从于对日本帝国主义的斗争。此外，不可能左右开弓，既顺利进行反对日本侵略者的斗争，又顺利进行反蒋斗争。同样，也不能认为整个国民党和蒋介石的军队全都是日本的同盟者。要真正武装抗日，还必须有蒋介石或他的绝大部分军队参加。"[43]

1936年8月下旬，中共中央根据共产国际的指示，明确提出"逼蒋抗日"的方针，并据此先后发出了《中共中央关于逼蒋抗日问题的指示》《中共中央关于抗日救亡运动的新形势与民主共和国的决议》《国共两党抗日救国协定草案》等一系列重要文件。

中共中央在《中国共产党致中国国民党书》中表示"我们愿意同你们结成一个坚固的革命统一战线"，公开阐明国共进行第二次合作的主张。宣布随时"准备着在任何地方与任何时候派出自己的全权代表"，同国民党的全权代表"开始具体实际的谈判，以期迅速订立抗日救国的具体协定"，并宣布赞成"建立全中国统一的民主共和国，赞助召集由普选权选出的全国的国会"，准备使苏区"成为统一民主国的一个组成部分"，红军接受"国防政府与抗日联军的统一指挥"，同时提出了关于国共合作的初步方案。[44]

就在红军三大主力会师之际，中共中央致电在甘南的红二、四方面军领导人朱德、张国焘、任弼时，指出："中国最大敌人是日本帝国主义；抗日反蒋并提是错误的。我们从二月起开始改变此口号。"[45]

10月15日毛泽东向苏维埃新闻社发表谈话，指出：苏维埃中央政府与人民红军军事委员会现已发布命令，一切红军部队停止对国民革命军之任何攻击行动。"如南京政府诚能顾念国难停止内战出兵抗日，苏维埃愿以全力援助，并愿以全国之红军主力为先锋，与日寇决一死战。"[46]

10月26日，毛泽东同朱德等46人联名发出《红军将领给蒋总司令及国民革命军西北各将领书》，要求"立即停止进攻红军并与红军携手共赴国防前线，努力杀贼，保卫国土，驱逐日寇，收复失地"。并提出："不论诸先生派代表进来，或要我们派代表出去，或即在前线上谈判，我们都愿接受。只要内战一停，合作门径一开，一切谈判都将要在抗战的最高原则之下求得解决。"[47]

11月13日，中共中央政治局会议分析了苏区、红军面临"围剿"、给养困难的严峻形势，认为红军的军事行动应以促成统一战线的形成为方向；可以同意南京政府提出的红军改为国民革命军的条件，但要坚持党的领导。[48]毛泽东在讲到统一战线问题时说：我们总的方针就是要团结群众，用群众的力量，利用国民党将领张学良、杨虎城、阎锡山等要求与红军联合的变化，逼蒋介石走到与我们联合。我们的原则是在抗日的目标下逼蒋抗日。[49]

中共逼蒋抗日的方针与张、杨逼蒋抗日的思路可谓不谋而合，这就不难理解西安事变随后为何发生，发生后又在中共的推动下得到了和平解决。西安事变从捉蒋，到放蒋，再到事变后红军、东北军、西北军联蒋抗日，正充分体现了逼蒋抗日方针成功的效应。

★ 国共和谈的四个秘密渠道

1935 年 8 月 7 日，王明在共产国际七大的发言中宣布："共产党中央和苏维埃政府准备在组成这样一个政府的谈判中采取主动，并愿与一切不愿做亡国奴的人们，在大家都能接受的纲领的基础上，为了挽救我们的祖国，撇开在其他重要问题上的意见分歧，共同参加这个政府。红军准备在这个联合的军队的最前列，与其他一切军队携手并进。"[50]

10 月 1 日，《八一宣言》在巴黎《救国报》第 10 期正式发表。《救国报》在为发表《八一宣言》而写的社论《中国人民之曙光》中，特别强调"无论各党派间过去和现在有任何政见和利害之不同"，都要"为抗日救国神圣事业而斗争"。

中共代表团在七大上的发言以及宣言的发表，向外界传达了中共将改变反蒋抗日政策的信号。

蒋介石看到王明在共产国际七大上的讲话稿，又从《共产国际》杂志上看到王明《为反帝统一战线而斗争与中共当前的任务》一文，感到同红军谈判的时机到了。[51]出于联苏抗日和"溶共"的目的，他派出驻苏大使馆武官邓文仪等同中共驻共产国际代表团开始秘密联系。

潘汉年奉命同邓文仪谈判。1936 年 1 月 13 日晚，潘汉年与邓文仪开始了关于国共第二次合作的首轮会谈。国共自 1927 年第一次合作破裂后，经过近十年刀光剑影的厮杀，终于坐在了一起。但要立即谈成合作却殊非易事。

会谈中，邓文仪代表蒋介石政府，要找王明讨论国共合作抗日的问题，说："过去是因为鲍罗廷的错误使得我们在 1927 年不得不分裂。我们的领导人常说，朱、毛那时对于分裂是没有责任的。"[52]潘汉年则代表中共回应："只要你们立即停止进攻红军，表示抗日，我们愿意与你们谈判合作问题。"邓文仪表示同意中共提出的抗日统一战线和国共合作的主张，但双方在两党合作后对日作战的统一指挥问题及苏联援助国民党军需和粮饷等问题上存在着较大分歧。王明在听取了潘汉年的初步会谈报告后，决定与邓文仪直接谈判。

邓文仪向王明提出三项初步建议供讨论：

1. 取消中华苏维埃政府，邀请苏维埃政府的所有领导人和工作人员参加南京政府；

2. 把红军改编为国民革命军，因为同日作战必须有统一的军事指挥；

3. 国共两党间恢复 1924 年—1926 年的合作形式，要么共产党单独存在。

南京政府可以给红军提供一定数量的武器和粮食，还可指派一些部队去帮助红军，以便红军进军内蒙古战线。同时，鉴于中日战争一旦爆发，日本会封锁中国所有海上通道，那时中国就不能从欧美购买武器弹药，未来唯一的来源将是苏联。因此，南京政府希望在未来对日作战时，经过西北从苏联方面得到武器和弹药。[53]

王明与邓文仪会谈后，建议他同国内的中国共产党和红军的领导建立直接联系，以便同他们谈判签订抗日和停止内战的具体条件。双方商定由邓文仪回国进入苏区，直接同毛泽东、朱德等人谈判。1936 年 1 月 23 日，王明致信毛泽东、朱德、王稼祥，通报潘、邓在莫斯科谈判的情况，以及两人回国后继续赴南京与蒋介石面商的消息。同时，潘汉年也以中华苏维埃中央政府人民外交部副部长的名义致信蒋介石，保证邓文仪进入苏区谈判时的人身自由与安全。

然而，好事多磨，一波三折。不久，国内的红一方面军在毛泽东指挥下，东渡黄河，发起了东征战役，而蒋介石却调集重兵，企图乘机消灭红军。中共代表团感到蒋介石缺少诚意，认为派出邓文仪来谈判是“乘机收编中国红军的阴谋”，遂一度中止了潘汉年作为国共谈判联系人的使命。

3 月，随着国内红军与张学良的东北军、杨虎城的西北军共同抗日协议的初步达成，驻莫斯科的共产国际中共代表团也将“抗日反蒋”的方针，改为“抗日讨贼”。潘汉年被派回国内担负与国民党继续谈判的使命。临行前，他特意约见邓文仪，重申“停止军事行动应当是国共合作的前提”，并与邓约定到达香港后，由陈果夫、陈立夫派人来与潘汉年联系谈判事宜。于是潘汉年带着共产国际的密码以及同国民党谈判的秘密使命，于 4 月中旬启程，取道法国乘船到了香港。

在潘汉年与邓文仪在莫斯科谈判的同时，国内，蒋介石也着手建立同中共沟通的渠道。其中有南京政府铁道部次长、国民党中常委曾养甫同中共北方局的联络渠道;铁道部劳工科科长谌小岑通过上海临时中央局张子华与陕北中共中央的联络渠道;宋子文通过宋庆龄,由董健吾作为信使建立的与陕北中共中央联系的渠道;再加上由苏联回国的潘汉年与陈立夫的直接谈判,在国内就出现了国民党与中共联络的四条渠道。1936 年 7 月 1 日潘汉年给王明的信中,汇报了这四个渠道的情况。其中,最重要的还是潘汉年与陈立夫的谈判渠道,这条渠道规格最高,谈判的内容最具实质性。他们背后代表的分别是中共的毛泽东、周恩来等与国民党的蒋介石,最终坐在一起谈的则是周恩来与蒋介石。

3 月 4 日,毛泽东同张闻天、彭德怀致电博古,制定了与南京当局谈判的五项条件:"一、停止一切内战,全国武装不分红白,一致抗日;二、组织国防政府与抗日联军;三、容许全国主力红军迅速集中河北,首先抵御日寇迈进;四、释放政治犯,容许人民政治自由:五、内政与经济上实行初步与必要的改革。"[54]

5 月中旬,周恩来会见第二次到陕北的张子华,听取张汇报与曾养甫、谌小岑的谈判情况及国民党上层和各界人士对停止内战、一致抗日的态度。

6 月 1 日,国内爆发了桂系李宗仁、白崇禧和粤系陈济棠反蒋抗日的两广事变,蒋介石内外交困,顾此失彼,被迫高唱抗日的调子,再次以抗日派的面孔加紧同中共秘密联系。中共驻共产国际代表团认为"逼蒋抗日"的局面已经形成,王明遂写信指示潘汉年"以共产国际方面代表的身份,前往南京同陈立夫接触和谈判,并提出不压迫爱国运动,对日表示明确态度等谈判条件"。接此指示后,潘汉年按照与邓文仪事先的约定,给在南京的 CC 系头子二陈(陈立夫、陈果夫)写了信。不久即有了回音,香港的《生活日报》于 7 月 7 日登出了一则启事:"叔安弟鉴:遍访未遇,速到九龙酒店一叙。兄黄毅启。""叔安"是潘汉年常用的一个化名,而"黄毅"则是国民党中央执行委员、组织部副部长张冲的化名。潘汉年遂在张冲陪同下,前往南京。

二陈这时从苏联驻华大使鲍格莫洛夫处获悉共产国际不能完全指挥国内的中国共产党和红军,担心单同归国的潘汉年谈判不能解决根本问题。因此,二陈决定不见潘汉年,改由张冲转达意见,表示欢迎潘汉年前来进行国共合作谈判;派出曾养甫为二陈代表先同潘汉年谈;等潘汉年到陕北同毛泽东、周恩来等人见面后,将国内中共中央和红军的谈判条件带来,再与二陈正式谈判。

曾养甫带来了给中共领导人的四项谈判条件:第一,国民党方面欢迎共产党的武装队伍参加对日作战;第二,共产党方面武装队伍参加对日作战时,与中央军同等待遇;第三,共产党方面如有政治上的意见,可通过即将成立的民意机关提出，供中央采择；第四，共产党方面可选择一地区试验其政治经济理想。[55]

潘汉年则向曾亮出了中共关于实现国共合作的三条意见：第一，停止内战；第二，释放政治犯；第三，军队联合抗战。

双方结束会谈后，约定将对方意见转达至高层。

8月8日，潘汉年在东北军的护送下，安全抵达了陕北保安，向毛泽东、张闻天、周恩来等汇报了共产国际执委会书记处不同意把反蒋、抗日口号并提的意见，以及他回国后在上海、南京同国民党联络的情况。8月10日，中央政治局召开会议。毛泽东在会上指出："民众抗日已经冲破蒋介石的压迫，但是还没有冲破蒋介石的最高界限，即还没有实现民主。蒋介石总是说先统一，我们则要求他先给抗日的民主。'抗日必须反蒋'的口号，现在已不适合，要在统一战线下反对卖国贼。同时要注意提高对同盟者的警戒性，保持党的独立性。"[56]

12日，在陕北的中共中央致电刚走出草地不久的朱德、张国焘、任弼时，告知："认定南京为进行统一战线之必要与主要的对手，应与南京及南京以外之国民党各派，同时的分别的进行谈判。依据过去与南京谈判的基础，在忠实进行抗日准备，实行国内民主与实行停止'围剿'等前提之下，承认与之谈判苏维埃红军的统一问题。"[57]

共产国际在8月15日致电中共中央，对中共建立抗日民族统一战线的方针，明确从联蒋抗日的定位予以指导："停止红军与蒋介石军队间的军事行动，同蒋军达成联合抗击日本侵略者的具体协议。必须这样做，尽管蒋介石和国民党至今依然害怕同任何人缔结抗日协定。我们觉得，为了做到这一点，中国共产党和红军首长必须正式向国民党和蒋介石提出立即开始停战谈判和签订共同对日作战协定的建议。共产党和红军首长应该说明愿立即派代表团前去谈判或者在苏区接待国民党和蒋介石的代表团。"并对与蒋介石政府谈判的条件，提出了四条指导性的对策：

1. 停止内战，联合中国人民的一切武装力量真正抗击日本侵略者。

2. 建立总指挥部，制定对日作战的总计划，同时保存红军在政治和组织上的独立性，红军负责对日作战的某些战区。

3. 向红军提供相应的根据地和必要的武器装备。

4. 释放被关押的共产党员，在国民党地区停止对共产党员的迫害。[58]

10月14日，潘汉年被中共中央正式任命为谈判代表，乘火车离开了西安，到达南京，与陈立夫举行了首轮会谈。然而，这时随着两广事变以蒋介石的胜利而结束，蒋介石又忘乎所以，一改以前提出的谈判条件，将筹码提高，要求中共交出军队，放弃“割据”，至于中共的干部如毛泽东、朱德等人，可适当安插到国民党政府中。毛泽东、朱德如感不便，可先出国考察一段时期。得知这一变化，潘汉年强压怒火，将情况当即报告给在陕北的党中央。

党中央复电表示，在蒋介石新军事“围剿”下，不同意周恩来前往广州等地与陈立夫会谈，由潘汉年全权负责谈判。

11月10日，潘汉年与陈立夫在上海沧州饭店举行了正式谈判。他阐述了中共拟定的《国共两党抗日救国草案》的意见，陈立夫则代表蒋介石提出更加苛刻的条件：政权与军队必须取消，红军只可保留三千人的规模，师长以上的干部一律解职出洋，半年后按才录用。[59]

潘汉年知道，此番谈判条件的变化，主要在于蒋介石飞抵洛阳加紧军事上“围剿”红军所致。他针锋相对地指出：这不是谈判，而是剿共收编。“蒋先生为甚目前有如此设想，大概误会了红军已到无能为力的时候，或者受困日本防共协定之提议，磋商合作条件尚非其时？”

11月19日，在南京举行的第二次正式会谈中，陈立夫的态度变得出人意料的强硬，他打出了日德签订反共产国际协定的王牌，且称曾养甫先前转达的四项条件为子虚乌有。坚持“红军的人数可编至三千人，允余由宁方编遣”[60]。潘汉年再次拒绝了陈立夫收编红军的方案，并将中共中央提出的国共合作八项谈判条件交给对方。12月初，潘汉年与陈立夫举行第三次会谈，陈立夫表示可将保留红军的人数由三千增至三万，其他条件不变。12月10日，毛泽东致电张学良：“红军仅可在抗日救亡之前提下承认改换抗日番号，划定抗日防地，服从抗日指挥，不能减少一兵一卒，并须扩充之。”“我们愿以战争求和平，绝对不作无原则让步”。[61]由于蒋介石对谈判缺少诚意，双方提出的条件差距太大，国共谈判已经走入死胡同了。

谈判暂且搁浅，张冲和陈立夫都表示不希望国共谈判就此中止。国共双方恐怕谁也不曾料到，历史的转机这时已悄然走近。

★ 共产国际主张和平解决西安事变

1936年12月1日，毛泽东、周恩来、朱德、张国焘致电彭德怀、任弼时：张学良尽力使全线停战，但又无法长停，蒋介石尚不愿取长期守势。“一二月后绥远西北全国有起较大变化可能，李毅建议我军熬过一二个月。”[62]

这个变化是什么，中共中央当时恐怕怎么也想不到。直到12月12日西安事变爆发，中共中央才发现原来张、杨做了一件如此惊天动地的大事，以兵谏的形式扣押了蒋介石等人，并通电全国，呼吁“改组南京政府，容纳各党各派共同负责救国”，“停止一切内战”。

蒋介石对张、杨与红军秘密合作，早有所闻，只是不知道程度到底有多深。他对形势作了错误的判断，内政外交稍一得手，便迫不及待地飞赴西安，督励“剿共”，企图通过“剿共”迫使东北军、西北军与红军互相残杀，反目为仇，从而达到一箭三雕的目的。却不料反而逼迫张学良、杨虎城两人走了险棋。张、杨皆不愿失去红军这位可靠的盟友，更不愿由此失去联苏联共抗日的机会，遂在未预先告知中共的情况下，断然发动了西安事变。

张学良、杨虎城将军

李德在《中国纪事》一书中，提到西安事变的第二天共产国际发来电报，要求不杀蒋，才迫使中国共产党采取了和平解决的方案。李德这个说法是不成立的。12月13日，共产国际尚未给中共中央发出电报，电报是在西安事变后的第四天发的。

12月16日，斯大林和莫洛托夫、季米特洛夫等五人小组磋商后，向中共中央发出电报：

> 复电建议你们采取以下立场：
>
> (1)张学良的行动不论他的意图如何，客观上只能损害把中国人民的力量团结在抗日统一战线中并会鼓励日本对中国的侵略。
>
> (2)由于这一行动已经作出，我们应该考虑现实情况。中国共产党要坚决宣布在下列基础上和平解决这一冲突。[63]

事实上，由于电码的错误，无法判读，这封电报直至20日才重发到保安。电报对中共中央解决内部分歧、和平解决西安事变发挥了作用，但中国共产党实际上在收到共产国际的电报之前就已确定了和平解决的方针，并开始落实。中国共产党关于和平解决西安事变的方针，是独立自主制定出来的。当然，这并不意味着此前中共中央不了解共产国际的意图,中共中央已从报刊、电台了解到共产国际和苏联对解决事变的态度。

12 日,张学良致电中共中央:“吾等为中华民族及抗日前途利益计,不顾一切,今已将蒋等扣留,迫其释放爱国分子,改组联合政府。兄等有何高见,速复。”[64]

西安事变的消息最初传到红军总部所在地保安时,红军将士无不为之激动不已,有人高喊:“清算公审出卖中华民族利益的叛徒蒋介石的时候到了,只有对他进行清算,才能为全国一致抗日开辟道路。”“是对蒋介石清算血债的时候了。”“蒋介石也有今日!”有的人说:“张学良确实干得不错!”这时,周恩来冷静地表示:“这件事不能完全由我们做主,主要是看张学良和杨虎城的态度。”也有人主张将蒋严密拘禁起来,作为人质,带南京抗日,并形成西安的军事优势。

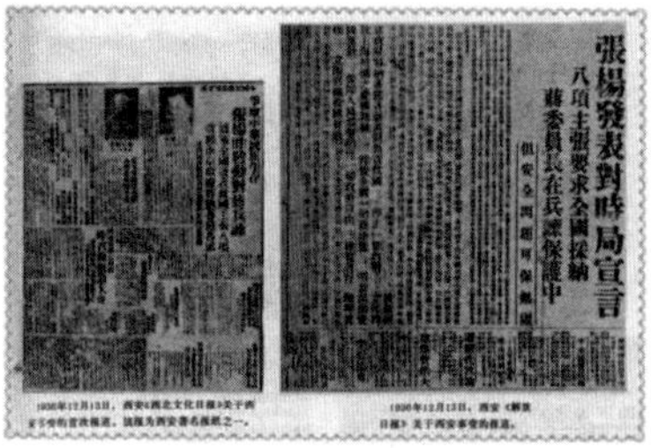
張楊發表對時局宣言
八項主張要求全國採納
蔣委員長在兵諫保護中

西安《解放日报》关于西安事变的报道

欢庆之余,中共中央在毛泽东住的窑洞里开了政治局会议,商量处理西安事变的方针政策。会议肯定西安事变是革命的,推动抗日的。决定采取不与南京对立的方针,不组织与南京对立的政权。还决定中共中央暂时不发表宣言。周恩来在发言中提出:要推动、争取国民党的黄埔系、CC 派、元老派和欧美派积极抗日;巩固西北三方的联合;还要在抗日援绥的原则下与山西阎锡山、四川刘湘、西南桂系联合;向全国各派解释清楚,西北这一行动是为了抗日,而不是针对南京政府。

经过几天的思索,中共中央领导人头脑冷静下来之后,思想上逐渐转过弯儿来。毛泽东获悉日本外相 17 日声言,南京若与张、杨妥协,日本将不能坐视;日本关东军发表声明,要求南京“反共防共”。他和张闻天、博古等商定,主张有条件地恢复蒋介石的自由,和平解决西安事变。张闻天颇有远见地说:“我们的方针,应确定争取成为全国性的抗日,坚持停止内战、一致抗日的方针。……我们应尽量争取时间,进行和平调解。”毛泽东作结论指出:西安事变是站在红军的侧面,受红军的影响是很大的。只有结束内战才能抗日。“现在应估计到这次是可能使内战结束”,“我们应变国内战争为抗日战争”,“我们要争取南京,更要争取西安”。会议通过了《中央关于西安事变及我们的任务的指示》,提出:“反对新的内战,主张南京与西安间在团结抗日的基础上,和平解决。”同时,中华苏维埃中央政府及中共中央联名向南京、西安当局发出通电，表明主张和平解决西安事变。

18 日，中共中央公开发表《关于西安事变致国民党中央电》，表示“为国家民族计，为蒋氏个人计”，提出六条建议，“不但国家民族从此得救，即蒋氏的安全自由当亦不成问题”。

12 月 17 日，周恩来与博古、叶剑英等人组成中共代表团，飞赴西安，帮助张、杨商定解决西安事变的条件，其主要内容，是停止内战，一致抗日，组织国防政府和抗日联军。张学良向周恩来询问苏联和共产国际的态度，周恩来回答说尚不知，但是中共中央已多次向共产国际发电说明情况。会谈后周连夜将情况电告中共中央，并提到“答应保蒋安全是可以的”。20 日，周恩来收到毛泽东转来的共产国际来电内容，并将共产国际和平解决事变的态度转告了张、杨。

在中共推动下，西安事变得到了和平解决。西安事变遂成为时局转换的枢纽，促进了中共中央逼蒋抗日方针的实现。毛泽东在当时就说：“西安事变成为国民党转变的关键。没有西安事变，转变时期也许会延长，因为一定要有一种力量来逼着他来转变。……十年的内战，什么来结束内战？就是西安事变。”[65]

周恩来从西安回到延安时受到毛泽东等人的欢迎

西安事变后，内战停止，蒋介石开始部分履行他在西安事变中的口头承诺。1937 年 1 月 30 日，蒋介石电告顾祝同：红军驻地陕北，南京每月给 20 万至 30 万的经费。[66] 2 月 9 日，蒋介石通过顾祝同告知中共同意红军在西安设办事处，保证不迫害民众团体等，并约周恩来谈判。这意味着停止其“围剿”红军的战争，并承认红军作为抗日国防军的地位，国共合作谈判进入了实质性阶段。

★ 中共中央致电国民党五届三中全会

西安事变结束后，随着张学良被蒋介石拘禁，东北军群龙无首，逐步陷入解体，红军同东北军、西北军的“三位一体”将不复存在，中共领导下的红军将走向何方？

据《季米特洛夫日记选编》记载，季于 1937 年 1 月 19 日代表共产国际对中共中央发出指示：

(1)对国民党和南京政府旨在停止内战的一切措施采取支持的方针——团结中国人民的一切力量为反对日本侵略而斗争。

(2)询问中央是否已认识到是从苏维埃制度同人民革命的管理制度及时转变，并由此得出一切结论的时候了。[67]

这一天，共产国际执委会致电中共中央，专门就西安事变之后的方针作了具体的指示。指出当前与张、杨联合中存在的策略错误："同西安人的合作搞成了反对南京的联盟，而不是同他们联合行动，反对共同的敌人。所有这一切，助长了亲日派的气焰。""我们认为，和平解决西安事变具有特殊意义"，"现在党的主要任务是争取切实停止内战"，要求中共采取适宜的策略，"首先是争取使国民党和南京政府放弃消灭红军的政策，争取同南京共同抗日，即使初期没有正式协议。因此，党应该公开宣布和坚决执行这样的方针：支持国民党和南京政府所采取的一切旨在停止内战、联合中国人民的一切力量反对日本侵略、捍卫中国领土完整和独立的措施"。"同张学良、杨虎成（城）等人的军队的合作问题，应服从于完成这一主要任务的需要，并应在这方面向这些军队施加各种影响。在西安人的地区，不应组织共产党的公开行动；不应就蒋介石在西安的许诺大发议论；不应提出立即对日宣战要求；不宜强调同苏联结盟口号。"[68]

共产国际的上述电报，为中共政治方针的转变提供了及时的指导。中共中央吸收了共产国际的观点，随即在由张闻天草拟的给国民党五届三中全会电中提出"四项保证"。

2月9日，毛泽东在中央政治局常委会议上发言指出："这个电报发表，各方面会有不同的看法，然而在政治上是可以说明的，是可以表示我们真正抗日团结御侮决心的。"[69]

2月10日，中共中央给即将召开的国民党五届三中全会发去电报，电文说：深望国民党三中全会，本着和平统一团结御侮的方针，将下列各项定为国策："（一）停止一切内战，集中国力，一致对外；（二）保障言论、集会、结社之自由，释放一切政治犯；（三）召集各党各派各界各军的代表会议，集中全国人才，共同救国；（四）迅速完成对日抗战之一切准备工作；（五）改善人民的生活。"如国民党三中全会果能确定此国策，则中国共产党为表示团结御侮的诚意，愿给国民党三中全会以如下的保证："（一）在全国范围内停止推翻国民政府之武装暴动方针；（二）苏维埃政府改名为中华民国特区政府，红军改名为国民革命军，直接受南京中央政府与军事委员会之指导；（三）在特区政府区域内，实行普选的彻底民主制度;(四)停止没收地主土地之政策,坚决执行抗日民族统一战线之共同纲领。”[70]

中共向国民党提出的“五项要求”和“四项保证”,第一次公开向国民党提出国共合作的条件。

“四项保证”最核心的是公开宣布放弃苏维埃革命的政策。此前,共产国际即帮助中共从苏维埃革命转向民族革命。据《季米特洛夫日记选编》记载,1936年11月26日,在克里姆林宫,斯大林同季进行了这样的谈话:“应该改变对中国工作的决定。目前不能搞苏维埃。要建立民族革命政府,全民防卫的政府,以保卫中国人民的独立。只有在城市可以搞苏维埃,但不是作为政权机构,而是作为群众的组织。不搞没收。您起草一个初稿。我们再看看!”[71]

共产国际要求中共暂时放弃苏维埃,同国民党合作抗日,但又担心中共的政策变得太急,以致党和红军因迷失政治方向而走向瓦解。1937年2月5日,共产国际又致电中共中央,建议中共即将发给国民党三中全会的电报,“暂时不要就我们在苏区政策上的根本改变作具体声明”,最好仅限于申明共产党和红军的决心:支持国民党和南京政府旨在停止内战、集中国力抵抗日本侵略的措施。说明共产党和红军愿意同国民党和南京政府签署协定,以便本着民主原则改组苏区的体制,在承认南京政府为全中国的政府的基础上调整南京中央政府和苏区政府的关系。

中共致国民党三中全会的电报对国民党内部震动很大,在全国引起了巨大的反响,也得到了国民党内部抗日派的呼应赞同。2月15日,国民党五届三中全会在南京举行。宋庆龄、何香凝、冯玉祥等向大会提出恢复孙中山手订的联俄、联共、扶助农工三大政策案和联共抗日的主张。会议于21日通过的《关于根绝赤祸之决议案》,虽然言辞充满反共色调,但其中含有回应中共中央谈判的条件,已由武力“剿共”变为和平统一,实质上开始接受中国共产党的停止内战、一致抗日的国共合作的主张。

3月5日,共产国际执委会专门就国民党三中全会事致电中共中央:“我们觉得,对国民党三中全会的决议大致可用以下形式给予回答:本着中国人民渴望国内和平团结抗日的心愿,中国共产党愿意以三中全会提出的条件为基础,为调整两党相互关系和两党合作以准备与实施共御外侮而开始具体的谈判。”

国民党五届三中全会结束后,中共中央还先后派出周恩来、叶剑英、林伯渠、博古等同南京政府在西安、杭州、庐山、南京举行了多次会谈。尽管局势发展还有跌宕起伏,谈判也时有波澜起伏,但毕竟停止内战已经实现,国共两党的高层谈判已进入商谈合作实际操作阶段，历史的滚滚车轮已经不可逆转地向着实行第二次国共合作的大方向前进。

★ 七七事变后全民族统一战线的建立

1937 年 7 月 7 日卢沟桥事变，标志着日本蓄谋已久的全面侵华战争的爆发，也标志着中国全面抗战由此开始。第二天中共中央向全国发出抗战通电，毛泽东、朱德、彭德怀等致电蒋介石，要求“实行全国总动员，保卫平津，保卫华北，收复失地”，表示红军将士愿“为国效命，与敌周旋，以达保土卫国之目的”。

7 月 15 日，周恩来将《中国共产党为公布国共合作宣言》送交国民党，敦促蒋介石尽快发表，承认中共的合法地位。

面对日军咄咄逼人的攻势，蒋介石改变了对国共两党和谈的态度。8 月 2 日，蒋介石通过军事委员会第六部主任秘书张冲秘密邀请毛泽东、朱德、周恩来即飞南京，参加国防会议，共商国防问题。中共中央派朱德、周恩来、叶剑英三人前往赴会，为全国抗战建言献策。国共合作谈判也圆满进入最后阶段。

8 月 22 日，国民政府军事委员会发表红军改编为国民革命军第八路军的命令。25 日，中共中央军委发布命令：中国红军改编为八路军。随即东渡黄河开赴抗日前线同国民党的军队并肩作战。朱德与彭德怀发表《第八路军总指挥副总指挥就职通电》，表示：“日寇进攻，民族危急，敝军请缨杀敌，义无反顾！兹幸国共两党重趋团结，坚决抗战，众志成城。……效命疆场，誓驱日寇，收复失地，为中国之独立自由幸福而奋斗到底。”

9 月 22 日，国民党中央通讯社发表了《中共中央为公布国共合作宣言》。23 日，蒋介石发表谈话，实际上承认了中国共产党的合法地位。此宣言的公布和蒋介石谈话的发表，标志着国民党政策的彻底转变，标志着第二次国共合作成立。毛泽东在《国共合作成立后的迫切任务》中指出：“这在中国革命史上开辟了一个新纪元。这将给予中国革命以广大的深刻的影响，将对于打倒日本帝国主义发生决定的作用。”

由此，以国共合作为核心的全民族抗日统一战线正式形成。几天后，山西传来八路军一一五师平型关大捷的消息，此战不仅打破了日军“不可战胜”的神话，而且拉开了中共领导的抗日游击战争一系列胜利的序幕。此后，中共领导的敌后战场和国民党指挥的正面战场遥相呼应，最终陷敌于全民族团结抗战的汪洋大海之中，注定了日军侵华战争失败的最后命运。

[1] 中共中央党史研究室第一研究部译:《联共(布)、共产国际与中国苏维埃运动(1931—1937)》17 卷,中共党史出版社 2007 年 9 月版,第 104 页。

[2] 中共中央党史研究室第一研究部译:《联共(布)、共产国际与中国苏维埃运动(1931—1937)》17 卷,中共党史出版社 2007 年 9 月版,第 427 页。

[3] 该文发表于 1935 年 11 月 21 日出版的中共中央西北局机关刊物《斗争》第 74 期。

[4] 中共中央党史研究室张闻天选集传记组编、张培森主编:《张闻天年谱》(下),中共党史出版社 2010 年 8 月版,第 274 页。

[5] 中共中央党史研究室张闻天选集传记组编、张培森主编:《张闻天年谱》(下),中共党史出版社 2010 年 8 月版,第 283 页。

[6]《郭洪涛回忆录》,中共党史出版社 2004 年 1 月版,第 106 页。

[7] 中共中央党史研究室第一研究部译:《联共(布)、共产国际与中国苏维埃运动(1931—1937)》17 卷,中共党史出版社 2007 年 9 月版,第 443—444 页。

[8] 代指张学良。

[9] 中国工农红军第四方面军战史编辑委员会:《中国工农红军第四方面军战史资料选编》(长征时期),解放军出版社 1992 年 8 月版。

[10] 中共中央文献研究室:《毛泽东年谱(1893—1949)》,人民出版社、中央文献出版社 1993 年 12 月版,第 551 页。

[11] 刘东社:《西安事变资料丛编》(第一辑),香港银河出版社 2000 年 1 月版,第 20 页。

[12] 中共中央文献研究室:《周恩来年谱(1898—1949)》(修订版),人民出版社、中央文献出版社 1998 年 2 月版,第 311 页。

[13] 中共中央文献研究室:《毛泽东年谱(1893—1949)》,人民出版社、中央文献出版社 1993 年 12 月版,第 580 页。

[14] 中央档案馆:《中国共产党关于西安事变档案史料选编》,中国档案出版社 1997 年 8 月版,第 68 页。

[15] 中共中央党史研究室第一研究部译:《联共(布)、共产国际与中国苏维埃运动(1931—1937)》15 卷,中共党史出版社 2007 年 9 月版,第 225 页。

[16] 中共中央党史研究室第一研究部译:《联共(布)、共产国际与中国苏维埃运动(1931—1937)》15 卷,中共党史出版社 2007 年 9 月版,第 226 页。

[17] 中共中央党史研究室第一研究部译:《联共(布)、共产国际与中国苏维埃运动(1931—1937)》17 卷,中共党史出版社 2007 年 9 月版,第 465—468 页。

[18] 中共中央文献研究室:《周恩来年谱(1898—1949)》(修订版),人民出版社、中央文献出版社 1998 年 2 月版,第 316 页。

[19] 中国工农红军第四方面军战史编辑委员会:《中国工农红军第四方面军战史资料选编》(长征时期),解放军出版社 1992 年 8 月版。

[20] 中国工农红军第四方面军战史编辑委员会:《中国工农红军第四方面军战史资料选编》(长征时期),解放军出版社 1992 年 8 月版。

[21] 中国人民解放军历史资料丛书编审委员会:《红军长征·文献》,解放军出版社 1995 年 5 月版,第 1179 页。

[22] 中国工农红军第四方面军战史编辑委员会:《中国工农红军第四方面军战史资料选编》(长征时期),解放军出版社 1992 年 8 月版。

[23] 李志民:《西征战役中的政治仗》,《党史研究与教学》1993 年第 1 期。

[24] 杨奎松:《西安事变新探:张学良与中共关系之谜》,山西人民出版社 2012 年 2 月版,第 79 页。

[25] 中共中央文献研究室:《毛泽东年谱(1893—1949)》,人民出版社、中央文献出版社 1993 年 12 月版,第 554 页。

[26] 杨奎松:《西安事变新探:张学良与中共关系之谜》,山西人民出版社 2012 年 2 月版,第 141 页。

[27] 中共中央文献研究室:《毛泽东年谱(1893—1949)》,人民出版社、中央文献出版社 1993 年 12 月版,第 618—619 页。

[28] 杨奎松:《西安事变新探:张学良与中共关系之谜》,山西人民出版社 2012 年 2 月版.第 141 页。

[29] 中共中央文献研究室:《毛泽东年谱(1893—1949)》,人民出版社、中央文献出版社 1993 年 12 月版,第 672 页。

[30] 中共中央文献研究室:《毛泽东年谱(1893—1949》,人民出版社、中央文献出版社,1993 年 12 月出版,第 544 页。

[31] 中共中央文献研究室:《毛泽东年谱(1893—1949)》,人民出版社、中央文献出版社 1993 年 12 月版,第 591 页。

[32] 即中华民族革命同盟,是李济深、陈铭枢、蔡廷锴等于 1935 年 7 月在中国香港成立的抗日反蒋团体,以“争取民族独立,树立人民政权”为基本政治目标。

[33] 中共中央文献研究室:《毛泽东年谱(1893—1949)》,人民出版社、中央文献出版社 1993 年 12 月版,第 671—672 页。

[34]《毛泽东书信选集》,人民出版社 1983 年 12 月版,第 43 页。

[35] 中共中央文献研究室:《毛泽东年谱(1893—1949)》,人民出版社、中央文献出版社 1993 年 12 月版,第 665 页。

[36] 中共中央文献研究室:《毛泽东年谱(1893—1949)》,人民出版社、中央文献出版社 1993 年 12 月版,第 684 页。

[37] 中共中央文献研究室:《毛泽东年谱(1893—1949)》,人民出版社、中央文献出版社 1993 年 12 月版,第 685 页。

[38] 中共中央文献研究室:《毛泽东年谱(1893—1949)》,人民出版社、中央文献出版社 1993

年 12 月版,第 618—620 页。
[39] 中共中央党史研究室第一研究部译:《联共(布)、共产国际与中国苏维埃运动(1931—1937)》17 卷,中共党史出版社 2007 年 9 月版,第 203 页。
[40] 中共中央党史研究室第一研究部译:《联共(布)、共产国际与中国苏维埃运动(1931—1937)》17 卷,中共党史出版社 2007 年 9 月版,第 448—455 页。
[41] 中共中央文献研究室:《毛泽东年谱(1893—1949)》,人民出版社、中央文献出版社 1993 年 12 月版,第 533 页。
[42] 中共中央统战部、中央档案馆:《中共中央抗日民族统一战线文件选编》(中),中国档案出版社 1985 年 7 月版。
[43] 中共中央党史研究室第一研究部译:《联共(布)、共产国际与中国苏维埃运动(1931—1937)》17 卷,中共党史出版社 2007 年 9 月版,第 467 页。
[44] 中共中央党史研究室第一研究部译:《联共(布)、共产国际与中国苏维埃运动(1931—1937)》17 卷,中共党史出版社 2007 年 9 月版,第 470—476 页。
[45] 中共中央文献研究室:《周恩来年谱(1898—1949)》(修订版),人民出版社、中央文献出版社 1998 年 2 月版,第 326 页。
[46] 中共中央文献研究室:《毛泽东年谱(1893—1949)》,人民出版社、中央文献出版社 1993 年 12 月版,第 648 页。
[47] 中共中央文献研究室:《毛泽东年谱(1893—1949)》,人民出版社、中央文献出版社 1993 年 12 月版,第 655 页。
[48] 中共中央文献研究室:《周恩来年谱(1898—1949)》(修订版),人民出版社、中央文献出版社 1998 年 2 月版,第 335 页。
[49] 中共中央文献研究室:《毛泽东年谱(1893—1949)》,人民出版社、中央文献出版社 1993 年 12 月版,第 662 页。
[50] 中共中央党史研究室第一研究部译:《联共(布)、共产国际与中国苏维埃运动(1931—1937)》17 卷,中共党史出版社 2007 年 9 月版,第 162 页。
[51] 中共中央党史研究室第一研究部译:《联共(布)、共产国际与中国苏维埃运动(1931—1937)》15 卷,中共党史出版社 2007 年 9 月版,第 89 页。
[52]《1936 年邓文仪与王明、潘汉年谈判经过及要点》,《党史研究资料》1994 年第 4 期。转引自张云:《潘汉年传奇》,上海人民出版社 1996 年 12 月版,第 139 页。
[53] 中共中央党史研究室第一研究部译:《联共(布)、共产国际与中国苏维埃运动(1931—1937)》15 卷,中共党史出版社 2007 年 9 月版,第 106 页。
[54] 中央党史文献研究室编:《毛泽东年谱(1893—1949》,人民出版社、中央文献出版社,1993 年 12 月出版,第 519 页。
[55] 王朝柱:《功臣与罪人——潘汉年的悲剧》,海天出版社 1993 年 11 月版,第 117 页。
[56] 中共中央文献研究室:《毛泽东年谱(1893—1949)》,人民出版社、中央文献出版社 1993

年 12 月版,第 567—568 页。

[57] 中共中央文献研究室:《毛泽东年谱(1893—1949)》,人民出版社、中央文献出版社 1993 年 12 月版,第 569 页。

[58] 中共中央党史研究室第一研究部译:《联共(布)、共产国际与中国苏维埃运动(1931—1937)》17 卷,中共党史出版社 2007 年 9 月版,第 467—468 页。

[59] 中共中央文献研究室:《毛泽东年谱(1893—1949)》,人民出版社、中央文献出版社 1993 年 12 月版,第 660 页。

[60]《潘汉年致朱、毛、张、周电》,1936 年 11 月 19 日,见《潘汉年关于与国民党谈判情况给中共代表团的报告》,1936 年 11 月 21 日

[61] 中央党史文献研究室编:《毛泽东年谱(1893—1949》,人民出版社、中央文献出版社,1993 年 12 月出版,第 620 页。

[62] 中共中央文献研究室:《周恩来年谱(1898—1949)》(修订版),人民出版社、中央文献出版社 1998 年 2 月版,第 337 页。

[63]《季米特洛夫日记选编》,广西师范大学出版社 2002 年 10 月版,第 50 页。

[64]《李宜致东、来兄电》,1936 年 12 月 12 日,见《张学良文集》第 2 册,1053—1054 页。另,原件影印件见《新中国这样走来——〈西安事变〉》,中国网 2019 年 9 月 9 日。

[65]《毛泽东 1936 年 12 月 27 日在中共中央政治局会议上的发言》。

[66] 中共中央文献研究室:《周恩来年谱(1898—1949)》(修订版),人民出版社、中央文献出版社 1998 年 2 月版,第 356 页。

[67]《季米特洛夫日记选编》,广西师范大学出版社 2002 年 10 月版,第 52—53 页。

[68] 中共中央党史研究室第一研究部译:《联共(布)、共产国际与中国苏维埃运动(1931—1937)》17 卷,中共党史出版社 2007 年 9 月版,第 362—363 页。

[69] 中共中央文献研究室:《毛泽东年谱(1893—1949)》,人民出版社、中央文献出版社 1993 年 12 月版,第 708 页。

[70] 中共中央文献研究室:《毛泽东年谱(1893—1949)》上卷,人民出版社、中央文献出版社 1993 年 12 月版,第 709 页。

[71]《季米特洛夫日记选编》,广西师范大学出版社 2002 年 10 月版,第 48 页。

第八章 共产国际和苏联帮助宣传中国红军长征

★中央红军长征途中共产国际即开始宣传红军长征

★共产国际为庆祝中共诞生 15 周年宣传红军长征

★滕代远在莫斯科出版《中国新军队》

★陈云在共产国际宣传红军长征

★陈云发表《随军西行见闻录》

★《救国时报》发表范长江对红军的系列报道

共产国际作为20世纪共产主义运动的领导机构，对中国革命的前途命运十分关心，始终关注着中国工农红军的长征，关注着每一次大规模的作战行动与战略转移前进的方向。共产国际在苏联办的报刊不时报道着中国红军的情况，对于长征，则根据有限的信息予以报道。虽然由于红军长征后电报联系中断，报道中的有些数字、地名甚至事件都有错误，但对中国工农红军的形象作了良好的宣传展示。这对正在二万五千里长征途中艰苦转战的红军指战员来说，无疑是巨大的道义支持和宝贵的精神慰藉。

★中央红军长征途中共产国际即开始宣传红军长征

1935年夏，当中央红军与红四方面军在懋功会师后不久，又翻越一座大雪山——长板山，进至川西北的黑水地区时，苏联《真理报》于7月3日发表了一篇对中国工农红军长征的报道，题为《中国红军的英勇进军》，作者为苏联人A.哈马丹。

文章分析了中央红军长征出发的原因，一方面是为了打破国民党军对中央苏区的层层包围，另一方面则是为了建立新的最好的红色根据地。文章写道：

自1933年起蒋介石在同中国红军作战中采用的战术是，逐步包围江西、湖南、湖北一带的各中央苏区（原文如此——原编译者注）。在苏区周围修筑了碉堡和工事;国民党军队严密封锁苏区边境;凡企图从国民党地区偷入苏区者,一律就地处决。

1934年,在江西省境内及其与邻省交界处驻有80万蒋介石军队和30万地方军阀的部队。国民党军队装备精良:仅江西一省就有150余架轰炸机逐日出动。江西各苏区周围的敌军包围圈一个月比一个月缩小。鉴于敌方兵力占有绝对优势,中国共产党为保存装备比蒋介石军队远为低劣的红军主力部队,不得不让它们冲出敌军的包围圈,到广阔地区开展机动作战。

中国共产党考虑到沿海各省的种种特点,作出了从政治、战略、经济等观点看极其卓越的决策,选定了革命战争的主要基地,新的出发地区。中国苏维埃的主要基地位于江西省,这使它经常处于被包围的威胁之中,与其他苏区隔绝,也不便于同其他苏区进行联系和对它们实行领导。

长征的落脚点在哪里?即新的根据地在哪里?文章没有提及共产国际远东局和“三人团”最初的设计——去湘西,而是将视角投向了更为宽广的中国西部的四川、西康、陕西。

新的红色根据地应选在距离国民党和帝国主义的军事中心较远的地方。同时,新的根据地应能保证苏维埃革命的浪潮能广泛地向全国各地推开。而四川、西康、陕西正是这样一个广袤的、战略上十分有利的地区。文章写道:

新根据地的后方是渺无人迹的荒漠——西康西部和西藏;右侧是云南、贵州、广西诸省,左翼是甘肃、陕西、宁夏等省。这使中国红军有可能进行大规模作战,与旧的根据地相比,红军在新的根据地有开展大规模机动作战的有利条件。与此同时,由于新根据地的战略地理位置有利,苏维埃革命的汹涌浪潮可以发动而且已经在发动着千百万劳动者同国民党政权作斗争。

文章对红军长征后各地的军事斗争作了分析,认为:

中国红军主力离开江西无论过去和现在都丝毫也不意味着中部各省的革命运动就此收缩。福建、江西、安徽、浙江、湖北等省的苏区仍然存在,并不断扩大:贺龙和萧克率领的中国红军第二军团在湖南西北和贵州东北活动,钳制了反革命的强大兵力。第十军团在江西、福建、浙江三省交界地区活动(此时第十军团遭到优势敌人的围攻已经遭到失败——原编译者注)。据最新消息这三个省内有60万名游击队员在顺利地进行着顽强的斗争(此处的数字是夸大的——原编译者注)。

文章对红军的长征进行了讴歌,这与后来毛泽东在《论反对日本帝国主义的策略》中对长征的总结十分相似。文章写道:

中国红军主力部队从江西省向四川省的进军(指中央红军的长征——原编译者注),是真正革命英雄主义、自我牺牲精神、大无畏气概的卓越范例。世界上任何一个帝国主义国家的军队过去和现在都不曾实施过如此艰苦卓绝的行军。中国红军的英勇战士冲破层层封锁,在前进的道路上多次粉碎敌人强大兵力的堵截,击退敌军的攻击,巧妙地进行机动。穿越了五个省(福建、湖南、广东、贵州、云南)的广大地区。在从江西到四川的行军中,红军跨越了极大的距离,总计约3000公里,通过急流险滩,绝壁峻岭,荒原沙漠,以及被骄阳烧烤和经过敌人烧杀的不毛之地。

在革命战争的历史上也不曾有过这样的进军。红军在向四川进军途中,为自己打开通路,以辉煌的短促突击不断杀伤敌人,多次击溃蒋介石的精锐嫡系部队。红军像一股巨流冲垮了前进路上的一切障碍。

文章对红军四渡赤水战役的讲述也十分精彩,尽管这时他们并没有从红军那里得到有关的战役信息。“为了挽回局势,总司令蒋介石‘亲临’贵州前线。在那里,他又一次尝到了惨败的苦果。红军主力部队在朱德同志和毛泽东同志的率领下实施卓越的机动作战,在贵阳(贵州省会)一带分割了蒋介石的军队,粉碎了南京政府军队担任‘追击军’的六个师(此处有误,红军消灭国民党军队十几个团的战斗是在遵义附近进行的——原编译者注)。”“直到红军接近云南省边境而把蒋介石的‘追击军’远远丢在后面时,南京军队才打开了贵阳的城门。”

文章对红三军团的战斗能力和优良作风给予了高度好评,认为:“彭军团表现了卓越异常的机动能力、作战技巧和无畏精神,‘追击军’的兵力超过彭军团三倍，更不谈敌方在技术装备上的优势，这些装备是三军团根本没有的。作战结果已为众所周知。‘追击军’被击溃，残部被赶入贵阳城内，闭门不出。”

文章注意到了红三军团在长征初期即担负了重要任务，取得了很大战绩。“三军团在靠近湖南边界赣江一带承受了南京政府军队的全部突击。在那里，三军团军团长彭德怀的巧妙用兵使敌军的八个师首尾不能相顾，并先后击溃了南京部队的三个师。”

文章敏锐地观察到了红一、四方面军在川西北的会师：

> 红军主力克服重重困难通过西康省全境（首先占领西康首府康定），到达四川省西部，进入新根据地境内。红军主力已完全接近预定的目的。此时，在陕西、甘肃两省和四川东北部活动的其他红军大部队也向新根据地开进。这一支军队集团由徐向前同志率领，计拥有十万多名战士。其主要核心是四军团（红军当时并无四军团的编制番号，此处实即是红军第四方面军——原编译者注）。红军革命军事委员会和中共中央拟定的战略计划的最后一部分作战行动，看来应是徐向前集团与朱德、毛泽东的红军主力相汇合。今后我们当注意观察，徐向前同志的军队集团将如何行动。

文章还讲到了红一、四方面军会师前，红四方面军为会师进行的广昭战役，以及嘉陵江战役后进军松、理、茂邓锡侯盘踞的地区。文章写道：“以四川、陕西边界苏区（宁羌、勉县、褒城、南江、朝天驿等县城）为基地加速进入四川的第一次行动，因受到胡宗南将军的陕西军队在徐向前同志集团后方的进攻而被阻止。四军团沿四川北部向四川首府成都迂回的行动被迫停止。为了彻底解除后顾之忧，四军团派出一个四万人的突击集团进攻六万人的胡宗南军队。交战在昭化城附近进行。胡宗南军队被击溃，残部退回陕西内地乃至甘肃一带。”“击退胡宗南军队以后，四军团开始弥补损失的时间。该军团要克服的下一个障碍是四川大军阀邓锡侯将军的军队。红军予以有力的杀伤，邓锡侯向红军投降；他的相当一部分部队转向红四军团方面。另一个四川大军阀刘文辉将军的军队也重复了同样的过程。”

文中略有差错的是，邓锡侯并未向红军投降。

关于红一、四方面军的会师时间很准确，文章写道：“1935 年 6 月中旬，由朱德和毛泽东率领的中国红军主力与徐向前的四军团会合。中国红军两支大军的历史性会师是在距四川首府成都约一天行程的天全地区实现的。”

但地点有偏差，文中写成了“天全”，其实是在“懋功”，考虑到当时的交通闭塞、通信不便，能写到这么清晰已属不易。

文章分析红一、四方面军胜利会师的原因，是“因为红军具有作战顽强和机动灵活的卓越素质”，以及人民群众的拥护欢迎。“在整个大跨度的进军途中，劳动居民热烈欢迎红军战士，欢迎英勇的革命军队。红军部队所到之处，居民组织欢迎，向战士奉献面包和盐。”“在历史性进军途中，又有成万名新战士加入红军。”

文章对红一、四方面军会师后的动向作了预测：“目前，英勇军队的联合力量正在四川根据地开展一个新的作战线。蒋介石正派出大批兵力向四川的两个大中心城市——成都和重庆前进。据资产阶级报刊报道，成都附近已集中了近50万国民党军队。革命力量和反革命力量之间正面临着艰苦激烈的战斗。”[1]

这个预测，只能说代表了共产国际对红军的愿望，与其希望红军在四川建立一个大的根据地的思路一致，但与此时中共中央北上川陕甘的计划却是大相径庭的。

这篇文章是中央红军长征尚在四川途中时发表的，因对中国工农红军的情报了解不准确，出现了部分臆测的错误，有的则出于宣传策略的需要，作了夸大。如提到“一个拥有20架飞机的轰炸机大队被消灭，其中包括总司令本人的座机”。另外，如“邓锡侯向红军投降”“刘文辉将军的军队也重复了同样的过程”，则属于子虚乌有。当然，红四方面军在继反“三路围攻”“六路围攻”作战后，嘉陵江战役确实再次将川军打残、打怕了，尤其是邓锡侯的部队，在千佛山战斗中被红四方面军打得大败。文中提到的“四军团”则显然是“红四方面军”的误读。红一、四方面军的会师，也不是在“天全地区”，而是在“懋功地区”。但总体而言，这篇报道倒也大体接近事实。

★共产国际为庆祝中共诞生15周年宣传红军长征

1936年7月1日，正值中国共产党诞生15周年之际，这时红二、四方面军刚刚在甘孜会师，正准备携手北进，跨越茫茫的大草地，前往陕甘与红一方面军会师。共产国际此时与在陕北的中共中央刚恢复无线电通信联络，得到了一些红军的最新情况。共产国际利用这一有纪念性的历史节点，专门发表了系列文章。

米夫代表共产国际作了长篇发言，文中对长征的讲述就比之前仅靠观察准确多了。文章写道：

> 蒋介石自打败十九路军以后，遂乘机集中全力来继续进行反对红军的战争，实行大规模的六次‘围剿’。在国际帝国主义者各方面帮助之下，国民党在反对苏区的战线上，集中了70万左右的兵力。六次‘围剿’延长到一年以上。结果，中国红军主力，为保存实力计，乃离开江西苏区而开始英勇的西征，经过广东、湖南、广西、贵州、云南等省，进至四川、甘肃、陕西，在中国西北部开展自己胜利的活动，不管蒋介石花费了怎样巨量的物力及人力，可是他那包围与消灭红军的计划，却终于完全破产了。

难能可贵的是，文章对中央红军的长征分阶段作了介绍。

第一阶段，是从长征出发到懋功会师。“红军主力自开始由江西西征，至与张国焘、徐向前、陈昌浩等同志所领导的四川红四军团会合为止，共经过八月半之久。在不可想象的极端困难条件之下，中国红军作了五千公里（一万余里）的英勇的远征。红军主力在中国人民及其红军的最好领袖——毛泽东、朱德、周恩来、王稼祥、陈云、彭德怀、林彪、董振堂、刘伯承、罗炳辉等同志领导之下，在西征中，沿途经过无数的战争，跋过最大的山脉，渡过最大的江河，穿过羊肠小道与走过天险绝地，在这样艰难困苦的永垂不朽的长途远征中，中国红军之指挥员与战斗员表现了群众英勇与光荣牺牲的模范，表明了他们对于中国人民利益的无限忠实。”

“红军在数量上不仅没有减少，而且在坚持到底英勇鏖战中，大大发展了自己的实力，巩固了自己的部队。由于此次西征的结果，已创立更加顺利的条件，以便建立更巩固坚实的苏区，并使红军能实行更积极而更灵活的动作，更加推广苏维埃运动与成立更多的苏区。”

第二阶段，是从四川到陕北。文章略过了张国焘分裂事件，直接讲述：“红军之另一主要部队（一、三军团），在毛泽东同志领导之下，在林彪、彭德怀等同志率领之下，则由四川北上而进达陕北与徐海东同志所领导之红二十五军和刘子丹同志所领导之红二十六军等取得会合，大大巩固了陕北苏区。”

文章还简单介绍了红一方面军的东征：“不久，毛泽东同志复亲率部队，渡河入晋,直接逼近日寇所占领之区域。所有这些伟大的行动,都如日月经天一般,表明中国红军抗日救国的战斗决心。而且,为时不久,毛泽东同志即在晋陕一带新创立五师红军部队。”

文章同时还介绍了红军未来发展的走向,将是与抗日结合起来,这是颇具战略眼光的分析,也唯有帮助中共中央出台抗日民族统一战线、掌握这一内幕的人才能写出这样的文字:“共产国际第七次全世界代表大会,在其根据季米特洛夫同志报告所通过的决议中,规定中共任务如下:中国必须把扩大苏维埃运动与巩固红军的战斗力,与在全中国开展人民反帝运动联结起来。这个运动应在下列口号之下进行,武装人民进行民族革命斗争,反对帝国主义强盗,首先反对日本帝国主义及其走狗。苏维埃应当成为全中国人民解放斗争的团结的中心。这一指示,应成为中国共产党这一历史时期全部政策及其所有一切措施的基本方针。”

文章还介绍了红二、四方面军在西康甘孜的会师:“同样,中国红军最近的行动,亦以该方针为出发,由英勇善战的贺龙和萧克两同志所指导和在任弼时(中共政治局委员)同志领导之下的二、六军团,由湖南西进而抵达川康,并与名震天下的朱德、徐向前同志等所统率之红军主力会合中。”[2]

★滕代远在莫斯科出版《中国新军队》

提起世界上第一本宣传中国工农红军的书,许多人可能会脱口而出:《西行漫记》。其实不然,第一本书是滕代远在苏联莫斯科出版的《中国新军队》。

滕代远,1928 年 7 月同彭德怀共同领导了震惊中外的平江起义,是中国工农红军和井冈山革命根据地的创建人之一。他先后担任过红五军党代表、红三军团政治委员、红一方面军副总政委等重要领导职务,参加过保卫井冈山革命根据地、中央苏区历次反“围剿”作战、组建东方军入闽作战等许多重要的战役战斗。

1934 年 7 月,滕代远受中共中央的委派,离开瑞金中央苏区,先经汕头到达上海,前往苏联莫斯科。他在上海等待了两个月,在弄到船票后,与高自立等人同船离沪赴苏联海参崴,其后又乘火车于 10 月初抵达莫斯科参加共产国际第七次代表大会。由于到达莫斯科的时间比较早,就被安排到苏联当时专为中共干部开办的一个学习班学习军事。这个军事学习班的首任班长是许光达,支部书记是高自立。不久,许光达被调走,滕代远接任班长。同期的学员还有阎红彦、周平、陈贵、李国华、陈平、李富、胡王三、李金荣、李子良、胡虎清等10多人，另外，比较精通俄语的曾涌泉担任学习班的翻译。

1934年夏中共中央派滕代远到苏联出席共产国际七大

在这些同期的学员中，滕代远来自中央苏区，当时是军团级，职务高，资历老，对中央红军的成长发展历史、红军英勇斗争事迹和战斗生活状况非常熟悉，因此，中共驻共产国际代表团决定要他在大会上发言，向来自世界各国的共产党组织的代表介绍中国工农红军这支“新军队”的情况。

1935年7月25日，共产国际第七次代表大会在莫斯科正式开幕，滕代远作为中国红军代表，在大会上作了《保卫自由和独立》的发言，发言时旁边还挂上一张他自己手绘的略图，向来自世界各国65个共产党组织的代表们简明扼要地说明了中国革命斗争的状况和中国工农红军的历史。他在会议上慷慨激昂、有声有色的发言，受到513名与会代表的热烈欢迎。据有关档案资料披露，发言的过程有3次被掌声打断。会后，苏共中央领导人斯大林、莫洛托夫、伏罗希洛夫、卡冈诺维奇等人专门接见了中共代表团的陈云、滕代远等三人。

滕代远参加完七大后，要求回国，不想再在苏联待下去，他迫切地想把学到的军事理论知识运用到实践中去，以便在中国的革命战争中发挥作用。中共代表团决定让一部分代表回国，一部分代表留在苏联继续学习深造，滕代远和陈云、陈潭秋、饶漱石、曾山、孔原、高自立等人作为同班的学员，一起到列宁学校“特别班”学习。他不愿学俄语，不愿长住莫斯科的高楼大厦，吃面包、穿西服，更不愿意在那里找对象结婚。因此，他抓紧时间，凭着头脑中的记忆写了多篇关于中国红军的文章，来总结过去的工作。他在两年时间里，用李光的化名写了11万字的文稿，有的发表在共产国际的杂志上，如《中国工农红军的生活状况》一文，就发表在1936年《共产国际》（中文版）第1—2期合刊上。他把文稿集辑在一起，命名为《中国新军队》，反复修改后，于1936年1月28日正式定稿，俄文版由苏联莫斯科工人出版社出版，署名仍用李光的化名。

《中国新军队》中文、俄文版

腾代远在序言中说："因为时间仓促，和手边没有保存材料，只能把我参加红军第三军团的经过和所知道的其他红军部队的简略情形记忆出来，以供关心中国工农红军人士研究的参考。"这本书共分 13 章，记述了朱毛红四军的简略历史，彭德怀组织红军第五军的经过，平江的武装起义，红军夺取长沙省城的经过，当时红军的编制、训练和生活状况，敌人的五次"围剿"，等等。书写得生动、具体、详尽。正如他在序言中所说的："读者读了这个小册子后，对于中国红军发展的历史，特别是红军那种艰苦的、果敢的、刚毅的、顽强的斗争精神，完全表现出我中华民族伟大的奋斗精神，由此更可以增强中国人民团结一致抗日救国必定胜利的信心。这也就是我写这本小册子的主要意向。"[3]

该书出版时，红一方面军刚结束长征 3 个多月，红二、四方面军尚在长征途中。这个小册子对共产国际、苏联了解中国工农红军的历史，起到了很重要的作用。

《中国新军队》出版后，直到 1936 年下半年勃沙特写的《神灵之手》才在英国伦敦出版，而斯诺的《西行漫记》则是 1937 年 10 月才由英国戈兰茨公司首次出版。因而《中国新军队》这本书当之无愧地成为第一本向世界介绍中国红军的书。

2008 年 7 月，解放军出版社再版《中国新军队》一书，出版说明这样写道："《中国新军队》一书成书于 20 世纪 30 年代，是当时我党我军的高级领导人、红一方面军第一任副总政委滕代远同志（化名李光），代表中国共产党写给共产国际及斯大林的全面介绍中国工农红军，主要是红一方面军发展历程的书面材料……比之于后人的研究、比较、考证、推理、判断，这部书稿所提供的丰富材料实在是一字千金、弥足珍贵、万分难得。"

★陈云在共产国际宣传红军长征

1935 年 6 月，当中央红军即将与红四方面军会师时，一些细心的人发现，时任军委纵队政治委员的陈云突然消失了。就在他们纷纷猜测陈云是否"掉队"（当时红军内部对牺牲的另一种说法）时，这位肩负着中央秘密使命的红军高级干部已冒着生命危险来到了上海。

中央红军打下泸定桥后，中央政治局举行了泸定会议，作出两项决定：（一）中央红军向北走雪山草地一线，避开人烟稠密地区；（二）派陈云去上海恢复白区党的组织。

陈云

6月7日、8日，中央红军先后攻占天全、芦山两县，接着开始翻越终年积雪的夹金山，向懋功前进。12日，中央红军先头部队与红四方面军先头部队在懋功达维镇东南会师。这时，陈云没有翻越夹金山参加两军会师，而是从天全县灵关殿出发，在中共地下党组织帮助下离开了红军长征队伍。他与灵关殿小学校长席懋昭分别装扮成躲避红军的商人和川军军需人员，于6月中旬进入成都，在《新新新闻》报馆刊登了一条《廖家骏启事》，内容为："家骏此次来省，路上遗失牙质图章一个，文为廖家骏印，特此登报，声明作废。"以此向中共中央表示已安全到达成都。

陈云7月由重庆到达上海，后经章秋阳与在中共上海临时中央局机关工作的杨之华、何实嗣取得联系，了解到上海地下党组织遭受破坏的情况。又经潘汉年的堂弟潘渭年与在香港的潘汉年取得联系。中共驻共产国际代表团鉴于上海地下组织遭受严重破坏，陈云、潘汉年在上海难以立足，指示他们前往苏联。9月上旬陈云同陈潭秋、曾山、杨之华、何实嗣等七八人秘密登上一艘苏联货轮，到海参崴，再坐火车于9月下旬到达莫斯科。陈云随即出席青年共产国际第六次代表大会，并在大会闭幕后同中共驻共产国际代表团负责人王明、滕代远一起受到斯大林等苏共领导人的接见。9月底10月初，陈云参加了中共驻共产国际代表团的工作，任监察委员会委员，化名史平。

1935年10月15日，陈云向共产国际执委会书记处详细报告了中央红军长征的经过和遵义会议的情况。报告说明了长征的目的并列举了达到目的的三点根据，即保全了红军有生力量，和红四方面军胜利会合，建立了新的实力更强资源更富足的苏维埃根据地。报告分析了长征前期失利的原因，指出：

> （一）出发前，在党内、红军内以及群众中没有来得及做应有的解释工作，使准备工作感受很大困难。（二）所带行装和粗重机器太多，妨害行军，阻碍军事行动，使后卫部队往往比先锋队迟到十天，基本部队变成了行装护卫队，减弱了红军战斗力。（三）总是按照纸上画好的直线笔直前进，结果，红军无论走到哪里，都会遇到敌人迎击，因为他们早已从地图上料到红军将出现在那里。另外，由于地图上的位置常常标错，红军常常走进死路而被迫走回头路。

在黎平,领导人内部发生了争论,对靠“铅笔指挥”的领导人表示不信任,反对继续直线前进的做法。原来的领导人竟要把反对他们意见的人送上军事法庭。我们回答说:应该交付法庭审判的是他们而不是我们。这场争论以决定改变原来的方针而告结束,终于纠正了过去的错误。占领遵义后,召开了有政治局委员、全体军事领导人、各军军长和政治委员参加的中央政治局扩大会议。会议决定进军四川,纠正了第五次反“围剿”最后阶段与西征第一阶段中军事领导人的错误,撤换了“靠铅笔指挥的战略家”,推选毛泽东同志担任领导,建立了坚强的领导班子,使党加强了对军队的领导,使红军从此掌握了进攻的主动权。

在报告中,他以自己的亲身经历为基础,全景式地展示了中央红军长征从突围出发一直到与红四方面军会师前的生动画卷。8 个月的时间,行程约 1.2 万里,跨越了 12 个省份,翻越了高耸的山脉,跨过了 20 多条著名的大江大河,行军路上还进行了大大小小 100 多次战斗。

红军的长征深深地吸引了共产国际的领导人,他们一边听陈云的报告,一边插话询问红军的粮食供应、伤员安置和通信联络等问题,陈云一一作了详细的解答。在报告中,陈云还不忘宣传和维护红军的形象,他特别强调:“共产国际七大的展览会上有一大幅宣传画,画的是中国红军战士。必须指出,我们的敌人才把我们画成这样。事实上,红军总是精神抖擞、英姿焕发地攻城夺地。”[4]

通过陈云的汇报,共产国际认识到中国共产党和中国革命的实际情况,增加了对以毛泽东为首的中国共产党领导人的了解和信任,从而使得对中国革命的帮助指导更具针对性。

★陈云发表《随军西行见闻录》

不仅如此,陈云还亲自撰文在共产国际的刊物上宣传长征,他在 1935 年 8 月,还在国内时就写成了《随军西行见闻录》。其时,中央红军正行走于大草地中。在文中,陈云巧妙地运用假托的笔法,以当时闽西基督教医生傅连暲在长征中的经历为原型,假借一个被红军俘虏的国民党军医“廉臣”之口,用第一人称详细生动地述说了红军的长征。由于从小受到苏州评弹说书艺术的熏陶,陈云将长征中惊心动魄的故事写得生动活泼,将红军将士的革命英雄主义情怀描绘得活灵活现，使人读后有身临其境之感。《随军西行见闻录》虽然只有短短的三万字，但写得通俗自然，真实可信。

文章以“旁观者”的角度，归纳了红军之所以坚固与有战斗力的三个原因：第一，兵心团结；第二，受到民众帮助；第三，拥有一批“非但聪敏，且有才能”的领袖，官兵同甘共苦。

在文中，他描写了毛泽东、朱德、周恩来等红军领导人与红军战士的官兵一致、平等相处的作风。如记述“廉臣”为毛泽东、朱德治病时，陈云写道：“与国民党军官不同，赤军军官真是与士兵同甘共苦。上至总司令下至士兵，饭食一律平等。赤军军官所穿之衣服与士兵相同，故朱德有‘伙夫头’之称。不知者不识谁为军长，谁为师长。而且赤军领袖与士兵特别接近，军长师长常与士兵打篮球、排球，军官与士兵相亲相爱。赤军领袖之品行及办事精神，亦为现世一般武人望尘莫及者。赤军领袖自毛泽东、朱德起，无一人有小老婆；赤军军官既不赌博，又不抽大烟，赤军军官未闻有贪污及克扣军需者……”

文章还展示了红军领导人朴实无华且好学儒雅的素养。陈云写道：“这些名闻全国的赤色要人，我初以为凶暴异常，岂知一见之后，大出意外。毛泽东似一介书生，常衣灰布学生装，暇时手执唐诗，极善辞令。我为之诊病时，招待极谦。朱德则一望而知为武人，年将五十，身衣灰布军装，虽患疟疾，但仍力疾办公，状甚忙碌。我入室为之诊病时，仍在执笔批阅军报。见我到，方搁笔。人亦和气，且言谈间毫无傲慢。这两个赤军领袖人物，实与我未见时之想象，完全不同。”

文章以很大的篇幅讲述了红军与老百姓的鱼水深情。如：讲述红军过贵州“剑河县附近之某村落时，见路边有一老妇与一童子，身穿单衣，倒于路边，气息尚存。询之，始知为当地农家妇，秋收之后，所收获之谷米，尽交绅粮（地租），自己则终日乞食，因今日气候骤寒，且晨起即未得食，故倒卧路旁。正询问间，赤军领袖毛泽东至，告以老妇所言。当时毛即时从身上脱下毛线衣一件及行李中取出布被单一条，授于老妇，并命人给以白米一斗。老妇则连连道谢含笑而去”。红军爱护百姓，所到之处，开仓放粮、放盐，打击投机商人、平抑市价，“赤军除以此盐及香烟一部在遵义、桐梓两城发给贫民外，其余出售。每赤军钞洋一元可买盐七斤，可买白金龙香烟四罐，价值远贱于平昔。故赤军以盐及香烟两项收入之现洋兑付纸钞也”。红军注意爱护学校和影响青年学生，遵义“城有男女中学校五六所，赤军对于学校机关不驻兵，以示维护教育，但各校均未上课。惟赤军对于青年学生曾特殊注意，派人组织抗日救国会及赤军之友社等等。所以赤军进城之第一日即有几十男女学生，大部为中等学校学生，执旗在街上演讲，为赤军演说。当我步至县立三中时，见操场上有该校学生之篮球队与赤军篮球队正在比赛。赤军球艺甚精，因平日提倡体育甚力”。在雇请船工渡金沙江时，给予极大的优待：“船夫第一天只有十八人，后闻增加至二十七人。工人之所以能增加者，由于赤军渡河司令部除派共党干部进行宣传工作外，并优给工资。闻每天日夜工资现洋五元。工人中大部吸鸦片，赤军则命人烧云南鸦片一大锅，随便由工人抽吸不算钱。且日夜进食六次，每次杀猪。而共党指挥渡河之人员，则每餐之菜蔬只吃青豆。…… 渡河以后，共党即毁船……但念船夫之生活暂时将绝，故每人除工资外，各给现洋三十元及几斤鸦片，因此船夫中有大部对赤军有好感而随赤军入川者。”

文章讲述了长征途中，一批又一批老百姓踊跃参加红军的情形，展示了红军对社会大众的亲和力、感召力。如：“赤军路过宜章时，在粤汉铁道（未筑成，现在只通汽车）上有修路工人四百余，内有几个共产党员，已秘密活动几年。且内中有一学生，亦为该党所派在修路工人中之活动者。赤军来时，全数工人加入赤军。当我路过该处时，正见修路工人在持枪上操，赤军已派军官去训练，而该共党学生作修路工几年者已当政治委员。”红军在遵义 12 日中有“四五千人加入红军”，“毕节、宣威、东川一带……汉回苗民之加入红军者五六千人”，“会理（五天）招募红军新兵五千人”等，在具体数字上出于当时宣传之目的，或有夸大的成分，但确有其事。

文章以精练的语言，讲述了红军四渡赤水出奇兵的过程。陈云就第四次渡赤水写道：“以我猜测，赤军南渡乌江，即思入川。但赤军则故向东，佯攻瓮安、黄平，待南京军东向及滇军出滇而向贵阳时，赤军忽然向西南插入贵阳，竟由贵阳与龙里之间通过，以佯攻贵阳姿势，而以主力占领定番、长寨、紫云、贞丰、安龙、兴义等各县城，并渡过北盘江。赤军此种狡猾之机动，确出蒋委员长意料之外，而当时滇军四旅已入黔，赤军反得乘空入滇，毫无阻碍。南京军、川军、黔军、滇军，均落于赤军之后。故赤军得一路无阻，到处缴少数滇军之枪械，占领滇中许多城市，截断昆明通黔之几条汽车路，而得从容渡过金沙江。”

文章浓墨重彩地描述了红军巧渡金沙江的情节，且写得极为生动传神，这大概与陈云担任渡河指挥部政治委员，亲自指挥部队渡江不无关系。他写道：

"赤军之渡过金沙江而仅凭此六只破烂之船，国人未目睹此或不信之。但事实赤军确仅靠这六只破船以渡江。当然赤军之所以能如此从容渡江，最大原因，是由于南京军、滇军中了它的声东击西、调虎离山之计，故有充裕之时间渡过全部人马。而且全部渡完两天之后，追军才到，所以掉队落班者亦极少。但另一原因，则因赤军之渡河技术，有极好的组织。试想，如无较好的组织，则在渡河时，人马拥挤，一不小心，小船即可翻身，而船只稍有损失，即将延长渡河时间矣。故赤军在各方面之组织能力，确远优于南京及各省之军队。"

文章讲述了红军强渡大渡河的过程,并总结道:"在军队中服务已有几年，强渡河流之冲锋部队亦已见过不少，但在如此水宽流急之大渡河中，能以十七人驱逐敌军一营，占领敌垒，却未之见也。故共产党常以共产党团员为赤军模范。此辈共产分子常以冲锋在前、退却在后自任，此诚非国军及其他一切军队所可比拟也。"

文章讲述了飞夺泸定桥的精彩细节,揭示了胜利夺取泸定桥的奥秘,主要得益于红军夹河而上,会攻泸定桥战术的巧妙。红军与"扼守之刘军作激烈之战斗。后由赤军南岸之部队，隔河向刘军之后射击，结果河北正面赤军得迂回至冷碛之后而包围刘军。闻此处刘军一团全部被俘，冷碛被占。此时赤军南岸前锋即抵泸定桥矣"。"南岸赤军因无刘军抵抗，故先抵泸定桥之南岸。……这一连人前面冲锋者从九根铁索爬过去，后面的赤军则在后铺板子。当时冲锋部队，勇往直前，冲至桥北岸之刘军工事前，刘军已无斗志，即呼愿缴枪。赤军当即缴其枪并占领其工事。……不一刻赤军由北岸冷碛攻来，把泸定县撤退之刘军前后包围而缴械。"这段记述虽短,但意义却很大,对于今天我们弄清红军为何没有成为"石达开第二"仍很有意义。因为普通人熟悉的只是杨成武所写的《飞夺泸定桥》一文,该文只记述了在大渡河西岸、泸定桥南面的红四团飞夺该桥的过程,而对在河东岸遭遇刘文辉主力,从冷碛打到泸定桥北面的作战却是完全不知,因而难以形成对泸定桥战斗的完整描述,甚至可能会使读者产生"不战而过"的误解。

把红军内部团结与国民党军不团结作比较，以二渡赤水为例:"赤军此次所以能连胜王家烈部与吴奇伟部之原因，一方面因赤军之有顽强作战之能力，而且赤军兵心之团结一致。"文中得出结论:"赤军兵心之团结及士气之旺，为国内任何军队所不及。"他写到红军为何军心团结:"一方面确因共党在赤军兵士中进行许多教育工作，赤军兵士是自认抗日救国、解放工农是自己的责任，这就使赤军士气大振。同时共产党员及共产青年团员于赤军兵士中占百分之四五十，而这些共产分子，曾受共党之专门教育者，在赤军兵士中确有极大的细胞作用。……而赤军之富有战斗力者，亦由于共产分子的领导。”

把红军与国民党军谁得民心作比较，揭示红军取得胜利的根本原因。他举例说明：“刘文辉部队在会理、西昌、泸定等县沿途放火，以阻赤军，实质上非但不能阻赤军前进，而且反遭民怨。”从而得出一个结论：“赤军所以不被击败，而反日益扩大，由于民众给赤军以帮助。”而红军为何得到百姓的拥护，是由于严明的纪律和真诚帮助百姓。“以我观之，赤军之所以得民众帮助，不由赤军之威胁民众，而由于赤军兵士守纪律，的确不扰民，不动民间一草一木。非但如此，而且常常没收军阀、官僚、劣绅的财物，散给居民。民众感觉赤军对他们有实际利益，所以趋之若狂。”

把红军的艰苦朴素、廉洁奉公的风气与国民党军的贪污腐败、假公济私进行对比。红军所处环境之困难，远非南京军可比。为什么红军能克服重重困难？文中写道：“我在赤军中对赤军领袖之日常生活及其品行，有很好的感想。这也许多是由于我在南京军中服务时所感影响太坏而有所致之。大家知道，在别的军队中当一团长，个人生活已极奢华，更无论师长、军长矣。但赤军军官则反是：赤军军官之日常生活，真是与兵士同甘苦。……也正因为赤军领袖在日常生活上与兵士同甘苦，所以虽在各种困难环境之下，而赤军兵士仍毫无怨言。赤军领袖之品行及办事精神，亦为现世一般武人望尘莫及者。……我觉得朱毛非但是人才，而且为不可多得之天才。……周恩来之勇敢、毅力之办事精神，黄埔学生对之仍有好感。……赤军领袖如朱毛、周恩来、林祖涵、徐特立等，均系极有政治头脑的政治家。”彭德怀、刘伯承、林彪、徐向前、陈毅、罗炳辉、赵博生、董振堂等红军高级军官，“富有作战指挥的能力”，“为坚信共产主义的分子”。

陈云在文中还借“廉臣”之口，呼吁国民党停止内战：“如果停止自杀，而共同杀敌，则不仅日本不足惧，我中华民族亦将从此复兴矣！”[5]

1936 年春，共产国际将陈云的报告加以整理，增加了红一、四方面军会师的内容，以《英勇的西征》为题发表在了《共产国际》(中文版)第 1—2 期合刊上。

巴黎的《全民月刊》《救国时报》先后连载了陈云的《随军西行见闻录》。同年 7 月，这本书在莫斯科出版单行本，尔后，该书很快传到国内，曾先后以《从东南到西北》《长征两面写》《红军长征随军见闻录》等书名，在国民党统治区广泛流传,使中外民众了解了中国革命的实际情况,揭穿了蒋介石所谓"红军已被打败,只剩极少数人在逃窜"的谎言。该书出版时间比传教士勃沙特的《神灵之手》还早近半年。因此,陈云堪称向世界宣传红军长征的第一人。

《共产国际》(中文版)
1936 年第 1—2 期合刊封面

★《救国时报》发表范长江对红军的系列报道

以刊发《八一宣言》闻名的《救国时报》(前身即《救国报》),不仅刊登过陈云的《随军西行见闻录》等文章,还刊载过民国时期著名新闻记者范长江对红军的系列报道。

吴玉章

《救国时报》创刊于 1935 年 12 月 9 日,系中共中央驻共产国际代表团的机关报,也是中共在海外的一个宣传阵地,重点宣传抗日民族统一战线。该报前身是 1935 年 5 月 15 日创办于莫斯科的《救国报》,该报在巴黎发行时,法国政府在蒋介石政府的压力下,发出"停止邮寄"的通知,为应付法国的新闻检查制度,吴玉章经请示中央,将报名改为相近的《救国时报》,继续发行。《救国时报》的编辑部设在莫斯科,名义上由中共驻共产国际代表团团长王明负责,印刷、发行均设在巴黎,主要由吴玉章、吴克坚负责。在 12 月 9 日的创刊号上,该报即登出了朱德、周恩来和红军各军团长及全体指战员致东北抗日联军及全国诸军政领袖、部队官兵、民团弟兄的"快邮代电",呼吁团结抗日。《救国时报》顺应了世界反法西斯斗争和国内抗日救亡运动的潮流,因而受到了海内外同胞的热烈欢迎。东北抗日联军将士看到报纸后,十分振奋,不仅组织学习报纸,还发动大家一起为报纸捐款。1936 年 8 月 12 日,抗联第一军军长杨靖宇写信给《救国时报》:"看见贵报上所公布的各地读者捐款,知道你们的办报经济上是很困难,似有不能维持之势。贵报的救国,也即是我们的事业,我们虽苦,给养尚可获得各地人民之志愿供应。所以我们全体士兵都一致同意通过,由本月饷项中节捐出国币 1300 元,作为援助贵报捐款外,并公推兄弟用全军名义致函贵报,聊申微意。捐款已设法由上海汇上,谅能收到……"

范长江

范长江对中国红军的报道,引起了《救国时报》的高度关注。作为一名国统区的新闻工作者,范长江曾多次冒着生命危险,勇闯红区,写下了关于红军长征及在西北征战的系列报道。他的报道客观、真实,字里行间显露出对红军的同情与尊敬,对打破国民党新闻封锁、帮助人们了解红军的抗日主张和人民军队的性质,起到了很大的作用。因而,《救国时报》多次予以全文转载。

范长江,四川内江人,先后就读于中央政治学校、北京大学哲学系。1933 年下半年起开始为北平《晨报》《世界日报》、天津《益世报》等撰写新闻通讯,其精彩的文笔和独特的视角,引起了天津《大公报》关注,遂被聘为《大公报》撰稿人。1935 年 9 月 2 日,范长江作为《大公报》的特约通讯员,经过 3000 余里的艰难跋涉,从成都到达兰州,写成西北旅行第一篇通讯——《岷山南北剿匪军事之现势》。此后四个多月时间内,他依托兰州,往来于甘陕之间,深入到红二十五军和中央红军长征经过的陇东一带采访,撰写了 26 篇通讯,陆续发表在《大公报》上。其中,《成都江油间》《"苏先生"和"古江油"》《平武谷地中》《松潘与汉藏关系》《金矿饿殍与藏人社会》《岷河沿岸》《陕北甘东边境上》《渭水上游》8 篇,均有记述红军和红军长征的内容。前 6 篇纳入《成兰纪行》系列篇,后 2 篇纳入《陕甘形势片段》系列篇,后来都收入《中国的西北角》一书。另外,范长江还有 7 篇专门写红军和红军长征的通讯,未收入《中国的西北角》,它们是《岷山南北剿匪军事之现势》《徐海东果为萧克第二乎?》《红军之分裂》《毛泽东过甘入陕之经过》《从瑞金到陕边——一个流浪青年的自述》《陕北共魁——刘子丹的生平》《松潘战争之前后》。这些通讯,提供了中央红军、红四方面军、红二十五军长征的许多重要信息,还报道了刘志丹率领的陕北红军的情况,并涉及贺龙率领的红二方面军。在旧中国白色恐怖的形势下,还找不到第二个记者能像范长江那样,既敢写,又能写,发表了那

《救国时报》(合订本)

么多关于红军和红军长征的报道，而且报道能如此深入、广泛、客观。因此他的通讯一经发表，立即引起国内多方面的关注，同时，也进入远在莫斯科和巴黎《救国时报》报人们的视野。

《救国时报》于 1935 年 12 月 9 日创刊时，在它的创刊号第一版上，即刊出《红军在西北之开展》这条消息。消息谈到红军在西北的活动时，有这么一段话："红军是用巧妙的策略，不但避免与宁军作战，且力求与宁军通声气。徐海东由洛南商县入陇东陕北时，既不占地，又不攻城，只绕了几个圈子，就是专门同宁军做了些通声气的联络工作。10 月 12 日的英文《平津报》驻日记者竟称甘肃的宁军，同情红军，反对南京了。"这段话中的"既不占地，又不攻城，只绕了几个圈子"这一信息，就源于范长江《徐海东果为萧克第二乎?》一文。

1936 年 1 月 9 日《救国时报》转载《陕北共魁——刘子丹的生平》，原文载于 1935 年 11 月 28 日《大公报》。文中写刘志丹，言简意赅，如画龙点睛，其中有："陕北之赤化，始终是刘子丹作领导。……刘子丹，现在不过三十二三岁的人，许多的朋友都和他认识。他的家庭还是地主阶级，也是陕北保安县有势力的人家。民国十四年他代表全陕北学校学生到西安出席陕西全省学生联合会，声名渐噪。旋入黄埔军校第四期，毕业后，随军北伐至武汉，被派至冯玉祥部任总政治部宣传主任。此时刘已为黄埔当局所赏识。……刘之个性强，富煽动性。政治与军事知识皆有相当长处，更加以地方黑暗政治为背景，容易煽动，遂成今日之局。"

《救国时报》还转载范长江《陕甘形势片段》篇《刘子丹之煽动与民心之向背》一节，对刘志丹怎样为群众谋利益，怎样受到陕北民众的拥护，等等，作了具体描述和较高评价。刘志丹是黄埔军校出身，宣传刘志丹，对推动抗日民族统一战线的工作无疑大有裨益。

《救国时报》在 1937 年还刊登过毛泽东同斯诺的谈话和照片，以及杨定华（邓发的化名）写的反映长征的纪实通讯《雪山草地行军记》。到 1938 年 2 月停刊时，《救国时报》共出版了 152 期，为宣传红军以及抗日救国作出了不小的贡献。

---

[1] 中共中央党史研究室第一研究部译：《联共（布）、共产国际与中国苏维埃运动（1931—1937）》16 卷，中共党史出版社 2007 年 9 月版，第 685—690 页。

[2]中共中央党史研究室第一研究部译:《共产国际、联共(布)与中国革命文献资料选辑(1931—1937)》17 卷,中共党史出版社 2007 年 9 月版,第 327—343 页。
[3]滕代远:《中国新军队》,解放军出版社 2008 年 7 月版,序言。
[4]《共产国际执行委员会书记处会议史平同志的报告》,原文载《党的文献》2001 年第 4 期。
[5]中共中央文献编辑委员会:《陈云文选》(一),人民出版社 1984 年 1 月版,第 44—91 页。

第九章

穿越国界的神话：抗战时期长征在西方国家的传播

★埃德加·斯诺采访红区向世界宣传长征

★尼姆·威尔斯《续西行漫记》续写长征

★史沫特莱《伟大的道路》再写长征

★王安娜《中国——我的第二故乡》中的长征

中国工农红军长征尚未结束时，一些敏锐的西方记者就把目光投向了长征，意识到这将是一个影响中国历史进程的了不起的历史事件，于是冒着生命危险，冲破国民党当局铁幕般的封锁，前往红区采访，向世界介绍这一伟大的壮举。挚爱中国、关心中国前途命运的左翼美国记者埃德加·斯诺，就是在这样的背景下出现在红军将士的面前。他在保安为毛泽东拍摄了那张著名的戴着红军军帽的照片，他也为周恩来拍下了蓄着一缕美髯骑马的珍贵镜头，尽管对长征着墨不多，他笔下的长征已足以感动许许多多的人。随着《西行漫记》翻译成多国文字，红军的长征随着斯诺的报道走向世界各国人民的心里。三大主力红军会师，整个红军长征结束之后，延安又先后迎来了史沫特莱、尼姆·威尔斯、王安娜等国际友人，巧的是，她们还都是女性。作为记者、作家、国际友人，她们都被长征深深地打动，于是分别从不同的视角，在各自的著作中，以细腻的笔触，一次又一次地讲述红军长征官兵一致、坚忍不拔、骁勇善战、迭挫强敌、爱护百姓，以及为民族解放不畏牺牲的博大胸怀与高尚品质。长征的历史，经过斯诺等人的宣介，已成为穿越国界和时间的神话和永远值得讲述的人类传奇。

★埃德加·斯诺采访红区向世界宣传长征

1935 年 10 月的一天，燕京大学校园里忽然响起了一阵鞭炮声，不是春节过年,也没有谁家办喜事,为何会放鞭炮? 年轻的美国人斯诺凭着从事新闻工作的职业第六感,循声前往,他惊奇地发现,一些学生的面庞上浮现出激动的笑容。原来,他们是在暗暗地庆贺毛泽东率领的中央红军经过二万五千里长征,胜利地到达了陕北。在当局宣传中,此时的红军不过是几千名饥饿的“红匪”罢了,然而在斯诺眼里,这绝对是20世纪足以震撼世界的大事!

作为一名资深记者,他从各种蛛丝马迹中得知,红军在中国西部的腹地进行着战斗,然而当时“在世界各国中,恐怕没有比红色中国的情况是更大的谜,更混乱的传说了”。红军自1927年诞生起,9年以来一直遭到铜墙铁壁一般严密的新闻封锁而与世隔绝。千千万万敌军所组成的一道道活动长城时刻包围着他们。谜一样的红军深深地吸引着斯诺,他对红色中国充满了各种各样的问题。诸如,这些战士战斗得那么长久,那么顽强,那么勇敢,而且正如各种色彩的观察家所承认,就连蒋介石总司令自己的部下私下也承认,从整体说来是那么无敌,他们到底是什么样的人? 是什么使他们那样地战斗? 是什么支持着他们? ……整整80个问题,充斥着斯诺的大脑。于是他决定冒险穿过那道似乎牢不可破的“长城”,前往“红色中国”探寻一番。

斯诺作为一名美国人,为何对“红色中国”如此充满兴趣? 这要从他来华说起。

埃德加·斯诺

斯诺,一个印刷商的儿子,1905年7月出生于美国堪萨斯城,毕业于密苏里大学新闻学院,毕业后为几个报纸写过稿。1928年来到中国,在上海的《密勒氏评论报》任助理编辑。

1929年6月,斯诺受主编鲍威尔委派,前往中国北方灾区采访。他先后采访了张家口、包头、呼和浩特和内蒙古小镇萨拉齐等重灾区。斯诺看到了一幅极为悲凉、凄惨、令人惨不忍睹的景象。面对国民党统治下所出现的这种人间罕见的严酷现实,斯诺的心灵受到了巨大的震撼,这就是斯诺“向左转”的起点。

1929年秋,斯诺在沈阳经人引见,采访了张学良,并在采访后写出的新闻纪事中,预测到日本将在短期内制造侵略口实,向中国东北发动武装进攻。

1931年九一八事变爆发时,刚回到上海的斯诺又立即随中外记者团赶赴东北,以便实地采访报道这件震动全国、关系中国命运的大事。1932年2月初,东北全境沦陷，斯诺只好返回上海。刚刚回到上海，又赶上了著名的一·二八事变，震惊中外的淞沪抗战爆发了。蒋光鼐、蔡廷锴指挥的第十九路军奋起抵抗。斯诺置个人安危于度外，穿梭于硝烟弥漫的战场上，采访两军交战的实况。通过采访，他得出结论："中国终于被某种东西震醒了。"

1933年，斯诺又采访了长城抗战的实况。在此基础上，他于1933年9月出版了他平生第一部著作《远东前线》，通过对九一八事变、一·二八事变和日本制造的"伪满洲国""华北停战协定"的详细报道，揭露了日本帝国主义对中国侵略的真相。

斯诺"向左转"，也是与宋庆龄、鲁迅等人的影响有着密切关系的。30年代初，斯诺在上海期间，就与宋庆龄、鲁迅有了密切的交往，并从中受到了教益。斯诺坦言："鲁迅是教我懂得中国的一把钥匙。"1931年8月，宋庆龄因母亲病重从欧洲归国，抵达上海。1932年夏秋至12月，斯诺通过与宋庆龄的接触，逐步认识了国民党的本来面目。

1933年3月，美国统一新闻协会任命斯诺为驻北平代表，同年秋斯诺担任北平燕京大学新闻系讲师，并学习中文。此后，斯诺除继续同鲁迅、宋庆龄以及一些中共地下党员有所接触外，还与诸多进步青年和爱国知识分子有着广泛的联系和交往。斯诺在鲁迅的指引和进步青年的帮助下，从1932年起，持续近五年时间，编译了中国许多著名作家如鲁迅、茅盾、巴金、郭沫若以及于1931年2月7日被蒋介石秘密杀害的青年作家柔石等人的短篇小说，于1936年7月以《活的中国》为书名，在英国伦敦正式出版。

斯诺"向左转"还体现在一些具体的行动中。比如，他大力支持一二·九学生运动。在这场学生运动中，斯诺和夫人海伦为学生领袖巧妙地通报消息，出谋划策，翻译宣言，还不顾当局军警的水龙和棍棒，毅然跑到游行队伍之前，不停地拍照和采访，并连夜给纽约《太阳报》发出了长篇通讯。在手提机关枪的宪兵用水龙喷射、棍棒大打仍不能阻止游行学生"潮水般前进"，因而摆出开枪架势的紧要关头，斯诺夫妇又同诸多外国记者围上来，迫使宪兵把枪口放低。此次示威游行，立即成为全世界报纸的头条新闻。

斯诺同情红军和中国革命。尽管国统区的新闻充斥着对红军负面的报道，但斯诺却能在外国人办的报纸上为红军作正面的评论，他在文章中写道："共产主义在中国中部的进展，是历史上最惊人的群众运动之一。"斯诺还写道，共产党领导下的工农红军，每进入一个地区，"就连根拔掉剥削制度。地主、高利贷和地方军阀被清除，废债务，撕地契，把土地分给了农民和士兵。寺庙、祠堂地产、公共的设施和资源归政府管理。废童工，禁鸦片，废除娼妓和娶妾的制度，对所有农民、工人和士兵以公民权”。同国民党相比，“共产党可能永远不会变得那样强大”，但是，共产党“破坏了彻底腐败的旧秩序的残余”；“地球是早就盼望着某种新的东西了。看来，在共产党活动过的地区里的人民中间，旧的价值标准是再也不能恢复了。这个运动能否创造一个取代它的好的新秩序，我们将拭目以待”。

正因为斯诺“向左转”，他对红军的命运十分关心。当他得知中央红军结束长征到达陕北的消息后，便决定冒险前去采访这支神秘的军队。临出发前，他梳理了令他“感兴趣而未获解答的问题”，有整整 10 个方面共 80 个问题。

怀揣着这 80 个问题，斯诺于 1936 年春由北平出发，专程到上海拜会宋庆龄，向她表明了访问陕北苏区的缘由、目的和迫切心情，恳切地希望她予以帮助。恰巧就在这个时候，宋庆龄也从上海地下党那里得知，陕北已经发来秘密电报，希望邀请一位诚实、公道的西方记者和一位医生到陕北去实地考察边区的情况，了解中国共产党的抗日主张，以便打破国民党的新闻封锁，向世界展示中国的红色苏区及红军的形象。

宋庆龄通过中共地下党组织很快为斯诺的陕北之行作出了安排，并促成了斯诺与鲁迅间的再次见面和商谈。5 月 19 日，斯诺从上海回到北平，一面等候上海的安排结果，一面做好必要的物质准备。不久，斯诺接到正在北平从事党的地下工作的原东北大学教授徐冰转来的一封密信。这封信是当时在中共华北局工作的刘少奇授权柯庆施，用隐形墨水为斯诺写给毛泽东的介绍信，同时规定接头暗号为半张五英镑钞票。

5 月底，斯诺准备就绪。出发前夕，斯诺又给美国一家出版商写了一封密信，喜忧参半地告诉对方：“明天，我真正地要去红色中国了，我要去会见毛泽东，我要在红区旅行……如果我能突破封锁，这将是一个世界头号新闻。”

1936 年 6 月 3 日，斯诺带着给毛泽东的介绍信、接头暗号以及照相机、电影摄影机、24 个胶卷、足够的笔记本、橡皮枕头、药品等，乘坐一列西行的列车，独自踏上了突破“长城”的冒险之旅，开始向陕北红色苏区进发。

7 月，斯诺到达当时中共中央和中国工农红军总部所在地——陕北保安县。他是来到陕甘宁革命根据地的第一个外国记者。

毛泽东和周恩来对他的采访活动非常重视。他来后不久，毛泽东在 7 月 13

斯诺与毛泽东

日傍晚,步行到苏维埃外交部看望了当天到达保安的斯诺,第二天出席了对他的欢迎会。[1]随后几天内同他进行了关于当时抗战形势的谈话。9月23日,进行了关于党的统一战线政策问题的谈话。10月,斯诺从前线部队回来,多次请求毛泽东谈谈自己的革命经历,毛泽东考虑了很久才同意了。他谈了自己的成长过程以及红军的长征经过。

年轻的美国记者斯诺满怀好奇地冒着生命危险来到陕甘宁边区采访,倾听到红军战士可歌可泣的长征事迹,他感动不已,奋笔疾书,写下了这样热烈的赞辞:“冒险、探索、发现、勇气和胆怯、胜利和狂喜、艰难困苦、英勇牺牲、忠心耿耿,这些千千万万青年人的经久不衰的热情、始终如一的希望、令人惊诧的革命乐观情绪,像一丛烈焰,贯穿着这一切,他们不论在人力面前,或者在大自然面前,上帝面前,死亡面前都绝不承认失败——所有这一切以及还有更多的东西,都体现在现代史上无与伦比的一次远征的历史中了。”

埃德加·斯诺在陕北

关于长征,斯诺写得很传神,他给予了高度评价:“红军的西北长征,无疑是一场战略撤退,但不能说是溃退,因为红军终于到达了目的地,其核心力量仍完整无损,其军心士气和政治意志的坚强显然一如往昔。共产党人认为,而且显然也这么相信,他们是在向抗日前线进军,而这是一个非常重要的心理因素。这帮助他们把原来可能是军心涣散的溃退变成一场精神抖擞的胜利进军。进军到战略要地西北去,无疑是他们大转移的第二个基本原因,他们正确地预见到这个地区要对中、日、苏的当前命运将起决定性的作用。”

他还讲道:“从某种意义上来说,这次大规模的转移是历史上最盛大的武装巡回宣传。”红军每占一个城镇,就召开群众大会,举行戏剧演出,宣传“自由、平等、民主”,解释土地革命的目的和红军的抗日政策。

斯诺敏锐地洞察到长征胜利的原因:“红军的胜利行军,胜利到达甘、陕,而其有生力量依然完整无损,这首先是由于共产党的正确领导,其次是由于苏维埃人民的基本干部的伟大的才能、勇气、决心以及几乎是超人的吃苦耐劳和革命热情。中国共产党过去、现在、将来都忠于马列主义,并将继续进行斗争反对一切机会主义倾向。它之所以不可战胜,所以一定取得最后胜利,其原因之一就在于这种决心。”[2]

斯诺于 1937 年 10 月,辑录其采访内容,交由英国戈兰茨公司出版了《红星照耀中国》一书。在该书的第五篇中,他以大约 1.7 万字的篇幅,介绍了红军二万五千里长征的概况。对长征的描写,成了《红星照耀中国》一书中最为精彩的篇章。斯诺的英文原作于 1937 年出版后 1 年之内就再版 5 次,销售 10 万册以上。1938 年 1 月,美国兰多姆出版社出版了这本书,成为当时美国的畅销书。此后,该书又陆续译成俄、法、日、德、西班牙、印地、希伯来、哈萨克、塞尔维亚等各种文字,畅销全球。

美国著名作家拉奇曼撰文评价《红星照耀中国》时说:“斯诺对中国共产党党员倡导的事业给予了充分的报道。这一事业对本世纪(20 世纪)30 年代那些惧怕抗击法西斯的人们,是一个强有力的鼓舞。”加拿大的白求恩大夫、印度的柯棣华大夫等人也正是因为读了《红星照耀中国》,受到了吸引而来到中国抗日根据地的。白求恩的朋友曾写信问他为什么舍弃优越的工作和舒适的生活到中国去,他在回信中说:“请读埃德加·斯诺的《红星照耀中国》和史沫特莱的《中国红军在前进》,读后你们的心将与我同感。”

《西行漫记》封面

当时的美国总统罗斯福读完此书后成了“斯诺迷”。斯诺返回美国后,罗斯福先后 3 次会见他,向他了解中国共产党领导中国军民进行抗战的情况,并说“我觉得这样的人是会赢得战争的”。

1938 年由中共地下党员和抗日救亡人士组成的复社,翻译、出版了《红星照耀中国》的中文译本《西行漫记》。《西行漫记》出版后,很快在国内以及国外华侨所在地引起轰动。长征的美名也随之传播八方,形成了世界性的影响。

书中所讴歌的长征精神,开始为全世界人民所关注和理解,为各国人民的进步事业提供了取之不尽、用之不竭的精神力量。在它的影响下,世界各国的不少反法西斯战士纷纷来到中国抗日根据地,奔赴延安,参加和支持中国人民反对日本侵略者的斗争。

斯诺本人也深深地为红军将士的奋斗精神所打动,在他生命的最后一刻,他深情地说:"我热爱中国。"1972年斯诺去世。根据他的遗嘱,他的骨灰的一部分安葬在他写《西行漫记》的地方——北京大学校园内。

★尼姆·威尔斯《续西行漫记》续写长征

今天,人们往往只知道《西行漫记》,却很少有人知道《续西行漫记》。在看《西行漫记》中的照片时,很少有人知道,其中不少照片是另一个记者拍的。《续西行漫记》的作者,以及《西行漫记》中不少照片的摄影师,是一位金发碧眼的美女记者,她叫海伦·福斯特,笔名是尼姆·威尔斯,是斯诺的第一任夫人。

威尔斯1931年来到上海,开始也和斯诺一样,只准备在中国待一年。她在与美国驻上海领事馆领事保罗·休斯敦的接触中,阅读了他家的藏书,加之认识斯诺之后,便取消了原计划。保罗·休斯敦对1927年广州起义就很同情,并救助过几名苏联外交人员。威尔斯作为他的秘书,受其影响,也是很自然的。而且威尔斯在美国就很关注斯诺的中国报道,她把斯诺在《纽约先驱论坛报》以及其他报刊上所发的文章都剪贴起来,包括在《美国信使》上发表的一篇《在上海的美国人》。也许这就是后来他俩结为连理的一个引子。

尼姆·威尔斯

1931年斯诺从印度返回时,疾病缠身,情绪低落。经休斯敦介绍,斯诺认识了威尔斯,他对美丽而充满活力的威尔斯一见钟情,认为是威尔斯"给了他新的希望和生命"。两人结合之后,如虎添翼,都充满了生气。威尔斯说:"两个人一道携手工作,效率不是双倍,而是要高出许多倍。两个人可以互相帮助,从而还可以换一换口味。"

翻译《活的中国》这本中国左翼作家的短篇小说集,支持、参与一二·九运动,以及他们先后采访西北红色根据地的成功,都有力地说明了威尔斯说法的可靠性和正确性。即使后来二人因性格上的原因而劳燕分飞,斯诺仍这样评价威尔斯:“海伦是位极不寻常的女人。她时常折磨我,又经常给我以启发。她充满活力、创造力,是一位忠诚的合作者,又是我的批评家。”所以说,他们的成功是二人共同努力结出的硕果。

1936 年斯诺得知西安与陕北间的交通封锁突然秘密打开后,想去访问陕北苏区,并得到了宋庆龄、刘少奇等人的帮助。他马不停蹄,立刻上路,并认为“机会千载难逢,不能错过。我决定抓住这个机会,设法打破这已经持续了九年的新闻封锁”。

斯诺得到机会可以秘密进入共产党地区。得知这一消息,威尔斯也为斯诺高兴,她认为“这是我们这个时代最伟大的探险”,因此鼓励斯诺“绝对应该去,不论付出什么代价也要去”。

斯诺 6 月初离开。他走后的三个月里,威尔斯一直没有他的任何消息。直到 9 月,一名红军地下交通员带来了一封信。在信中,埃德加·斯诺告诉妻子:“真希望你能和我在一起,分享我的感受。你能参加各种生动活跃的讨论谈话。到处闪烁着智慧才华。”

威尔斯被丈夫的信打动了,她也想加入丈夫的行列,不仅是为了在这历史性的时刻能和他在一起,还为了能继续她自己的事业。作为一名优秀的新闻记者,她常被各种强烈愿望所推动。她想帮助别人,想参与历史事件。同时她也想开创自己的事业,树立自己的声望。她把到西北去继续斯诺开始的工作看作是一个重要的机会。

可是对于一个外国人来说,要前往红色苏区采访谈何容易!当时铁路沿线军警、特务、哨卡密布,土匪活动猖獗,天花、伤寒、鼠疫、痢疾等传染病到处流行,再加上语言不通,西北之行真可谓“难于上青天”。斯诺本人称前往红区采访简直堪称恺撒大帝“跨越卢比康河”之举,其风险如同公元前 49 年初恺撒率军向庞培宣战时要跨过那条界河那样,能否占领罗马,破釜沉舟在此一举。比起斯诺来,威尔斯进入西北就更为困难了。

1936 年 9 月威尔斯到西安后,第一次前往红区的探索失败了。但幸运的是,她采访到了少帅张学良,首次向外透露张发出的国共两党建立抗日统一战线的呼吁。这是颇为轰动的特大新闻。可是那时蒋介石却正准备发动新的反共攻势,而不久就发生了西安事变,形势立刻发生很大变化。

1937 年 4 月下旬她又一次到达西安,立即就处于国民党军警、特务的严密包围与监视之中,行动失去自由,陷入困境。南京政府极为痛恨斯诺对西北根据地的采访，再加上她本人那次采访张少帅的报道，这些都给她增添了更多的麻烦。斯诺夫妇同情共产党是众所周知的，因此国民党派了四个士兵监视威尔斯，防止她到红色根据地去。但是，不管有多大的危险，威尔斯也决不退缩。

在这种情况下，威尔斯不愿意放弃任何机会，她说："如果我有办法离开西安，我将是冲破阻碍进入中国共产主义共和国的第八个外国人，第五个记者，第二个外国女性。"她和一位美国传教士的儿子凯普顿·菲奇制订了周密的出逃计划。一天晚上，她不顾生命危险，女扮男装，跳出窗户，逃出西京招待所，巧妙地摆脱了蓝衣社便衣特务的监视。尽管计划出了一些差错，但她的运气不错，一辆预先安排好的汽车，还是把海伦送出了西安，将她送到了彭德怀将军所率红军驻扎的三原。

在彭德怀的安排下，她踏上赴延安的旅程。到达延安后，第一个接待威尔斯的是她在学生运动中的朋友黄华。黄华见到威尔斯很高兴，告诉她这是一个极好的采访机会，因为二、四方面军的领导人来了，朱德、贺龙、刘伯承这些很有名的将领以及红军很早的领导人都到陕北来了。

尼姆·威尔斯和彭德怀合影

威尔斯还没有从长途跋涉的疲劳中恢复过来，她的警卫员就通知她，毛泽东主席和朱德将军正等着欢迎她。这是一次非常正式和令人难忘的会面。一见面，威尔斯就把斯诺给毛泽东照的那张著名照片送给了他。从那时起，斯诺就成为毛泽东最喜欢的人。

威尔斯印象中的毛泽东平易近人，冷静，喜欢问问题。他用一种审视的目光看着她。她觉得"毛泽东并不可怕，然而内心却很刚强"。

她用细腻的笔触记录了她同毛泽东的会面场景：

因为毛泽东在夜间处理军政大事，他成了一位高高在上的神秘人物。在延安这个熙来攘往的弹丸之地，他俨然是一尊奥林匹斯山神，夜访之隐秘庄重，一如朝见神明。

在蒙蒙细雨中穿过幽寂的街道，突然碰到街心的一座牌楼，像古庙的拱道，在黑暗中隐约闪烁着幽灵似的白光。刺刀在眼前闪晃，每到街头，都有哨兵盘问。警卫员答口令,敬个礼再走。这样来到了一座山脚下。一扇大木门咯吱一声开了,有人为我引路,来到毛泽东跟前。毛泽东同我握手问候,然后退回暗处坐了下来,燃起了一缕袅袅的香烟雾,神态有如居于洞穴中的阿波罗神。我坐在烛影中,他在黑暗中目光炯炯凝视着我。我的译员坐立不安,神情紧张,一心想博得这位全党领袖的赏识。毛泽东的吐字沉静,语气坚定,仿佛是在朗诵一本熟书。他从不撩起额前蓬松乌黑的浓发,也不摆弄钢笔或铅笔。他那双匀称的大手和他的语调一样安详。

他的夫人,年轻、温柔的贺子珍端来了可可茶和糕点,然后不动声色地坐在堆放一排排哲学、政治书籍的炕上……[3]

在延安,威尔斯几次采访毛泽东,每次都谈很长时间。郁剑庭为她翻译。

郁剑庭后来回忆说:毛泽东同威尔斯第一次谈的是中国工农红军十年的奋斗历史,这是毛泽东主席亲自谈的。埃德加·斯诺访问陕北的时候虽然跟毛泽东主席谈了很多次,但系统地谈十年红军的历史恐怕首先还是跟海伦·斯诺谈的。

威尔斯记录了几十位共产党领导人的生平,包括周恩来和红军总司令朱德。在延安的一千四百多名学生中,有十几个人是海伦在北京学生运动中就认识的。她在她的访问记中描写这些年轻的革命者们"朝气蓬勃""年轻可爱、精力充沛"。

尼姆·威尔斯和朱德在延安

威尔斯在她的书中明确表达了她是真诚地看待延安共产主义实践中的积极事物。她对每一件事都很热情。她用明亮的色彩描绘了一幅理想的图画。

威尔斯去延安的动机之一是要从一个女性的角度记录女共产党人的经历。

威尔斯走访了许多地方,调查了解妇女生活的真正变化。这些变化包括同工同酬和解放妇女的育儿措施,使她们能够一起办食堂、托儿所等。

威尔斯采访了几位长征的幸存女性。她们很多人是共产党高级领导人的妻子,和海伦一样,有个出名的丈夫。威尔斯想从这些妇女的经验中了解她们是怎样生活在丈夫的影子里的。

威尔斯在高强度的采访中吃苦耐劳，显示了执着的敬业精神。她有时一个晚上连续采访好几位，她说："我困得要命，因为头一天晚上服药睡不着；前一天晚上咳嗽了一夜。"甚至在采访刘群先（博古的夫人）时，"我困极了，瞌睡得一句话也听不进去了"。

1937 年 9 月 6 日早晨 8 点，尼姆·威尔斯第一次收到外界的消息。她的丈夫斯诺从天津发来一份电报说："归程尚可取道青岛，欲行务速，否则年内难返。"在延安的人都认为日本的第一步行动是占领胶济铁路。现在青岛竟然还可以通行，不过随时可能被切断。尼姆·威尔斯遂决定去西安，如果到达西安时青岛已不通车，那么，她在想办法离开内地前，还可以从西安去山西前线作短期采访。她又担心军用火车天天遭到轰炸，可能不准外国人搭乘。无巧不成书，那天恰好不下雨了，有一批一直在等放晴后去西安的红军准备开拔。次日凌晨，她便随他们离开延安出发了。

从延安归来的一路充满艰辛、奔波，特别是为保护缝夹在腰间的 13 本采访笔记本，她吃尽了苦头。

在延安到西安的旅程中，威尔斯和她忠实的警卫红军战士结下了深厚友情。1937 年 9 月 21 日威尔斯 30 岁生日那天，警卫送威尔斯到火车站，踏上她返回北京的最后旅程。

他默默地站在火车站台的台阶上，眼泪顺着黝黑的脸颊流下来。威尔斯回忆此情此景，写道："中国和世界之间的长城似乎变得很遥远。这就是中美人民友谊的根基。我不会做任何事去破坏这种友谊。"

紧随斯诺，威尔斯也把采访所得写成了《续西行漫记》，1938 年完稿后分别交美国纽约、中国上海出版了英文、中文本，此书在美、中、印度、日本都成为畅销书。

虽然威尔斯没有参与《西行漫记》的直接写作，但是她在延安的采访为斯诺的书作出了巨大的贡献。她为斯诺的《西行漫记》收集了大量急需的材料，拍了很多照片。关于朱德和西安事变的两个章节的材料都是威尔斯提供的。

20 世纪 50 年代初，斯诺和威尔斯都被列入黑名单，受到麦卡锡主义分子的传讯和迫害。从此，他们都失去工作，名声也受到损害。1959 年斯诺不得不远走他乡，在瑞士落户，于 1972 年病逝。而威尔斯更加艰难无助，已完成的 32 本书稿也无法出版，生活缺少来源，仅靠为别人查家谱获得一点儿微薄收入维持生计，后来在贫病交加中也默默无闻地离开人世。

《续西行漫记》一书中虽然没有专门写长征的章节,但多处可见对长征的记载与评述。她采访的这支队伍,刚刚经历万里长征仅半年时间,长征对这支队伍留下的烙印与遗产实在是太深刻、太宝贵了。威尔斯对长征的记录主要散见于对一些将领和女性军人的采访之中,透过富有感染力的笔触,给人留下回味无穷的感受。

如她采访罗炳辉时,问到几个关于红军的重要问题。她同罗炳辉探讨红军为何能征善战,其实也是探讨长征为何能取得胜利。

威尔斯问罗炳辉:“红军为什么比国民党军优越?你在两种军队中都有很多经验,你应该知道。”

罗炳辉回答了五个方面的原因:“首先,我想是因为红军有共产党的坚强领导;其次,红军士兵有阶级觉悟;第三,红军的政治工作好,教育好;第四,党员干部是全军的模范战士,军中有完全的民主——军官和战士过同样的生活;第五,我们的战术比对方高明,因为它是从我们的复杂处境、迫切需要中产生出来的。”

威尔斯又问了她深感惊讶的红军的乐观主义,她说:“我从来没看见过像你这样快活的人。你从来没有疲倦过吗?”

“红军中所有的人都快活,精力饱满。”罗炳辉毫不犹豫地回答,“因为我们有坚定的目标,而且每个人都知道最后胜利属于我们。我们衣衫褴褛,有时吃的是猪和马都不肯吃的食物——有时也许只有草鞋穿——但是一年一年地过去,我们从不丧气。”

也许是惊讶于罗炳辉指挥红九军团担负长征的“战略奇兵”的关系,威尔斯称罗炳辉为“神行太保”。有趣的是,罗炳辉指挥的红九军团在三个方面军都待过。

她在书中写道:从1935年10月到1936年8月,罗炳辉一直留在川康边界。讲起当年的故事时,他说:“当主力红军离开四川向西北进军时,我的部队落在他们的后面,相距有五六天的路程。同时,我们跟四方面军的距离也有四五天的路程。我被蛮子部落包围了,和他们进行了激烈的战斗。我们爬上一座山,抄到蛮子的后方,才打败了他们。那时由于远远地落在后面,就加入了徐向前的四方面军,做他们的后卫。”

威尔斯对这位彝族将军印象颇深,她写到“好多年来,罗炳辉一直是十个最著名的红军司令员(注:估计是指红军军团长、军长)之一”。当威尔斯问他,他认为哪几个人是最能干的红军司令员时，他回答说："彭德怀和1931年在江西东固牺牲的黄公略。"她还写道，罗和他的"神行军"已经成为最有名的红军部队之一。这位身材高大的司令员，竟然能在这样一个行动神速，专门流动的部队中打头阵，真是不可思议的事。但是他的双腿显然和他的个性一样活跃。她费了好几天的工夫才打听出来他到底属于哪一个主要的方面军。他似乎经历了许多地区，各方面军都说他是属于他们那儿的。后来，终于搞清楚了：他是属于各方面军的。从江西出发长征时，他属于第一方面军，担任危险的后卫职务。到达四川时，他又参加了红四方面军，负责后卫工作，和朱德、徐向前一起，在西藏过冬。后来，他又同贺龙的第二方面军穿过大草原。在威尔斯采访他时，他是三十二军军长。

威尔斯通过采访徐向前，了解到了红四方面军的长征。徐向前跟她讲："1935年，我们开始长征时……为红军征得了很多新兵，一个月之内，我们的兵力增加了五分之二左右。当时四方面军有八万多人。"1935年6月，朱德部从南方中央苏区来到了四川，和四方面军在懋功县的达维会合。一方面军的大多数，在彭德怀和毛泽东的率领下进军西北，而朱德的两个军同四方面军一起留在四川。

"1936年2月，我们把部队集中在西康的道孚，炉霍、甘孜、雅江以及其他几个县，建立了少数民族独立政府。"

徐向前最后说："那时二方面军从湖南开始长征，在云南省渡过了金沙江。他们穿过巴塘，于6月底到达甘孜和我们的四方面军会合。7月初，我们一起向北方长征，在大草原上走了一个月。8月初，我们到达了甘肃南部……1936年10月初，在甘肃的会宁地区跟第一方面军会合。"

威尔斯对红军的官兵一致印象颇佳。她注意到罗炳辉喜欢红小鬼，在他拿给她看的那张照片上，他像个海岛似的，完全被红小鬼包围了。有一个长得很帅气的小鬼是个苗族。威尔斯注意到：罗炳辉的小鬼们都穿着很好的鞋，可是罗却得意地穿着一双大草鞋。

谈起这些红小鬼，罗炳辉告诉她：长征时期，他的九军团有两三百个小鬼，参加了每次的行军。许多人甚至跟着他参加了乌江的战斗。他们大多数都能跟上队伍，也有一些落在后面，失踪了。他们从来不当逃兵。有许多还参加作战，都非常勇敢坚决。罗的手下有一个营长，也是小鬼出身，十八岁就阵亡了，罗不禁赞扬道："他是个非常勇敢的孩子。"

威尔斯看到红军中有许多红小鬼，他们的勇敢坚定令她深感钦佩。一天晚上，她对红一方面军彭德怀司令员说："在我看来，这些年轻的小鬼是红军中真正的英雄。"

彭德怀评论说："不错，是这样。他们还是真正的小革命家。"

彭德怀告诉威尔斯：

> 有二三百个孩子参加了长征，他们一步步走完了全程。现在全军里一定有上千个孩子了。我的部队里，大部分小鬼来自江西安源煤矿，从前在那儿实际上是奴隶，整天挨工头的打骂。另一些小鬼是长沙来的孤儿，或是 1927 年被杀的革命烈士的子弟。1927 年以后，这些革命后代遭到严重迫害。他们没钱念书，家庭也完全破坏了。所以，红军到达他们家乡时，他们就抢着来参军。
>
> 许多孩子在战争中很勇敢。我记得一个小男孩在江西战役中受了伤。他坐下来对我说："现在别管我了，等你们打了胜仗，有人会回来找我的。"
>
> 另有一次，在江西，军队正出发去打仗，空中的炸弹像下雨一样。一个小鬼腿上受了伤不能动了。他坐下来，连哭都不哭，假装是在休息，以免耽误部队的行动。

他还给她讲了一个令人感动的英雄小鬼的故事：

> 长征经过甘肃的时候，在一次紧急撤退中，有一个小鬼掉队落在后边了。他跑进了一所房子，那家的老太太喜欢那孩子的长相，就把他藏在床上一大堆衣服的下面。这样，白军来时也许不会找到他。白军果然来了，老太太整夜地坐在床上掩护他，一步不离开。这引起了白军的疑心，他们推开她，找到了孩子，把他的红星帽从口袋里拉了出来。
>
> "你是特务，"土匪们向他喊道。
>
> "不对，我不是特务。要是我跑得快早就不会在这儿了。中国红军是唯一爱国的军队；我们不是汉奸。"
>
> 这小鬼是个聪明孩子，他和白军士兵、他们的队长辩论停止内战打日本的问题。在这场辩论中他使对方败得很惨，那个队长丢了面子，就命令把他枪毙。

哨兵把小鬼带到外面枪毙的时候,这小孩说:“你为什么枪毙我? 为什么不砍我的头? 好把那颗子弹省下来打日本人?”

那个哨兵深深被这个孩子所感动,决定到队长面前要求他收回成命。

“我不愿意执行这个命令,”那个哨兵说,“我们为什么要枪毙这个孩子呢? 他是真正抗日的,他的话听起来不错。”

那位队长大怒,下令哨兵立即把孩子枪决。这时,所有其他的士兵也围了上来,反对枪决。这样,那位队长也就不敢蛮干了。最后,那个孩子到底逃了出来,现在在这儿的红军里。

也许本身是女人的缘故,威尔斯十分关注女红军的情况,她采访了几个领导人的夫人,也是著名的女红军,报道了女红军长征中的光辉事迹。

她向苏维埃的妇女部部长李坚真了解红军中的妇女情况,问起了四川来的徐向前的那个赫赫有名的妇女团。李坚真告诉她:“1934 年开始长征,跋涉一年后,我随毛泽东的队伍到达陕北。长征期间我是红军里的政治指导员。只要身强力壮,长征也不算很艰苦。我在途中背着步枪、军毯和十五斤粮食,很少骑马。我原先有匹马,后来在路上给了一个负伤的同志。离开中央苏区参加长征的只有三十名女党员,不过在第四方面军离开四川时,部队里却大约有一千名妇女,长征途中又有些妇女参加了队伍。这一千名妇女中,大部分人是红军的家属,但是在前线的有些女战士不是家属。1935 年离开四川时,全团整整有一千人,长征途中不少人牺牲了,也有被俘的,到达延安时只剩下八百人。她们着实打过几次硬仗,许多伤员现在在后方,有些人在党校学习。”

在威尔斯采访过的女红军中,她印象深刻的有贺子珍、刘英、李伯钊等。

她笔下的毛泽东的妻子贺子珍:她身材矮小,体质纤弱,秀丽朴实,有些腼腆。她的主要工作是照顾她所崇拜的丈夫和养育子女。他和毛泽东结婚前也是党的积极分子,当过教员。贺子珍在战争中比其他妇女吃过更多的苦,除生育了几个孩子外,长征途中还曾被炸弹炸伤,全身负伤十六处。

威尔斯认为,洛甫的妻子刘英可算得身材最矮小的妇女了,她谑称其为洛甫的“袖珍夫人”。威尔斯感慨道:“我真想不透在长征途中她怎么会没有被大风刮走,竟然也到了延安。她像春天的知更鸟一样活泼伶俐,忙着共产主义青年团的工作,可见矮个子里头也能出优秀的革命家。”

威尔斯笔下的红军女干部李伯钊,是“特别的温柔可爱”。李伯钊时任前线剧团的主任，威尔斯对她特别有好感。她写道：

> 她是前线政治部主任杨尚昆的妻子。她写过许多剧本，在苏区深受欢迎。李伯钊生得娇小美丽，皮肤雪白晶莹。她真是个美人。她害肺病，每天早上咳血。她拒绝我给她拍照，怕万一有那么一天要到“白区”去干秘密工作。但是，她却把自己的身世告诉了我。
>
> “1934年，我们开始长征，经过了九个省。当红一方面军到达四川西北部时，我离开了主力部队，参加了徐向前的红四方面军，那年冬天留在藏区。1936年9月我们在甘肃的会宁遇到其他红军以前，我一直没有再见过江西的那些同志。
>
> “我曾三次过草地，那是长征中最困难的地段。第一次用了五天，第二次四天，第三次过大草原的中部，一共走了二十九天。
>
> “大草原上没有村庄，无法用牲畜运输，粮食、枪支等等都得由人背，通过很深的黑泥沼泽，从一片草丛跳到另一片草丛上。这些黄黑色的沼泽，表面都软得像海绵，但人们得加快步伐，否则就会沉下去。每天我们都得过好几条河，在雨中步行七八十里。
>
> “那时，政治部的工作很艰苦，必须克服部队中的悲观情绪。要做个符合标准的共产党员，就得为体弱的人分挑重担。
>
> “战士们非常讨厌草地。于是宣传部便设法用舞蹈、歌咏和口号来提高大家的意志，使他们保持高昂的士气。这时，阶级友爱显得特别深，因为在艰苦条件下大家都同心合力。晚上，我们沿河点起篝火，演出各种文娱节目，景象十分壮观。我们挨个检查军事领导人，看他们是不是病了。我们清点这天有多少人牺牲了。我们每晚还得用热水把脚上有毒的泥巴洗掉，不然，第二天就不能走路了。一次，我陷进了泥沼，被人救了出来，冷得要命，但除了一顶帽子，什么也没有损失。
>
> “幸好在过草地的时候没有重大的战斗，除了胡宗南的少量部队追踪了一段路之外，国民党其他部队谁也没敢追上来。
>
> “早先，我们过大雪山的时候，许多战士由于空气稀薄，加上还要打仗，所以死了。
>
> “在那极端困难的时期，我们没发过愁。但是现在回顾长征，倒有点后怕了。

“毛泽东部队里的三十个随军妇女，长征时一个也没有死，体力反而得到了增强。那些过去很弱的人现在都健壮了。”

通过采访许许多多的红军将士，威尔斯发自肺腑地盛赞红军的长征精神，她写道：

今天，国家民族的命运正有赖于人人勇于作出牺牲，不只牺牲生活享受，甚至牺牲生命。然而，此时一些为长者的人却一任私心，眷恋所谓生之乐趣。形势如此，中国的年轻一代又怎能不睚眦欲裂呢？这是一种全新的哲学。青年人起来大声疾呼了：“不自由，毋宁死！”他们否定半瘫痪的旧中国那种毫无价值，只图一己苟活，不肯为后人的自由生活去战斗去牺牲的价值观念。他们向失望、无知、懒惰、自私、家族观念、贪婪、无组织、剥削、腐化、“没办法”“马马虎虎”“不要紧”“差不多”的观念挑战。

这种英雄气质比青年人的匹夫之勇和一般的革命牺牲精神要复杂得多，可以说是比浪漫的雪莱派所梦想的“理想”革命更进了一步：不朽的理想战胜了肉体，证明人类的精神是不可摧毁的。人，这个政治动物，常常为了自己的理想而战。但是，在过去，我从来也不知道人用光脚板走了二万五千里、靠吃草皮和口号生活之后，还能保持旺盛的意志。十年来，红军始终英勇为解放人类大多数的伟业不断作出如此光辉和宝贵的贡献，这对人类悲惨的生活的意义从总体上赋予了新的价值，在殖民地的东方更是如此。对比之下，人们可能会想到印度的三亿顺民。也许，你还会想起“日耳曼优等民族”的一千一百八十四万五千名共产党员和社会党员怎样在1933年听任希特勒的歇斯底里的冲锋队员任意蹂躏，没有为自由进行任何抵抗。中国人的革命历来很少有胜利的机会，但是，他们却多么勇敢地进行生死搏斗！

作为一名客观的记者，威尔斯没有像一些人那样只顾长征的红军，便忘记了没有参加长征的红军，也没有只记住了红一方面军，却忘了红二、四方面军以及红二十五军。这是十分难能可贵的。

她在书中记述道：

二万五千里长征中,损失是惊人的,但是多少补充了几千名参军的新兵。蒋介石不顾一切,以不断轰炸和追击来消灭这支急行部队,当第一方面军渡过金沙江进入四川境内时,红军似乎已经损失了四万五千人。在战争中继续有伤亡,有些人死于疲劳、饥饿、疾病,再加上四川和西康的部落民族和正规军的袭击,又使余下的兵力大大减少。

毛泽东率领第一方面军的第一和第三军团去陕西,到达时只剩下不足两万人;朱德和罗炳辉留在四川,手下只有第一方面军的两个军。与此同时,徐海东也从鄂豫皖苏区完成了长征,他的第二十五军到达陕西时,剩下大约三千到五千人,就改编为第十五军团。这两个军(原文如此)和刘志丹的约有一万人的第二十六军和第二十七军合在一起,组成了第十五军团。1936 年春季,这个军团远征山西,又在那儿收了八千名新兵,此外还有陕西的大约七千名正规军。另外有大约三万名游击队和赤卫队配合作战。这个小小的军队坚持了一年,抗击了总数达四十万军队的包围,其中有半数在进行积极地进攻,包括张学良在西北的十万东北军在内。

另外还有两处主要苏区。湘鄂边境苏维埃的第二方面军有贺龙的第二军(1932 年时有二万人),和萧克的第六军(从来也没到过二万人)。1935 年 9 月,他们招募了约八千名新兵,随后,在 1935 年的 11 月开始了他们八个月的长征。我不知道当时第二军有多少人。在 1930 到 1931 年的极盛时代,他们有三万人。果然如此,那么损失的人是很多的了,因为萧克告诉我:那八个月里,从后面追赶我们,从前方和侧翼阻击我们的敌人,总数达一百三十个团(十三万人)。而我们只有两万部队。但是,国民党没能封锁住我们。我们打败了敌人并且到处都把他们甩在后面。

另一个主要苏区是川陕边境苏区。徐向前告诉我:1933 年底,他的第四方面军有三十八个团,或者说是六万人。这个军队原先是由第四军和鄂豫皖苏区的七十三师组成的。在四川,许多人纷纷加入红军。除了把七十三师扩展成第三十一军之外,还增加了第三十军,第九军,以及第三十三军,每个军都有七八个团。为了对付这三十八个红军团,四川军阀竟动员了一百七十个团的兵力。据徐司令员说,打了十个月仗之后,红军“至少杀死杀伤了十万白匪军”,徐承认他自己的部队有一万人受了伤,住在医院里,但是,他没说经过“白匪”大规模的屠杀之后还剩下多少人。不管怎么说,徐向前告诉我,他的第四方面军 1935 年离开四川苏区开始长征时,“一个月之内，参加红军的新兵特别多，以致我们的兵力猛增了大约五分之二。那时，第四方面军有八万多人”。战争继续着。据徐说，“到了1935年底，第四方面军和第三十二军（罗炳辉率领的）转入了天芦（铁柱）区……又增加了一万名新兵”。可是以后，1936至1937年间，第四方面军遭到了严重损失。

第四方面军和第一方面军的朱德和罗炳辉的两个军一道，在西康（西藏）度过了1935年的冬天。6月，湘鄂边境苏维埃的第二方面军也到了。7月，三军并肩向北方进军，去参加毛泽东和彭德怀原先率领的第一方面军，1936年10月，他们在甘肃会合了。

威尔斯的《续西行漫记》，由于多种原因，成果没能达到她丈夫斯诺的高度，也没能达到她自己的期望。威尔斯自己认为：“这本书内容轰动，但语言平淡。如果我能把它写得更有文学性，这应该是一本非常成功的书。但当时我身患五种痢疾，战火纷飞，经常有人饿死街头，在这种情况下写成这本书几乎是不可能的。”

《续西行漫记》封面

外界对《续西行漫记》的评价褒贬不一。一位香港评论家用非常美好的语言来描述这本书，但从整体上看，读者们的反映并不令人满意。一个原因是，她从延安回来后一直在生病，精力不足。另外她急切地想把她的书出版，因此缺乏斯诺书里那种流畅、感人的语言。

但作为一本历史文献，《续西行漫记》还是一部经典之作。

海伦·斯诺访问陕北增加了很多人的革命故事，跟埃德加·斯诺的采访结合起来，就是比较完整、丰富的革命历史、革命经过。所以，这不是简单的重复。

威尔斯写作的时候，就有人在打字机旁边等着。她写完一张纸，马上就被翻译成中文。因为很多革命群众尤其是年轻人渴望知道在延安发生的一切。他们要知道真实的情况，然后他们就决定到延安去参加革命。

在中国各地，许多青年学生读了《续西行漫记》以后就到延安去了。他们相信，如果一个美国女孩能到延安，他们也能。在延安，斯诺的《西行漫记》和威尔斯的《续西行漫记》都被指定为抗日军政大学的阅读材料。

《续西行漫记》是弘扬革命理想主义的赞歌，正如尼姆·威尔斯在序言中那热情洋溢的感想：

我在1931年中华苏维埃共和国成立之前几个星期到了中国。这个对立的政府一成立，激烈的内战就此正式打响，一直到1936年12月12日西安事变发生时才停了下来。

在阶级战争的那些年代里，对于中华苏维埃曾有过许多非常荒诞的传说。显然，当时没有人能理解中国，因为谁也得不到正确的情况，不清楚这场惊人的苏维埃运动是什么性质。可是，在我丈夫埃德加·斯诺1936年最后冲破设置九年之久的封锁线以前，外边的观察家谁也进不了那隔绝的苏区。我自己在1936年9月对这个新天地作了第一次探索的远行，希望趁他在那儿的时候，也能进入苏区。这次远行失败了，然而，由于当时新的反共攻势正在开始，紧张局势很快达到顶点，终于酿成了国民党西北军的哗变。西安事变期间，西北封锁住了，但是，西安城门一重开，我立刻又试了一次。1937年4月21日，哗变的东北军队刚刚撤出围城，我就离开北平，躲过奉令禁止新闻记者进入苏区的西安警察，在4月30日到达了彭德怀的红军总部。我在延安这座红色堡垒待了四个月，几乎每天都和杰出的共产党领袖们谈话，收集资料。由于大水和战事作梗，直到10月中旬我才回到北平家里，就这样，此行持续了半年光景。

对我来说，这是一次发现新事物的旅程——发现了一种新思想，一种新人物，正在地球上最古老最持恒的文明的中心所在，开辟着新天地。

尼姆·威尔斯还借她采访来的红军情况，向世界宣传新四军的战斗精神，继续为中国抗战宣传、呼吁。她写道：

中国共产党人不仅驰骋北方疆场，在南方，原先属于红军的一支部队，在项英和叶挺指挥下，也十分活跃。那里的情况和北方相同，南方地区只是在沦于敌手后，中央政府才开恩准许红军进入活动。一年来，他们不事声张，征募新兵，进行破坏，突袭日军。有一两次几乎收复杭州。

关于这支“新四军”的情况，很不容易了解到，不过我还是设法收集到一些：

1934 年 10 月,红军主力撤出江西中部中央苏区开始长征时,有两位共产党的主要领导人,方志敏和项英留在原来的苏区,牵制敌人,掩护主力红军撤退,开展游击战。

方志敏是江西人,为当地赤卫队的创建者之一。他所部红军第十军团和第七军团有两师人马,兵力约万人。这两个军团都被国民党军消灭了。第七军团即“抗日先遣队”,1934 年从瑞金出发去江西东北部,以牵制敌军,不幸全部壮烈牺牲。然而红军主力却得以突破封锁,进行长征。第七军团司令寻淮洲 1935 年在江西东北部牺牲。方志敏亲自指挥第十军团,以江西东北部的弋阳为根据地,一度到处流动作战,进行自卫,1935 年方被俘遇害,第十军团亦全军覆没。

项英是一位精通军事和政治的战略家,其际遇胜于寻、方二人。他指挥的第二十四独立师起兵于福建,所部原为游击队员,约有一万支步枪。1934 年至 1937 年,他率部坚守闽、赣、粤、浙边界山区,英勇斗争的事迹,已传为佳话。国民党几次进行围剿,1937 年春,政府当局甚至声称要“彻底消灭”该部,然而始终未能得逞。

项英是中国共产党第一流的“无产阶级革命家”,兼有军事和政治才略,地位仅次于毛泽东。他是湖北人,四十岁左右。1925 年至 1927 年期间,为武汉和上海工人运动一位活跃的领导人。

1937 年秋,西北红军改编为八路军开赴山西抗日后不久,项英所部也改编为国民革命军。1938 年 8 月项英会见埃德加·斯诺时说,他和叶挺指挥的新四军成立于 1938 年 1 月,当时他的旧部约有三千人。新四军力量发展很快,特别是在日占区,志愿入伍者甚众。我在撰写本书时,关于新四军的实力和武器装备情况,说法不一,据称为三万人至十万人。汉口政府每月提供十四万元军饷,其他开支仰仗当地的爱国力量。在上海听到的消息说,新四军已训练有素,在他们活动的地区,深得人心。[3]

★史沫特莱《伟大的道路》再写长征

她,是为新中国诞生作出过重大贡献的百位英雄人物的候选人之一,同时也是中国人民的好朋友,其知名度几乎与白求恩、斯诺一样。作为一名国际友人,她倾其半生的时间为中国人民的解放事业呼吁呐喊,写了无数关于中国红军、八路军、新四军的报道,还花了 10 年时间写了一部朱德总司令的传记《伟大的道路》。她就是美国女作家史沫特莱。她写的红军长征的报道,给世界留下了深刻的印象。

青年时代的史沫特莱

自1928年12月作为《法兰克福日报》特派记者踏上中国土地开始,直到1950年与世长辞,她一直献身于中国人民的解放事业,同中国人民同呼吸共命运。史沫特莱在她的《中国的战歌》一书中曾这样写道:“我一直忘掉了我并不是一个中国人。”

安娜·露易斯·斯特朗曾说过,在20世纪30年代的上海,史沫特莱是唯一能够获知中央苏区和红军情况的人。史沫特莱自己也说,她的《中国红军在前进》是“史话”,是“根据中国革命领导人参与的实际大事写成”的。她提到过一两个向她诉说史实的人,但这一两个人似乎不大可能提供给她如此丰富和全面的材料。除《国际歌》之外,她还引述了好几支红军的歌曲。她写到的许多情节、细节乃至若干战斗的经过,可以说是十分准确和内行的。一个中国人都不大容易理清楚的那么多头绪纷繁、斗争复杂的事项,作为外国人的史沫特莱,竟能把时间、地点、人物、事件等等记述得条理分明,实在令人惊讶。此种境界,推想起来,无非两个原因:一是她的聪明才智和过人的悟性;二是共产党和红军了解全局的某些权威的秘密工作者,给了她最大的帮助。这后一点,已成为历史之谜,因知情者当事者均已离开人世,极难破解了。

史沫特莱的作品十分吸引人,她记录描绘了20世纪30年代中国的政治、经济、军事、文化和几乎是整个社会的生动图景,如一幅场面恢宏、内容丰富的历史画卷,特别是她的作品《中国的战歌》。这部作品,从1928年12月她踏上中国的土地到1941年12月离开香港,记录了她在中国12年的时光(中间曾赴苏联和菲律宾休养)的全过程。这期间,她的足迹遍及东北、华北、华中、华东、西北各大区域,曾逗留和暂驻哈尔滨、北京、武汉、上海、西安、延安、太原、重庆等城市。这期间,九一八事变、红军长征胜利、西安事变、七七事变、抗日民族统一战线的形成、皖南事变等重大历史事件相继发生,同中国人一样,她都是直接间接的亲历者。

艾格妮丝·史沫特莱1890年出生在美国西部密苏里州的一个贫苦的工人家庭,在贫穷的矿区长大。为了维持一家人生活,她的父亲在科罗拉多州洛克菲勒家族经营的矿上当矿工,母亲给人家洗衣服、做杂工、当宿舍楼的看门婆。这样贫困辛劳的一家人,经常依靠史沫特莱一个在洗衣房工作的姨妈的接济,才免于陷入绝境。她家5个孩子,母亲想尽办法,节衣缩食,供他们在当地贫民小学读书。在她16岁那年,母亲劳累成疾,无钱就医,悲惨地死去。不久大姐也在产后死去,留下一个男孩。贫困和苦难使得艾格妮丝自幼亲近劳动阶层,同情底层民众。在艰难的成长岁月里,她当过报童、侍女、卷烟工人、速记员和书刊推销员等。19岁那年考入一所师范学院。最终她成为一名记者。后来,她接受了社会主义思想,参加了工人运动,但她没有参加共产党组织。因为这种立场,她自己说:"我经常受到来自两方面的攻击:资本主义的卫道士说我是共产党员、赤党分子、无政府主义者,共产党说我是个人主义者、理想主义者、民主人士等等。有一个美国女共产党员早就给我取了个'史沫特莱分子'的绰号,这称号,我倒是深深满意的。"这段自白充分表现了她的性格特点。

她只活了60岁,短暂的一生中最有意义的岁月却是在中国度过的。除了自传体小说《大地的女儿》,史沫特莱的几部传世之作,都与中国有关,如《中国红军在前进》《中国人民的命运》等。

1928年12月1日,史沫特莱以《法兰克福日报》特派记者的身份,经过长途跋涉,横穿苏联,到达中国东北。她在《日本在满洲的铁拳》一文中,揭露和剖析了日本帝国主义侵略中国东北的野心。

1929年5月,史沫特莱途经天津、北平到了南京。她目睹了旧中国的黑暗和不平等,深感这是一种耻辱,表示要献身于变革这种殖民制度的伟大革命之中。1930年,史沫特莱在上海同鲁迅、茅盾等结为挚友,共同战斗。正如她在《中国的战歌》一书中所写的那样:"我们三人谁也不是共产党员,然而我们三人无不认为帮助和支持为解放穷苦大众而战斗、而牺牲的人们是无上光荣的事。"她还协助鲁迅出版了德国进步作家凯绥·珂勒惠支的版画集。

1931年,史沫特莱在上海协助宋庆龄成立了中国民权保障同盟。1933年春,丁玲、潘梓年等被国民党特务绑到南京监狱,史沫特莱和同盟副主席蔡元培等为了营救他们,奔走呼吁。她利用她的交际才能和记者身份,团结了许多进步的国际友人,向全世界揭露国民党反动统治下的黑暗暴政。为丁玲一案,她发动美国作家、妇女界、知识界人士纷纷抗议。顿时,丁玲被捕事件成为国际舆论抨击的对象,迫使反动当局不得不将丁玲释放。

1936年12月,西安事变后,史沫特莱怀着奇特的感觉观察时局的发展。中共代表团周恩来、叶剑英等飞抵西安,接见了史沫特莱等外国记者。这时,南京中央电台造谣说,蒋委员长已被枪毙,红军占领了西安,到处杀人放火、奸淫掳掠等。为了向全世界人民报道西安事变的真相,史沫特莱把张学良将军扣押蒋介石进行“兵谏”，要求停止内战、团结抗日的真实情况，亲自用英语向全世界作了广播演说，并发表了她访问西北军政界人士、红军代表、救亡领袖的报道以及有关中国西北动态的文章。她的演说和通讯报道，使南京国民党政府极为恼火，宣称国民党政府已经作出驱逐史沫特莱出境的决定。

史沫特莱于 1937 年 1 月 12 日离开了西安。她在红军战士的护送下，乘车穿过三原县城来到杜里镇，受到红一方面军总部左权将军和指战员们的热烈欢迎。史沫特莱在欢迎的人群中发现她的朋友丁玲，高兴地跳起来。她们拥抱亲吻，亲如姐妹一般。几天后，丁玲陪同她到红二方面军司令部，受到贺龙、萧克等的热情接待。

之后，在好友丁玲的陪伴下，史沫特莱访问延安。史沫特莱来到延安的第一天晚上，便前往朱德所住的窑洞访问。朱德总司令热情地接见了她。她热情地用双臂抱住朱德的脖子，在他的脸颊左右亲了亲，笑着说：“让我好好瞧瞧你！我多年来一直听人家说你是一个土匪，你的头值二万五千块大洋，并且你还是一个多次报道被打死了的人！”她的趣话逗得朱德和其他人都笑了。

史沫特莱采访朱德

在这以前，史沫特莱听到过许多关于朱德的传说。在这位美国作家的脑海里，朱德一定是“一个坚强英勇、脾气暴躁的人物”。

“你来延安准备做些什么呢？”朱德问她。

史沫特莱多少有些吃惊。在油灯的映照下，身穿蓝灰色棉制服的红军总司令“不会使人获得任何英勇、暴躁的感觉。圆头，剪得短短的黑发间杂着白色，前额很宽，而且略微隆起，颊骨也颇突出。一对有力的上下颚，衬着大嘴，在堆满欢迎的笑容时，露出了洁白的牙齿。鼻子宽短，面色黝黑。看起来完全是一副普通面貌，要不是因为他身穿制服的话，很容易把他当作中国哪个村子里的农民老大爷”。

然而，史沫特莱很快感到这孔堆满了书籍、文件和信件的窑洞里，在朱德的声音和动作中，充满了大丈夫气魄。她说：“我希望你把一生的全部经历讲给我听。”

在无拘无束的交谈中，她了解到朱德出身于四川一户贫农家庭，就想为朱德写传记，要求朱德向她谈自己一生的全部经历。朱德问她为什么，她回答说：“因为你是一个农民。中国人十个有八个是农民。而迄今为止，还没有一个人向全世界谈自己的经历。如果你把身世都告诉了我,也就是中国农民第一次开口了。”

朱德明白了史沫特莱的真正来意,谦虚地说:“我的生平只是中国农民和士兵生平的一小部分。你来延安了,就到各处走走,和别人见见面,再作决定吧!”史沫特莱接受了朱德的劝告,采访了许多其他红军将领。她觉得红军将领都有许多传奇色彩的事迹,都是很好的文学作品的素材。

她在朱德的陪同下去窑洞拜访了毛泽东。从此,史沫特莱和她的翻译就住在延安窑洞里,经常同朱德、毛泽东、周恩来等领袖人物亲切交谈。1937 年 3 月,史沫特莱又来找朱德了,坚持要写他,朱德给她留下的印象太深刻了。在史沫特莱的一再要求下,朱德同意谈一谈自己的经历。从此,朱德和史沫特莱就有了“君子协定”,朱德每周抽两三个晚上的时间同史沫特莱交谈,史沫特莱一边听一边记,为日后写朱德传记积累素材。

在延安,史沫特莱曾强烈要求参加共产党,成为工人阶级先锋队的一员。毛泽东、朱德和周恩来告诉她,她应该留在党外,以便能在根据地外和在国外做更多的工作。她听后十分痛苦和伤心,放声哭起来。马海德跟她谈了许多个夜晚,也丝毫未能减轻她的悲伤。直到过了较长一段时间,她才理解毛泽东、朱德和周恩来对她说的那些话是正确的。

到 5 月,史沫特莱在一次骑马时不慎从马背上摔了下来,背部受伤。于是,“君子协定”难以为继,访问朱德才告一段落。

不久,卢沟桥事变发生了,朱德奉命率领八路军开赴山西抗日前线。史沫特莱眼看对朱德的采访会因抗日战争的烽火而被迫中断,十分苦闷。数月的采访,使史沫特莱更加加深了对朱德的认识,这位美国女作家从红军总司令的坎坷经历中,看到了中国的志士仁人救国救民的求索精神,心中充满了对朱德的敬佩之情。“我要去找朱总司令。”史沫特莱不止一次地在心中说。

1937 年 10 月,养好伤的史沫特莱,毅然背起行装,随身携带了打字机、照相机和简单的行李,随八路军后续部队开赴前线,到达山西五台县南茹村八路军司令部。当时,朱德正好坐着在理发。

天有点儿凉,同志们请朱德在办公室里理发。可是,朱德为了不影响大家办公,坚持要在院子里理发。理发师在旁边看着,开始以为这个和普通士兵穿着一样、说话和气的老汉是个老兵,后来见大家对他这样尊敬,一口一个“首长”,便料定是个长官,心里不免有些紧张。

朱德猜到了理发师的心思,自己端起椅子就往院子里走,理发师忙追上去叫“长官”，朱德听后亲切而风趣地说：“你就叫我同志吧，或者干脆叫‘当兵的’好喽。”一句话逗得在场的人全笑了。

理发师迅速地给朱德围好衬布，熟练而轻巧地理起发来。朱德和他亲切地拉起家常，问及他的身世、生活和对抗日的看法，然后又深入浅出地给他讲起抗日道理来。两个人亲切交谈，像老伙伴一样融洽。谈着谈着，无意中朱德抬起头，只见史沫特莱早就在一旁注视着他而没有作声，便连忙站起来向她致意，急得理发师拿着推子在一旁连声说：“请坐下，快请坐下。”

当史沫特莱喊了一声“朱总司令，你好”时，理发师才知道眼前的“长官”就是大名鼎鼎的八路军总司令朱德，心里感慨万千。

在以后的几个月里，史沫特莱一直留在那里，白天采访、行军，夜晚打字、整理。

对于史沫特莱，朱德只是位父亲式的人物。因为朱德本人是在农村的贫困中成长起来的，所以史沫特莱对他的认同常常伴有痛苦的个人背景。当朱德充满深情地讲述自己辛劳一生的母亲时，这种苦难在史沫特莱那里产生了强烈的共鸣，正像她在《伟大的道路》中写到的那样：“朱将军用这种语调叙述当年情景的时候，我的笔时时不由得无法写下去。他便用惊疑的眼光望着我。有些时候，我解释说，‘我觉得似乎你讲的就是我的母亲。’‘世界上的穷人原是一家！’他用粗哑的声音说完后，我们默默地坐了很久。”

最感人的章节，莫过于《中国在反击》一书中所描述的她对于1937年冬天朱德拒绝让她前往八路军五台山抗日前线的反应。伊万斯·卡尔逊的日记写下了现场目击的客观记录：

> 我把我上前线的事告诉了艾格妮丝，今天下午四点钟（我们通常都是在这个时间）吃晚饭时，艾格妮丝向朱德要求，准许她同我一起去五台山。朱德和任弼时都不同意。他们提出了各种原因，说凡是上前线去的人都要准备放枪。
>
> “我也放枪！”艾格妮丝说，“我是在西部长大的。”
>
> “可你是一个妇女，”他们反对。
>
> 好家伙，这句话引起了艾格妮丝的愤怒。她把一肚子火都冲他们发出来了。
>
> “我并不是因为想要当妇女才成为妇女的，”她说。接着脑筋一转，又抛出一句辛辣的讽刺话来：“是上帝把我造成这个样子的！”

好,这句话引起哄堂大笑,因为,他们当然都是无神论者。

随着日军不断地向华北增兵,山西的形势越来越严峻,八路军总部也经常转移,作战越来越频繁。朱德考虑史沫特莱的安全,劝说她离开山西。史沫特莱不愿意,执拗地说:“不管你们到哪儿,我也要到哪儿!”朱德笑了,耐心地劝导她:“你可以到汉口去,在汉口能做很多事情。”

“那是让我在精神上死亡。我在八路军里度过的日子是我有生以来仅有过的幸福的日子。只有同你们这支军队在一起,我才找到了思想上和精神上的安宁。”史沫特莱说。

彭德怀副总司令也在一旁劝说:“现在战斗频繁,我们要不停地转移。子弹不长眼睛,说不定你还有可能被打上。”朱德显得很耐心,又说:“你先走吧,以后再回来嘛! 用不了多长时间,一定能回来的。”

史沫特莱再也无法控制自己的感情,伤心地哭起来,一边哭一边说:“既然这样,那我只好走了。”朱德不断地安慰这位美国作家,还表示要为她开一个欢送会。

1938 年 1 月的一天早晨,史沫特莱依依不舍地向朱德告别。从此,她再也没有见到朱德。

在武汉期间,史沫特莱异常活跃。英国的《曼彻斯特卫报》聘她为特派记者。她利用这一有利条件,宣传中国军民英勇抗战的事迹,呼吁国际社会援助中国的抗战,还批评有些英美商人出售作战物资给日本的行为是“自掘坟墓”。离开武汉后,她把为《曼彻斯特卫报》进行采访和向红十字会提供情况这两项工作结合起来。她首先要去的地方是皖南新四军驻地,11 月 10 日,史沫特莱到达泾县云岭新四军军部。这时,军长叶挺在重庆,副军长项英接待了她,并于当晚召开了欢迎晚会。史沫特莱最关心的是新四军战地医院的建设。在她的请求下,红十字会救护总队曾派了两个救护队来帮助工作。她还把英国大使捐赠的 2000 万元现金的半数交给新四军民运部,为医院开办了一个自给自足的农场,以改善伤病员的伙食待遇。

史沫特莱与周恩来、叶挺等的相遇,使她的工作和生活更加充实。叶挺性格开朗,具有现代军人气质,精通英语、法语,不用翻译也能与史沫特莱交谈。他们经常在一起分析国内形势,就政治、军事、经济、文化、教育等各种问题,坦诚地交换意见。叶挺兴趣广泛,平时喜欢照相,家里有全套洗印设备,史沫特莱采访时所拍的许多照片,都是利用这些设备洗印后及时发出的。周恩来到皖南,向新四军干部作报告时提到的两个重要问题,事后在史沫特莱写的《中国的战歌》一书中都有正确的反映。

皖南事变发生后,全国抗战军民愤怒声讨国民党顽固派消极抗日挑起内战的罪行。史沫特莱在香港收到一位在新四军工作的医生来信,告诉她皖南事变的真相和新四军军长叶挺被国民党非法逮捕的消息。史沫特莱义愤填膺,立即和杨刚在香港中环皇后大道一家咖啡馆举行中外记者、作家报告会。史沫特莱发表演说,杨刚为她翻译。她在演说中介绍新四军深入敌后英勇抗战的事迹,用铁一般的事实批驳了国民党报纸和电台的反动宣传。

太平洋战争爆发前,史沫特莱于 1941 年 6 月离开香港返回美国。在美国,她一方面旅行各地,从事中国抗战的演讲、辩论的政治活动,为中国募集救济战争灾难的捐款;一方面整理修改在中国深入抗战前线,访问八路军、新四军以及国民党爱国将领所写的通讯、日记、演讲稿,汇编成《中国的战歌》一书。书中真实地记载了她在中国革命圣地延安以及随八路军、新四军转战华北、中南和华东抗日战场的情景,报道了中华儿女的英雄业绩,生动地向世界人民介绍了中国人民解放斗争的真实情况。此书自 1943 年在美国出版后,连续再版,受到各国读者的热烈欢迎,被誉为第二次世界大战中优秀的报告文学著作。

1946 年夏天,史沫特莱寄居在萨拉托加县斯普林斯镇朋友家中,着手朱德传记的写作。她收到了朱德于 1946 年 7 月 1 日写给她的信以及有关朱德生平经历的资料,心里非常高兴。她停止了一切社会活动,专心致志地从事写作。这时,印度即将宣布独立,印度政府聘请她作为顾问到印度去。早在她为支持印度的独立运动而被捕入狱时,独立后的印度总理尼赫鲁就曾说过等印度独立后欢迎她去印度。现在她果然接到了邀请书,心情非常激动。但是,她为了写好朱德传记一书,决心不去印度,全力从事写作。尽管遭到美国反动势力的严重打击,但她毫不气馁,排除万难,去研究中国历史,为写好《伟大的道路》一书倾注了全部精力。

1949 年 2 月,在美国反共的麦卡锡主义的狂潮里,史沫特莱蒙受了不白之冤——美国陆军当局宣布她是“苏联间谍”。史沫特莱相对安定的生活中断了,她成为轰动一时的报纸头条新闻人物。美国陆军情报机关诬指她为佐尔格间谍组织中的一员。面对这种诬蔑,她勇敢地站起来,同美国政府作坚决斗争,最后迫使美国陆军当局宣布撤销对她的诬陷。美国陆军当局的撤销声明,故意在报纸上用极小的版面刊载,因此,在一个时期内,对她的诬蔑之词还洗刷不清。

随着美国的反共政策而起的是疯狂的麦卡锡主义,美国的一些进步的亚洲问题专家先后被它所吞噬。史沫特莱恰好处于这股“反共旋风”的中心,处境之艰难可想而知。在这种情况下,她的《伟大的道路》一书的写作和出版都受到了严重阻碍。这时,曾出版过她写的《中国的战歌》一书的一家美国第一流的出版商就同她商量,要她在《伟大的道路》的结尾加上诬蔑中国共产党的文字,史沫特莱毫不犹豫地拒绝了出版商的要求,所以这部书不可能在美国出版。

《伟大的道路》封面

艾格妮丝·史沫特莱在《伟大的道路》一书中也对长征作了传神的报道,对长征的意义作了高度的评价。她充满激情地写道:“事实、数字和一路上千山万水的名称,都不足以说明长征的历史意义,它们更不能描绘出几十万参加长征的部队的不屈不挠的奋斗精神,以及他们所遭受的苦难。”她在书中不仅细致地描写了红军在长征路上的英雄气概,而且还详细地记述了毛泽东、朱德等人在长征途中同张国焘分裂主义作斗争的情况。史沫特莱饱含热情地对长征作了高度评价,她认为,“长征是革命战争史上伟大的史诗,而且不仅于此”,她还满怀信心地预言:“长征已经完成,红军正在继续创造历史。”

她在书中简介了长征的历史:“从长征出发地江西和福建开始,穿过广袤的平原,渡过奔腾湍急的大河,爬过终年积雪的大山,这条路程估计为两万五千里,约八千英里。朱德走得还要远。毛泽东率领主力部队直奔西北以后,朱将军和他的部队还在康藏边界地区多住了一年,一直到离开江西两年之后,才到达西北。”

值得一提的是,史沫特莱报道中央红军长征的准备工作,书中提到了人员的去留、物资器材的携行,以及粮食、服装的准备情况。

“1934年9月初,经过长时间筹划,”朱将军开始叙述了。“我们把各部队的主要政治和军事干部召集到瑞金,通知撤退的计划。苏维埃政府副主席、中央委员会委员项英从东线来到。我们通知他留在中央苏区任司令员兼所有留下来继续战斗的部队的政治委员。在兴国前线率军作战的陈毅也留了下来,负责军事。陈毅的政委聂荣臻正患疟疾,与我们同行。

“留下来的武装力量有:周建平的第二十四师的五千人,福建红军三千六百人,江西军区红军二千四百人,赣南红军二千四百人,另有在江西东北的抗日先锋队一万五千人。我们还留下大约两万名伤员,分散在山区医院里。”

十万名男子和三十五名妇女被挑选出来参加长征,内中有百分之八十是身经百战、纪律严明的老战士,其余的则是党和政府的干部,以及在革命运动中积极活动的老百姓。中央红军兵工厂的总工程师跟我谈起当年组织撤退的经过。他说,他在9月底接到了毁坏某些重型军工设备和大炮的命令。命令执行之后,兵工厂分成六个单位,一个跟随长征,其余五个则分散在江西和福建五个不同地区。一百名军工人员参加长征,其余的跟随机器分散到苏区各地。军工人员连同五百名赤卫团分别组成为连队,在长征期内,始终携带着军工器材和军需品。

“10月13日,”总工程师说,“中央兵工厂厂长——一位关外工程师,和我站在大草地上,看着我们的六百人络绎出发。每个人携带着五斤口粮,每个人都有一根扁担,两头挑着两小箱弹药或手榴弹,有的挑着大煤油桶,里面装满我们最重要的机器和工具。每个人的行囊有一条军毯或棉被,一套棉军服,三双结实的布鞋,前系鞋带,后附铁掌。老百姓也送给我们菜干、辣椒等等东西。每个人有个水杯,一双筷子插在绑腿里,帽顶里缝着一口针和几根线。所有的人都有一顶晴雨两用的斗笠帽,两层竹子夹一层油纸。许多人在行囊中插一把雨伞。每个人带一支步枪。

“参加长征的,人人都是一样的打扮,一样的装备。人人有枪。

“15日傍晚,我们开始出发,穿山向西南进军。长征命令是由朱德将军发布的。第一纵队是红军大学的一个团,由校长叶剑英亲自指挥。后面紧跟着是总司令部、革命军事委员会和党中央委员会。再后面是苏维埃政府,党员和共青团员,以及反帝联盟的部分人员。随后则是供应部,我们工兵部队,印刷工人和他们的印刷机和器材,政府造币厂,医疗队(里面有医生、护士和一百二十副担架——每副四名担架兵),红军被服厂(许多裁缝带着缝纫机),以及为每一部门运送物资的长列纵队。

“红军第七兵团掩护我们的左翼,第九兵团保护右翼,第五兵团担任后卫。”

在史沫特莱细腻的笔触下，长征的初期并不是在激战中度过，甚至还有些充满诗意。也许这是革命乐观主义的体现吧。

她记载的红军讲述是：“进入敌区以后，我们经常夜间行军，避免空袭。如果月色皎洁，轻风拂面，夜行军也是很惬意的事。附近没有敌军的时候，部队就唱起歌来，此唱彼和。如果夜色昏黑，敌军还远，我们就用松枝或竹批燃起火把，那可真好看极了。站在山脚纵目眺望，远远一排亮光就像一条火龙盘在山坡上。到了山顶，我们俯瞰两边山坡，几里地长的火把队活像火浪。行军路径的上空映出阵阵玫瑰色光辉。”

史沫特莱评述说：

> 长征不仅是革命战争史上伟大的史诗，还孕育了伟大的民间文学。在由红军各级人员百余人所写的故事、诗歌、特写和日记所编纂而成的两卷本《长征》中，我发现了这样一个故事：
>
> 每逢部队经过窄而险的山路，穿过狭隘的关口，通过小桥或者是游过漂满冰块的小河时，我们就要经受最艰辛的考验。这时，先头部队减缓了速度，后面的就只好走一步停十步。既不能前进，又不能坐下来休息。有些人站在那里就睡着了。
>
> 广西边界上有一座老山，爬上这座山的陡峭山坡，我完全可以看到前面一个人的脚后跟。山坡上开凿出来踏脚的石磴，每一磴有及腰那样高。政治工作人员上上下下鼓励我们这群拼命往上爬的人，还帮助伤病员向上爬。……消息传过来了，先头部队遇到一个陡立的悬崖，马匹没法上去。过了一会儿，命令大家睡觉，天亮再爬。
>
> 这条山径哪儿也没有两英尺宽，就是躺下去，一翻身就会掉在山涧里。到处可见巨石嶙峋，就是山径上也满是尖石块。
>
> 既然别无办法，我就打开军毯，放在身子底下，打算在山径上蜷卧一阵。哪知身体太累，不知不觉便睡着了。不知睡到夜里什么时候，又冻醒了。我把毯子裹得严严实实，使劲蜷成一个小圆球，这回可睡不着了。我就干躺在那里，看着天上的星星眨眼。这些星星好像缀在黑幕上的宝石，

四周的黑沉沉的山峰活像虎视眈眈的巨人。我们就跟躺在井底一样。

山径的上上下下，都有冻得睡不着的人点起的篝火。他们围火坐着，低声谈话。四周太静了，谈话声虽然又低又远，我照样听得清楚。声音时近时远，忽高忽低，有时也像蚕吃桑叶那样。我仔细听来，它先是像如泣如诉的山泉，而后又像在远处喃喃自语的海洋……

第二天早晨，我们这一队也来到昨天晚上阻拦大队前进的悬崖。这地方名叫雷公崖，石崖冲天，足足有九十度角。崖面上凿出来的石阶最多有一英尺宽，没处抓，没处撑，只有干往上爬。崖底周围，躺着不少跌断了腿的马匹。

对照长征的回忆录，这里应该是引述了陆定一写的《老山界》一文，史沫特莱引用了陆老的感慨：爬了这么多山，以老山（界）最为难爬。……可是渡过金沙江，爬过大雪山，穿过大草地，它的确又算不得一回事了。

史沫特莱记录的四渡赤水，讲述了红军在敌军重兵之间，以弱胜强，迭挫强敌，战略战术十分巧妙。书中评论道："尽管在数量上是一比一百，红军反而扑向敌人，展开了为时四个月的牵制战，对于这种战术，朱德和毛泽东都是相当到家的。"

她在书中讲的"贵州战役"，显然就是通常意义的"四渡赤水战役"。她写道：

朱将军继续叙述贵州战役。他说，到了4月，敌军已经从北、东、南三面包围了贵州省。云南军也向贵州南部集结，通向云南的西路因而洞开无阻。红军抵挡不住这么沉重的压力，便突然在5月1日向西挺进，穿过朱将军以往熟悉的山区，进入滇北。为了让部队在敌军轰炸机发现之前渡过川滇边界的金沙江，派林彪率领一师人佯攻昆明，把敌军和敌机都吸引到那方面去了。

林彪一师人大张旗鼓地向昆明挺进，野战军参谋长刘伯承率领先头部队强穿滇北。5月4日晚上，他来到皎平渡，把大吃一惊的四川守军缴了械，抢过九艘大船、武器、军火、粮食以及蒋介石的全部计划和命令。后续部队络绎而至，安全渡过江去。

在开往昆明的路上,林彪一师人缴获了一批增援贵州的军需品和药品。这一师人挺进到昆明在望的时候,从贵州偕同其他国民党要员逃到昆明的蒋介石夫妇,又匆忙出走。林彪一师人却掉头北进,三天之后,便在皎平渡渡过了金沙江,并在北岸把所有船只毁掉,消失在彝族地区的深山密林里。从此有三个星期听不到红军的消息。

史沫特莱十分传神地记录了红军巧妙渡过大渡河,没有成"第二个石达开"的传奇历史:"红军穿过彝族地区的深山密林,直奔万马奔腾的大渡河,蒋介石同时飞到四川成都,命令华西军阀'重演在大渡河一举消灭石达开的太平军的历史'。"

讲述是自朱德谈"朱毛没有成为第二个石达开"开始的,她写道:

朱将军奚落地提起蒋介石的命令,说道:"我们体现了马克思的名言:世界历史上的重要事件,可以说都出现两次,'第一次是作为悲剧出现,第二次是作为喜剧出现'。蒋介石在成都等待了好几个月,可是历史并未重演。"

史沫特莱记录的彝海结盟,虽然简单,却十分传神:

为了同彝族人——他们的先辈当年曾与太平军作过战——建立友谊,参谋长刘伯承毫不犹豫地要与黑彝的酋长歃血为盟。过去,彝族人见到红军,立刻高叫起"呜——哟……呜——哟!……"声;漫山遍野立刻就有半裸的彝族战士,手持梭枪,闻声而至,展开攻击……黑彝首领于是偕同他的战士护送红军穿过他们的地区,到了边界之后,他还派了二十名奴隶——白彝——引导红军北进,并让他们留在红军里学打仗,然后折回老家,教他自己的部落怎样同四川军阀刘文辉作战。红军果然毫无保留地教授给白彝!

史沫特莱虽然没有到过大渡河,但她笔下的强渡大渡河很具形象性,使人读后有身临其境之感:

万马奔腾般的河水从终年积雪、高耸荒凉的西藏山区余脉咆哮东流。

河水声如雷鸣，冲击在山岩上，不时升起虹雾。到了安顺场，河面加宽，渡口上有三条渡船来往摆渡，每条船每次可载八十人（注：实为18人）。当时安顺场只剩下了一条渡船，其它两条被扣在北岸，川军部队已在那里修筑工事，等待执行蒋介石的“像消灭太平军一样消灭红军”的命令。

…………

（朱德）吃完这顿饭，林彪一师人也准备好渡河了。渡船已经拉到上游老远的地方，坐满八十人（注：实为18人），架起机关枪，就像七十几年前的太平军一样，直奔对岸。在机关枪的“喀喀”声和步枪的“噼啪”声中，他们登上北岸。他们抢过两条渡船，派人撑回去，好再渡队伍过来。到了第二天，全师人渡过河去，北岸的敌军碉堡尽入红军手中。主力部分跟着开上来了。不过，敌军轰炸机也同时出现，开始轰炸渡口和安顺场。

…………

泸定桥的战斗持续了一小时。十七人（注：实为22人）阵亡，许多人被烧伤打伤，有几个烧得很厉害。有一名在强夺泸定桥时站在朱德和毛泽东身旁的参谋说，朱德始终不出一声，不动一动，好似一座石像。他知道红军的命运就要在此刻决定，中国历史上多少英雄在此覆灭，而20世纪的中国工人和农民却要在此胜利。

史沫特莱记录的强渡大渡河、飞夺泸定桥的两组英雄的数字可能正好记混了，但倒并不妨碍人们了解这段历史。

史沫特莱记录的红军翻越大雪山，也是颇具特写镜头感的视觉效果：

夹金山终年积雪。山谷间悬有巨大冰柱，到处白雪皑皑，一片寂静。红军战士身上的东西实在太多，每个人都要带十天的粮食和柴火。说起粮食，买到什么就吃什么。—多半是青稞，我们自己还存有一些荞麦和辣椒。我们把粮食装在干粮袋里，斜背在肩头。朱将军跟大家一样，也背着一份。他有一匹马，可是给伤病员骑了。

史沫特莱引用了德高望重的董必武的亲历口述。董必武讲道：

天刚蒙蒙亮,我们就出发了。简直没有路,可是农民说,少数民族经常从山丛中下来抢劫,他们既然能翻山,我们当然也可以。所以我们就对准峰顶附近那个缺口,笔直地向上爬。浓雾环绕,大风凛冽,刚到半山,就下起雨来了。我们越爬越高,又撞上了让人担惊害怕的冰雹。空气越来越稀薄,呼吸越发困难。讲话是完全不可能的事,冷得人连呼气都冻了冰,手和嘴唇冻得发紫。有些人和牲口一步没走稳,就掉在冰河中,从此诀别。那些坐下来休息喘喘气的,就在原地冻僵。筋疲力尽的政治工作人员用手势和拍打鼓动大家继续前进,表示山口就在眼前了。

到了暮色苍茫时,我们在海拔一万六千英尺的高度上翻过了大山,那天晚上,我们就在人迹罕至的山谷中露营。我们大家都精疲力竭地躺下休息,朱将军却照往常一样,到四处巡查。他一路上和部队一同跋涉,疲劳不堪。但是他的例行巡查却是无论如何中断不了的。他从口袋里拿出一小块牛肉干给我,他见人便鼓励说,我们已经爬过了最难爬的山,还有几天就可以到懋功了。

为了避开敌人的轰炸机,我们在半夜就起来了,开始爬第二个山头。天下着大雨,后来又变成大雪,冷风像刀子一样吹打我们的身体,又有很多人在严寒和饥渴之中死去。

提起这座山的最末一个山头,真令人胆寒。我们估计,从山脚到山顶共长八十里地。我们的人在这里一死就是好几百。他们想坐下歇歇腿、喘喘气,就从此站不起来了。沿路,我们不停地弯下腰去,想拉他们站起来,可是发现已经咽了气。

史沫特莱记录红军过草地,虽然将红一、四方面军一过草地和红四方面军二过草地、三过草地混为一谈(如:“蒋介石还调遣了著名的第十九路军一个师到边区地带,红军跟它交上手,一下子打垮它两团人,师长跑了,八百人投降。”这明显是指“包座战斗”,属于红一、四方面军混编后右路军一过草地的事,但却放在了四方面军三过草地中),但写得极富感染力,而且十分难得地记录了红四方面军的情景。

她写道,一位红军战士告诉她:“我记得过了大草地以后,穿过敌人封锁线,遇到汉族农民。他们以为我们疯了。我们抚摸他们的房屋和土地,拥抱他们,我们又跳又唱又流泪。”

她感慨地写道：“大草地！大草地！每个人都谈到大草地。由毛泽东率领的第一支红军部队在1935年9月（注：应为8月）穿过了大草地。一年之后，朱德将军率领的红军其余部队也通过了这一令人毛骨悚然的可怕地带。”这其实是指一过草地和三过草地。

> 大草地在康藏交界地区的高地上，一望无垠，广袤达数百英里，而且是没有路的沼泽地带。走了一天又一天，极目四顾，红军所看到的，除了无边无际的野草外，没有别的东西，而野草下面是黑泥浑水深达数英尺的沼泽。死草堆上又长出了大片野草，谁也说不上是不是几百年来就是如此。大树小树一概没有，看不到鸟类飞翔，听不到虫声唧唧。甚至连一块石头都找不到。这里什么东西都没有，只有无边无际的野草，夏天任凭狂风暴雨冲刷，冬天任凭寒风大雪覆盖。天空永远密布着阴沉沉的乌云，把大地衬托成灰暗而阴沉的地狱。
>
> 红军从大草地的东部边缘穿过，这里的沼泽较浅，而且时时有部落骑兵偶尔行走过的狭窄的土地。每一个人带着八天的粮食和柴火，走在前面的林彪第一方面军还带着竹批，为后续部队搭盖休息的处所。每个人携带的食物有小麦和茶叶。
>
> 岁月流逝，长征路途上和先头部队所搭的休息所里尸体也越来越多了。筋疲力尽的人们曾经躺在休息所里想喘一口气，后来的人却发现他们已断了气。每一个人的身旁都有几小堆炒青稞——同志们把自己所需要的口粮都留下了。柴火已成了一堆堆灰烬。
>
> 红军在饥馑中作战，终于冲破了敌军在甘肃边界的工事，涌入甘肃平原。这是一支褴褛不堪、瘦得只剩下骨头架子的部队，成千上万的人咳得喘不过气来，可是它还能一师又一师地击破军阀部队，夺取大米、制服和药品。这时，毛泽东的队伍只剩下二万人——称得起是世界上最顽强、最结实、最有政治觉悟的老战士。

以上内容，应该主要写的是一过草地。

第六天,他们隐约看到几个矮矮的小山头的暗影,四处还有炊烟袅袅,人人欣喜若狂。后来他们又在路上发现几块石头,便都捡在手里,想到它们所代表的美好的含义,不禁欢声四起。第八天,他们再度看到炊烟,第九天下午,还看到了远处的树木和低矮房屋。他们像沙漠上的饥饿人群一样努力前进,可是队伍从前面传来命令:"向左进,准备今晚露营。"

他们默然接受下命令。后来,他们终于踏上了硬实的陆地,首先发现了像葡萄似的一串串草莓,摘下来就吃。

从这段文字来看,应该是指红四方面军南下二过草地的情境,因为红一方面军一、三军团同红四方面军一部组成的右路军一过草地是 5 ~ 7 天,而四方面军二过草地时平均时间是 9 天,三过草地时平均时间为 29 天。虽然这几段描写,是将往北过草地和往南过草地放在一起,但并不妨碍读者对红军革命英雄主义的理解。

史沫特莱对红军三大主力大会师的记述也很独特,她采取的是"第三只眼睛"的视角——美国青年医生马海德目击的红一方面军与红二、红四方面军会师的经过。她写道:

马海德是 1936 年夏天参加红军的,他曾经毕业于瑞士和贝鲁特、叙利亚的医科学校,在其后的重要历史年代里,始终在红军工作。

在他的信件和日记里,这个美国医生描述了红军第一方面军怎样在甘肃中部和南部先占领六个县,以便迎接从康藏地区来的朱德将军的部队。在徽县县城和附近村镇,家家户户腾出空房来款待朱德的部队,第一方面军运来了粮食和四万套冬季军服——红军被服厂制造的,来迎接他们。

据马海德的记叙,朱将军的先头部队在 1936 年 10 月 7 日抵达徽县,但没有停留便继续前进,以便给后续部队留出地方。

第四方面军的一批部队和朱德、张国焘在 8 日到达。其余的第四方面军部队在第二天到达,贺龙和萧克的第二方面军因为担任掩护,在 10 月 19 日和 20 日才到达。

马海德说,这批部队情况相当良好,装备精良。由于一路上不断作战,每一个人都带着额外的步枪、机关枪和军服。人数太多了,四万套新冬装都不够分配，只好再赶制。贺龙的衣衫褴褛的部队直到两个月后才穿上新军装。

马海德描述说，朱德将军“瘦得像个精灵，可是身体强壮结实，长得满脸胡须，穿着一身破烂皮袄”。他接着说，朱德换了一身新军服和大衣，可是直到到达陕北保安——毛泽东在那里建立了苏维埃政府和红军司令部——才把胡须剃掉。

马海德在一封信里写道：朱德最令人惊异的是，看上去根本不像一个军事指挥员，倒很像红军的父亲。他的两眼锐利，说话缓慢、从容，总是露出和蔼的笑容。他随身带着一支自动手枪，枪法精良，烟抽得很厉害。他五十岁，可是显得老得多，满脸皱纹；但他动作有力，身体结实。他的司令部好像蜂窝一样，通信员和各级指挥员川流不息地你进我出，电话铃声始终不停，电报也收发不断。

与朱德俭朴、平易近人形成鲜明对比的另一个红军领导登场，立即引起了马海德的注意，他就是张国焘。马海德显然是盯住了张国焘有些与众不同之处：“政治委员张国焘是个又高又大的胖子，满面红光。我真不了解，人人都瘦下来，他怎么还能那样胖。”

朱德刚走进设在徽县的司令部，第四方面军的师长陈赓就打电话过来。朱德非常激动。第二天黄昏——为了避免天天都来的敌机轰炸——红军在当地的会师大会开始了！

多么动人的会师啊！人们抛下了武器悲喜交集地相互拥抱起来，或是手挽着手走来走去，频频询问其他同志的下落。朱德完全被这种气氛感动了。

史沫特莱转述了马海德目击的一个珍闻——红军大会师时，竟然有了一批汽车，并且用于军运。这是其他各个版本的长征回忆录都没有提到过的趣事。她写道：“已经有一批西安—兰州公路上的长途汽车被缴获过来，输送伤病员。第四方面军的战士都是农民，他们从没见过汽车。尽管有病，他们也害怕坐汽车，宁肯步行到医院去……”[4]

1955年,《伟大的道路》日译本出版。该书一经问世,就立即引起轰动,许多国家纷纷翻译、出版,先后出版了德、俄、法、西班牙、孟加拉、丹麦、意大利等8个语种的译本。特别是其中描写的长征的魅力再次随之撼动了各国人民的心灵。

史沫特莱的好友英国作家里奥·胡柏曼和保罗·史威齐读过该书后写下了脍炙人口的评语:"长征是军事史上独一无二的事件,与长征比较起来,汉尼拔的跨越阿尔卑斯山在'历史的小剧院'中失掉了光彩,拿破仑自莫斯科的撤退也只是灾难性的失败,而长征则是最后胜利的前奏曲。从纯戏剧来说,红军越过曾经吞没了多少生命的大草地,第一次与甘肃边境的中国农民接触时——'我们抚摸他们的房屋和土地,拥抱他们,我们又跳又唱又流泪',这只有色诺芬的'嗨!嗨!'堪与比美。"

1949年10月初,史沫特莱在纽约从广播里收听到中华人民共和国政府成立的消息,激动万分,立刻给朱德写了一封长信,诉说自己在美国的不幸遭遇,表达了她重返中国的强烈愿望。由于当时的美国不可能给她来中国的护照,史沫特莱便决定取道欧洲来华。就在这一年的深秋,史沫特莱携着尚未完成的《伟大的道路》手稿,悄悄离开自己的祖国,来到英国伦敦,寄居在老友希尔达家中,从事《伟大的道路》一书的修订工作。她出于对新中国的热爱,经常出席伦敦中国学生会举办的各种活动。史沫特莱在英中友好协会成立大会上发表演说,充满激情地介绍她在中国的所见所闻,介绍英勇的中国人民及其领导人在缔造新中国的过程中创造的史诗般的事迹,深深地感动了全体听众。在雷鸣般的掌声中,她提议为在解放事业中献出了生命的千千万万中国人民的好儿女肃立致哀。

史沫特莱在一次宴会上对一位中国朋友说:"你是我们中间唯一的中国朋友,你真是幸运。……倘若有一天我终竟能成为中国籍的公民,将是我一生最大的荣耀!"但是,病魔过早地夺去她那宝贵的生命。1950年5月6日,史沫特莱因患胃癌,不幸逝世于英国牛津肿瘤医院,终年60岁。

临终前,她要求把骨灰埋在中国。她在给友人最后一封信中写道:"我自有生以来仅有一个执念,一个信心,那就是为解放那些贫苦和受压迫者而努力工作。在这个努力中,我已看到中国人民革命在这方面的成就。我将多么愉快地看到中国大使的到来,在我的遗体旁唱中国的国歌——起来……埋葬在中国的土地上,将使我的心灵得到安息。我希望我的骨灰能和许多中国革命烈士放在一起。”

她在遗嘱中特意要求把遗骨安放在中国,遗物交给朱德处理。1951 年 5 月 6 日,史沫特莱逝世一周年的时候,她的骨灰安葬在北京八宝山烈士公墓。史沫特莱墓前的大理石墓碑上,镌刻着朱德亲笔书写的金色题词:“中国人民之友美国革命作家史沫特莱女士之墓。”

★王安娜《中国——我的第二故乡》中的长征

她曾帮助朱德总司令温习过德语,她曾随白求恩为八路军伤员疗过伤。她是一位金发碧眼的德国人,却嫁给了著名的中国共产党员王炳南,而且同中国革命结下了不解之缘,成为八路军中的外籍女少校,并用她独特的身份为中国革命四处奔走……因此,她写了一本回忆录就叫《嫁给革命的中国》。这本书又名《中国——我的第二故乡》,虽然有关长征与红军的叙述在全书中并不占大量篇幅,但是这本书在德国出版后,这一章节的内容还是引起了极大的反响,随后在国际上更是赢得了广泛关注,为宣传红军长征的伟大事迹作出了不可磨灭的重大贡献。她,就是王安娜。

王安娜和王炳南 1936 年摄于德国柏林

谁也不曾料到,在 1937 年奔赴延安的十多万知识青年中,竟然有一位德国血统的女性——王安娜。王安娜原名安娜·利泽,1907 年出生在德国东普鲁士乡村一个朴实的农村家庭。她的小学和中学都是在东普鲁士念完的,成绩非常优秀,毕业以后为了继续深造,她就到柏林去念大学,读的是历史和语言,并以优异成绩获得哲学博士学位。

她毕业之时,正值希特勒权倾朝野、如日中天的日子,举国上下的青年都为之疯狂。然而安娜却把自己称为“一个德国人的例外”。她冷静地审视时局,认为希特勒不是一个能把德国往正确道路上引领的领袖。于是她两次参加反对希特勒的政治活动,均被捕入狱。与此同时,来自中国的王炳南受杨虎城的委托,赴柏林留学,邂逅了出狱不久的安娜。当然,此时王炳南还有一个身份是欧洲中国留学生中组织抗日小组的共产党员。他的革命理念和安娜的一拍即合,两人迅速坠入情网。安娜清楚地认识到,“如果再一次被捕就不会再幸免于难了”,因此两人来到中国,安娜也随夫姓改为王安娜。

在回忆录中,王安娜对于逃亡到中国的这一段经历,发表了这样的感慨:“与故乡德国告别,对我来说并不是特别悲伤的事情。但每一念及和母亲分离,恐怕要经过悠长的岁月才能重见,这一点实在使我痛苦。当时的我,更万万想不到此别竟成永诀。母亲和我都还没有预感到,可怕的灾祸不久就要向德国和世界、向我们的头上袭来。祖国对我来说,已经变得像异邦一样陌生。我能够从纳粹主义的瘟疫中逃脱,简直是一种奇迹。”王安娜带着对祖国深深的眷恋之情以及对反法西斯事业的执着离开了德国。她结缘中国后,对中国的反法西斯事业注入了巨大的热爱和希望。

与丈夫远行异国他乡,绕经西伯利亚后南下,沿途经过多处政治敏感地区,历经千辛万苦终于抵达中国,王安娜就此开始了她在中国20年的传奇岁月。正如她在回忆录中所言:“这真是具有重大意义的20年。那是一个变革的时代——从一种社会形态进入另一种社会形态、从旧到新、从悲观失望到革命的时代。在这个时代里,我经历过旧社会的腐败与混乱,经历过对使千百万人痛苦、焦虑的残酷现实的反抗。我还经历了一场残酷战争的恐怖和痛苦,以及内战所造成的荒废,然后是中国革命的胜利、中华人民共和国的创建。中国过去数十年来所发生的事情,可以被看成是20世纪最为重大的事件之一。”

当时,正值毛泽东率领的中央红军主力已经结束二万五千里长征到达陕北,中共中央考虑到王炳南的父亲与指挥国民党西北军的杨虎城将军是至交,因而要求王炳南回国开展统一战线工作,为争取实现全面抗战创造条件。王炳南于是奉令于1936年2月携夫人王安娜到达自己的故乡西安。随即,王安娜把主要精力用于学习中文,以适应新的环境和生活。这年9月,她与丈夫以杨虎城随员的身份,第一次进入上海。

不久,她就结识了宋庆龄和鲁迅等人。王安娜与鲁迅结下了深厚的友谊,她对鲁迅有着这样的评价:“鲁迅在他的短篇小说中,对现存社会的假道德毫不留情地予以批判,对国家和封建家庭的统治者的残忍利己固然无情揭露,对被剥削者的无知和奴隶性,也毫不宽容。他俯拾中国那些微不足道的人物,和着涕泪，予他们以生命。”出于对鲁迅先生的崇敬与对语言学的喜爱，王安娜把鲁迅的《祝福》等作品翻译成德文，传播到了德国。

1936 年 12 月，西安事变爆发，王安娜旋即回到西安，通过设在西安的广播电台，运用自己独特的身份，尽力向国际社会解释事变的真相，宣传中国共产党关于建立抗日民族统一战线的主张。

1937 年 1 月，王安娜通过史沫特莱写信介绍，专程奔赴红军指挥部所在地云阳，受到了红军将士的热烈欢迎。她回忆道：“由于长期行军，多数战士的脸上仍然流露出疲乏的神色。营养不良，使他们的眼睛溃烂红肿，肺结核也在蔓延，因为不是所有人都能领到冬季制服，到处可以听到重浊而厉害的咳嗽声。可是，在红军战士的脸上，却看不到中国军队里常见的那种空虚、绝望的表情。”红军不同于中国其他部队的精神风貌引起了王安娜极大的兴趣。

同年 3 月，她来到红都延安，见到了毛泽东、朱德、周恩来、彭德怀等重要领袖人物。延安的所见所闻令她惊奇不已，她不由得发出了这样由衷的赞叹：“在延安作出的种种决定，不仅影响到这个拥有地球上最多人口的国家的历史，而且对其他各国的历史也有决定性的影响。可以说，延安是中国共产党推行新的政治路线的实验室。”

在延安，她与贺子珍、康克清、邓颖超等革命女战士也结下了深厚的情谊，还同红军官兵、人民群众进行了广泛接触，具体了解了有关红军成长历程、长征以及共产党抗日民族统一战线的政策和策略问题。

正是凭借这段亲身经历的陕北之行，王安娜后来回国后，把这段神奇的旅行及深切感受，写进了她的回记录，名为《中国——我的第二故乡》。该回忆录的第四部分《延安》，以“去陕北途中”“访问窑洞的人们”“三个老红军女战士”“土匪头目们”等为标题，凭借当年的亲身体验、实地走访来侧面描写并总结红军长征的伟大事迹。

在“去陕北途中”一节中，王安娜讲到护送她的是两位经历过长征的红军战士。她惊讶于红军战士对于上级命令执行的忠诚度，因为“我连小解，他们也要紧跟着我”。投宿时，王安娜睡在了炕上，而“护卫我的两名勇敢的士兵，像是商量过似的，在炕边黏土地上铺上稻草，就睡在上面”。在这些细微之处，王安娜的心灵一次次被这些有着钢铁般纪律的红军战士们打动。

在“访问窑洞的人们”一节中，王安娜写到了对于时局有很大影响的史沫特莱、李德,中共对他们的不同对待态度和处理方法。她感慨道:“在抗日战争之前和战争期间,不同国籍,代表着各种不同政治倾向的外国人,为了学习中国共产主义政权的新的实践经验,纷纷到延安来访问。他们全都受到很好的接待。”从侧面展示出中共海纳百川的包容思想。

在“三个老红军女战士”一节中,王安娜重点写了顽强乐观、身体羸弱的贺子珍,坚忍不拔、纯朴诚实的康克清和坚贞不渝、聪慧贤惠的邓颖超。这三位领导人的妻子都陪伴着她们的丈夫挺过了长征,她们正是鲜活的长征的见证。王安娜不禁感言:“在内战的艰苦岁月里,在比这更为艰苦的长征期间,像贺子珍一类的妇女,是她们丈夫的同志和战友。她们和自己的丈夫一起并肩战斗,分担他们的难以名状的艰难困苦。因而,她们作为勇敢的战士、可以信赖的同志,受到全党、全军的尊敬。”

在“长征”一节中,王安娜在开头写道:“这一现代的奥德赛史诗,是无与伦比的。”她笔下的“长征”,突出了红军面对困难和挑战时的勇气和毅力。她写道:“几乎所有的战士都认为,最危险、最困难的时期,是长征的最后阶段:过草地。在这阴森森的草原之海里,长满齐人高的芦苇,精疲力竭的战士们不得不在往往是及膝的冰冷的水里跋涉前进。”经历了这样铁与血的磨难,也难怪王安娜在节尾发出由衷的感慨:“红军幸存的主力部队,经受了难以名状的艰难困苦的考验,在激烈的战火中锤炼成钢铁战士。他们都是有坚定的政治信念和不屈不挠精神的人。”

王安娜对红军长征得出这样的认识:“总的来说,他们虽然各有感受,但有一点是共同的:长征是艰苦的冒险,长征是人类的勇气与怯懦、胜利与失败的搏斗。特别应当指出的是,这一行动要战胜敌人和恶劣的自然条件,需有坚定不移的勇敢精神……共产党的军队打败了10个省的军队,持续进军。对人数上、装备上都占优势的中央军,则时而揍一下,时而迂回前进……毫无疑问,长征是人类历史上一个伟大的业绩。”

王安娜以一个女性特有的敏感,细致地描绘了她眼中的毛泽东、朱德、周恩来等红军的领导人。特别展示了他们的平易近人、官兵一致、乐观主义等革命家风范,给世人留下了深刻的印象。

王安娜在延安曾与毛泽东进行过多次近距离接触,毛泽东让她感受到了这位中国共产党领袖的人格魅力。第一次见到毛泽东,王安娜感慨道:“他丝毫没有自以为是的‘伟人’的样子，然而，面对着他，又不能不被他的才智焕发所慑服。这个穿着满是褶皱、不拘款式的衣服的瘦瘦的男子，由于他的毫不动摇的信念，使党和红军都确信能取得最后胜利，当我知道这一点时，能不为之惊叹吗？”

后来，随着进一步交谈，王安娜又发现毛泽东的学识是如此渊博，“毛泽东的言谈是农民与学者、普通常识与高度智慧的结合。他的讲话对我充满着魅力”。“我几乎没有听到他引用马克思主义的经典。代替了马克思主义经典的，是他在自己的谈话中经常引用中国古代小说作比喻，而且常引用诗歌和在群众中流行的成语……毛泽东的话比起许多党的理论家那些罗列许多抽象词句的难以理解的演说通俗易懂得多”。“毛泽东富有幽默感，很爱说诙谐话……谈逸闻趣话时，能使我笑出眼泪来”。

同朱德的初次会面，让王安娜感到出其不意。当听到朱德用德语向自己问候“你好吗？”时，王安娜大吃一惊，简直不敢相信自己的耳朵。穿得如此之朴素，在黄土高原上偏僻的一隅，红军的总司令居然会讲德语！王安娜后来回忆说：“他给我的感觉，就像一个劳累过度的老农民，但是，当他的眼镜滑落鼻梁时，朱德却像个学校的好先生。”就是说，“这个‘匪首’，怎么看也不像英雄……他的外表平平无奇，要是在人群中，恐怕一点也不引人注目”。然而，当她在延安生活了一段时间之后，她却更为惊奇地发现了一个近乎有口皆碑的事实：朱德的军事和政治才能，是连外国的专家们也深信不疑的。他的这种才能，在他作为红军最高指挥员的漫长生涯中，已得到证明。

细心的王安娜还将毛泽东与朱德进行了比较，她认为，红军叫作“朱毛红军”，他们俩是一个整体，既有类似之处，又有很大的不同。朱德“首先是军队的组织者和实际指挥者。毛泽东则是中国革命最大的理论家”。“朱德混在人堆里是不引人注目的。一般说来，毛泽东不拘形式，不讲究繁文缛节……可是，他有一种难以言状的风度，显示出威严，使人感到他是一个非凡的人物”；“他的脸部表情丰富，不住地变化。看着他笑嘻嘻的，忽然之间又若有所思，很严肃地不知在说些什么”。

王安娜笔下的周恩来，可亲可近，能力非凡。她写道：“我在延安时，周恩来给我的印象是：所有的部下，从周恩来身边的干部到被称为‘小鬼’的少年战士，都尊敬他，敬仰他。……从没有见过他轻视别人，也从没有见过他采取自尊自大的态度。”王安娜评价道：“即使是最高明的摄影师拍下的照片，也不能再现他的人格的魅力。即使是出身、国籍、政治信仰不同的诸色人等，周恩来对他们都有一种不可思议的吸引力……周恩来的敏锐干练，他那优雅洗练的一举手一投足，还有他的幽默和讽刺，都给他们留下深刻的印象，使他们铭记不忘。”[5]

七七事变后，王安娜又随王炳南回到上海，受周恩来委托，负责向在华的外国人进行抗日宣传工作。此后，她不仅定期举行记者招待会，广泛进行口头宣传，而且写下了《外国人眼中的中国士兵》《日军对上海工作的破坏》等重要文章。同时，她又以中国红十字会会员、救国会妇女会会员、《保卫中国同盟简讯》编辑部编辑等身份，冒险深入战地、前线，救援伤员、难民，进行实地采访，为夺取中国革命的最后胜利，无私地贡献着自己的青春和力量。

1955 年，王安娜离开中国返回民主德国，1961 年移居联邦德国。王安娜回国后，把她在华 20 年的见闻观感，特别是 1937 年延安之行的深切感受，写进了她的回忆录。该回忆录初版于 1964 年，再版于 1978 年，原著是德文，后被译成日文、中文。1980 年，生活·读书·新知三联书店根据德文原著 1978 年版，参照已有的中译文校译，改名为《中国——我的第二故乡》予以出版。

王安娜所著《中国——我的第二故乡》

[1] 中共中央文献研究室：《毛泽东年谱（1893—1949）》，人民出版社. 中央文献出版社 1993 年 12 月版，第 557 页。

[2] [美]埃德加·斯诺：《西行漫记》，生活·读书·新知三联书店出版，中国人民解放军战士出版社翻印 1979 年 12 月版。

[3] [美]尼姆·威尔斯：《续西行漫记》，生活·读书·新知三联书店 1991 年 3 月版。

[4] [美]艾格妮丝·史沫特莱：《伟大的道路：朱德的生平和时代》，生活·读书·新知三联书店 1979 年 4 月版。

[5] 王安娜：《嫁给革命的中国》，广角镜出版社 1978 年 1 月版。

第十章

穿越时代的影响：长征在当代西方国家的传播

★重走长征路的美国作家哈里森·索尔兹伯里

★重走长征路的美国“中国通”谢伟思

★重走一段长征路的美国战略家布热津斯基

★重走长征路的以色列老兵武大卫

★两个英国青年的新长征

★边走边拍长征的澳大利亚人魏华德

当我们有些人对长征的故事已渐渐淡忘,觉得既久远又老土时,谁能想到,当代仍有不少外国人对长征充满了兴趣。斯诺1936年采访长征约半个世纪后,改革开放的中国迎来了一批长征的忠实粉丝,他们中的有些人甚至愿意重走长征路的全程。美国人索尔兹伯里怀揣着心脏起搏器来了;美国战略家布热津斯基来了;以色列老兵武大卫带着军人特有的眼光来了;英国青年马普安、李爱德带着GPS(全球定位系统)来了;澳大利亚人魏华德带着相机来了……他们走了长征路,写了文章、出了书,将长征热一次次刮向全世界。

★重走长征路的美国作家哈里森·索尔兹伯里

1937年斯诺写完《红星照耀中国》后,对未能将长征全貌写出来深感遗憾,他不无感慨地预言道:"总有一天会有人写出一部描写这一惊心动魄的远征的全部史诗。"

时隔半个世纪,斯诺的老友、美国著名记者和作家哈里森·埃文斯·索尔兹伯里牢牢记着这句话,决心要完成斯诺的这一夙愿,同时也是实现他自己人生的一大夙愿。

索尔兹伯里1908年出生于美国明尼苏达州明尼阿波利斯市,比斯诺小三岁。1925年他中学毕业后,就读于明尼苏达大学,主修化学。他主编校报,因触犯校方,没能读完大学。1930年至1948年担任合众国际社记者、编辑。1938

哈里森·索尔兹伯里

年,索尔兹伯里第一次读到了美国出版的斯诺的《红星照耀中国》,第一次从书中了解到中国工农红军二万五千里长征的壮举,同时也对中国共产党及其领导人毛泽东、周恩来、朱德等人有了初步的印象,对他们的目标和救国抱负,对他们的艰辛和牺牲精神也有了了解。

第二次世界大战期间,索尔兹伯里被派到苏联作战地报道。在那里,他见到主动前往苏联当战地记者的斯诺。两人一起上前线,作为美国记者向世界报道苏联红军如何击退希特勒的部队,如何开展伟大的卫国战争。他在苏联写出了《围困列宁格勒的九百天》等名作。在与斯诺并肩战斗期间,斯诺向他聊起中国战场正在进行的艰苦卓绝的抗日战争。鉴于中国战场正在进行的抗日战争对整个世界反法西斯战争有着极为重要的影响,索尔兹伯里为之效力的报社编辑部拟请他结束在苏联的报道任务后,即动身前往重庆。遗憾的是,因计划变更,他未能成行。

尽管索尔兹伯里在第二次世界大战期间未能来华,但斯诺同他的交谈,却加深了他对中国的了解,强化了他对中国红军长征的兴趣,因而萌发了报道长征全过程的念头。

第二次世界大战结束后,随着世界资本主义和社会主义两大阵营的形成,中美关系长期处于冰冻状态。索尔兹伯里也只能徒唤奈何,难以来华了却"写长征史诗"的心愿。他从美国《纽约时报》的外事记者一直升至副总编辑,以优异的业绩荣获过普利策新闻奖,成为许多大学的名誉博士,担任过美国文学艺术学会主席和全美作家协会主席。无论"冷战"形势如何变化,他始终坚信:长征这样的史诗般事件,无疑有助于说明中国共产党及其领导人的品格。正是在长征期间,毛泽东才真正赢得了中国革命的领导权,并加强了周恩来以及像邓小平那样年轻的追随者对他的忠诚。

直到20世纪70年代初,中美之间长期的敌对情绪开始缓解,接触开始增加。这时,索尔兹伯里便下了决心:"如有可能,一定要实现斯诺的遗愿,争取写出长征的全过程。"为此,他孜孜以求,多方努力。随着"乒乓外交"之后,中美关系正常化的大门打开,他几次来华,到东北、西北、内蒙古、西南乃至西藏等许多地方,以观察员和记者的身份进行访问。1972年他首次来华时,请求周恩来批准他寻访“长征”,即沿着当年红军长征路再走一趟,“穿过贵州蜿蜒曲折的山路,跨过长着鲜花但是一不小心就可能陷下去的草地”,趁着不少长征干部还健在,可以采访第一手“活资料”的有利也是越来越有限的宝贵时机,把这部历史写出来。不知为何,周恩来笑而不语,没有答复他。他当时不解,后来才悟出,原来许多长征干部在“文革”中被打倒,在那样的政治气候下,注定是无法正常接受他的采访的。索尔兹伯里回忆说:“此事直到1976年他(周恩来)和毛泽东主席相继逝世和‘四人帮’垮台后,才有了进展。事实上,‘四人帮’如不垮台,我写长征的事情,那是不可想象的。”

在此后的十几年里,索尔兹伯里初衷不改,又多次提出这一要求。

1983年,他从《中国日报》上看到美联社老记者霍尔多·汉森携妻子到中国重走了几段长征路的消息,不禁喜出望外,“如果汉森能去,我也应当能去”!于是,他发动了一个新的外交攻势,给所有他在中国认识的人,包括驻华盛顿的大使写信。功夫不负有心人。一天,他接到了中国大使馆的电话:“中国邀请你,欢迎你沿长征路线旅行。”放下电话,索尔兹伯里兴奋地跳了起来,终于可以沿着当年红军长征的路线进行一次奇特的旅行了!后来他得知,这一决定是由中央军委副主席杨尚昆和前外长黄华作出的。

1984年,索尔兹伯里“长征路上写长征”的计划终于得以付诸实施了。3月1日,已经76岁高龄的索尔兹伯里携夫人夏洛特飞抵北京。他在十多年前就已开始着手准备写一部中国红军长征的著作,为此作了充足的准备,搜集和研究了大量有关长征的各种不同来源、不同观点的文献资料。

一到北京,他就着手“挖掘活资料,考证旧资料”。根据预先掌握的线索,一方面,抓紧联系、采访当年参加过红军长征的健在者,上至党和国家的领导人、高级将领,下至当年的红军男女战士乃至知情的普通百姓,均在他的寻访之列。另一方面,在他的好友谢伟思的协助下,走访中共党史、军史研究的专家、学者和有关的档案管理人员,认真查阅红军长征的档案、文献和有关的书刊资料。

他在北京进行了为时一个月的“旋风式的采访”之后,终于如愿以偿,踏上了期待已久的长征征程。原本患有心脏病的索尔兹伯里怀揣心脏起搏器,带着打字机,和他那已是70岁高龄的夫人夏洛特一起出发,以红军特有的那种坚毅和大无畏的气概,沿红军长征路线采访,遍寻革命遗迹,博采旧闻逸事,采访长征老战士。陪同他们寻访长征路的还有中国人民革命军事博物馆副馆长、红军长征史专家秦兴汉将军和外交部高级译员张援远。

索尔兹伯里夫妇在于都河边

按照预定计划,索尔兹伯里选定红一方面军的长征路线行进,并酌情寻访红二、六军团和红四方面军战斗过的部分地区。在中共中央、红军总部和中央红军的长征出发地江西省(原江西苏区),他们实地考察了第五次反“围剿”的战场环境,采访了当年参加过长征的几十位老红军,从而不仅进一步了解了当年红军撤出江西苏区、举行战略大转移的缘由,而且考证了红军第五次反“围剿”和长征初期的失败,与“独立房子”的主人——李德的关系。

索尔兹伯里时而乘坐吉普车、小型客车或马车,时而徒步行进,在当年红军官兵徒步走过的征途上,走田埂,觅山路,穿激流,登险峰,爬雪山,过草地……

为了真切感受当年红军战士在长征中的艰苦经历,他常常冒险去亲自体验。他走过悬在大渡河上摇摇晃晃的泸定铁索桥,之后,他发自肺腑地为红军飞夺泸定桥纪念馆留言:“在长征中,没有一次战斗或地方可以同泸定桥相比,我为飞渡大渡河以及赢得这一胜利的红军男女战士们欢呼!”

他在海拔4000多米的折多山顶步行一段,为的是尝试雪山的高寒、缺氧,体验一下高山反应;他在草地,经历了风雨雪雹等变幻无常的天气,还去试踩一下陷阱般的泥沼……途经多个省份,终于从江西到达陕北,顺利完成了他的二万五千里“长征”寻访。在到达吴起镇这个具有长征终点站意义的地标时,索尔兹伯里同秦兴汉各自手执一把红军长征时用过的大刀交叉在一起,合影留念。

对索尔兹伯里进行的长征寻访,他的妻子夏洛特始终悬着一颗心。一开始,夏洛特就从健康上表示了极大的担心,他有心脏病,带着心脏起搏器,万一在长征路上“光荣”的话怎么办?早在1971年,他就动过一次小手术。当他躺在车上从手术室里推出来时,就含混不清地对医生说去长征的事。他连做梦也都想着要去,并和好友谢伟思多次讨论过行动计划。夏洛特到底拗不过这位倔强的丈夫,只好伴随他一起到中国追逐梦想。

重走长征路对一个患有心脏病的老人来说,始终是危险的。最危险的一次出现在过金沙江皎平渡后。

从金沙江前往通安,是崎岖的山路,当时还没有公路。索尔兹伯里听说红军在这里有过一场激烈的战斗,就非去不可。他头戴草帽,手拄拐杖,徒步登山,翻过海拔一两千米的高峰,寻访当年的旧战场。由于剧烈的运动,当晚他就犯了心脏病,胸闷、喘不过气来,夏洛特急得直抹眼泪,担心丈夫将就此走进"不舒服的归宿"。谢伟思在一旁感叹:"崇高的理想从此要破灭了,成为终生遗憾。"而索尔兹伯里则一言不发,静静地躺着,"固执"地与命运对峙,第二天他挺了过来。稍后,到成都经过住院治疗,奇迹出现了,他的病大为好转。恢复健康后,他又迫不及待地越过大渡河,沿着红军的足迹继续北上。他认为,"这两天的历险是值得的,只有走过了这样的路程,只有吃过这样的苦,才能理解红军长征的伟大"。

他沿着中央红军走过的长征路线寻访,采访了成百上千的长征幸存者,查阅了不计其数的档案资料,然后投入到深入的研究和紧张的写作之中。他采用了自己最擅长的叙述个人逸事和见闻的方法,详尽而生动地再现了史诗般的长征历程,并对长征中发生的一系列事件和各种人物,进行了坦率的剖析。

1985 年 10 月,索尔兹伯里写出的这本反映中国红军长征的颇具特色的佳作,被定名为《长征——前所未闻的故事》,在美国纽约正式出版了。该书出版后,在全美引起了轰动,《时代》周刊等许多报刊大量报道、评论,接着欧洲、亚洲一些国家也纷纷翻译出版。至此,斯诺的预言终于实现了,索尔兹伯里的夙愿也就此实现。

索尔兹伯里在这本书中以敏锐的眼光看长征,他关于长征影响中国的点评堪称警言,他在序言中写道,长征"使毛泽东及其共产党人赢得了天下……1934 年 10 月 16 日红军渡过中国南部的浅河于都,跨出了长征第一步,之后便一路径直走到 1949 年 10 月 1 日毛泽东在天安门城楼宣布中华人民共和国成立,宣告共产主义在地球四分之一人口所生活的土地上取得胜利"[1],长征把中国这段历史紧紧地联系在一起。

在他的眼中,长征是"考验中国红军男女战士的意志、勇气和力量的人类伟大史诗"。长征较之于美国革命的传奇福吉谷、法国革命的巴士底狱以及俄国革命的冬宫都有过之而无不及,因为后三者只是革命的象征而已。他认为,法国革命摧毁了巴士底狱,当时巴士底狱仅关押着 7 名囚徒;俄国革命攻占彼得格勒的冬宫,进入冬宫易如反掌,因为冬宫只有一些年轻人和妇女在守卫。而中国工农红军的长征却不是一般意义上的"行军","它是一曲人类求生存的凯歌,是为了避开蒋介石的鹰爪而进行的一次生死攸关、征途漫漫的撤退,是一场险象环生、危在旦夕的战斗"。

他还说:“现在,美国、欧洲和世界各地,人们对于这么多年以前由一支规模不大、不引人注目的中国男女组成的队伍所进行的一次军事行动表现出浓厚的兴趣,如果中国读者对此表示不理解,我只能重复埃德加·斯诺就这场‘激动人心的远征’说过的话——它过去是激动人心的,现在它仍会引起世界各国人民的钦佩和激情,我想它将成为人类坚定无畏的丰碑,永远流传于世。阅读长征的故事将使人们再次认识到,人类的精神一旦唤起,其威力是无穷无尽的。”

英国《经济学家》杂志在评价索尔兹伯里的长征新作时,也赞叹道:“长征——仍然是共产党世界的一大奇迹。”索尔兹伯里充满激情地在序言中写道:“长征在人类活动史上是无可比拟的。也许,在长征途中发生的一切有点像犹太人出埃及,汉尼拔翻越阿尔卑斯山,或拿破仑进军莫斯科,而且我惊奇地发现,还有些像美国人征服西部:大队人马翻越大山,跨过草原。但任何比拟都是不恰当的。长征是举世无双的。”

索尔兹伯里是幸运的,他的这本书之所以成功,除了自身深厚的功底、执着的精神等之外,也得益于他比任何一位写长征的专家、作家拥有更好的采访条件。他来中国时,还有许多健在的老红军可供采访,胡耀邦、李先念、杨尚昆等领导人关心他的采访活动,会见了他,他走访了萧克、杨成武、姬鹏飞、伍修权、程子华、钱信忠、戴正启、危秀英等一百多名亲历长征的老红军以及胡华、向青等党史专家学者。几乎所有长征沿途的纪念馆、档案馆都向他开放,除了军事博物馆的秦兴汉专门陪同他走长征路以外,他还得到沿途各地政府的大力帮助,顺利搜集到许多珍贵史料。如此优越的研究条件,恐怕是很难再有第二人能够企及了。

作为一个美国人,他以“第三只眼睛”看长征。如:他经过调研,一改过去对长征“仓促出逃”的说法,讲述了长征前长达半年之久的准备;他揭开了何长工、潘汉年寻乌谈判的内幕,这是突破前三道封锁线的“诀窍”;等等。他可以讲一些中国人不易说、不便说的话,如“担架上的‘阴谋’”一章,讲遵义会议前,毛泽东坐在担架上,在行军途中,经常与张闻天、王稼祥谈话,说服他们一齐反对博古、李德,为遵义会议彻底扳倒博古、李德打下了基础。这个过程,具有历史揭秘性,作为一个作家,他起了一个很生动、很吸引眼球的标题,这样的标题对中国的作者来说,是很难做到的,一方面是由于长期个人崇拜的影响,另一方面是过去的历史书似乎形成了一个范式,就是写得中规中矩,甚至宁可枯燥一点,似乎这才叫历史书。史学界直到 1980 年代中后期开始,才逐渐引入了报告文学的写作方式，将历史写得形象生动，吸引更多的读者了解历史。

他很注意发掘长征的细节。在同老红军和中国史学工作者谈长征时，他得到的回答通常偏于简单化、程式化，他感到有些失望。作为一名经验丰富的记者、作家，他改变策略，干脆直接问一些细节，比如采访伍修权时，他问了一个很具体的问题：在遵义会议上李德的脸红过没有？伍回答“红过”。他紧接着追问道：“你能不能说说，他在什么情况下发红，又在什么情况下发白？”伍修权想了想道：“在我的印象中，博古发言的时候，他有些脸红，到毛泽东发言时，他又转而发白了。”他一听就高兴地说：“好，有了这个细节，就把李德当时的心理状态反映出来了。”[2]后来在书中果然写到了这个生动的细节。

他还是一名重情重义的作家。他采访萧克将军时，听到了关于英国籍瑞士传教士勃沙特跟着红军走过一段长征路的珍贵往事，这后来成为《长征——前所未闻的故事》书中一段异常精彩的内容。萧克将军委托他帮助寻找勃沙特。随后，索尔兹伯里专程到英国找到了勃沙特，并带去了萧克将军的问候。1987年《人民日报》驻英记者对勃沙特进行了专访，勃沙特的故事这才为中国大众所知晓。

索尔兹伯里作为一名作家，按照一般人的理解，写的文学书嘛，自然是不需要加注的，然而他所写的《长征——前所未闻的故事》一书中，竟然像史学专著一样，用了数百个尾注，这使其史实有了坚实的支撑，体现了作家严谨的治学作风。这一努力使这本书不仅可信度高，值得阅读，而且还有了不小的史学价值。这种治学态度值得中国的作家乃至历史学人在写历史题材作品时认真学习。

当然，他的书难免也有缺陷。比如，基本只写了一路红军，即红一方面军的长征，对红二、红四方面军以及红二十五军的长征谈得很少。这与他重走长征路的行程有关——路线基本是红一方面军的行程。也许是由于健康及体力的原因，他只走了江西、贵州、云南、四川、甘肃、陕西六个省[3]，距红军经过的十五个省级行政区尚有不小的差距。书中一些史实讲得也不准确，甚至存在错误。如：关于夺取泸定桥，只讲了大渡河西岸红军的行动，而没有讲河东红军的行动，而河东红军的行动对夺取泸定桥至关重要；关于红一、四方面军之间缺少通信的说法，说一、四方面军之间“1935 年 1 月 22 日至 6 月 12 日间，他们没有找到任何电报往来的有关证据”；关于两个方面军会师时间说成是 1935 年 6 月 16 日；说毛泽东不能确定翻越大雪山就能与红四方面军会师的提法；关于红军西路军最后的结局存在史实错误，诸如“程世才自杀”、陈云从飞机中钻出来迎接西路军余部等。之所以如此,一方面,由于索尔兹伯里毕竟是作家,不是历史专家,对纷繁复杂的长征史有一些史实错误在所难免;但另一方面,其实是中方的历史工作者本身研究的局限以及各地提供的错误信息所致。

这也难怪,尽管当时改革开放的大门已向世界打开了几年,但是经历了"文革"浩劫的老红军和历史工作者,无论是碍于外事纪律,还是思想顾虑,还是很难向这个老外敞开心扉,将长征的真实情况一一道来。再说,即便是长征的亲历者,绝大多数人由于所处位置的视野所限,对长征的了解也只能是局部的,他们对一个老外问许多长征全局的事情常常无法给予圆满的回答。秦兴汉也遇到同样的难题,有些问题,出于难以回答,他只好干脆不说。以至于夏洛特在日记中写道,面对哈里森提的许多问题,这位博物馆"历史档案主要负责人"难于对答,只好一再地说,他不知道。[4]但正如胡耀邦对本书的评价,作为一个来自美国的国际友人,能写到这样已经很不容易了。史料基本是准确的,语言是流畅的。总的来说写得比较准确,也比较客观。[5]

索尔兹伯里在书中还写了邓小平领导中国改革开放的"新长征"。在"永远打不倒的小个子"一章中,他向美国读者介绍,中国在进行"新长征"的同时,实行了邓小平所说的"开放政策","经济、技术和贸易实行开放,学习外国文化、其他思想体系和学习外国的技术(原文如此),使中国得以建立一个新的秩序,创造洋为中用的方法"。他认为,改革开放的精神动力也是源于长征的文化传统,"自长征结束至今已有五十年了,这在中国历史的长河中只是短暂的一瞬。但长征已给中国的面貌留下了不可磨灭的印记,它极大地改变了中国的意识,使这个国家出现了许多世纪以来所缺乏的精神与团结。它甚至证明了其威力足以克服毛泽东本人晚年可怕的异想天开,从而使中国走上了一条崭新的道路"。[6]

1992年九、十月间,索尔兹伯里病倒了,患了中风症。1993年,在老夫妇俩又一次驾车出游时,正驾驶汽车和丈夫有说有笑的夏洛特忽然发现丈夫没再应答。索尔兹伯里就这样充实、幸福地走到了人生终点站。患病前两个月,他在给中国一位友人的信中写到准备再到中国看看改革开放的新进展。他写道:"我这次去中国要办的最重要的一件事就是沿着邓小平视察南方的路线走一走,看看广东、深圳和上海。我读到的许多情况都是令人激动不已的,香港定会为此感到高兴。但我担心南方的飞速发展,会不会把北方甩得太远了。不过我想,只要加把劲,北方也会很快赶上的。我特别希望看到的是,一个重振当年雄风的上海。”字里行间流露出对中国的眷眷深情。如果不是因病逝世的话,他也许又有一本关于中国改革开放“新长征”的书问世了。

索尔兹伯里病故后,他的夫人按照他生前的愿望,把他重走长征路时用的心脏起搏器送给中国人民革命军事博物馆收藏,以示他对中国的热爱。

每一位成功的男人背后都有一位女人,索尔兹伯里之所以能写出如此的传世之作,得益于一位女人——他的夫人夏洛特。她本是一个普通的家庭主妇,在丈夫的带动下,也出版了几本书,无疑也称得上是一个作家。

在重走长征路的过程中,她始终伴随丈夫,静观默察,仔细倾听。每次访问座谈会上,通常是丈夫发问,她作记录。不时,她也插话问一下,以补充丈夫的遗漏。到了宿营地,还要及时整理笔记。索尔兹伯里抓紧时间凝神苦想,用便携式打字机整理材料;夏洛特则在一旁为丈夫缝补袜子,有时,她停下手中的活儿,温情脉脉地凝视着忙碌的丈夫,若有所思。她告诉陪同的秦兴汉馆长,看着丈夫终日忙碌的情景,真怕他累坏了身体,为之担忧。可又一想,他是在为自己热爱的事业忙碌,也许还有好处,可能会延年益寿。[7]

她悉心照顾丈夫,协助他采访、记录,成为后者完成长征著述的坚强后盾。特别是过金沙江后,索尔兹伯里心脏病复发,她始终与医护人员紧密配合,可以说从死神手中抢回了作家。当他康复后,她感激地拥抱中国的女医生,含着热泪说:“是你们救活了我的丈夫。我们到过许多国家,没有一个能像中国人这样关心我们,甚至撇下了你们自己的家人来照料我们。”[8]

《长征——前所未闻的故事》封面

事实上,夏洛特不只是照顾丈夫重走长征路那么简单,她也在辛勤地写作。每天不管旅途多么疲劳,都要写详细的日记。70 多天的长征之旅结束后,她的笔耕也结出了硕果,将所见所闻出版了一本书《长征日记——中国史诗》,书中详细记述了她和索尔兹伯里以及谢伟思一道重走长征路的经历。正如索尔兹伯里所说:“我是用男人的眼光观察事物,夏洛特是用女人的眼睛了解生活,为我作了有益的补充。”该书以一个女性细腻的笔触来记录长征路上发生的今昔故事,对《长征——前所未闻的故事》无疑是一个十分有益的补充。

★重走长征路的美国“中国通”谢伟思

值得一提的是，同索尔兹伯里一起走完长征路的，还有他的好友、著名的国际友人——谢伟思。

谢伟思，其实起初并不了解红军，甚至因国民党的宣传，对红军还带有恐惧心理。索尔兹伯里在书中，记述了青年谢伟思当年在昆明时，因不了解红军、惧怕红军，曾携家出逃的情景：

> 1935 年 4 月 29 日晚，年轻的英国副领事赛伊·卡尼正同年轻的美国同行约翰·谢伟思及其夫人卡罗琳共进晚餐。两周来，他们不断听到有关共产党的传闻。红军在邻省贵州十分活跃。从贵阳来的旅客带来了打仗的消息。这几天，外国传教士也因害怕“赤匪”迫近，纷纷离开贵州，逃来昆明。
>
> 传说要外国人撤出昆明。卡罗琳·谢伟思已经把贵重物件装入一个箱子，其中有从蒙哥马利·沃德商场买来的婴儿衣服（她的第一个孩子将在 7 月份出生），结婚时买的银器和谢伟思的金表。因为近来谣传减少了一点，所以她装箱还没有完毕。但是 4 月 29 日那天晚上，卡尼副领事去谢伟思家时一路上颇费周折，所有的人力车都被当地军队征用去运输沙袋和弹药。一路上巡逻的士兵多次拦住他，要他别在街上行走。士兵在主要街道和南郊高级住宅区的一个外国人称之为匹克迪利广场的地方用沙袋等筑起街垒。卡尼决定在谢伟思家过夜，免得回家还要穿过这些路障。
>
> 深夜 2 时，有人砰砰地敲谢伟思家院子的门。美国领事阿瑟·林沃尔特派人送来一张便条，报警说城东八英里一个叫大板桥的地方发现三千名共军，后面不远还有七千名共军。法国人准备了一列专车，准备把外国妇女和儿童疏散到东京（河内）。火车定于早晨 7 时 44 分离开车站。
>
> 于是，谢伟思和卡尼天没亮就在昆明市里奔走，把消息告诉那些传教士和其他为数不多的外国人。一清早，卡罗琳·谢伟思带着她的那只箱子（从此她再也见不到谢伟思那块金表了）和装在藤篮里的两只暹罗猫上了火车。她决心设法把这两只猫送到上海她婆婆那儿去。火车上挤满了人。同车的还有一位孕妇。昆明市所有的外国妇女和儿童都上了车。洛克博士也在车上，他考虑到由于他身体虚弱，他的书籍和文物又是无价之宝，所以决定这次拿着所能带走的东西一起离开昆明。火车在滂沱大雨中扑哧

扑哧地向北越的东京开去。

索尔兹伯里关于谢伟思在昆明的这段记录，正是中国人耳熟能详的“兵临贵阳逼昆明”这一幕历史活剧的外国版。谢伟思是一个地地道道的中国通，他出生在中国四川省的一个美国传教士家庭，后考入美国国务院，任职于美国驻昆明领事馆。年轻的谢伟思在昆明正惊惧之时，他发现红军其实只是虚晃一枪便北上渡过金沙江了。这算是谢伟思首次与中国红军的一次交集。他无意中成了红军佯攻昆明的历史见证人[9]。谢伟思后来风趣地说：“我没白逃一趟，在外逃期间我认识一位女士，后来我俩结了婚，这是个意外的收获，应该感谢红军。”[10]

他也许不会料到，几年后，他会提议美国政府与这支军队合作来共同对付法西斯日本，由此发起了美军赴延安军事观察组，他成为这个观察组的一员，零距离地与中共领导人以及由红军改编的八路军将士们一起生活和战斗达几个月之久，并且结下了一段难忘的友谊。

毛泽东和谢伟思在延安

谢伟思在延安期间，听红军将领们谈到过长征，新四军领导人陈毅还告诉他，当掩埋了电台，与长征中的主力红军失去联系后，从那时起，“我们就像野兽一样生活”。陈毅同谢伟思算得上半个老乡——同是四川人。陈毅同谢伟思还有过交集。陈毅在成都上过学，并在当地的基督教男青年会里学会了打篮球，而这个青年会当时的负责人就是谢伟思的父亲。陈毅坦率地对谢伟思说：“别人会告诉你，他们都是贫苦农民或无产阶级出身，而我不是，我是资产阶级出身。”

由于在延安的亲身经历，谢伟思对中共抗战武装以及中共领导下的根据地十分推崇，他一个人就向美国政府写了77份政治报告，在报告中他写道：中共的特征是“青春，有活力，智慧充沛，训练精良，信仰坚定，自信、坚韧、实际、自我检讨、态度科学、有适应力、有制度、有条理、有诚笃与团结之精神，民主态度、廉洁”。据此，他认为“共产党在中国之地位，比现存任何团体都高”，“共产党将在中国生存下去，中国的命运不是蒋的命运”，未来的中国属于中国共产党，“蒋的封建的旧中国，不能长期与华北的一个现代化的、有活力和有人民拥护的政府并存”。

他向华盛顿力陈应突破国民党封锁，同中共武装进行军事合作。可惜，这一愿望未能实现,而且由于他说真话招祸,谢伟思等观察组6人被美国联邦调查局以泄密罪逮捕。在20世纪50年代麦卡锡时期,他被解职了。直到20世纪70年代,经历了朝鲜战争、越南战争后,美国社会才意识到谢伟思这些人当初的呼吁是多么重要,越来越多的美国人相信他们错过了"曾经的机会"。

谢伟思向法院起诉,终于在1957年打赢了官司,又重新任职。这场官司历时数年,花掉了许多钱。在那几年里,他不得不靠打零工维持生计。复职以后,他被派到遥远的英国担任一个小小的职务。退休以后,他就住在加利福尼亚州伯克利。

尽管因呼吁与红色中国合作而遭受了那么多的不公,谢伟思却并未改变自己的初衷。因此当好友索尔兹伯里1984年邀请他一起重走中国红军的长征路时,他欣然前往。

在北京,他们受到时任中央军委副主席的杨尚昆的接见。杨尚昆幽默地说:"抗日战争时期在延安时,因工作关系我常与你们(指美军观察组)接触,'文革'期间,说我里通外国而被批斗;而你谢伟思,因为当年同情和支持八路军抗击日本侵略军,而受到麦卡锡主义迫害,被罢了官,我们俩是同病相怜之人啊!"谢伟思听后,激动地说:"我不遗憾,我一直认为我的看法是正确的,历史不是作出了结论吗?"听罢这番言辞,大家为之敬佩,为谢伟思干杯。

谢伟思随索尔兹伯里一起,沿着当年红军长征的路线,爬雪山,过草地,穿激流,登险峰。

在寻访红军长征路的途中,谢伟思十分活跃。他高高的个子,说一口流利的普通话,虽已年过七旬,但举止言谈中却带着年轻人才有的那种旺盛精力。遇到山间小路他就如痴如醉地拍照,他说:"这是红军走过的路,或者是红军走出来的路。"原来,谢伟思擅长摄影,他这次自愿作为索尔兹伯里的助手到长征路上来采访,他给自己的任务是要出一本反映长征的影集。他因此被一行人称作"小路迷"。在去金沙江皎平渡途中,谢伟思始终走在前面,沿着起伏的山间小路飞跑,不时地举起相机拍照,他是一行人中最先到达皎平渡的人,走了三个小时就到了,而索尔兹伯里夫妇和秦兴汉馆长走了七个半小时。因此谢伟思又被旅友们称作"登山健将"。大家发现,每到一个红军曾到过的地方,他

谢伟思夫妇摄于1985年

总是发出一封信,寄给在北京的好友马海德,后来大家才知道他是在集邮,旅友们又称他为"集邮迷"。按秦兴汉馆长的说法,谢伟思是地道的"红军迷"。

长征的魅力逐步在他的脑海中升温。在皎平渡边,谢伟思用流利的中国话说道:"没有当年的红军也就没有今天的新中国!"

在访问红军飞夺泸定桥纪念馆之后,谢伟思沉思很久,写下了这样的留言:"能够亲临人类历史如此重要的地方是激动人心的;在 50 年前克服种种困难夺取这座桥的伟大红军面前,每个人都将感到自己的渺小。"[11]这段话可谓道出了他对长征的钦佩之情。

快结束长征寻访之旅时,索尔兹伯里说道:"访问是成功的,但我犯了错误,在 48 年前我就应该来写这本书。"谢伟思说:"来得晚也有晚的好处,现在中国提倡实事求是,每到一个地方介绍史料都比较客观、实际。"

越过了千山万水,历时 74 天,谢伟思伴随索尔兹伯里夫妇,终于从江西到达陕北,完成了他们自己的"长征"。

★重走一段长征路的美国战略家布热津斯基

在红军飞夺泸定桥的纪念馆里,陈列着一个美国人对长征的评价:"中国是用那些勇于翻越千山万水人们的牺牲精神和勇气统一起来的。"这是用"第三只眼睛看长征"颇具代表性的评语之一。这句话讲得不仅贴切,而且视角宏大,很有分量,说话的人显然不是一般的人。确实是这样,他是美国著名战略家布热津斯基。

提起布热津斯基,相信许多中国人都不陌生,他是波兰犹太裔美国人,国际知名战略学家。他是美国"学而优则仕"的典型(哈佛大学博士),曾担任美国肯尼迪总统的外交政策顾问,约翰逊总统的科学顾问,卡特总统的国家安全事务助理。他在担任国家安全事务助理期间,为中美正式建交作出了独特的贡献。

20 世纪七八十年代,布热津斯基以反苏著称,但他主张对中国友好。1978 年 5 月,他受命于当时的美国总统吉米·卡特,乘坐专机抵达北京,磋商中美关系正常化。这是他首次访华。当时,他的助手米歇尔·奥森博格告诉他:"赶紧看看谁来接我们,如果是外交部长,就说明中国人把这次访问升级为更为重要的级别了。"果然,中国外交部部长黄华迎接了他,他还受到了邓小平的会见。会谈结束之际,邓小平邀请他前往北海公园一家餐厅共进晚餐。晚餐时,邓小平表达了赴美访问的愿望,布热津斯基高兴地对邓小平发出邀请,到他家中享用一顿正宗的美式晚餐,邓小平愉快地表示“我肯定去”。1979 年 1 月 1 日,中美两国正式建交。同月,邓小平访问美国,如约来到布热津斯基家中赴宴。

1978 年 5 月 21 日,邓小平会见美国总统国家安全事务助理布热津斯基

促进中美建交,使布热津斯基达到了事业的巅峰。此后,他多次造访中国,与多位中国领导人有过会面。

1981 年 7 月,布热津斯基曾携全家人一起远赴贵州、四川,重走了一段长征路,并在美国《生活》杂志上发表了《沿着红军长征路朝圣记》,对这一世界军事史上的壮举给予了很高的评价。作为一名美国政界的高官,布热津斯基为何要重走一段中国工农红军走过的长征路呢?

是时,布热津斯基 53 岁,正值年富力强之时,在美国政界影响很大,他收到了来自中国政府的访华邀请。收到邀请后,他携妻子穆斯卡、儿子马克和伊恩、女儿米卡,一起到中国旅游。有意思的是,他们并不像一般的旅游者那样,仅去一些风景名胜之地,而是接受邓小平的建议,重走有代表性的部分长征路线。

作为一名战略学家,他有独特的考量。他认为:“长征的巨大反响在今日中国依然能被感受到。通过对长征的深入了解,我们可以获得对这个国家和其领导人更加深远的视角解读。”[12]

他的要求,得到了中国政府的批准和支持,于是他自豪地说道:“我们一家成为踏着历史性的长征路线上的红军足迹旅行的第一批美国人!”

娄山关是他们此次中国之行的第一个目标。1981 年 7 月 9 日下午,他们到达了位于贵州的娄山关。一家人首先攀登了一座不高的山冈,走过狭窄崎岖的山路,依稀可见当年红军在战斗中留下的枪炮痕迹。走过两旁长着多刺的灌木丛和成群的黄蜂的小路,他们登上了娄山关主峰。这里有着可以俯瞰整个地区的全景视角,可以看见远处雄伟的群山、狭窄的峡谷和红军用鲜血拼杀出来的一条蜿蜒山路。正当他和妻子穆斯卡沉醉于这醉人的风景之中,他们的耳畔传来两个儿子的争论。他们为谁更应该获得更大的荣誉而争论。伊恩,第一个爬上防固山峰;马克,成为第一个到达娄山关顶端的美国人。而他的女儿米卡则是第一个毫不费力地登上这些山峰的美国女性。

他们参观了著名的遵义会议旧址。离开遵义后,一家人乘火车到达了成都。之后,乘汽车前往大渡河畔。途中,由于下大雨,他们的汽车因前方的巨大滑坡而被迫停下来。他后来在《沿着红军长征路朝圣记》中写道:“一些直径达到10英尺左右的巨大砾石从前方的山坡上滑下,还有泥石流挡住了道路。但是,对我们外国人来说,这场被迫的延迟是偶然的好机会。”

他们沿着红军的长征路线继续进行着艰苦的旅行。他曾一度怀疑它是否真的像长征战士在回忆录中描述的那样水流湍急、险象环生,及至走近大渡河,亲眼目击后,他才知并非虚言。他记下了自己对大渡河的深刻印象:“水深莫测,奔腾不驯,加之汹涌翻腾的漩涡,时时显露出河底参差狰狞的礁石,令人触目惊心,不寒而栗;有几处,河水还以异常的速度倒流回环。我们一行之中谁也没有见过这种水流现象,时而回流,时而顺流,时而侧流……似乎和地球引力场不发生关系。原来大渡河自有它自己的生活规律!”

到达泸定桥,和一个长征中曾走过泸定桥的老红军谈话时,布热津斯基以他敏锐的眼光获得了一个在中国官方战史里找不到的有趣事实。通过观察,他判断:“国民党防守部队犯了一个致命的错误,那就是聚集他们的士兵在桥的东门,迎头面对着他们的攻击者。这使得红军的先锋部队可以集中轻重机枪攻击敌军,红军的突击队则乘势冲过了大桥。如果敌人的守军被部署在河岸桥的上边和桥下,可使红军的突击队遭受无情的枪炮阻击。”这就很好地解释了为何22名勇士在敌人火力的威胁之下,却能成功地爬过13根光溜溜的铁索链,仅有几人掉入河中,大部分人胜利地冲到对岸,夺取了泸定桥。布热津斯基的这一观察十分有益,有力地弥补了过去传统史书对泸定桥之战叙述的不足。过去由于基本仅限于杨成武《飞夺泸定桥》一文的讲述,对泸定桥之战的叙述并不完整,给了历史虚无主义者以可乘之机,致使社会上有人借机否定泸定桥战斗,甚至出现所谓“红军是用银圆、大烟买路通过”的谬论。作为一个外国人,他对中国历史上的这一英勇事迹充满钦佩和敬仰之情,且在历史宣传和叙述上予以热情的弥补。

不仅如此,布热津斯基还认为,“泸定桥战斗是长征途中最重要的一仗”,是“一次具有决定意义的战斗,从而打开了红军北上的道路”。他进一步评价说:“泸定桥一战,在长征史上意义巨大。如果这次战斗失败,如果红军在炮火面前畏缩不前,或者,如果国民党炸断了铁索桥,那么中国随后的历史可能就不同了。”窥一斑而知全豹,尽管只重走了长征的一段路,但他对整个长征已有了独特而深邃的感悟。

红军飞夺泸定桥纪念馆展出的布热津斯基夫妇题写的长征感言

结束这次重走长征路后，布热津斯基更加理解中国，他认为自己找到了中国正在进行的改革开放新长征的动力："长征在某种程度上是对他（邓小平）的领导能力、勇气、身体耐力以及对事业成功执着追求的一种考验。"[13]

走过长征路的布热津斯基，与中国结下了不解之缘。离开政治舞台后，布热津斯基仍是活跃在华盛顿的战略智囊人物。后来，他时常来看看中国，推动中美关系的发展。2013 年 5 月，中美元首安纳伯格庄园会晤前夕，布热津斯基说："美中关系是世界上最重要的双边关系。全球经济稳定和全球安全非常依赖于美中之间有一个健康、友好、合作和相互妥协的关系。"[14]

2010 年 7 月中方赠给布热津斯基一幅以长征为主题的铜版画，一面雕着飞夺泸定桥的场景和毛泽东写的《七律 · 长征》，另一面则用中英文雕着布热津斯基对长征著名的评语："对崭露头角的新中国来讲，长征的意义绝不只是一部无可匹敌的英雄主义史诗，它的意义要深刻得多。它是国家统一精神的提示，也是克服落后东西的必要因素。"[15]

布热津斯基于 2017 年 5 月离世了。他写下的《沿着红军长征路朝圣记》永远镌刻在许多人心里，随着大渡河奔涌的河水一起，流淌在历史的长河中，令人回味，发人深思。

★重走长征路的以色列老兵武大卫

在重走长征路的外国人中，居然有一位是来自以色列的军人。这个老兵的经历可不一般，他曾是以色列特种兵军官，他就是大卫 · 本 · 乌泽勒，中文名字叫武大卫。

武大卫是中国红军的铁杆粉丝，他读过斯诺的《西行漫记》和索尔兹伯里的《长征——前所未闻的故事》，长征的历史在他的心目中渐渐变成神圣的丰碑。他从以色列军队退休后，继续挑战自己，探险、摄影，不断寻找"信仰的力量"。20 世纪末，他断断续续地在中国待了 4 年，迷上了中国文化，矢志要找到中国走向今天成功的动因，找到"支撑中国人民克服重重困难走向胜利的精神支柱"。

2005年3月，70岁的以色列老兵武大卫和张小艾博士，以及翻译马克等一行四人，沿着当年红军的长征路线，从江西瑞金出发，重走长征路。7月25日顺利到达陕西吴起镇，历时138天，行程24000多公里，其中步行1200多公里。途经9个省、自治区，参观了当年红军的许多重要会议和战场的旧址，穿越了雪山草地，采访了近百名老红军，拍摄了3000多张照片。

因张小艾是张爱萍之女，他们就按张爱萍所在的红三军团所走的路线走。他们请军事科学院的长征专家拟制红三军团的路线，精确到县。他们以乘汽车为主，凡是汽车不能通过的高山，就下车步行，翻越老山界就走了三四个小时。

在重走长征路的138天里，武大卫职业军人的生涯，使他习惯于从带兵用兵的军事专业视角来感悟、解读那些长征路上富有传奇色彩的战斗。

70岁以色列老军人武大卫(左)重走长征路

作为一名曾经的指挥官，在如何带兵、如何身先士卒等“战争价值理论”方面，武大卫常常将自己亲身的体会与中国红军长征中的做法进行对比。他说，当官的要比士兵更严格要求自己，在困难面前更要身先士卒。一次穿越沙漠的训练中，他手下的一名少尉带领一队人马冒着烈日行进，每人只有一点定量的水和其他食物。当大家都极度疲惫、口渴至极时，负责管理水和食物的那位军官却不顾士兵们，自己搞特殊，先享用了“甘露”，事后得知此事的武大卫立即“就一脚将他踢出了我的连队”。

武大卫说：“我在童年时就读过斯诺的《红星照耀中国》……也正是这颗东方的红星，引领着我的人生航向，照耀着我的军旅生涯。”[16] 在一次特种训练中，武大卫带领大家横跨一条离地10来米的独木桥，一个胆小的士兵怎么也不敢迈出一步。武大卫返身拉住这个士兵的手，一步一步牵着他走过了细细的独木桥。一名士兵夸道，这真是壮举。武大卫听罢，严肃地摇着头说：这哪里是什么壮举，中国红军冒着敌人的炮火，用鲜血和智慧爬过横跨在大江上的铁链，那才是真正的壮举。

他刚到特种部队伞兵营的时候，曾带领部队走过一次“长征”。为了锻炼部队，武大卫搞了一次长途拉练。他带领队伍在沙漠里走了几天几夜，接着又马不停蹄地攀越了一座高山。当他带着队伍出现在驻扎在当地的部队军营门口时，一个军官瞪大眼睛问道：“你们是从哪里来的？不是从天上掉下来的吧?”武大卫开玩笑说："我们是伞兵，就是从天上来的啊！"那位军官得知他们是穿越沙漠跨过高山而来时，不禁赞叹地说："这真是世界军事史上行军的奇迹！"武大卫却说："中国红军走了两万五千里才是人类军事史上的奇迹！"他还说过："我在军旅生涯中所做的每一件事，都难以和中国红军相比。"

武大卫在长征第一山（云石山）留影

带着对中国红军长征的钦佩与憧憬，武大卫踏上了长征路。一路上，他在大山中迷失过方向，挨过饿，受过冻，摔过跤，他效仿当年的红军，一一克服了这些困难。每到一处红军的战场遗址，他都要详细地了解当时的兵力对比、武器配备、进攻方向等等，对红军的战略战术作深入的分析。对于红军二万五千里长征为何最终能取得胜利，武大卫有了自己的理解，他引经据典："《孙子兵法》是中国古老的军事智慧，毛泽东和蒋介石一定都用它来指挥作战，为什么结局不同？"他说："当年的红军基层军官后来曾对我说，他手下的士兵病了，他亲自给士兵喂饭；士兵腿受了伤，他亲自给士兵按摩。官兵一致，相互关心；军官以身作则，战士受到尊重——这就是红军胜利的秘诀。"[17]武大卫认为，学习中国红军的长征，军官就要尊重士兵，决不能贬低他们，更要在生活中关心他们。

安顺场畔，他无法想象红军是如何依靠小小的一只木船，渡过滔滔大河并发起攻击的；泸定桥边，他为当年红军勇士们徒手攀着铁索在枪林弹雨中夺取胜利而感到不可思议。

过了大渡河之后，他陪张小艾翻越陡峭的山岭，费尽周折，寻到张爱萍将军生前念念不忘的泡桐岗。而这段路，堪称长征路上最难走的险路。泡桐岗鲜为人知，却又是长征中一个不平凡的地方。

开国中将韦杰1957年5月在给张爱萍副总长的信中说，泡桐岗是位于泸定东北约150里的一个山冈。高约30里、长60里，整个山坡上满是密林和大树。当年红十三团过泸定后未停，连夜赶到柴石关（即茶合关）下宿营，第二天开始翻过泡桐岗。因下雨路滑，部队运动速度很慢，走一步停一步瞎摸个通宵，次日下午两点左右全团才通过泡桐岗。到第三天黄昏时才赶到天全城。张爱萍将军在回忆录里提到这里时，称是"行人绝迹、野兽成群的万山老林"。

据张小艾说："我的父亲说，当年他们在那里经历了一场非常艰苦的硬仗，毛泽东曾经回忆说，泡桐岗战役比爬雪山、过草地还要艰苦。而我爸爸晚年时也常常提起那里，说还要回到那里看看。"斯诺的《西行漫记》证实了这个说法："更难的是爬荒凉的泡桐岗，他们可以说是自己铺出一条路来的，一路砍伐长竹，在齐胸深的泥淖上铺出一条曲折的路来。毛泽东告诉我，在那个山顶上，一个军团损失了三分之二的驮畜，好几百人倒下去再也没起来。"[18]

时任红五军团参谋长的陈伯钧在长征日记中写道："悬崖数丈，绝壁时生，石坎参差，烂泥太深，攀葛附藤，举足不敢进，骏马走骡死伤在十匹以上。"[19]

陈云在《共产国际》杂志发表的《随军西行见闻录》中提道，红军翻过泡桐岗"下山至山麓，有居户六七家，见赤军至如从天降，群相惊奇。据云彼等世居于此山麓，虽闻祖先言此山有路可通，但荒山野地，野兽成群，从无人敢走此小路，群围赤军询山路上之所遇"。[20]

时任周恩来警卫员的魏国禄在回忆录里说："森林中古树参天，阴森森，湿漉漉，地上腐烂的树叶发出阵阵臭味，林中不时可以看见受惊的野羊、野牛、野猪等动物穿来穿去。遍地是稀泥，连巴掌大的干地方也找不到，更找不到干柴和清水。我只好用茶缸接雨水给首长喝。睡觉怎么办？结果周副主席就这样靠着树干站了一夜。"[21]

张小艾说："但是泡桐岗是不为人知的小地方。就连我父亲也无法说清楚具体地点。我们一行在四川天全县政府的帮助下，终于找到了这个鲜为人知的地方。"[22]这是一段异常艰苦的旅程。正是6月的雨季，他们一行人比70年前红军到达的时间只晚了几天。当时天下着大雨，他们在烂泥地中苦寻多日。张小艾终于站在父亲当年挥刀斩敌的土地上，她激动不已：终于了却了父亲的遗愿。武大卫坚定地支持，并伴随张小艾走在这荒无人烟的山野中，终于站到这片红军了不起的遗址上，他也深深被当年红军艰苦朴素、奋勇杀敌的精神所感动。

武大卫在湖南汝城热水镇与村民合影

一路上，他们一行人参观红军重要战场、会议旧址和纪念馆，采访了上百名老红军。他驻足雪山顶峰，夜宿茫茫草地，他理解了当年红军所面对的挑战生命极限的考验。

到达长征胜利终点吴起镇时,武大卫感慨万千。他说,重走长征路,让我看到了毛泽东是在何等艰难的困境中使红军转危为安的。所以,长征是共产党领导中国人民走向胜利的第一步。

武大卫告诉中国的记者"如果没有严明的纪律和组织,红军不可能从敌人的围剿中完成大规模战略转移。我从长征故事中学会了如何严格要求自己,如何坚决服从命令……与其说长征是一部历史教材,还不如说是一部关乎人生和军事价值的巨著!"他还说:"每个解放军官兵都应当去走一次长征路!"[23]

在长征路上,他记不清曾多少次感动落泪。他说,长征中那种不屈不挠的精神,正是他要找的"红军魂"。武大卫说:"毛泽东和蒋介石都用孙子兵法,为何结局不同?因为中国共产党领导的红军有信仰和精神支柱,官兵一致,军官以身作则,战士受尊重。坚强精神和信仰是军队和军人的胜利之本,长征精神是中国战无不胜的灵魂,也是全世界珍贵的精神和军事财富。"他说,如果在中国,他一定要当红军![24]

走过长征路,长征精神给了武大卫更加深刻的印象。他说,长征应列入联合国人类历史文化遗产,让这笔珍贵历史和精神遗产永远传承,长征应成为全世界的教科书,值得各国军人景仰和学习。

走过长征路,他在接受央视记者采访时说:"长征本身是独一无二的,因为当时严苛的作战、生存条件无法复制。(长征路)真的很艰苦、很残酷。我对以色列国防军军官们说,听着,你们永远都不会面对如此严酷的环境,根本想都不要想。如果你想救已陷入沼泽的战友,你需要让你自己也陷进去,这样才有机会把他救起来。努力从我和你们分享的长征故事中获取到他们(中国红军战士)的那种极强的意志力和巨大的精神力量。"[25]

武大卫接受央视记者采访

★两个英国青年的新长征

2002 年 10 月,两位英国青年重走长征路,再次将长征旋风刮向了欧美。2003 年 11 月 3 日 17 时 30 分,这两名英国年轻人在漫天灰尘中抵达了陕西省吴旗县(今吴起县),当地 500 多人举着欢迎他们的红色横幅,欢呼雀跃起来。国内外多家媒体记者赶到现场采访。其中有英国著名媒体 BBC(英国广播公司)、《泰晤士报》、路透社、《每日电讯报》,国内则有《新民晚报》《北京青年报》《北京晨报》等媒体。

红军长征的两位英国年轻粉丝——历史学博士李爱德和记者马普安,2002 年 10 月 16 日从江西于都“长征第一桥”开始踏上长征路,历经一年多的艰苦跋涉,由于遭遇“非典”以及马普安途中生病等原因,他们比原计划按照红军当年长征 10 月 18 日到达的时间,推迟了半个月。

李爱德、马普安是 1997 年来到中国的,先后在《中国日报》等单位工作。李爱德 1968 年出生在澳大利亚的悉尼,5 岁时随家人迁至英国曼彻斯特。马普安 1966 年出生于南非开普敦,父亲是一位海军军官,母亲是爱尔兰人,他在英国普利茅斯军港长大。他们是大学时代的好友。本来对中国几乎一无所知,唯一的概念就是老师提到中国时曾说,如果那些穿清一色蓝制服的中国人在同一时间跳起来再落地,大海会掀起巨浪,会把他们这些住在西方的人统统淹没。

大学毕业多年后,两人先后到中国工作。在 2000 年五一节期间,一个偶然的事情促使他们对长征发生了兴趣。他们来到贵州黎平旅游,在那里,得到一位朋友赠送的《红星照耀中国》和一本毛泽东的自传。[26]毛泽东带领中国工农红军进行的二万五千里长征,简直像神话一样深深地吸引了他们。尤其在黎平,他们得到了比一般的史书上更翔实的关于红军长征的第一手资料。正是从那时起,两人萌生了重走长征路的冲动,希望亲身体验当年红军战士的生活,借此了解中国的历史和现状。

《毛泽东自传》封面

李爱德说:“如果那些长征的旧路还在,那些路以及路上发生的事情可能会给人们很多启示——帮助我们理解中国的过去,还有它的现在。”[27]

2001 年 7 月,他们辞去了在北京的工作,把全部精力投入到重走长征路的准备上,在图书馆查阅了大量有关长征的资料,在此基础上设计了每天的行程。考虑到长征路上不可能处处有烟抽,更不可能有咖啡喝,两人干脆就戒掉了这些“奢侈品”。此外,他们买了海事卫星电话,还事先联系好了国际急救中心。带了手提电脑,准备了净水器、药品、干粮、帐篷,接种了各种防病疫苗。甚至设想,万一真的到了“弹尽粮绝”的困境,也会像红军那样试着把身上的皮带煮来吃了。

他们将出发日期选在2002年10月16日[28],这基本是当年中央红军出发远征的日子。李爱德在日记中写道:“在这个阴沉沉的日子里,看起来我们的前景并不比六十八年前的红军更乐观。我们几乎不敢想象前面的路会是怎样:雪山的坚冰和高山病,有毒的沼泽,草地无人区,强盗,野兽,还有二万五千里。”[29]

马普安和李爱德带着摄像机和拐棍,外加一个五六十斤重的背包,就像红一方面军红三军团负重前行的炊事员。老红军薛德明告诉他们:“部队里有人做饭,一个连有个大锅,炊事员背着有50斤,铁的。当时我背一支步枪、手榴弹,有时三个有时两个。有时一天吃一顿,有时吃不到。”

英国历史学博士李爱德和朋友马普安重走长征路

两个大学时代的好友就这样开始了人生路上的一次大探险,而且一走就是一年多的时间。他们为自己制定了三大纪律,其中一条就是决不搭车。他们统计了一下,沿途问他们为何不坐公共汽车的达3268人。

每天平均步行40公里、身体极度疲劳的状态下,他们是怎么想的?他们在《两个人的长征》一书中写道:“我曾不止一次想过放弃,为什么要自己难为自己呢?我们不是红军战士,没有生死攸关的理由再继续走下去。……每天最困难的就是起床,太累了。起床前都会想,今天前面有什么?可能30公里都是山路,而且路根本不明确,要一边走一边问。吃什么、晚上住哪,都不知道。如果冬天,就更难受,我们睡觉一件衣服不脱,还要再加衣服,把帽子、手套都戴上,可还是冷。每天都要说服自己起床赶路,上路了以后,就必须继续走,要不然赶不到目的地……”[30]为了战胜惰性,旅途中,两个人轮流扮演教官的角色。

行至云南曲靖,马普安得了严重的胃炎,坚持到四川会理时,被迫回北京治疗。他们的一个中国朋友杨肖则赶往会理,伴随李爱德一起继续往前走,一直走到泸定县,正好填补了一段空缺,坚持了“两个人的长征”。马普安经过三个星期的治疗,病好了之后,即赶往泸定桥与李爱德一起继续走两个人的长征。

从于都出发,他们按照红一方面军走过的路线和日期徒步行军,原计划用368天走完全程到达陕北。一路跋涉,经过广东、广西、湖南,当年12月16日进入贵州省,经黎平、剑河、施秉、黄平、瓮安,2003年1月8日渡过乌江天险,1月10日进入遵义。

作为历史学博士的李爱德走到大渡河河边,评价很独特:“对于共产党来说,这次渡河是又一个渲染着英雄主义色彩的伟大历史传奇,而国民党只表现出极端的无能和懦弱。一船红军士兵前赴后继渡过湍急的河流,击退敌人的防守,控制了渡口。这就好比二战期间,十几个盟军战士乘着舢板占领了诺曼底海滩一样。”[31]

“历史书没有夸张。书上说‘飞夺泸定桥’战役全程经过120公里,跟我们的测量差不多。我们还多走了1公里,那就是7月29日从泸定县城境内的大渡河到我们住处之间的距离。从田湾到上田坝,杨成武的军队共走了73至78公里,用了25个小时。”[32]

两人走访了住在泸定桥边的村民李国秀,后者告诉他们,1935年时她家的房子全是木头做的,但拆下很多木板给红军做新的桥板。红军过泸定桥时,还有老百姓给部队带路。

李爱德站在泸定桥边感慨万千:假如李国秀的回忆没有失实,“飞夺泸定桥”这一事件就少了些传奇色彩——在当时的环境下,红军伤亡如此之少的确令人难以置信。“然而正是那些无名百姓作出的大无畏的牺牲使得整个事件更具光辉。”当年的红军正是在老百姓的帮助下,才顺利地走完了长征。而在60多年之后,两个英国青年要徒步走完长征,也离不开沿途一个个普普通通百姓的帮助。两人认为:“如果没有陌生人的热情帮助,我们不可能走完新长征。”

他们笔下记录的是善良的、有时可能有些小毛病的普通百姓。他们作为外国人,真实地将沿途所见所闻完整地记录了下来。唯其真实,才让人感到可信可贵,也更容易让人为书中平凡的小事感动。

比如,在贵州的一个旅馆的老板娘本想多收点钱,她小声问女儿:“他们是外国人,我们是不是应该多要点?”女儿低声说:“妈,他们懂中文。”结果,老板娘在感到尴尬之余反而少收了他们10块钱。

有时,他们被老百姓带到家中吃饭。他们也像当年的红军战士一样,遵守纪律,把钱藏在茶杯下面就匆匆上路,“生怕那一家人发现钱追上来非让我们拿回去”。

在贵州,从南哨到剑河那天,他俩不认识路,当地政府特意找了一名61岁的老乡李英堂给他们当向导。那天是圣诞节,剑河下雪了,到处都是白茫茫的。他们是第一次碰上“白色圣诞”,心里真是特别高兴,同时也由衷地感谢帮助他们的政府官员和普通百姓。

两人在长征路上不时得到纯朴的村民的帮助。他们到达洋架村时“瘫倒在地,看上去可怜兮兮”的。“这一招”在布依族地区果然很灵,刚过了几分钟,一个非常时髦的小伙子黄峰就邀请他俩去他家吃住。

感受着村民的温暖与纯朴,马普安真诚地对身处贫穷地区的黄峰说,“最穷并不意味着最落后”,“落后不能只用经济标准衡量”。

在望谟县,当他们面对一条水流湍急的大河,因马普安不会游泳而一筹莫展时,四个素不相识的孩子不仅为他们指路,还脱下衣服,扶着比他们高大得多的马普安顺利过了河。

在小金县,他们曾遇到一个背着枪的藏族牧人,那人半开玩笑地用枪指着马普安。也遇到过旅店老板要他们住条件很差的床位,每人一晚交25元,而他们之前住这样的床位一般只要5元。这时,他们认为:“在此前的长征途中,我们从来没有像现在这样遇到如此多的缺少教养、吝吝啬啬而又斤斤计较的人。……我们的精神开始低落。我们对当地人热情诚实的信心被大大地动摇了。”

然而接下来在小金县木城的偶遇改变了这一印象。这个位于梦笔山进山口的石屋,住着养路工人,他们穿着橙色工作服,有汉族、藏族、回族,一个年轻人热情地请他们进屋吃饭,喝酒,洗热水脚,还免费住在双人床上。两人临走时专门写了封感谢信,又在里面包了30块钱,悄悄塞在了工人们的枕头底下。他们在日记中写道:“仅过了一天,藏族人在我头脑中的印象就从‘骗子’变成整洁、好客、可敬的人。我读了过去几天中充满憎恨的日记,不禁感到羞耻。”

两人一路上爬雪山,过草地,渡赤水,过铁索桥,经历了很多艰难困苦。但他们诚实地告诉记者,虽然路途艰难,但比起当年红军长征时,环境和气候已大有改观。在过雪山时,几乎很难找到像当年那样厚厚的雪地。更让他们惊讶的是雪山的数量。所有的历史书上都说红一方面军经过的是五座,可他们四处寻找,只看到了四座,他们经过其中的一座梦笔山时没有下雪。他们途中经过的最高点为四川境内的打鼓山,海拔 4334 米,这也是红军当年走过的雪山之一。

在夹金山,两人找到了红军经过的溜雪坡,红军 1935 年 6 月从山北侧滑下山的地方有一块木头标识牌。他们在那里留影。当年,下的大雪盖住了小路,于是红军战士们坐下向下滑,希望很快可以下山。索尔兹伯里《长征——前所未闻的故事》中记载,有一些人找错了方向,“像炮弹一样从悬崖边上飞了下去”。

68 年后两人走到这里,是 8 月 23 日,雪山上没有雪。比红军晚到了两个多月。“我们两个人似乎都没有高山反应,所以想象不出怎么会疾速从山崖上滑下去结束生命。夹金山的坡度比较缓,我们悠闲地下山,来到一条小溪旁,在那里吃了一顿面条当午餐。一些半野生的马也来到溪边喝水。”[33]

为何两人会没有高原反应呢?正如他们的记载,当年让红军吃尽苦头的大雪山,这时“郁郁葱葱、温暖惬意,沐浴在阳光中。云彩时而在我们的路上洒下凉爽的影子”。高原反应,主要就是高原缺氧所致。而 8 月的大雪山,正是草木茂盛之时,空气中充满了氧气,自然也就很难出现高原反应。

沿途他们见到了 11 位参加过长征的老战士,采访了 107 位当年的见证者。如广西兴安县华江乡老红军刘华连,广西龙胜县泗水乡老红军陈政办;在遵义,他们采访了 88 岁高龄的老红军王道金老人。从老红军那里,他们了解到很多在历史书上看不到的事情。

在龙胜县采访 87 岁的老红军陈政办

经过一年多的艰苦行程,明显消瘦和疲惫的两名英国青年仍是一脸的兴奋,一个心愿和梦想终于实现了,而一年前他们对此行还没有多大把握。

一路上两人寻访长征的踪影,同时记录沿途的所见所闻,记载着长征路上的变化。他们还拍摄了两万多张照片,光胶卷就拍了 300 多个,回来后他们打算出一本记载他们这次行程的书,如有可能还打算办一个摄影展,把路上听到和看到的红军长征的故事告诉更多的人。李爱德对记者说,如果想了解新中国的历史,就一定要了解长征的历史。

重走长征路即将结束时,路透社电视台制片人罗姆曾问李爱德:“你会再走长征路吗？”回想到旅途的艰苦，李爱德脱口而出的是：“不，决不！”可仅仅两年后，他再次踏上了被称为“新长征 2”的徒步之旅。

2005 年 11 月 19 日，李爱德和自己的中国同伴杨肖从湖南省桑植县刘家坪出发，沿着红二方面军长征的线路向宁夏回族自治区西吉县将台堡乡进发。历时 338 天，历程 5500 公里。

2006 年 10 月 22 日，他们的旅程完成之日，正是中国工农红军第二方面军完成长征的 70 周年纪念日。

2007 年 7 月 3 日，李爱德和杨肖从香格里拉独克宗古城红军长征纪念馆出发，第三次踏上长征路，沿着红军第六军团于 1936 年的长征路线徒步探险。当年红二军团和红六军团是在香格里拉分头北上后在甘孜会合的。他们沿着这条高原长征路，两个月内徒步 800 公里，一路上拜访了所能见到的与长征有关联的人，寻找红军的后人和相关资料，记录和拍下他们最真实的生活。

他们把这次考察命名为“新长征 6”。

李爱德早已成为一个名副其实的“长征通”，就连他的妈妈也成了半个“长征通”。他和好友马普安一起，将记录重走长征路的书，命名为《两个人的长征》。他们希望此书的出版，能让更多的中国人和外国人了解长征。

《两个人的长征》封面

李爱德虽是历史学博士，但毕竟不是中国史，更不是长征史的博士。他们虽然研究了不少有关长征的书籍和资料，然而在书中也难免存在个别错误。如“第三方面军的炊事班战士”的提法，显然是将“红三军团”误作“第三方面军”。众所周知，红军并无第三方面军。

《两个人的长征》一书，讴歌了中国工农红军的长征，然而，书中的一个提法却挑起了关于长征里程的争议。两人在接受《伦敦每日电讯》和《泰晤士报》记者采访时称：“我们知道了二万五千里长征并不是二万五千里，而是一万二千到一万三千里。”[34] 两位记者立即将“长征不那么长”作为噱头报道，这个吸引眼球的标题传遍了全世界。它曾经位列雅虎新闻点击量的前 5 名。报道一出，立即引起了党史界的极大关注。

一些党史工作者纷纷撰文表示红军长征"二万五千里"不容置疑,有人对照萧锋当时所在的红三团和红一军团直属队行军情况及陈伯钧、童小鹏、萧锋的长征日记记录的行军里程,比较分析后,认为"二万五千里"的结论是完全符合历史事实的。在计算红军长征行程时,还要考虑几个因素,如打运动战、筹粮筹款、扩红、做群众工作等。

红一方面军走过的长征中,不含红六军团长征前夕进行的西征五千里,也不含红七军团组成北上抗日先遣团的征战,也不含张国焘分裂红军南下后,红一方面军随四方面军南下的红五军团、红九军团三过草地走过的里程;还不含红一方面军到达陕北结束长征后,于 1936 年进行的东征、西征。

红四方面军长征历时 1 年又 5 个月,行程一万里。但这个里程不含从鄂豫皖根据地转战川陕根据地的三千里西征,也不含三军大会师后,红四方面军和部分红一方面军组成的西路军西征五千里。

红二方面军长征,既没有算红六军团西征,也未算红二、六军团会师前红二军团的七千里小长征。

如果将长征理解为离开原有的根据地进行战略转移的话,就可从红四方面军 1932 年底转战川陕算起,一直算到西路军西征结束。那么上述的这些小长征就可全部计入。

如果非要套用传统对长征的界定,仅算 1934 年 10 月至 1936 年 10 月的话,红七军团抗日先遣,红六军团西征,红一方面军到陕北后的东征、西征应该计入。

不管是哪一种算法,其实为了将红军时期的艰苦转战与坚忍不拔研究和宣传出来,都有必要将上述的各个小长征向世人展示出来,告诉人们一个更加宏大、真实、波澜壮阔的长征。

天下红军本是一盘棋,红军长征的四大战略方向(红一方面军、红二方面军、红四方面军、红二十五军)的总行程约为六万五千里,远不止二万五千里。但问题是,一般的教科书、工具书提到"二万五千里长征",由于过去受"左"的影响,就是单指红一方面军的长征,而忽视了其他三大战略方向的长征。关于长征里程的数字,如果单指中央红军(红一方面军)的长征里程的话,从研究的角度计,本着历史唯物主义态度,考虑到一些担任前卫、佯动的机动作战部队纵横驰骋,比一般部队和后卫走的路多,比较接近的数字应该是中革军委统计的一万八千零九十五里。综上可知,长征可以继续用“二万五千里”作为品牌,也可以理直气壮地提“六万五千里”长征。

李爱德在书中也特别讲道:“长征是一首壮丽的史诗,英勇、牺牲和忍耐贯穿它的主旋律,它有一万里还是十万里已经不重要了。毛主席选择二万五千里作为红军奋斗精神和胜利的象征。”

长征的里程问题从表面上看,仅是一个小小的数字问题,但其背后,其实隐藏的是一个史学研究的方法,以及长征研究的指导思想问题。一方面,对于党史、军史的问题,有必要本着实事求是的态度尽量将每一个数字做扎实,将数字背后丰厚的寓意展示给大众。另一方面,党史、军史的研究,不应搞大呼隆、简单化,更不能教条化,这样才有利于回击历史虚无主义。

★边走边拍长征的澳大利亚人魏华德

1985 年正当中国迎来中央红军长征胜利 50 周年之际,吴起镇迎来了两位特殊的客人,他们高鼻梁、蓝眼睛,带着专业照相设备,重走长征路来到这里。其中一位年轻人,激动地对着围观的群众发表了即兴演说:“我成功地走完了长征路,我被中国人的这种力量所震撼,所以我觉得大家都应该为了建设新中国更加努力……”不过,这个年轻“老外”的这番豪言壮语围观者一个字也没听懂,因为一旁的翻译被这个激动的外国人讲的话逗得笑个不停,没有完整地翻译出一句话来。

这位年轻的“老外”,是澳大利亚人,本名哈罗德 · 威尔顿,中文名字魏华德。魏华德是谁? 恐怕很少有人听说过。他的父亲凯文 · 威尔顿,是澳大利亚最大的私人出版商威尔顿国际集团的总裁。

还在 16 岁时,魏华德从学校选修的中国近现代史课上第一次知道了长征,读到关于长征的故事之后,便对中国产生了浓厚的兴趣。他后来说:“被这个在逆境中赢得胜利的传奇所折服。”不过,魏华德之所以来到中国重走长征路,更主要的原因是他的父亲凯文 · 威尔顿。

凯文 · 威尔顿在学生时代就读到了美国记者埃德加 · 斯诺写的《西行漫记》,从此长征路便对他产生了极大的吸引力,他决心去中国重温红军的长征路。二三十年之后,威尔顿拥有了自己的出版公司,他终于有条件实现自己的夙愿。他的公司决定出一本中国红军长征的书。1984 年夏天,魏华德的舅舅和外公策划出版一部画册《中国—长征》,由澳大利亚的一批摄影家拍摄中国的长征路。之所以要出这样的画册,是因为威尔顿父子眼中的长征,更多的是一个充满了英雄主义色彩的故事。魏华德还讲道:“让我的家人对长征感兴趣的,是红军的精神和力量。在我们小的时候,经常会听一些关于澳大利亚军队在一战和二战中如何在艰苦的环境下英勇作战的故事,所以对于冒险精神和英雄人物总是充满了崇拜之情。长征的故事也具有同样的特质。我们都觉得那是世界历史上一段令人难以置信的神话。”

1984 年暮春,作为摄影家组织的“先遣部队”成员之一,19 岁的魏华德来到了中国。他与澳大利亚摄影师里奥·迈耶一起,在中方人员的陪同下沿着长征路进行考察,了解和选择沿途的拍摄地点,掌握交通和气候情况,为之后的摄影师团队寻访长征路打前站。

这是魏华德第一次来到中国。在此之前,尽管对中国有着浓厚的兴趣,但在澳大利亚的学校学到的知识比起真实的中国来说仍很贫乏。其时,中国刚刚改革开放不久,对外国游客也刚刚打开国门,虽然魏华德已看过一些关于中国的电影和照片,以及一些关于中国共产党和毛泽东的介绍,但对像魏华德这样的西方人来说,中国的信息十分有限,还是个充满神秘感的国度。

进入中国的第一站是北京。到达首都机场,走下飞机,魏华德看到一个表情非常严肃的卫兵,他尝试着对他笑了一笑,没想到这位中国军人友好地回报给他一个大大的笑容,魏华德忐忑不安的心情顿时为之豁然开朗。他在这天的日记中写道:“在很官方很严肃的中国背后,我看到了它的人们真正的模样。”而对中国良好的第一印象一直伴随着他在中国的行程,在艰苦的长征路上,他时时都能感受到来自普通中国人的友好和善良。

像 51 年前的中央红军战士一样,魏华德从瑞金开始,踏上了他的寻访长征之旅。在长征沿途重要的历史地点,他尽量地拍照片,和当地人接触,了解他们的生活和家园,试图把长征的历史和现实融合到一起。

他的长征之旅最艰苦也是最难忘的经历是在过皎平渡之后。皎平渡,距会理县城 100 多公里,处于川滇交界处,红军曾在此地创造了“巧渡金沙江”的奇迹,顺利地跳出了国民党军的围追堵截。魏华德觉得这里十分重要,于是在这里拍了不少照片。然而,这里的交通很不方便,他们只得走了好几个小时的山路。虽只是 6 月初,但当地的天气非常炎热,烈日当空,气温高达 40℃,当他们一行人筋疲力尽地到达会理时，魏华德又热又累，头晕目眩——他中暑了。

当村民们看到魏华德时，罕见的西方人面孔，令他们非常惊讶。他们从惊讶中回过神来，发现他满脸通红、站立不稳的样子，便意识到他生病了。一对当地的老夫妇立刻热心地招呼他到自己简陋的小屋里歇歇，还给他拿来了泉水和西瓜解暑。[35]魏华德的病情迅速缓解，他为此大为感动，感慨地说："他们救了我的命！"

长征之旅的沿途，他们从未感到过来自中国人的敌意。尽管他和里奥出现时，罕见的洋面孔常常会引来多达几十人的围观，但这些老百姓的态度始终是友善的。有一次，在大渡河边的一个小村子，一些老人就被这两个洋面孔吓了一跳，惊恐地大叫："鬼，鬼！"魏华德后来回顾这段奇遇，指着自己的鼻子幽默地笑道："或许这是因为我们的白皮肤、蓝眼睛，还有我的大鼻子，看起来就像火星来的人一样。"而在他看来，中国人的友善也是长征精神的一种体现。

魏华德长征之旅最艰险的一段是过夹金山，这与当年红军走长征路的感受颇有相似之处。在夹金山的盘山路上，他们遇到了滑坡。时常能看到一块大石头从不远处的头顶上掉下来，落入几百米之下的大渡河中。为了躲避滑坡，他们甚至会等上一天，等待滑坡"告一段落"后，才能从泥土石头中刨出一条道来，供汽车继续通行。

他们沿着红军爬雪山走过的山路徒步，在靠近山顶的地方，当地热情好客的藏族人将他们迎进了牦牛皮制成的帐篷里面，请他们品尝四川风味的饭菜。晚上，他们就跟藏族人住在一起，同他们一样，躺在牦牛皮上睡觉。

过草地，也给魏华德留下了深刻的印象。这里，夏天也可能下雪，当年危机四伏的草地此刻在魏华德眼中是异常的美丽，草原非常宽广而平静，草原上散布着星星点点牦牛皮做的帐篷，许多藏族人挤了牦牛奶，骑马去镇上卖。在《中国—长征》画册中，魏华德拍摄了一位梳着许多小辫子的藏族小女孩的照片，她穿着红衣，脸颊红扑扑的，背后是广阔的绿色草地。

走到吴起镇时，魏华德已经学会了不少有关长征的革命歌曲。终于进入当年红军胜利结束长征的陕北根据地，他的心情无比兴奋。过去，在很多反映红军长征的图片中，他曾经看到胜利完成长征的红军战士脸上闪现的光彩，而当他们一行人也站到同样的历史地标之时，魏华德仿佛也觉得自己额头上放着与红军战士一样的光。

魏华德对长征精神有了深刻的感悟，他说："在整个过程中，我觉得很累、很苦。但是当我走完长征路的时候，我觉得我可以战胜一切困难，可以做任何事，可以有更辉煌的成就。在那一刻我突然明白了，毛泽东和中国红军为什么能取得成功，因为在经历了长征之后，他们将无所畏惧。"[36]

之后，魏华德从延安机场飞回了北京。1985 年 9 月，来自世界各地的 20 多名摄影师来到中国，先在长城上聚首，以示长征画册拍摄活动正式开始。按照魏华德和团队所给出的详细的建议和规划，这些摄影师分成多个小组到长征路上的各个重要节点，如娄山关、大渡河、夹金山、大草地、延安等地拍摄照片，每个人在每一个地方约用十天的时间来进行拍照采访。而他们的照片最终就出现在一本厚重的大画册中。不过，比起魏华德的旅程，这些摄影师所见的，只是长征路的一段而已。

此后大约花了一年时间，《中国—长征》画册终于在香港顺利印刷出版，发行中、英、法、德、日、意、西班牙等 7 种文本。这本由中外摄影师携手合作、共同完成的大型画册，在 40 个国家发行了 24 万多册，在国际上引起了巨大反响，对于西方了解中国当时的真实情况和中国工农红军的长征壮举起到了极大的帮助。值得一提的是，该画册还开创了中国出版史上大型合作出版的先河，是当时中国出版界的一件大事。

魏华德走过此次长征之旅后，深深地爱上了中国，此后的二十多年间，他上百次来到中国，常常会在中国待上两三个月。仅在 1986、1987、1988 年几年间，就多次来到中国进行拍摄写作，出版了好几本关于中国的书。比如，他出版的《俯瞰中国》一书中所有的照片都是从空中拍摄的，还出版了关于黄河两岸历史和现状的书《黄河》，介绍中国烹饪的书《中国，一本美丽的烹饪书》，他还制作了一部关于中国的纪录片，名叫《中国武术之旅》。他制作的纪录片《钢铁长城》深入记录了中国人民解放军部队各个侧面的生活，还在 1989 年获得国际大奖皮博迪奖。

在寻访长征路 20 多年之后，已经是威尔顿集团 CEO（首席执行官）的魏华德，决定像他父亲一样，再次做一本长征题材的画册，书名就是《中国—新长征》，用新的视角展示那里的历史文化、自然风光以及人民生活的发展变化。

他的设计理念充满时代感，认为新长征将会混杂着对新的变化的接受和对逝去一切的怀念，他说："很多西方人总是固执于他们所希望的中国的样子，但实际上,中国就是中国自己想成为的那个样子。”

于是,2011 年 9 月,长征胜利 75 周年之际,魏华德带着 15 位中外专业摄影师踏上当年的长征路,他要告诉世界一个他所了解的中国。他们以“长征”为切入点,拍摄长征胜利 75 年来,尤其是改革开放 30 多年来中国西部地区、长征沿途省份在经济、文化、社会生活等方面发生的巨大变化。用文字和图片记录长征沿途各地人们在中华民族伟大复兴的“新长征”征途上展现出的生机与活力。

如同当年父亲带着 19 岁的他踏上了解中国的路程一样,魏华德此次带上了自己 19 岁的外甥麦克。从小就听说长征故事的麦克兴奋得立刻辞去工作,与舅舅同行。魏华德说:“每到一个地方,总会有中国人问我为什么对长征感兴趣。我的回答是‘长征就是英雄战胜困难的故事’,所以再次踏上长征路是非常值得的。”[37]

和老一辈不同的是,麦克了解长征的书籍,是中国改革开放之后第一个走长征路的外国记者索尔兹伯里所写的《长征——闻所未闻的故事》和魏华德的《中国—长征》。

魏华德带着麦克再次走上长征路,记录下红军长征所路过的地区在距离他上一次旅程 26 年后所发生的点滴变化。《中国—新长征》将向国外展示长征沿途不同表情的人,他们当中会有建筑工、怀里抱婴儿的妇女、上学路上的小孩……这些反映长征路上“变化”的缩影,代表了新时代中国人的新面貌。

大渡河峡谷的观景台,故地重游的魏华德兴奋地挥舞帽子

通过重走长征路,他发现中国经历改革开放的高速发展之后,那条长征路路线依然,但长征沿途的社会和经济方面却发生了翻天覆地的变化,作为一个记录者,他们记录下现在这些地方普通人普通一天的生活。

不但这些地区在发生变化,他们的团队也跟上次走长征路有了不少区别。在 1985 年的团队中,外国摄影师占了绝对多数,而 2011 年的活动中,中国摄影师唱了主角——主创团队由两位外籍作家和 14 名中外知名摄影师组成。

在魏华德看来,中国摄影师的水平在世界上也是一流的,而且从他们的眼中来看中国,跟西方摄影师眼中的中国自是有一番不同的。

26年过去了,魏华德已由当初那个瘦弱的青年,变为一个发福的中年人。那些红军经过的地方,也悄然发生了巨变,而唯一不变的,是这个澳大利亚人向往的英雄主义情结,以及在他个人的"长征"中所体会到的那种红军伟大的精神力量。

当45岁的魏华德循着长征路走到四川石棉县时,他读到石棉县县志记载着一件往事:1985年9月,澳大利亚威尔顿公司《中国—长征》画册先遣组在石棉安顺场拍摄。读到这里时,他不禁惊呼一声,原来自己已载入了当地的历史,他不禁哈哈大笑:"这是何等光荣!"[38]

再次重走长征路,他感到了改革开放给中国带来的巨大变化。他说:"虽然你会怀念那些古老的村落,遵循着古老生活方式的人,但是中国总是在不断发展的。"他深深理解,新长征将会混杂着对新的变化的接受和对逝去一切的怀念,但是他会很乐意看见这一切变化。

2016年7月1日,魏华德在做客人民网时,对记者讲:"通过两次'长征',我认为中国在基础设施建设上的发展令人赞叹,例如道路建设发展显著。作为澳大利亚人,我希望澳大利亚也能有中国高效建设基础设施的能力。当然,更令我感叹的是城乡居民精神风貌的变化。"魏华德还谈及了沿途物产更加丰富,说:"我还记得80年代四川的农村,那里地势很高,较为贫穷。我们第一次去的时候只见到当季的大白菜、西瓜等蔬果。而二十五年后,当地蔬果市场的品种和北京一样多,各式各样色泽鲜亮的蔬菜水果供人们选购。连接成都和其他各地的交通网络也非常发达,可以看出人民生活水平有极大的提高。"[39]

魏华德做客人民网(代睿摄)

最终,《中国—新长征》由青岛出版集团和澳大利亚威尔顿国际有限公司联合制作发行。2011年10月12日,在该书的发行仪式上,到过中国近百次的澳大利亚前总理霍克致辞:中澳关系是澳大利亚最重要的外交关系;邓小平的改革开放政策不仅使中国取得惊人的经济发展,也影响了整个世界。中国驻悉尼总领事馆总领事段洁龙说,这本书的出版是中澳文化交流的一个新的成功例证。

在魏华德和他的中国友人共同努力下,青岛出版集团与澳大利亚威尔顿国际传媒集团的合作仍在继续,在中国新时代“一带一路”倡议的背景下,他们将合作的目光转向“一带一路”共建国家,除签订了《中国—新长征》阿拉伯语版的海外合作推广协议,还将陆续出版韩语、德语、俄语等多种版本[40],计划用数年时间摄制一部《新丝绸之路》的纪录片,向澳大利亚和世界各国介绍中国的“一带一路”倡议。魏华德与中国新长征的情结,正向“一带一路”延伸过去。

---

[1] [美]哈里森·索尔兹伯里:《长征——前所未闻的故事》,北京联合出版公司 2015 年 4 月版,第 2 页。

[2]《伍修权将军与索尔兹伯里》,《神州》2006 年第 11 期。

[3] 秦兴权:《让世界都知道红军长征——陪同索尔兹伯里踏访长征路》,解放军出版社 2008 年 1 月版,第 173—180 页。

[4] [美]夏洛特·索尔兹伯里:《长征日记——中国史诗》,国际文化出版公司 1987 年 9 月版,第 19 页。

[5] 秦兴汉:《让世界都知道红军长征——陪同索尔兹伯里踏访长征路》,解放军出版社 2008 年 1 月版,第 182 页。

[6] [美]哈里森·索尔兹伯里:《长征——前所未闻的故事》,北京联合出版公司 2015 年 4 月版,第 373 页。

[7] 秦兴汉:《让世界都知道红军长征——陪同索尔兹伯里踏访长征路》,解放军出版社 2008 年 1 月版,第 133 页。

[8] 秦兴汉:《让世界都知道红军长征——陪同索尔兹伯里踏访长征路》,解放军出版社 2008 年 1 月版,第 160 页。

[9] [美]哈里森·索尔兹伯里:《长征——前所未闻的故事》,北京联合出版公司 2015 年 4 月版,第 187—188 页。

[10] 秦兴汉:《让世界都知道红军长征——陪同索尔兹伯里踏访长征路》,解放军出版社 2008 年 1 月版,第 123 页。

[11] 秦兴汉:《让世界都知道红军长征——陪同索尔兹伯里踏访长征路》,解放军出版社 2008 年 1 月版,第 124 页。

[12] [美]兹比格涅夫·布热津斯基:《沿着红军长征路朝圣记》,美国《生活》周刊,1981 年 10 月,转引自郭惠、王惠平:《布热津斯基笔下的红军长征》,《解放军报》2017 年 12 月 17 日。

[13]《布热津斯基:长征比英雄主义史诗要深刻得多 是克服落后的必要因素》,央视新闻,2016 年 10 月 18 日。

[14] 胡若愚:《美外交前辈布热津斯基的中国情缘》,《山东商报》2017 年 5 月 28 日。

[15] 郝亚琳:《美国知名战略学家重温红军长征路》,新华网北京 2010 年 7 月 12 日。

[16] 田源:《以色列老兵武大卫的长征情结》,《解放军报》2005 年 3 月 21 日。

[17] 韩晓明:《"长征路是中国的希望之路"——访重走长征路的以色列老人武大卫》,《人民日报》2016 年 10 月 24 日。

[18] [美]埃德加·斯诺著,董乐山译:《西行漫记》,三联书店 1979 年 12 月版,第 175 页。

[19] 陈伯钧、童小鹏、伍云甫、张子意著,中国革命博物馆编:《红军长征日记》,中国档案出版社 1986 年 6 月版,第 73 页。

[20] 中共中央文献编辑委员会:《陈云文选》(一),人民出版社 1995 年 5 月版,第 85 页。

[21] 魏国禄:《随周恩来副主席长征》,中国青年出版社 1976 年 12 月版,第 43—45 页。

[22] 张小艾:《共和国第六任国防部长与女儿的约定:寻找泡桐岗》,《解放军报》2006 年 8 月 3 日。

[23] 田源:《以色列老兵武大卫的长征情结》,《解放军报》2005 年 3 月 21 日。

[24] 陈克勤:《重走长征路的以色列老兵》,《光明日报》2011 年 7 月 2 日。

[25]《以色列老兵武大卫:红军的领导力就是"中国魂"》,央视网 2016 年 10 月 20 日。

[26] 这里所谓的《毛泽东自传》,系由斯诺到陕北采访毛泽东后,将毛译东讲述的内容加以整理而成。其中文稿最早发表于 1937 年 8 月《文摘》杂志,11 月 1 日出版单行本。这本《毛泽东自传》的内容与《西行漫记》第四篇《一个共产党员的由来》基本相同,但其出版时间要早于《西行漫记》。

[27] 李峪:《李爱德:行走在长征路上的外国人》,《新西部(新闻版)》, 2016 年 7 月。

[28] 一般史书将中共中央离开瑞金向于都集结的时间 1934 年 10 月 10 日作为长征出发的时间,但不少史书将中央红军渡过于都河的时间 10 月 17 日作为长征出发的时间。据中革军委发布的《野战军南渡贡水计划表》,10 月 17 日中央红军主力开始渡于都河。

[29] [英]李爱德、马普安:《两个人的长征》,长江文艺出版社 2005 年 1 月版,第 20 页。

[30] [英]李爱德、马普安:《两个人的长征》,长江文艺出版社 2005 年 1 月版,第 235 页。

[31] [英]李爱德、马普安:《两个人的长征》,长江文艺出版社 2005 年 1 月版,第 171 页。

[32] [英]李爱德、马普安:《两个人的长征》,长江文艺出版社 2005 年 1 月版,第 173 页。

[33] [英]李爱德 马普安:《两个人的长征》,长江文艺出版社 2005 年 1 月版,第 185 页。

[34] [英]李爱德、马普安:《两个人的长征》,长江文艺出版社 2005 年 1 月版,第 232 页。

[35] 2016 年 7 月 1 日人民网悉尼电。

[36]《一个澳大利亚人重走长征路:最艰苦是在皎平渡》,人民网 2011 年 7 月 1 日。

[37]《魏华德:不走长征非好汉》,《青岛财经日报》2011 年 7 月 30 日。

[38]《重走长征路:魏华德的大渡河情结》,国际在线(北京)2011 年 7 月 8 日。

[39] 2016 年 7 月 1 日人民网悉尼电。

[40]《青岛日报》2016 年 10 月 21 日。

附录

长征:需要继续讲述的故事

——美国学者长征研究述评

[美]安东尼·加拉文特　刘波编译

长征仍然是一个没有讲完的故事。在现今美国,已有本杰明·杨著的《从革命到政略:长征中的中国共产党》,卡伦·格南特的哲学博士论文《长征》,迪克·威尔逊著的《1935 年的长征:中国共产主义存在的史诗》,哈里森·索尔兹伯里著的《长征——前所未闻的故事》。尽管有这几本书对长征的研究进行了尝试,试图重述埃德加·斯诺在 1938 年首次提供给英语国家读者的冒险故事;尽管也还有许多别的专著和文章试图描绘出部分或全部史诗般的军事大撤退,但作为完整的图画,它仍然困惑着我们。相反,我们所拥有的仅仅是长征谜一般的模糊图像而已。

一、长征,荒野中的彷徨?

按照长征传统的说法,共产党人被迫于 1934 年 10 月撤离中央革命根据地,因为当时"二十八个半布尔什维克"集团指挥红军放弃了由毛泽东倡导的切实可行的游击战战略,而代之以阵地战来阻止国民党军队于 1933 年至 1934 年期间的进攻。当这一战略失败时,中央苏区的存在便岌岌可危了。

在作出撤离中央苏区的决定后,"二十八个半布尔什维克"草率而且几乎无计划地开始了撤离工作。大约有 10 万参加者,带着笨重的行李,在西行的漫漫旅程中仅能以蜗牛般的速度艰难前行,使他们的敌人得以沿途削弱其战斗力。

直到毛泽东团结反对派于 1935 年 1 月在遵义会议上反对共产党当时的领导人,这一战略转移才开始显露出胜利的迹象。此后,毛泽东冷静地把握军事形势,并明智地带领共产党人从敌阵线罗网般的贵州北部战场,转移到遥远的陕北的一个不大的苏维埃根据地。到 1936 年 12 月,西安事变中止了国共之间长达10年的内战。其他剩余的红军队伍加入毛所在的那块处于农村的穷乡僻壤的根据地,在那里他们将能更好地抵抗日本长期的侵略。

卡伦·格南特、哈里森·索尔兹伯里和本杰明·杨认为,当1934年10月红军在江西于都县集中了约8.7万人并随后将部队投入到长征中时,共产党人决策者并没有明确的最后目的地。他们的反对者则已认识到这一重大的举动不仅将会置撤退于危险之中,而且还将危及中央苏区的保卫者。我相信那是荒谬的想法,即认为共产党领导人会支持这个如此巨大、遥远又冒险,而头脑中却没有个最终目的地的远征。当然,更为主流的观点是,长征的目的地从一开始就是很明确的,这个观点在本世纪(指20世纪)40年代和50年代就几乎没有什么改变,即认为从远征的第一天起,目的地就是陕北——那里更便于共产党的军队阻止日本对华侵略的狂潮。不用说,这种观点也是站不住脚的。

现在流行的关于长征的前进战略和最后目标的观点显示出,领导人(博古、周恩来、奥托·布劳恩"三人团")在不断变化的撤退环境中匆匆作出的搬家决策,使得草率组织的撤离中央苏区的行动变成了向西寻找红二、红六军团的拼命逃跑。接着便产生了在贵州北部建立新的根据地的动机。要不是长征于1935年1月抵达遵义后,这些敏锐的革命者们还意识不到贵州是如何的贫穷。

显然,长期活动在中国这一地区的红二军团领导人贺龙已经向他的同志们报告过西南地区的这个穷地方的真实状况。贵州的贫穷是上了谚语的,有道是:"地无三里平,天无三日晴,人无三两银。"

埃德加·斯诺在《红星照耀中国》中首次指出,当长征从于都开始时,"西部远征"的最后目的地是知道的,就是在四川北部。这一目的地将使他们能够实现同红四方面军的会师。红四方面军已经驻扎在那里,但目的地确实包括中途首先要在贵州北部同红二、红六军团会合。此外,准备同后者的会合无疑被视作长征得以成功通过贵州北部进入四川的前提。

与遵义会议同样重要的是,这次会议也没有确定继续长征的路线。

尽管格南特、索尔兹伯里和杨都赞同长征开始时"没有明确的目的地",他们都提到离开江西后的某个地点上,长征中的红一方面军的领导人作出了同在湖南南部的红军会合的决定,这就构成了"战略转移最后的目的地"。如果这些作者认为这次会合是在湖南西南角上(即广西突出部西面),这接近我关于会师地点在贵州东北的观点的变种,那么我并不反对。不过,如果他们的意思是指在广西突出部的话,那么我一定会断然反对的。

试图将两支大军放在湖南会师将是困难重重的军事行动,因为对这两支红军来说,都将涉及横穿该省的“心脏”地带的问题。如果湖南的统治者何键在任何地方都予以坚决抵抗,那就是为了保卫其“心脏”地带。况且,湖南是蒋介石能更方便和迅速地从相邻的江西调动其嫡系部队的中国省份。而往西部更远地区的省份就没有这么方便。简言之,要想在湖南实现这样的会合的话,红军将如同跳出油锅落入烈火一样,境遇会越来越糟糕。

贺龙一直控制着湖南北部边界地区(通常是其西北角),在那里他受到何键较弱的部属的抵抗,很少遇到与湘军主力部队的战斗。同样,我们可以把红一方面军通过该省最南端的西部远征,看作是对贺龙“边界战略”的翻版。为寻找一个到西部的更远处的中间站,红一方面军试图沿着湘粤边界作一个“边缘赛跑”,同时避免同南面的国民党广东部队接触。

因此,无论红一方面军和红二、红六军团的会合是放在湖南的西南角或者是贵州的东北,长征仍不能到达最后目的地。一旦会合实现后,联合部队将沿着其南部边界线挥师进入四川省,或者通过四川东南部的山脉向湘鄂边西部地区挺进。

这种机动带来两个主要问题。(1)无论从江西的出发点到湖南东南角,还是到贵州的东北地区,这样遥远的距离,两种选择都不得不成为漫长的撤退。也就是说,从一开始,“西征”就被认识到将是一个“长征”。(2)不得不在湖南渡过湘江时,将与湘军遭遇是明显的。尽管这两个问题在长征之初就已明显地摆在了共产党领导人面前,但他们着手进行的努力还是把主力红军带进湘江战役。

二、何时走向清清楚楚的长征?

为避免将长征贴上堂吉诃德式的标记(那样做容易导致现在这种将“神话领袖”(毛泽东)定为乌托邦式的笨人),我们应当放宽调查研究的眼界。如果曾有一个故事需要在开始的时候开始,那就是这个史诗般的远征。从这点来看,本杰明·杨已经尽力打开了历史摄像机的镜头,提出我们研究长征的视角应当从1932年至1937年的框架的局限中走出来。这是个有益的、需要作进一步探索的启示。

1932年的第一天就是严峻的。因为从稍后的春天到这一年的秋天,共产党人在湖北的农村根据地和军队遭到了灾难性的挫折。这些由蒋介石从其在武汉的军事司令部策划的攻击所造成的严重后果，无疑引起了共产党领袖们的思考。正如一位学者指出的那样，永久脱离蒋介石在华中和东南地区的辖区，到更为安全的、蒋介石直接控制之外的地域去，这将是可行的。因为那时大部分的中国西部地区仍然控制在地方军阀手中，他们在远离南京的地方，对中央政府仅是表示名义上的拥护。

1937 年，是撤退的共产党人终于感到“安全”的准确时间点，因为这一年同国民党建立第二次“统一战线”的谈判卓有成效地进行着。只有当蒋介石在西安事变后同意结束长达 10 年的内战时，红军的撤退才最后停止下来，他们领导的革命也由此重新振作起来。即如果他们不被全面“围剿”的话，他们仍然能够被迫向北挺进长城附近或向西进入新疆地区。

打开历史摄像机的镜头，也能够使我们获得一幅更加错综复杂的“土地革命战争”的景象。要评价那场斗争，不仅应从中央革命根据地的前途来看，而且应从别的根据地的优点来看。作出放弃中央革命根据地的决策的部分原因，有前文所述的湖北挫折的结果。显而易见，到 1933 年，如果蒋介石能够调动军队对中央苏区发动类似 1932 年他在湖北进行的战役的话，在中国东南部农村的共产党苏区的处境就将会日益恶化。其后，当国民党政府同日本在 1933 年 5 月签署《塘沽协定》后，蒋就能集中精力来摧毁中央苏区这个向南京政府发起挑战的共产党的主要代表地区。

另一方面，共产党领导的土地革命战争在四川中北部取得了惊人成就。在 1933 年贯穿于整个春季，继而又在一次挫折之后贯穿于 1934 年春夏季，成为中国东南部中央红军开始长征前的一个不可缺少的选择，这无疑对中央苏区的领导人决策向西部远征有着巨大影响。当中央苏区的防御从 1933 年 11 月黎川失守到 1934 年 4 月广昌沦陷并且形势继续恶化时，共产党在四川中北部却取得了令人瞩目的成就，这就使把该省作为中国共产主义革命中心的想法更具有吸引力。

尽管毛泽东在共产党内和在指挥革命斗争的权力方面在 1933 年受到了削弱，但他仍然是不容忽视的力量，这可以他坚决反对“战略转移”为证。他通过与中央委员会领导讨论的方式反对放弃中央苏区，他的反对显然是出于对中国农村客观形势的欣赏，欲作为重举革命斗争大旗的起点。这一点对他的吸引力无疑是巨大的。

接下来，我们必须作出更进一步的努力来澄清长征故事的开始，即“战略转移"在中国共产党的"三人团"——博古、周恩来、奥托·布劳恩领导下的时期。按照长征的传统说法,只有当毛泽东取代了"三人团"后,长征才从一个混乱的撤退转变成胜利的朝圣之旅。为评估这一评语,有必要充实长征从计划阶段到共产党进入遵义时的情节。尽管自迪克·威尔逊以来,对长征的研究大多数已译成了汉语,这期间精确的时间线索仍然受着资料缺乏的制约。格南特通过参考刊登在1934年至1935年间的《大公报》(天津)、《时报》(北京)、《中央日报》(南京)上的新闻报道,试图弄清有关长征的计划阶段和早期阶段。这些报道,正如格南特自己坦率承认的那样,并不是现场采写的报道,而是在远离现场的城市中的报社办公室同"追剿"部队司令部之间进行的符合规定的电话采访。事实上,所报道的内容至少部分是反共的片面之词。她也参考了三种红军中央苏区的出版物《斗争》《红星报》和《红色中华》,但这些东西只是对研究红军冲出包围前的历史时期有用。

在用了仅仅两页的篇幅写了从于都到湖南的远征之后,威尔逊因为缺乏资料,便将其焦点集中在1935年,因此把长征描述为一个求生存的故事,而不是传统说法中所宣称的伟大的胜利。索尔兹伯里用素描手法来点缀他的这部分叙述,凭着个人的兴趣,而不是逐一记述长征到遵义的进程。

杨的断言也令人难以接受。他认为行动谨慎、行进缓慢的薛岳部队是在追逐红一方面军,甚至在红军于12月进入贵州之后还在追。而事实恰恰相反,薛岳是在"跟踪"红一方面军,保持着明显的距离。无疑是希望另外一些省份的军队会冒险同令人生畏的共产党军队交战。在红一方面军渡过湘江后,薛岳在一篇日记中写下当时的备忘录。他认为10万共产党人偷偷渡过了那条水道,这一估算足以证明他同所"追逐"的红军的距离有多大。接着,当他带领部队进入贵州后,他甚至突然停止了对北上的红一方面军的跟踪,远远地对红一军团实施迂回。红一军团声东击西,声称进攻贵阳,其实是在进攻另一地方,薛岳遂急忙奔向贵阳。在贵阳,他发现省长王家烈也在试图保存自己的实力。因此,薛岳采取了同样消极的姿态,这样就方便了共产党人在遵义有时间重新调整其主力部队。

红军从于都到遵义的整个撤退是混乱不堪的吗?我认为不是。红一方面军的主要部队在11月底靠近湘江时,长征仍然是相当出色的。从中央苏区的撤退和从容不迫地到道县的行军持续了约40天。红军在道县作短暂的停留,以便能够重新整编军队。这一切都表明,长征进行得相当不错。这段行军中,红军和他们的敌人之间的战斗被描写成小规模冲突。这些有限的接触，被说成是反共阵营的情报失灵，尤其是格南特和索尔兹伯里持这一观点，杨也持同样的主张。

图像的模糊是由于它缺乏清晰的细节所致。当然，人们已经意识到（1934年10月后期之前）另一支共产党军队的突围已经完成。然而，国民党军没有人注意到大象已经溜过陷阱，直到这只巨象靠近湘江为止。那些小心翼翼地追踪的部队所看见的只是象鼻、象尾，间或也瞥见过大象的肋腹。这对于要弄清如何阻止大象的前进是非常不够的。

当时的红一军团政治委员聂荣臻，把江西的突围战斗和越过在湖南南部的第二、第三道所谓的封锁线描述成轻而易举的胜利。如果在两翼之间有着频繁和大范围的较量的话，反共的情报就不会如此的不灵通。再有，蒋介石在中央苏区首都瑞金继续着小心谨慎的进攻，焦虑不安的缉捕式的搜寻，真正的追踪部队慢吞吞的进展，这些都表明蒋介石和他的盟友已经被完全瞒住了。

红一方面军在敌军中间偷偷地行动，成功的原因可以简单归纳为：夜行军；使用强有力的前卫部队；在行军沿途各地所进行的机智伪装。以上所提到的四位作者都忽略了这些方面。

夜行军有两大好处：(1)它使红军能于1934年10月前在于都集合庞大的部队，而没有迹象表明削弱了他们对付南面进攻之敌的“前线”；(2)它使这支大军的西行远征从西南段溜过敌包围圈，并在敌军能组织起有效的抵抗前，获得了进入湖南的“赛跑起点”。

强有力的“双刃剑”前锋，是由红一方面军两支最好的部队组成的（红一、红三军团），总共约有3.8万人的部队，它是一支锐不可当的力量。这样强大的前锋意味着它能清除掉沿途任何敌军部队，以使红一方面军中行军更慢的部队能继续稳步地推进。由于组成了这支令人生畏的“双刃剑”前锋开道前进，伴之以在农村地区进行机智的战略伪装，红军得以走完湘江战役前的全程，而不必与敌军进行代价高昂的遭遇战。在时任红一方面军参谋长的刘伯承的有关回忆长征的文章中，就有两段专门写从于都到湘江的撤退，也表明当时在追逐者和被追逐者之间很少接触。

然而，当远征到达广西时，军事形势发生了剧烈变化。为打通该省东北部的道路，共产党人不得不打一次大的遭遇战，强大的广西反共军队使红军的强渡湘江成为损失惨重的行动。所幸，红一方面军大多数渡过了湘江，继续向中继站北进。在这一重击下,红军四个师序列的部队遭受了重大伤亡,以至于在此战数天后的贵州黎平整编时,这些部队的建制被取消。

尽管桂军的确对红一方面军采取了行动,但凭它自身的力量是难以阻止这样大的军队渡过湘江的。而且,当广西军阀确信红军已经离开该省时,他们便停止了"追击"。一些广西部队虽然跟踪红军远达贵州南部,但从此以后,蒋介石便失去了这支强大的地方部队的帮助。

当共产党人了解到红一方面军不能突破敌人在湖南东南部的封锁,以完成计划中的会合时,对渡江战役的结果就变为失望了。以我之见,这对于"战略转移"来说是"双重打击"。它使"三人团"处于一个相当脆弱的支配地位,促使毛泽东——最优秀的战略转移的反对者——向长征的领导地位发起挑战。虽然毛泽东在1935年1月的遵义会议后取代了"三人团",但他并不能改变西部远征的目标,在这里他已经不可能转回他所熟悉的江西、福建农村革命战场。太多的敌军总是跟踪追击(不是积极追击),大远征的路现在也被堵上了——无论是攻入四川或是试图打到湘西革命根据地都是这样。因此,在1935年1月至3月间,红军进行了两次攻入四川的努力,但都失败了。

1月至3月,在贵州东北部本可以作一次寻找红二、红六军团的努力,但没有必要,因为这两个军团仍被钉在湖南东南部。在第二次进入四川的尝试失败后,新的领导成员——毛泽东、张闻天和王稼祥别无选择,只能将红一方面军从贵州北部潜在的葬身之地解救出来,办法是进行另一次同敌军的"兜圈跑"。因为敌人太强大,不能当面硬顶。从贵州北部撤退,通过云南北部的阶段,以及通过四川、西康边界地区的旅程,确实成了荒野中的漫游。当然,这的确又是一段求生存的史诗。

自威尔逊的书1971年面世以来,已有相当多的关于这次战略转移情况的出版物,这些都需要更多的时间和努力来作出准确的评价。尽管我还没有着手对我编译成汉语的42本书籍进行全面的评价,但通过对这些书籍大部分的熟读表明,争论的焦点仍源于1935年1月,即当毛泽东接管了"溃退"中的冒险,并被说成是将长征转变成坚定的走向胜利的行军。

三、结论:长征,需要继续讲述的故事。

上述争议中的四本专著关于战略转移的内容都很有特色。然而,他们的叙述从一开始就画上了鸿沟,按照最后目的地是在向西远征过程中临时形成的思路(威尔逊除外),这就妨碍作者讲出完整的长征故事。

为弄清长征仍然神秘的一些事情,本评述试图将注意力引向1934年5月到1935年1月间的这段时期(计划阶段到领导人更换阶段)。简言之,我们有必要强调这样一个事实,即长征并不是在遵义开始的,因此这也就是我评述这四本专著的焦点。

威尔逊利用他的总结章节来强化他关于长征是“生存的史诗”的主题,他的故事是“革命精神”派的代表。当他于1971年写这本书时,他观察了中华人民共和国。此外,直接在结论之前的四个章节中,写到他相信的中华人民共和国的“四个显著特征”——集体纪律、游击队道德观的珍惜、坚定地独立于俄国的指导之外、毛泽东的权威——作为长征的精神遗产。

格南特利用她简短的结论,概括和校准了大量乱七八糟的数字,这些数字在她写的这部中国现代编年史伟大的插曲中是非常的集中。她已作了一个诚实的努力,即写一部更详细的关于真实的长征的历史。但她的观点太狭窄地局限于这个框子里,在热情地充实有关这一奋斗的信息的过程中,她过分地依赖于反共的资料。虽然格南特的数字表明,长征的实际损失高于以前的描述,但她仍然把它视作“胜利”。

索尔兹伯里的“结论”在他写的书中最后一章前就开始了,他写道:“遵义会议结束了,长征继续向前,毛泽东开始掌舵。中国的道路,至少今后半个世纪的道路就这样确定了。”简直像赞美诗一样。尤为可疑的是“中国的道路”那么早就被“确定”了。遗憾的是索尔兹伯里在描写红一方面军从四川撤退到陕西期间(1935年7月—10月),仍继续沿着这一脉络来写:他们不再是一群在蒋介石的精锐军团面前衣衫褴褛、争吵不休、狼狈逃命的人,他们正在把长征转变为胜利。长征已不再是一场退却……但连下一步走向何方都不知道。当他们渡过金沙江后,所有这些都改变了。

但那时很少有人能够推断出毛泽东的红一方面军余部的长征是在走向胜利。明显的是他们还在退却!索尔兹伯里认为毛泽东这位天才将长征和共产主义革命引向了胜利。

杨的结论实质上是把长征看作是中国革命的过渡时期,它是中国共产主义革命领导方式的一次转变的历史见证。长征前,革命斗争是掌握在缺少经验的“革命理想主义者”手里;这场大撤退后,它便掌握在更有能力的“政治现实主义者”(毛泽东)手中,长征给了“政治现实主义者”掌握权力的机会。

把毛泽东描绘成一个“政治现实主义者”,我尚可勉强接受。它是官方认可的评价毛泽东的另一种提法,即将马列主义的原理适应中国革命的实际的政治领袖。但是,提到“二十八个布尔什维克”集团为“革命理想主义者”时,我便感到如鲠在喉。我把这群年轻的共产党“官员”看成是思想狭隘的职业政治工作人员而已,他们热心于将共产国际方形木塞般的政策塞进中国革命斗争的圆孔里。

这样,杨无形中削弱了主题,尽管它有趣味,似乎正应了这样一句格言:“敌人的敌人就是朋友。”他把“二十八个布尔什维克”描绘成“革命理想主义者”,还几乎不加评判地接受了布劳恩关于1933年至1936年间的中国革命形势的信息(事隔几十年后的描述)。看来杨忽视了布劳恩回忆录中反毛和反华的调子,而我感到这一调子严重损害了中国共产主义革命的历史原貌。

最后一点思考是关于杨对长征的评价,他把长征当作中国革命斗争的转折阶段,并把撤退时期看作是毛泽东从某种意义上受共产主义影响的农民革命的民粹主义者的领导人时代,“成熟”为杨所期望的“政治现实主义者”的时代。尽管这些作者作出了良好的努力,但长征的故事仍需继续讲下去。

(本文曾在《军事历史》1996年第5期上发表)

后 记

2009年，在参加新中国成立60周年大型纪录片《百城百战》优秀作品评选活动时，我有幸结识了中央电视台专题部导演徐明东。他在国际上屡获大奖，我同他聊到军史纪录片时，他说，长征是个老话题，要是做一部国际视角下的长征的话，立意、构思、画面境界全然不同，那会很好看的。这个提法深深地吸引了我。于是我开始着手构思写一部这样的书，最初名字就定为《震撼世界的长征》。我曾在1996年发表过一篇文章《震撼世界的英雄史诗》，出版过一部百万字的《长征纪实》的书。2013年我给中央电视台军事纪实节目设计了一个《震撼世界的长征》的提纲。以前，我看到的史书和文章，大多谈的只是长征对世界的影响，随着接触的史料和档案的增多，特别是《联共（布）、共产国际与中国苏维埃运动（1931—1937）》，渐渐感到国际视野下的长征，还有一个重要的视角是国际对长征的影响。长征对国际的影响，加上国际对长征的影响，才构成一个完整的"国际视野下的长征"。考虑到《震撼世界的长征》仅仅代表长征对世界的影响，加之徐明东导演的提议，因此，特将本书改名为《东方神话：国际视野下的长征》。

长征对世界的影响，除了经过图书、影视、口碑宣传形成的影响之外，更重要的是，长征改变了中国这个对世界深具影响力的大国。"在我们这个世纪中还没有什么其他事件能像长征一样让人如此神往，也没有什么事件像它一样如此深远地改变了世界的未来。"[1]美国著名记者索尔兹伯里评价长征的国际影响时如是说。长征改变了中国，首先是体现在长征改变了中国，继而影响世界。

长征改变中国，体现在许多方面。长征锻造了一个成熟的党，长征还为这个党选择了舵手；长征锤炼了一支能征善战的人民军队。长征是宣言书，是宣传队，是播种机，长征播撒了中华民族希望的种子，为中共及其领导下的红军争取了民心，因而长征成为中华民族伟大复兴史上的一座不朽精神丰碑。索尔兹伯里就曾说过："长征可能有一点类似犹太人出埃及，有一点类似汉尼拔翻越阿尔卑斯，有一点类似拿破仑进军莫斯科，我也惊讶地发现它身上还有美国马车大队穿越群山和草原征服西部的影子。"[2]

长征的胜利，改变了中国的政治走向以及政治版图，继而影响了世界的政治版图。长征作为中国革命绝处逢生的一次伟大转折，在国际共产主义运动史上也留下了浓墨重彩的一笔，写出了令世界惊叹不已的红色篇章。正如史沫特莱指出的那样,史诗般的长征结束时重新合在一起的红军队伍和1934年10月中央红军离开江西时的战斗力不相上下,它仍是历史上一支无与伦比的坚强队伍。[3]经过二万五千里血与火的洗礼的红军战士已被锻造成"世界上最顽强、最结实、最有政治觉悟的老战士"。[4]

站在国际的视角看长征,另一角度很容易被人们所忽略,那就是世界对长征的影响。世界对长征的影响体现在哪里呢? 主要是共产国际对长征的影响。正如前文所述,共产国际对长征的许多方面都产生了深远的影响,包括长征的起因、长征的准备工作、长征的前进方向(或称"落脚点")、长征的进程、长征的结束等方面,它都产生了至关重要的作用。甚至,对遵义会议成果的巩固也发挥了积极的影响作用。

另外,共产国际帮助中共中央制定抗日民族统一战线的策略方针,基本发生在长征时期。中共中央还在长征途中时,1935年6月,中共驻共产国际代表团王明、吴玉章等人在共产国际的帮助和指导下,起草了《为抗日救国告全体同胞书》,即《八一宣言》。宣言在巴黎《救国报》第10期上正式发表,向外界传达了中共积极抗日的信号。

宣言引起了蒋介石的重视,蒋希望未来的抗日战争能得到苏联的援助,出于联苏抗日和"溶共"的目的,他派出驻苏大使馆武官邓文仪到莫斯科同中共驻共产国际代表团开始秘密联系。在国内,蒋介石也着手建立同中共沟通的渠道。其中有南京政府铁道部次长、国民党中常委曾养甫同中共北方局的联络渠道,谌小岑通过上海临时中央局张子华(上海临时中央局组织部秘书)与陕北中共中央的联络渠道,宋子文通过宋庆龄,由董健吾作为信使建立的与陕北中共中央联系的渠道,再加上由苏联回国的潘汉年与陈立夫的直接谈判,在国内就出现了国民党与中共联络的四条渠道。

中共中央驻共产国际代表团派张浩回国,向中共中央传达了共产国际七大和《八一宣言》精神,随即中共中央于1935年12月,在瓦窑堡召开政治局会议,贯彻共产国际建立反法西斯统一战线的精神,提出党的基本策略就是"建立广泛的民族革命统一战线"。

1936年8月下旬,中共中央根据共产国际关于七月会议内容的进一步指示,明确了"逼蒋抗日"的方针。12月西安事变爆发,共产国际主张和平解决事变。在中共大力推动下,西安事变得到和平解决,蒋介石同意停止内战,联共抗日,国民党"攘外必先安内"的基本政策从此中止。

1937 年 2 月,中共中央接受共产国际建议,向国民党五届三中全会致电,提出“四项保证”和“五项要求”,第一次公开向国民党提出国共合作的条件。电报得到国民党内部抗日派的响应,抗日民族统一战线的时机遂基本成熟。此后,国共第二次合作进入实质性会谈,尽管还有一些波折,但已为抗战全面爆发后团结抗日的局面奠定了基础。

长征时期,中国革命实现了一次伟大的战略转折,即从国内的土地革命战争转向民族解放的抗日战争,这次转折,是中国共产党人,放眼全球,顺应世界历史发展的大趋势,以博大的胸怀和胆略,运筹帷幄,适时改变革命的策略,把党和红军的命运,与世界反法西斯战争的前途命运、中华民族的前途命运紧紧联系在一起,促成了中国革命的一次飞跃。没有这样的世界眼光和战略胸怀,就不会有长征的伟大胜利。确定抗日民族统一战线的战略方针,可以说正是长征从一次失败后的撤退,变为向抗日前进出发阵地胜利大进军的战略枢纽。正是在抗日民族统一战线的战略方针指导下,才实现了国共内战停止,才赢得了各族人民群众的民心,才得到了国内外各派抗日力量的普遍支持,党和红军力量得以重新整合凝聚,赢得了生机和活力。不仅如此,抗日民族统一战线还为即将到来的抗日战争准备了条件。正是在全民族抗日统一战线的旗帜下,国民党指挥的正面战争,与中国共产党领导下的敌后抗战协力合作,万众一心,众志成城,才取得了抗日战争的伟大胜利。换言之,面向国际的战略重构,不仅为中国革命的浴火重生,也为中华民族的伟大复兴赢得了宝贵的历史机遇。

长征之所以取得胜利,在于有长征精神。长征精神不仅是中国人民的精神财富,同样也成为打动世界的精神财富。

什么是长征精神?进入 21 世纪以来,每十年一度的长征纪念大会,已有了规范、一致的认识:伟大的长征精神,就是把全国人民和中华民族的根本利益看得高于一切,坚定革命的理想和信念,坚信正义事业必然胜利的精神;就是为了救国救民,不怕任何艰难险阻,不惜付出一切牺牲的精神;就是坚持独立自主、实事求是,一切从实际出发的精神;就是顾全大局、严守纪律、紧密团结的精神;就是紧紧依靠人民群众,同人民群众生死相依、患难与共、艰苦奋斗的精神。[5]

对于长征精神的辐射力、穿透力,著名的外国友人从不同的视角进行了总结、宣传、推广。

索尔兹伯里赞扬:“这是一次充满了集体英雄主义、献身精神和希望的举世无双的行动。”

斯诺敏锐地洞察了长征胜利的原因:“红军的胜利行军,胜利到达甘、陕,而其有生力量依然完整无损,这首先是由于共产党的正确领导,其次是由于苏维埃人民的基本干部的伟大的才能、勇气、决心以及几乎是超人的吃苦耐劳和革命热情。中国共产党过去、现在、将来都忠于马列主义,并将继续进行斗争反对一切机会主义倾向。它之所以不可战胜,所以一定取得最后胜利,其原因之一就在于这种决心。”[6] 英国的蒙哥马利元帅谈到长征,盛赞它是“一次体现出坚韧不拔精神的业绩”。

进入 21 世纪后,长征仍吸引了不少外国人,他们不远千里来到中国,重走长征路。

美国小伙潘亚当骑着摩托车于 2013 年重走了中央红军的长征路。潘亚当为何要重走长征路?他说,每个国家都有它自己的开国传奇,一个跟随着国家步入未来的故事,一个使得“人民”能够凝聚成“国民”的故事。在他看来,共产党领导下的中国的“开国传奇”就是红军在 1930 年代发起的二万五千里长征。“长征”两个字可能仍然是最能代表共产党所宣传的吃苦、朴素、坚强的生活方式。他认为,长征已经成为 20 世纪以来中国艰苦发展的代名词。为了研究红色文化、体验“红色魅力”,他踏上了中央红军的长征路。

美国、英国、日本、意大利、澳大利亚、墨西哥等十多个国家和地区的国际友人也慕名前来长征路,进行过参观考察。以日本由金子三郎为团长的第九次学习“中国人民革命战争访华团”也到大渡河边的安顺场参观考察。

许多外国学者和记者写了关于长征的书,如埃德加·斯诺的《西行漫记》,尼姆·威尔斯的《续西行漫记》,史沫特莱的《伟大的道路》,哈里森·索尔兹伯里的《长征——前所未闻的故事》,这是人们耳熟能详的一部分,其实关于长征的书还有不少。他们从不同的角度阐释着长征精神,而长征精神也正是书中吸引着不同语言、不同国籍人士的原因。1999 年,美国时代出版社出版的《人类 1000 年》一书,将中国工农红军的长征列为影响人类历史进程的一百件大事之一。窥一斑而知全豹,这足以彰显长征不朽的国际影响,以及长征精神对全人类的巨大魅力!

1995 年,我翻译了一篇美国学者安东尼·加拉文特写的文章,他在文中写道,对世界来说,长征仍然是一个没有讲完的故事。尽管在斯诺之后,有尼姆·威尔斯、史沫特莱、索尔兹伯里等所写的多达 42 部的英文专著对长征进行了严肃的研究,试图给西方读者重述红军传奇故事,尽管也还有许多别的专著和文章试图描绘出部分或全部史诗般的军事撤退，但作为完整的图画，它的神秘性仍然困惑着人们。长征对于世界仍旧充满了魅力！[7]

我惊讶地发现，这篇文章中引述了14本美国人写的长征专著，其中还有四五本是博士学位论文。20多年过去了，现在美国人对长征的兴趣怎么样呢？今天，通过网络，直接连接美国国会图书馆，输入“中国 红军 长征”的三个英语单词，能查到总共有400多本关于长征的图书。点击进去会进一步发现，其中除去大部分中国出版的长征专著外，也有不少是英语国家作者写的专著。

习近平同志指出：“长征是一部中国革命的百科全书，长征精神集中体现了党和红军的优良传统和作风，是中国共产党人世界观、人生观和价值观的全面展示。”作为“百科全书”，值得我们深入研究和学习，翻开长征的任何一页，都足以让我们收获颇多。

长征精神正如一个完美的神话，跨越国界和时空。新时代，我们的国家，我们的每一个人都在走着自己的长征路。因而，无论今天，还是未来，长征仍然是而且永远是需要继续讲述的故事。

---

[1] [美]哈里森·索尔兹伯里：《长征——前所未闻的故事》，北京联合出版公司2015年4月版，第1页。

[2] [美]哈里森·索尔兹伯里：《长征——前所未闻的故事》，北京联合出版公司2015年4月版，第5页。

[3] [美]艾格妮丝·史沫特莱：《史沫特莱文集：伟大的道路——朱德的生平和时代》，新华出版社1985年版，第402页。

[4] [美]艾格妮丝·史沫特莱：《史沫特莱文集：伟大的道路——朱德的生平和时代》，新华出版社1985年版，第394页。

[5]《习近平在纪念红军长征胜利80周年大会上的讲话》(2016年10月21日)。

[6] [美]埃德加·斯诺：《西行漫记》，三联书店1979年版，第164页。

[7] [美]《亚洲学者公报》1995年第3期。